HERMES

在古希腊神话中，赫耳墨斯是宙斯和迈亚的儿子，奥林波斯神们的信使，道路与边界之神，睡眠与梦想之神，亡灵的引导者，演说者、商人、小偷、旅者和牧人的保护神……

西方传统 经典与解释 **HERMES**
Classici et Commentarii

施特劳斯集

刘小枫 ● 主编

重订本

回归古典政治哲学

—— 施特劳斯通信集

Briefe in Leo Strauss Gesammelte Schriften Band 3

[美]施特劳斯 Leo Strauss | 著
[德]迈尔夫妇 Heinrich und Wiebke Meier | 编
朱雁冰 何鸿藻 | 译

华夏出版社

古典教育基金·"资龙"资助项目

"施特劳斯集"出版说明

1899年9月20日,施特劳斯出生在德国Hessen地区Kirchhain镇上的一个犹太家庭。人文中学毕业后,施特劳斯先后在马堡大学等四所大学注册学习哲学、数学、自然科学,1921年在汉堡大学以雅可比的认识论为题获得哲学博士学位。1924年,一直关切犹太政治复国运动的青年施特劳斯发表论文"柯亨对斯宾诺莎的圣经学的分析",开始了自己独辟蹊径的政治哲学探索。三十年代初,施特劳斯离开德国,先去巴黎、后赴英伦研究霍布斯,1938年移居美国,任纽约社会研究新学院讲师,十一年后受聘于芝加哥大学政治系,直到退休——任教期间,施特劳斯先后获得芝加哥大学"杰出贡献教授"、德国汉堡大学荣誉教授、联邦德国政府"大十字勋章"等荣誉。

施特劳斯在美国学界重镇芝加哥大学执教近二十年,教书育人默默无闻,尽管时有著述问世,挑战思想史和古典学主流学界的治学路向,身前却从未成为学界声名显赫的名人。去世之后,施特劳斯才逐渐成为影响北美学界最重要的流亡哲人:他所倡导的回归古典政治哲学的学问方向,深刻影响了西方文教和学界的未来走向。上个世纪七十年代以来,施特劳斯身后才逐渐扩大的学术影响竟然一再引发学界激烈的政治争议——自由主义知识分子觉得,施特劳斯对自由民主理想心怀敌意,是政治不正确的保守主义师主;后现代主义者宣称,施特劳斯唯古典是从,没有提供应对现代技术文明危机的具体理论方略。为施特劳斯辩护的学人则认为,施特劳斯从来不与某种现实的政治理想或方案为敌,也从不提供解答现实政治难题的哲学论说;那些以自己的思想定位和政治立场来衡量和评价施特劳斯的哲学名流,不外乎是以自己的灵魂高度俯视施特劳斯立足于古典智慧的灵魂深处。施特劳斯关心的问题更具常识品质,而且很陈旧:西方文明危机的根本原因何在?施特劳斯不仅对百年来西方学界的这个老问题作出了超逾所有前人的深刻回答,而且提出了切实可行的应对方略:重新学习古典政治哲学作品。施特劳斯的学问以复兴苏格拉底问题为基本取向,这迫使所有智识人面对自身的生存德性问题:在具体的政治共同体中,难免成为"主义"信徒的智识人如何为人。

如果中国文明因西方文明危机的影响也已经深陷危机处境,那么施特劳斯的学问方向给中国学人的启发首先在于:自由主义也好,保守主义、新左派主义或后现代主义也好,是否真的能让我们应对中国文明所面临的深刻历史危机——"施特劳斯集"致力于涵括施特劳斯的所有已刊著述(包括后人整理出版的施特劳斯生前未刊文稿和讲稿;已由国内其他出版社出版的《霍布斯的政治哲学及其起源》、《思索马基雅维利》、《城邦与人》、《古今自由主义》)除外),并选译有学术水准的相关研究文献。我们相信,按施特劳斯的学问方向培育自己,我们肯定不会轻易成为任何"主义"的教诲师,倒是难免走上艰难地思考中国文明传统的思想历程。

古典文明研究工作坊
西方典籍编译部甲组
2008 年

谨将此译文献给
我们亲爱的女儿念鸣

——译者

目 录

中译本编者说明(刘小枫) ·················· 1

第一编 探索年代(1928~1932) ·················· 1
第二编 艰难岁月(1933~1948) ·················· 75
第三编 执教芝加哥大学(1949~1967) ·················· 341
第四编 哲人生命的最后时光(1968~1973) ·················· 459

附录

伽达默尔谈施特劳斯(田立年译) ·················· 485
施特劳斯往来书信详目 ·················· 502

译后记 ·················· 512

中译本编者说明

大思想家的书简,向来是宝贵的思想史财富——坊间已经有的康德书简、黑格尔书简、荷尔德林书简,就是证明。

相比之下,二十世纪的哲人书简对我们可能更有吸引力,原因很简单:这些书简由之产生的历史处境与我们的切身处境更贴近——尤其德国的思想家。毕竟德国在现代化进程中经历的磨难,要比其他欧洲国家复杂、深剧得多,而德国人偏偏又是忒好思考的民族。我们有理由推想,比如说海德格尔的书简(尤其与布洛克曼女士的书简和晚近刊布的海德格尔给他夫人的信)、① 施米特的书简,读来一定很过瘾。

施特劳斯出身和生长在德国,但在年轻时,他就在给朋友的信中称:"我不是德国人,而是犹太人"——施特劳斯思想所立足的土地在哪里?施米特可能会说:我首先是个天主教徒,其次才是个德国人;海德格尔则八成会说:我首先是个德国人……

海德格尔的哲学思考无疑给西方思想带来过一场历史含义深远的转变——尼采是这场转变的伟大先驱。这场转变的历史意义首先在于:要求严肃认真的思想者必须通盘重新审视整个西方思想史的来龙去脉和内在的动力机制。然而,问题在于:如何审视、以什么方式审视、朝着哪个方向去审视?

施特劳斯一代学人最为切近地置身于这场大转变的起始时刻,并严肃、热切地投身于这场新的审视——无独有偶,这代人所经历的现实生活的磨难也至为艰辛。几十年后,施特劳斯以自己比其他

---

① Gertrud Heidegger 编,*Briefe Martin Heideggers an seine Frau Elfried*,1915—1970,München 2005,页416。

同伴远为丰硕的成就表明,他的审视最为深广、透彻,直逼西方思想大传统最为内在的脉动。如今,业内人士公认,施特劳斯的书简是二十世纪最重要的思想财富之一。

有的思想者的思想能让人享受到智性的快乐,却不会让人感动——读施特劳斯的书简,不仅令人感动,还让人感领到浩淼深幽的历史沧桑。

迄今已经刊布的施特劳斯书简有:1. 迈尔(Heinrich Meier)编辑、整理的现存可以找到的所有施特劳斯与克吕格、洛维特、克莱因和索勒姆四人的通信(见迈尔编,《施特劳斯文集》卷三);2. 施特劳斯与科耶夫的通信;①3. 施特劳斯与沃格林的通信;②4. 施特劳斯与伽达默尔的三封通信。没有整理出来的重要书信还有与阿拉伯古典学家、施特劳斯的妹夫克劳斯的通信和施特劳斯与自己的学生伯纳德特的通信(这两部分书简的整理,迄今还遥遥无期)。

这部施特劳斯通信集以迈尔(Heinrich Meier)编辑、整理的部分为基础,加上与伽达默尔的通信,实际共 5 人,他们都是二十世纪有影响的思想家——这些通信仅现存可以找到的部分,因而显得相当残缺。③

迈尔的编法是,将施特劳斯与每位朋友的通信编在一起。如此编法固然凸显了施特劳斯与各位同伴的思想和人事交往,却割裂了书简给人带来的施特劳斯思想的历史感。我们重新按每封信的时间顺序编排,使得这部书简集回归施特劳斯的生平史——信函编号按年代编序,需要查索原文的读者,也不难在迈尔编本原书中找到。这些与不同个性的朋友们的书简交织起来看更有意思,好些事情也更连贯和有整体感。比如,施特劳斯给洛维特回信时,夸奖了洛维特的文章,同时却在给克莱因的信中说,他给了洛维特的文章"毁灭

---

① 中译见施特劳斯,《论僭政》,彭磊译,北京:华夏出版社,2016

② 中译见施特劳斯/沃格林,《信仰与政治哲学》,谢华育、张新樟等译,上海:华东师范大学出版社,2006

③ 克吕格、洛维特、克莱因和索勒姆四人的介绍,中译见迈尔,《隐匿的对话》,朱雁冰等译,北京:华夏出版社,2003,页 166~174

性的批评"云云。我们有理由期待，不久的将来，有关人士还会找到和刊布施特劳斯的一些书信，到时要补进这个编年体书信集就容易得多了。

感谢成官泯博士和田立年博士，他们在百忙中分别应约翻译了施特劳斯与伽达默尔的通信和伽达默尔接受的访谈。

私人信件的语言不像发表的论著那么规范，何况哲人之间谈的经常是些思考艰深、涉猎广泛的哲学问题。不消说，整理这些书信非常辛苦（原件多为手写，而非打字机打出来的，而施特劳斯的手迹连老朋友也感到头痛），为了识读施特劳斯的笔迹，迈尔教授和他夫人耗费了长时期的辛劳（迈尔曾给笔者看过施特劳斯致伯纳德特信的原件，笔者两眼一抹黑）。可以想见，翻译这样的文字要比译通常的专著吃力得多。深切感谢朱雁冰、何鸿藻两位老人，在自己人生的艰难时日译出施特劳斯与四位友人的书简，让我们比不识德文的英、美、法学者们先读到这份宝贵文献（德文书简部分大多迄今没有英译）。

刘小枫

2005年10月

于中山大学哲学系

第一编

探索年代(1928—1933)

一九二八年

1 （致克吕格）

1928.9.24,柏林[明信片]

亲爱的克吕格博士先生！

  由于拙文的第二份一直在我的上司（[译按]施特劳斯当时在柏林犹太学研究院任助理研究员）那里,我不得不向您求告,恳请您尽快寄还您手头的那一份;为避免意外差错,我必须将全文仔细地再通读一遍。我谨冒昧地提醒您:您曾答应我,将坦诚而详细地说出您对我的论断的看法。

  谨致崇高敬意!

忠于您的
L. 施特劳斯

我的地址:Berlin W 30
    Motzstrasse 35 a
    bei Arend.

一九二九年

1 （致克莱因）

[邮戳:1929.7.17—明信片]

孔狄亚克(Condillac):《体系论》。引自达朗贝尔(d'Alembert)①的《百科全书前言》。达朗贝尔紧随牛顿,同样反对"体系精神"。

Spero te pecuniam istam sorori meae missuram fuisse[但愿你把钱已经送到我姐妹那里]。

Vale[祝你好]!

[列奥·施特劳斯]

---

① 孔狄亚克(Étienne Bonnot dec.,1715—1780),法国哲学家和国民经济学家;达朗贝尔(Jean-Baptista le Rond d'A.,1717—1783),法国哲学家、数学家和作家,与狄德罗共同主编《百科全书》,并撰写了《前言》和许多条目。——译注

2 （致克吕格）

1929.11.28，柏林
W 30，Bayer Platz 3

亲爱的克吕格先生！

我曾答应您，待我一到柏林便将拙著的打字稿给您寄去。我到达柏林时，看到了第一批清样；我回头一想：何不等到全书打出清样之时呢。现在清样已全部打出；现将拼版的书给您寄去；当然，在出版时您会得到真正的一本书；不过，出版还要让人等上一段时间。拼版中缺少附录，不过，这附录只是语文学方面的内容（文献依据）。

倘若您费心将您的总体评价，尤其将您的具体思考告诉我，我会很高兴。首先，您对从伊壁鸠鲁（Epikur）思想出发，或者在与之形成反差的衬托下理解启蒙运动的尝试有何想法？您关于休谟（David Hume）的报告向我明确指出了这个尝试的范围。可是，在完全以求"自治"（Autonomie）的意志定位时岂不失去了对启蒙运动之最重要的因素的理解？我非常愿意就如何正确地着手诠释启蒙运动这个问题与您进行探讨。

您了解特滕斯（J. N. Tetens）的 beatitudo［幸福］批判吗？它使我清楚地回想起我从您的著作中所读到的康德的幸福批判。关于特滕斯，君特（Felix Günther）——兰普厄希特（K. G. Lamprecht）①的一个学生——写了《人的科学——论理性主义时代的德国精神生活》（Gotha, 1907）一书。在这本书里有一些令人感兴趣的资料。我想，您大概没读过它。

请代我向您的夫人问好并向您衷心致候。

您的

列奥·施特劳斯

---

① 特滕斯(1736—1776)，德国心理学家、数学家和经验主义哲学家。兰普厄希特(1856—1915)，德国历史学家，著有《德意志史》(12卷)。——译注

一九三零年

1 （致克吕格）

1930.1.7,柏林
Bayerischer Platz 3

亲爱的克吕格先生！

我今天就急于想对您的信表达我由衷的谢意，我对自己的文章基本上不满意，你的信非常有助于我的不满变成我具体置疑和改变自己一直以来的探问。此外，我现在想对您的批评做出几点回答，目前，即在脱稿一年以后，我可能要比当时在文中所写的要说得更清楚些。而且，我的雇员身份迫使我在文章中对某些情况保持缄默；因为，我最初关切的是回答启蒙运动观念中所存在的问题，我的上司觉得，这对研究的"客观性"有害；姑且完全不说，我的机构（犹太学研究院）不会容忍我公开表明作为我的问题之出发点的无神论前提，而这前提恰恰是我的出发点。我只好从命——虽然这减少了我的书的可理解性。不过，这对于我并没有多大损失。我相信，真正的研究对思想自由的仰赖并不大。就我给您——拙著的读者所造成之特殊的、原则上不必要的麻烦，暂且做这么多解释。现在，我想向您说明我的思考固有的核心，它部分出于前已提到的理由，部分出于俗话所称的"无可奈何"而在书中没有充分明确地强调。这就是：启蒙运动怎么居然可能取得胜利？寻常的、罗森茨威格（Rosengweig）①所代表的观点是：启蒙运动胜利了——战胜了经院哲学，但并未战胜启示，并未战胜圣经世界。说明这一回答之不足的标志，在我看来，是对奇迹的批判：奇迹概念来自圣经，因启蒙运动而丧失其力量和真实性。〔在今天，这是一个尴尬的问题；请您不妨读一下罗森茨威格的《救赎之星》，页119以下；他认识到，奇迹问

---

① 罗森茨威格（Franz R., 1886—1929），德国犹太裔哲学家、神学家和翻译家。——译注

题(das Wunder-Problem[译按]亦可译作"神迹")是中心问题;为了能够维护奇迹说——这是怎样一种奇迹啊!——且看他不得不怎样"诠释"启蒙运动的奇迹批判!]可是,启蒙运动在奇迹批判方面取得了什么成就? 所取得的只是确保自己,即确保已经被启蒙的人抵制奇迹;它奠立了一个对于奇迹不可能达到的立场。但是,从其内涵看,奇迹只有基于信仰才可能被体验为奇迹;所以,启蒙运动的攻击因此而失去其力量。然而,我认为——同样,根据奇迹信仰已经失去其力量这个事实——显然并非如此。从这一点上——至少从这一点上——人们清楚地看到,启蒙运动之取得胜利,并非由于从科学上驳倒了启示宗教的论断。启蒙的胜利是由于一个确定的意志,人们可以将这种意志 cum grano salis[打点儿折扣]称之为伊壁鸠鲁思想的意志。我觉得,这种意志似乎并非启蒙运动反对启示宗教的正当理由(Rechtsgrund)。说明这一点的推定证据是下述事实:来自伊壁鸠鲁主义基本信念的宗教观对于每一个哪怕只是从理智上率先理解一种祈祷的人都不宜作为有力依据。为了使启蒙运动的社会胜利——一个没有约束性的事实——成为全面的胜利,必须有另一种反对启示宗教的意志登场。我看到,在马基雅维利、布鲁诺和斯宾诺莎身上,这样一种意志初显端倪(这里指的当然不是后两者的"泛神论"),通过尼采达到最极端的表现,而在《存在与时间》里臻于完成,我指的是在对良知呼唤的诠释和在这里给予的谁在呼唤的问题的回答里臻于完成。只有从海德格尔的此在诠释出发,才可能对圣经做出一种得体的无神论的诠释(如果人们比较一下海德格尔关于ϑεωρειν[观]和"听"的关系的看法与费尔巴哈论宗教本质的某些命题,宗教批判赖海德格尔之力而取得的进步就再明显不过了)。只有能够从无神论角度得体地诠释宗教的时候,宗教才被克服了。可以说,启蒙运动的胜利,即"科学的世界观"——我只将它理解为:相信奇迹的可能性之丧失——的胜利之所以能被认为是正当的,仅仅基于一个确定的信念,而非基于这种"世界观"本身。

与上面勾勒出的这一普遍倾向相适应的是古希腊罗马的(伊壁

鸠鲁主义的）批评与现代的、以社会和平为方向的批评的区别。社会和平成为目标，因为，眼下重要的首先不再是消除可怕的幻想，而是为了缔造现实的幸福而消除幻想，消除幻想的幸福。从上述普遍倾向的意义上看，重要的是：在这个朝着"现实"的转向中，同时也酝酿着尼采立场的形成。

我未经所有方法论上的反思和保证便着手工作了。这也许是因为，我若从一个确定的抽象临界点开始，便没法进行反思。在这一方面，我要直接请求您——和克莱因——给我以提携。我只清楚一点：我不可能相信上帝。我为此拟出如下设想：存在着一种 idea Dei innata, omnibus hominibus communis[人人所共有的、与生俱来的上帝观念]；对这种 idea[观念]，我可以给予或者拒绝给予我的 assensus[同意]；我以为，我不得不拒绝给予我的同意；因为我必须弄明白：为什么？我必须面对犹太传统之法庭为自己辩白；而且不做任何历史哲学的反思，只是因为，我并不认为我有正当理由出于轻率和省心而放弃一件我的先人曾为之而承受可能设想的一切的事。于是，我问自己：为什么？给予我第一个回答者是将异端径直称为伊壁鸠鲁派的犹太传统本身。因此，我开始研究伊壁鸠鲁派，并很快确信，这些古人以他们的名称说出了要害：背叛事实上"最先和在大多数情况下"具有"伊壁鸠鲁主义的"来源。可并非始终如此。我没法弄清楚无神论的各种理由；所以才有了本书第一节表面上看似类型学的叙述，这确实并非出于对"生活之丰富多彩"的浪漫式欢乐。这种"类型学"的范例毋宁说是得自布多（Fr. Buddeus）所罗列的将人引向无信仰的形形色色理由。当然，我向您承认，这个定位不再可能从我的前提出发来解释；我由此而同时承认，非常需要检验某些关于伊壁鸠鲁思想被作为人的一种永恒可能性的肆意表述。我自然还不可能接受您关于人的历史的一排他性的规定性这一基本命题。

我本想还要写几页，可现在我得睡了，而且未来几天内我肯定写不成。因此，我只好推迟回答您的一些基本思考。我将一直等到我全部收到您对我全书的批评的时候。

但愿这封信对您看我的书有所帮助,尽管它尚欠全面。

再次感谢您,尤其感谢您为我搜寻关于门德尔松的资料。谨向您和您的夫人致候。

您的

列奥·施特劳斯

1930.1.8

我今天才想到把信寄出。因为,我想以霍布斯人类学分析的形式继续我在送给您的书中已经开始的考察,所以,除了您的原则性意见以外,我也特别关注您对我在书中(《导论》§4 和页 222 以下)只是一般提及的霍布斯观点的思考。您一旦有什么发现,请您记住随时写下来。

2 (致克吕格)

1930.6.26

柏林-新台佩尔霍夫

Hohenzollernkorso 11.

亲爱的克吕格先生!

我向您开门见山地提出一个请求。我听克莱因说,您在冬季学期将开设奥古斯丁专题课。我预计十二月去基希海因。我可否在您的专题课上做个发言?我想谈的是"中世纪的启蒙运动"。当然,我只讨论犹太教和伊斯兰教的发展。不过,在与基督教的发展做大量而又重要的对比时,我会将我所要说的内容切入您的专题课的框架。我之所以现在就写信告诉您,是因为我想获得一种哪怕不太受束缚的义务所具有的强迫性,以结束某项专门研究,使我不至于因琐屑小事而太多分散精力。

作为纯然的"习作",我开始撰写关于犹太经院哲学家格桑尼德

(Gersonides)①的文章,此外也是因为我必须向支付给我钱的人们提出某些 Elaborate[书面的东西]。但我很快发觉,这项工作不容人以漠然态度进行,因为对象太令人激动了。这是关于稳健的(即非无神论的)启蒙运动的问题,从您关于康德的著作中我对此已有所了解。从表面看,犹太—阿拉伯的中世纪的情况近似[欧洲]18世纪:从天命信仰、对仁慈上帝的信仰占主导地位经对要求清算(Rechenschaft)的上帝的信仰,最后到对充分理性的信仰。但经仔细观察,却可看出其间的重大差别。在18世纪是道德占先(苏格拉底崇拜),在中世纪则是理论占先。在18世纪,"道德律法"作为一种自然法(Natur-Recht)而得到发展,后者要求一种实证的、国家的律法作为其补充。在犹太—阿拉伯哲学中,自然法无足轻重,至少并没有它在基督教发展中所显示出的重要性。这是由于在犹太人和阿拉伯人那里,实证律法同时又是政治的和"教会的"律法。摩西或者穆罕默德的实证律法是唯一的有约束力的准则,足以引导生活走向(存在于理论中的)幸福。摩西或者穆罕默德被视为哲人—立法者。其前提是源于柏拉图式政制的观念。可见,犹太—阿拉伯的中世纪比18世纪更多"古希腊罗马性质";由于与古希腊罗马具体的法(Nomos)和立法(Nomothete)理念的联系,犹太—阿拉伯的中世纪比18世纪的自然法更有可能接受具体的启示秩序。

我希望在冬季学期能向您讲些更确切、更成熟、更可理解的东西。如果您能尽快告知我的发言是否能以我建议的方式来安排,我当非常感激。

请代我问候您的夫人,并向您亲切致意。

您的
列奥·施特劳斯

又及:我完全忘了解释我为什么恰恰向您提出请求,这自然是因为我想听听您对我的观点的看法。

---

① 格桑尼德(Gersonides 或 Lewi ben Gerschom,1288—1344),犹太教哲学家。——译注

一九三一年

1 （致克吕格）

1931.2.27，基希海因

亲爱的克吕格先生！

关于"政治与宇宙"的段落在 Eth. Nic（［译按］亚里士多德《尼各马可伦理学》）27（1141a 21）。

附上内容梗概，烦请转给戈加顿（Gogarten）。① 我设想的行文方式是，我将详细叙述下半部分提及的批评，我尤其要指出，曼海姆（Mannheim）②探讨作为科学的政治和探讨乌托邦问题，竟然未从柏拉图的书中有所领悟（请原谅这句野蛮的话！），他始终全然"束手无策"。为说明这种倾向，我将给整个内容加一个标题：时代的智术。我将融入在我关于当今宗教状况的报告中所论述过的命题（第二洞穴［die 2. Höhle］等等）。经过我现在计划的改动之后，我希望这篇文章至少比现在更富说服力，也将给您带来更多乐趣。总之，如果戈加顿乐于将这篇经增补和修改的文章推荐给一位合适的出版人，不论作为杂志的稿件，还是单独发表，我将愉快地着手修订。

我在星期天回柏林。在最后告别之前，我再次由衷地感谢您通过您的讲座和在私下交谈中所给予我的重要而多方面的建议和教诲。同时再次衷心感谢您的夫人的善待。

向您和您的夫人衷心致候。

您的

列奥·施特劳斯

---

① 戈加顿（1887—1967），德国新教神学家。——译注
② 曼海姆（1893—1947），德国社会学家，著有《意识形态与乌托邦》（1929）。——译注

2 （致克吕格）

1931. 5. 7
柏林-新台佩尔霍夫
Hohenzollernkorso 11.

亲爱的克吕格先生！

与此信一起同时给您寄上我参与编订的门德尔松周年纪念版文集的第二卷清样。我负责编辑的是：《蒲伯：一个形而上学家，致莱辛公开信；"逻辑学术语"评注；论明证》。假如您能抽空看一下我写的引言，并告诉我您对其中提及的命题（例如有关卢梭）的看法，我会非常感激的。

上星期一，我做了一个关于柯亨（Cohen）与迈蒙尼德（Maimonides）①的报告。我试图说明，柯亨的论断无论如何都有道理：迈蒙尼德从根本上看是柏拉图的追随者，而并非亚里士多德派；固然，人们还不能如此直接提出这个论断，就像柯亨所做的。我在这个报告中第一次发表了我关于伊斯兰—犹太教经院哲学的命题（它在经柏拉图的政制和律法所界定的框架内来理解启示）。可惜您不在场；我很乐于听到您的意见。您会看到我从您的柏拉图课获益多么大呀。

克莱因对我说，您在埋头工作，我希望，尽管如此您在今年之内还会来柏林。

请以我的名义向您的夫人亲切致意，并向您本人致候。

您的

列奥·施特劳斯

---

① 柯亨（Hermann C.,1842—1918），犹太裔德国哲学家，新康德主义马堡学派创始人；迈蒙尼德（Moses M.,1135—1204），犹太教法学家、哲学家。——译注

3 （致克吕格）

1931.5.23,Wandlitzsee

亲爱的克吕格先生！

　　我利用圣灵降临节星期日的休息时间写信,告诉您一件长时间萦绕我脑际的事。这完全是与我个人有关的事,与其他无涉。我不得不从一开始就请求您原谅,我恰恰为此事而麻烦您这个埋头工作忙得不可开交的人。可这是种种相互纠结的情况所使然,我看到的促成此事的唯一一条路是经过您的……

　　克莱因对我说,您在马堡时曾顺便问他,我究竟为什么不攻读大学执教资格,他回答说:我认为我现在情况挺好,在收入方面至少比一个编外讲师好。克莱因没有看到,如果我不再终日独自枯坐新台佩尔霍夫的陋室,而是通过教学任务的推动更勤奋地工作,在某些方面使我在工作中得到启发,这对于我会有怎样的价值,他忘了,按常情推断我现在的经济基础不至于因攻读大学执教资格而受到影响。简而言之,我非常想攻读大学执教资格。

　　当然,我自己这方面对此也有顾虑,私人的和非私人的顾虑。私人的顾虑:不愿被拖进"俗世生活"（显然大学里的生活说不上是vita contemplativa［沉湎于思考的生活］）;贪图舒适以及其他一些情况也形成阻力。非私人的顾虑是我的犹太人身份。在将一切美好的东西以及学术进行可耻的民族化的情况下,这个事实并非无关紧要:当我面对我属于什么民族的问题时,我要回答:是犹太人,不是德国人。我如要攻读大学教职资格,便根本不可能对此含糊其辞,这更会增加一个犹太人攻读大学教职资格本身所已经碰到的麻烦。不过,虽然有这种种疑虑,我仍然觉得采取必要的步骤攻读大学教职资格是有利和正确的。

　　现在您会感到惊奇,我双眼盯准了哪个人:盯准了蒂利希(Tillich)①！我之所以盯准蒂利希,是因为他并非排犹份子,他基于自己的相互关联论(Konspektivismus)并不要求人从属于一个确定的立场,而且他在法兰克福。不论人们对法兰克福会说些什么贬话,我宁愿选择它——这也出于经济上的考虑——而不选择吉森之类的地方。

克莱因与我一起设想出的"蒂利希"这个可能性;克莱因后来又告诉我,您认识蒂利希,您很受他器重。

亲爱的克吕格先生！在这样一通开场白之后,我可以表述我的请求了:您在法兰克福见到他时可否视机会以适当方式向他提一下我的事？

事情有点麻烦的是,我在今年由于手头拮据几乎不大可能去法兰克福造访蒂利希。我必须用我可支配的钱前往汉堡卡西勒(Cassirer)②那里,以便说服他,使他在有人询及我时至少不至作梗。既然我本人一时完全不可能见到蒂利希,我更加希望他通过您知道我的名字。由于他"对一切新东西敞开心扉",他也许会怀着善意对待我关于伊斯兰中世纪和霍布斯的种种推断。

假如您能很快写信告诉我您如何看待我的请求和如何评价其前景,我会非常高兴。

请您切莫想到那个人们不可对之给予些微帮助的魔鬼,请您以我的名义亲切问候您的夫人。谨向您热忱致意。

您的

列奥·施特劳斯

---

① 蒂利希(Paul T.,1886—1965),德裔美国新教神学家。相互关联论这个词的出处施特劳斯没有说明,这个译名也是译者权宜的选择,根据是蒂利希试图使圣经的信息与人类各个时代的文化背景联系起来,从而使人们关心其自身存在的问题。——译注

② 卡西勒(Ernst C.,1874—1945),德国哲学家,施特劳斯的博士导师。——译注

4　（致克吕格）

1931.6.1,柏林

亲爱的克吕格先生！

我把这封信搁了八天,既然今天我仍然坚持其中的说法,我便把它投邮了。愿您接受它的说法！

眼下我已经完整地拥有了您关于康德的书,其中的(思想)财富则已有了一半。我马上就读,更精确地说:研读。清晰地反映了您的倾向性的引言和结论,我已经大致浏览了一下:您并不像新康德主义者那样,从康德去理解柏拉图,而是相反,让柏拉图对康德,尤其对我们提出质疑。

您是否将您的书寄给了埃宾豪斯(Ebbinghaus)?① 假若没有,我劝您务必要寄给他;因为,他一定会在您的书中发现他对许多东西似乎还欠缺的说法。

无论如何得为您给我寄来的书向您表示热忱谢意。在我自己取得一些进展之后,我越来越清楚,霍布斯像康德一样面对同一个问题,其可比点之广,令人惊异,研读您这本书将使我大受裨益。

感谢您五月十二日的亲切而饶有兴趣的信。我的书将得到您的书评,这一前景在我总是一件乐事。至于我是否给您的书写书评,这取决于兴内伯格(Hinneberg)是否还为此留有篇幅,取决于是否为书评的完成留有几个月的时间。因为我在以后几个月非常忙,必须为研究院的《通讯》就一个颇为棘手的论题写一篇文章。

倘若我有钱,我会去马堡向您和其他可能感兴趣的人宣读我关于柯亨与迈蒙尼德的报告。我相信,我能够就这个论题与您取得一致看法。您拟就可能在马堡康德学会的报告提出的建议,我非常感兴趣;假如此事不费特别大的精力财力能够办成,当格外高兴。

我不想再说 captatio benevolentiae［讨好的套话］,再次对您表示

---

① 埃宾豪斯(Julius E.,1885—1981),德国哲学家,原为黑格尔派,后为康德信徒。——译注

衷心谢意,并向您的夫人和您亲切致候。

您的

列奥·施特劳斯

5 （致克吕格）

1931. 6. 28,柏林

亲爱的克吕格先生!

　　多谢您亲切、详细而又极富启发性的信。我没有料到,您马上就写回信给我,我因此而更感到高兴。您为我开辟的前景（维森格伦[Teddy Wiesengrund]、曼海姆、霍克海默[Horkheimer]①等）,现在当然还令人感觉不到多大的鼓舞。不过,既然人们不可指望一锤打出五条腿,我只好啃这个酸苹果了。我相信,以我的乡下人出身足以保护我不受华丽多彩的 Crêpe de Chine-Geist[中国绉纱精灵]的诱惑。社会责任是可怕的;但也只是可怕而已,这些责任不至于使我产生迷误而错过要事。所以,我无论如何都为您打听到的情况和乐于继续关注我的兴趣而对您表示衷心感谢。

　　您的报告当然会使我大感兴趣。您可否将草稿给我短时间用一下? 克莱因和我一起也许能够识读。

　　重读了一遍您的书的前六十页。不论是由于印刷产生的效果,还是因为您在个别地方做了改动,反正我现在比读手稿时更喜欢它。自然有的部分因重写和删节而更难懂（尤其§9 非常费解）。§8 由于霍布斯的缘故对于我是求之不得的。一个小小的瑕疵是页 61 摩尼后面的问号。摩尼是——或者被认为是——摩尼教的创建者（见培

---

　　① 霍克海默（Max H. ,1895—1973）,德国哲学家和社会学家,法兰克福学派的主要代表。关于维森格伦背景不详。下文凡未加注释的人名,要么是汉语学界皆知,要么无从查找其背景。——译注

尔[Pierre Bayle]编:《历史与批判辞典》,"摩尼教徒"条,第一段)。请在再版时考虑到这一点。

现在我正准备结束一篇文章,文章涉及阿拉伯犹太教哲学中的柏拉图主义。我很乐于将文章的打字稿奉上请您过目;我会考虑您的一些想法。

请代我向您的夫人多多致候,真诚向您致意。

您的

列奥·施特劳斯

如果您见到伽达默尔和洛维特,请代我对他们寄来的东西表示谢意。

6 (致克吕格)

1931.7.8,柏林

亲爱的克吕格先生!

请原谅,又得向您求助了。不过,这次的事用一张明信片便可以办成。是这样的:

弗兰克(Erich Frank)有个至交,时而与他谈到我,他的这位老相识主动致函弗兰克,请他在蒂利希处为我进言。您认为这恰当吗?弗兰克在蒂利希那里说得上话吗?您可否在弗兰克的"平行行动"的情况下瞅准机会与蒂利希谈谈?因为我相信,以您神学上的意向,在蒂利希眼里您比弗兰克"更受关注",您的评价在他那里比弗兰克的评价更有分量;或者,即便不是更有分量,至少不同于弗兰克的评价,我的意思是,向他提供有别于弗兰克的评价的另一种保证。

我出于纯然的利己主义夺去您如此多珍贵的时间,几近于犯罪了；我只能希望，通过不时地强调我的利他素质而使您确信，我并非是完全无道德感的人。

  我想向您透露一件对您和我都同样值得关心的事。我觉得克莱因没有充分投身工作，我感到不安。可指望的也许是一种强迫他完成一件事的有益压力，即让他被迫就他愿意研究的题目（如 cause［原因］和因果关系）做个报告。在柏林，几乎无法为此作出安排；至少我看不到任何机会。您能否在马堡召集一个"感兴趣者圈子"？至于此事的财政方面无关紧要，因为报酬并不重要；旅费我会设法在柏林筹集。如果您不能完全理解我的担心，就请您无论如何都相信我；由于与他交往多年、几乎每天见面，大概特别了解从他那种淡漠秉性方面而来的威胁着他的危险。"警告"很不恰当；唯一可能做的是，我向您建议的那种形式的推动。我最近就这个问题曾与赫尔曼女士交换过意见（这次交谈之后我才想到给您写信；我也许不会告诉赫尔曼女士我曾经给您写信）。她与我意见一致：我们必须近期各自单独跟克莱因讨论他的工作。倘若您通过这样一个建议给他施加压力，就是对我们这次"行动"求之不得的支持，您就帮了克莱因一个大忙。

  说不定克莱因会为这种"关心"大大怪罪我；不过，您当会理解，在有些情况下没法再顾及情感了。所以，虽然有种种顾忌，我最终还是将这封信投邮了。真诚问候您和您的夫人。

您的
列奥·施特劳斯

7 （致克吕格）

1931.7.25,
柏林-新台佩尔霍夫

亲爱的克吕格先生！

请原谅我没有像实际上理应做的那样立刻复信。我脑子里装得满满的！眼下手头拮据，较长远看也手头拮据——裁员危险——，我妹妹要考博士资格（师从哈特曼[Hartmann]①攻读哲学，他要求她："不搞一点儿认识论吗？"但后来却只要求斐多[Phaidon]②的理念假说论之类的东西了）。几乎在我松一口气的第一个瞬间，便提笔给您写信，对您为我在尘世的未来生活所做的如此巨大而又绝非顺畅的努力表示由衷的感激。这些努力的负面结果不会使我败兴，因为其原因与我关于"文化政策"的信念处于某种前定和谐之中：对于为我在一所德国大学安置工作的某些努力，我在内心深处所持抵制态度恰恰产生于下述情况：我认为，德国大学的"外来影响"（Überfremdung）对于双方的任何一方都是不堪承受的，不论对德国人还是对犹太人；争取自己人格的权利被认为是不正当的，因为人们一方面认为自己有权这么做，另一方面又从一般意义上怀疑这个权利。所以，我对这个负面结果并不像您也许设想过的那样忿然不平。可是，我仍要再次——在这个插曲的结尾——向您表示我由衷的感激！

至于克莱因——我认为让赫尔曼女士谈一下您的信是对的。我自然为此承担全部责任。目前情况表明，这是必要的和对的。

随信寄上我的文章。倘若您能尽早谈一下，非常感激。对于您，只需谈页1~5和23~27足矣；中间一部分太"中世纪"了。您将看到，我从您那里学到了多么多的东西。出于技术原因，我不可

---

① 哈特曼（Nicolai H.，1882—1950），德国哲学家，马堡派新康德主义者。——译注

② 斐多，苏格拉底最喜欢的学生。这里当指柏拉图的《斐多》中讨论灵魂不朽问题时提出的著名的理念论。——译注

能直接引用您的话。由于我只有少量打字稿复写，恳请尽快寄还。

热烈问候您和您的夫人。

您的

列奥·施特劳斯

8 （致克吕格）

1931.10.3

亲爱的克吕格先生！

您的信来得正是时候。倘若不是担心——即便不重复我的请求——会成为令人厌烦的告诫者，我早就给您写信了。在您做完最让人伤脑筋的事——读我的书——之后，顾忌已全然消失。

我正处于巨大的困境：我供职的研究院岌岌可危，几近垮台。我必须考虑到在一月一日将 vis-à-vis de rien[面临失业]。基希海因不再可能是最后的得救之所。由于我没有任何"关系"，我也就看不见任何出路，我感到有些迷惘（但愿您谅解这种情绪对这封信所产生的影响）。厄运突然而至，使我毫无准备，以致我不可能设法为此采取任何步骤。《霍布斯》尚需我一年的紧张工作。我认识的唯一一个有影响的人是——请勿见笑！——兴内伯格。可是我不能去找他；我们必须等着他来约我；倘若关于我的书的评论到达，他会来约我的，您因此而会理解我何以立即回复您。

1）您不熟悉斯宾诺莎。——但您却了解比如出自狄尔泰（Dilthey）①《全集》卷二的主要观点。这就是说，您知道我没有考虑到的东西，或者您想说：我忘记或者不理解狄尔泰所理解了的东西，

---

① 狄尔泰（Wilhelm, D., 1833—1911），德国哲学家和重要的思想史家，生命哲学的主要代表。——译注

即"泛神论"。此外,这本书还受到斯宾诺莎专家方面的评论;请您在书评中局限于与启蒙运动本身的问题有关的方面。

2)有关我的书的论题,没有值得重视的文献。您必然会想到一般注疏和诠释学历史的文献(麦克斯[A. Merx]、西格弗里特[C. Siegfried]、施韦策尔[A. Schweitzer]等)。不过,这些文献一般都绕开了不信仰的前提问题。

或许使您感到心安的是,"世界最伟大的斯宾诺莎权威"(!)——耶稣会士杜宁-波尔科夫斯基(Dunin-Borkowski)(马堡大学哲学系图书馆有他的《青年斯宾诺莎》一书)曾两次以赞赏口吻评到这本书;随信附上这些评论的剪贴件,并请抽空给我寄回。他所强调的拙作的"护教学"的贡献,与您所指的"无偏袒性"(大概)是同一件事。

我太熟知自己的书的缺点了:您切莫怜悯,即便在书评里也不可怜悯!我只会感激您能够直截了当地说出此书的本来意图,这是身处书刊检查之下的我所做不到的。

关于加尔文,我们还需通信进行讨论;我现在静不下心来讨论他。我乐于相信您的说法,我受戈加顿和巴特误导,低估了自然神学在加尔文思想中的地位。我的书是无信仰对巴特—戈加顿严肃派之信仰的唯一一次回应,至少从意图看如此。只是您不要误解我,似乎我在撰写此书时认为,鉴于两种相反见解(有神论和无神论)的信仰品格,我们必须平静对待"立场"的差别。即便从意向上看,也存在着尼采的批判,这个事实对于我始终是一个证据,说明不可能始终保持谦恭礼让。

不得不就此止笔。在您的信到达之前,我已经给洛维特写了一封长信,现在必须继续写下去。

请原谅这封信的烦躁情绪。

向您的夫人和您致候,感谢您出于友情为我费心。

您的

列奥·施特劳斯

9 （致克吕格）

1931.10.15，柏林

亲爱的克吕格先生！

　　他又来了，这缠人的老精灵，您会这么想。不过，这次至少不再是为书评的事。万一您为此事经伽达默尔受到兴内伯格的催促，这确实并非我的过错，而只是由于兴氏为我的"前程"表露出长辈般的焦虑。这次打扰不是为书评，而是为下面的事：我妹妹在取得博士学位后失业，待在基希海因；她至少不想完全忘掉所学的东西；所以，她想利用马堡图书馆，为此需要一个担任教职的成员的担保。您可否在我保证下为我的妹妹作保出具一份担保书？倘若您答应此事，最便捷的办法也许是，请劳驾告知我妹妹（贝廷娜·施特劳斯，基希海因罗马人大街）她何时可以为此事去找您。

　　从克莱因处听说，我上封信给您留下非常沮丧的印象。我为此感到歉疚。眼下我已经从最初的惊悲中恢复过来。我将设法以我伟大导师的精神在一切人反对一切人的战争中尽力保卫自己的生命和肢体，按照自然权利，我是有权这么做的。

　　关于作为论题的霍布斯，我意在说明或者从根本上已经说明，他的"政治科学"是苏格拉底的 techné politiké[政治技艺]的重复，一种使苏格拉底的论题非常趋于平庸化的重复。我认为，以这种方式将能够精确界定人们口头上称之为理性主义（Rationalismus）的东西。您关于康德的书对我教益良多；我越来越清楚地注意到，霍布斯的论题与康德的论题有着同样的结构。有着实用目的的人类学是"政治科学"之非政治性的重复，即较为偏狭的重复。目前我正在审查职业法学家们对自然法的批判。哼，这类批判！其漫不经心令人愤怒！当我的后批判（Metakritik）写成时，将奉上请您过目。不论我们关于自然神学的意见可能有多大分歧，关于自然法的必要性和可能性还是会相互沟通达到一致的。现在，当我通过柏拉图领悟到霍布斯的立论站不住脚以后，为说明自然法存在于一个没有天意的世界上的可能性，霍布斯作为权威大概已不再使我感到满足；我的权威是柏拉图。您是否知道政治人的神话(Mythos des Politi-kos)？

我现在发现了第四个就当今时代作为第二洞穴跟我们意见一致的人：埃宾豪斯。他的报告《论形而上学的进展》包含一些非常精彩的论说；我将在 D. L. Z.［《德意志文学报》］预告此文。

向您和您的夫人热烈致候。

列奥·施特劳斯

10 （致克吕格）

1931. 11. 16，
柏林-新台佩尔霍夫
Hohenzollernkorso 11.

亲爱的克吕格先生！

我本想在细读您的书评后给您写信。但书评发表拖延的时间比我按兴内伯格的诺言所期待的要长得多；还要两三周之后才发表。您的书评已经到达 D. L. Z［《德意志文学报》］，这是我在您的信到达以前不久从兴内伯格的电话中得知的，他要我立即去他那里读您的书评。我刚挂上电话，您的信便到了。您保证您"可没有说我的坏话"，这使我担心，您在受不应该有的顾忌左右；使我感到更为高兴的是您的评论的结论。我在兴内伯格的接待室里匆忙而又激动地将书评读了两遍，我太激动，以致根本不可能再考虑个别细节。无论如何，我都由衷地感激您，您连贯而又清晰地展示了我部分出于外在原因、部分由于无私而只是狂想式地说出的东西。在为此对您表示感谢以前，我必须首先感谢您经受的阅读之辛劳。即便这种辛劳只有几分值得，我自认为我所做的也足够了。鉴于当时深陷其中的种种成见，我在撰写此书之时绝不可能做得更好。

关于您讨论自然神学的文章的命运,我通过克莱因得知更详细的情况。如能得而读之,我会非常高兴。十二月末或者一月初,我也许回趟基希海因,随后去马堡。

普遍的不安淡化着我的道德意识,以致我不再如此细心地对待我对研究院所承担的义务,而是更着力撰写《霍布斯》。我真正向前跨了一大步,脱稿之时指日可待。同时,我还写了一篇(并不准备付印的)前言,我在这里试图解释自然法的空白,并为此而指出自然法批评史的空白。在这一方面,我认为重要的是首先应强调,今天对自然法所持的怀疑态度的唯一前提是历史意识。既然历史意识并非可以随时对之叫停的出租马车,看来,人们会走向历史意识之历史的毁灭。历史意识被证明是受历史制约的,它局限于某一特定环境,无非是自身捉摸不透的、重新取得古代哲学思辨自由的尝试:反对偏见的斗争是历史意识的原初形式。您在附寄的书评中可看到较为精确的表述。

我妹妹为她后来未再与您联系让我代致歉意。她出乎意料地在法兰克福应聘取得一个代课职位,因而立即赶往那里去了。她让我代她感谢您的亲切关注,我也就此向您表示谢意。

向您的夫人和您亲切致候。

您的
列奥·施特劳斯

11 （致克吕格）

[缺日期]

亲爱的克吕格先生！

　　我今天致函是为了一个纯属个人性质的请求。看来，我将不得不设法为我关于柏拉图在阿拉伯人中的影响的研究取得助学协会①的一项奖学金。今天在助学协会的办公室领到了表格，我发现必须提供一些情况，如："谁能够就您的经济现状提供情况？"此外，还必须填写父母的通讯地址。这意味着助学协会将在我家乡的市政府当局调查我父亲的财产状况。由于我父亲在任何一项法律的意义上都不是"贫困的"，情况便可能是：我没有任何指望获得奖学金。尽管如此，事实却是，我不可能从父亲那里得到一分钱。如何才能绕开回答上述问题的暗礁呢？我想到，您在要求成为助学协会的奖学金生的时候处于相似情况，您可以作为expertus[过来人]给我出个主意。此外，我请求您尽可能对我提出更多建议，获得这项奖学金，将使我得以了结关于上述论题和关于霍布斯的研究。前景当然并不看好，但我必须一试。顺致安好。

您的

列奥·施特劳斯

---

①　指德国学界助学协会（Notgemeinschaf der deutschen Wissenschaft），成立于1920年，1951年与1949年建立的德国学术研究理事会合并，组建为德国学术研究协会（Dentsche For-schungsgemeinschaft）。——译注

12 （致克吕格）

1931. 12. 12，柏林

亲爱的克吕格先生！

多谢您对助学协会的行事方法所做的真正详尽的介绍。请允许我说出我抑制不住的反省：世上毕竟有可以信赖的人。即便这话听起来是一回事，实际上是另一回事，也不能完全排除有这样的人。至于事情本身，我还要说明，我已暂时搁置向助学协会提出申请，以便争取另一个更合适的奖学金：洛克菲勒基金会推动政治学研究的国外奖学金。我擅自在作为学者能够提供关于我的情况的人当中也列上了您的名字，秘书告诉我，他们恰恰想与"青年一代"建立联系。

关于您的事，我没再听到任何消息。我只是顺便向兴内伯格讲了克洛纳(Kroner)对您的书的评价(我从克莱因和伽达默尔那里得知他的评价)。在克氏的评价中，可能针对您的阻力大概来自海姆索特(Heimsoeth)①和哈特曼方面，至少我如此联想；不过，恰恰对于这种情况，您自己最好不理。

至于您是否应写信给兴内伯格，我无法评说；我的印象是，兴内伯格将由于您的一封信而备感荣幸：他是如此看重您。鉴于这个事实，健康的马基雅维利主义也许会建议您不写信。不过，您比我更了解 mundus[人世]及其秩序。

您不愿以兴内伯格建议的方式致函埃宾豪斯，我完全明白个中道理；可我当时又不得不向您传达兴内伯格的建议。此外，关于埃氏，您读过他关于康德的永久和平说和战争责任问题的文章吗？（与他的《形而上学的进展》在同一本文集中发表）我急欲知道您如何评价就康德关于权利(Recht)与自然状态(Naturstand)的学说提出的命题。

---

① 海姆索特(Heinz H., 1886—1975)，德国哲学家，受哈特曼影响的哲学史家。——译注

眼下我又在《存在与时间》中读出点名堂。不论您 sub specie veritatis［在真理的观点之下］会对此书说些什么,它的确以至纯的方式表达了现代性的实质(Essenz der Modernität),即与希腊人、犹太人和基督徒相对立的那种现代条件(Vorbehalt)。至于此书的内在疑难,表现得最清楚的大概莫过于论说约克(Yorck)①的一节:约克关于一切哲学之道德意图的话,在我看来似乎被有意援引,即"间接转述",这是海氏至为看重的;一定要从这些话出发 pro reo［视具体情况］诠释海氏关于哲学不可以发表权力诉求(Machtspruch)等等的直接言论,因为引用约克的段落不是为了凑趣。

本月六日《法兰克福报》的高校版载有海克尔(Th. Haecker)②的几点评论,他将蒂利希的哲学视为智术(Sophistik),这颇中肯:我想,您会完全像我一样喜欢这些评论。

向您夫人和您亲切致候。

您的

列奥·施特劳斯

---

① 约克(Paul Graf Yorck von Wartenburg);这里指的是《存在与时间》第五章第七十七节,见陈嘉映、王庆节合译中译本,北京:三联书店,1987年,页466~473。——译注
② 海克尔(1879—1945),德国作家和文化评论家。——译注

一九三二年

1 （致克吕格）

1932.8.19,柏林

亲爱的克吕格先生！

　　寄上我写的施米特书评抽印件四份,请您自己留一份,转送克莱因、弗兰克和伽达默尔各一份(我反正接着要写信给洛维特)。

　　感谢您寄还施米特的《罗马天主教与政治形式》,尤其感谢您的来信。您表示赞同,使我感到十分高兴。对于您的疑虑("假如我设想,您所关注的是为'正确性'而相互争斗的诸整体之'政治的'辩证法,我是否正确地理解了您对柏拉图的引证以及您自己的意图？首先,人们应怎样避免施米特对一切'严肃提出的想法'的中立性肯定呢？没有一种'信仰表白'怎么可能有对正确性的探索之明确的具体化呢？")我想说明：页746以下必须与页749第一节联系起来；这就是说：我相信,最终只有一种对立,即"左"与"右"、"自由"与"权威",或者用更诚实的古代语词来说,$\dot{\eta}\delta\dot{\upsilon}$[快乐]与$\dot{\alpha}\gamma\alpha\theta\dot{o}\nu$[好]之间的对立。为了说明这一点,自然应写一部从柏拉图到卢梭的政治史。您所要求的"信仰表白",在我看来似乎就在 $\delta o\acute{\upsilon}\nu\alpha\iota$ $\varkappa\alpha\grave{\iota}$ $\delta\varepsilon\xi\acute{\alpha}\sigma\theta\alpha\iota$ [曾给予和曾接受]本身之中,用现代语言讲就是"真诚"："左"与"右"之间的斗争就是乌托邦欺骗与冷静之间的斗争,页746以下所写的东西只是对人而言的：与绝对的理解相反,争执是真实的；终极之言可能是和平,即在真理中达到的理解。这种理性理解是可能的——firmiter credo[我坚信不疑]。

　　但愿您理解我这一通倾诉。否则,请您去请教克莱因——perscrutatorem cordis mei[我心灵的探幽者]。

　　您是否通读过我关于霍布斯的手稿？有何想法？

　　向您的夫人和您亲切致候。

您的

列奥·施特劳斯

2 （致克吕格）

[邮戳：1932.8.21—明信片]

亲爱的克吕格先生！

我完全忘了问您一个出处，这不会给您添麻烦，却省去我许多查寻之劳（不过，倘若您不能立即回答，也无关紧要）。您是否知道，康德在提出第一个二律背反（Antinomie）论题（"世界在时间中有一个开端"——我只关注时间，而不是空间）时，他所想到的是 18（以及 17）世纪的哪些著作家？还有，您是否知道，在 17 和 18 世纪，谁在康德以前反对过这种论证方法（我指的是第一个二律背反论题的论证方法）？我迄今只在卡德沃思（Cudworth）和沃拉斯顿（Wollaston）的著作中有所发现；在克拉克（Clarke）和克鲁修斯（Crusius）① 那里最多只是一些踪迹。这一论证方法无论如何都具有"非现代的"特点；它基本上只存在于中世纪正统的犹太人和阿拉伯人的著作里；沃拉斯顿曾指出这一点。这个问题甚至对理解康德也不是全然无关紧要。

寄一张写有书名的明信片就够了。我尤其感谢您能够立即作复，因为我很想在近期结束给门德尔松的《清晨时分》（Morgenstunden）写的述评，为此我需要您——如果可能——提供的资料。

向您的夫人、克莱因和您本人亲切致候。

您的

列奥·施特劳斯

---

① 卡德沃思（Ralph C.，1617—1688），英国神学家和论理学家；沃拉斯顿（William W.，1659—1724），英国哲学家，唯理论者；克拉克（Samuel C.，1675—1729），英国哲学家和神学家；克鲁修斯（Christian August C.，1715—1775），德国哲学家和神学家。——译注

3　(克莱因致施特劳斯)

1932.10.4，马堡

亲爱的朋友，

　　星期一晚上，小克吕格——藉助产钳——来到世上，一个真正的小子。克吕格高兴得无可名状。克吕格夫人的情况十分好！过程并不艰难，只是时间太长，所以，给折腾得疲惫不堪。新手医生先生的表情跟克吕格夫人差不多。但脑袋有着非同寻常的刚性——克吕格牌的！

　　衷心感谢您寄自法兰克福的明信片！

您的
克莱因

4　(致克吕格夫人和克吕格)

1932.10.8

Hôtel Racine, 23 rue Racine, Paris(6^e)

亲爱的克吕格夫人和亲爱的克吕格先生！

　　今天，我收到克莱因的明信片宣布您儿子出生。这是克吕格夫人的心愿。请允许我向你们表达我美好的祝愿。我还要加上一句话：在读克莱因的明信片时，我就感到一种个人的而又"超越个人的"喜悦。之为个人的，是就我跟你们的感情而言；之为"超越个人的"，因为我隐约地察觉到，这一事件与以建立事物自然秩序为目的的克吕格思想的合理原则之间有关系。

　　请再次原谅我的自由放任，您可以将它称为 licentia poëtica[诗人的特权]。在某种情况下，对同样一件事是用非同寻常的诗歌语言，还是用某种外语来表达为好呢？我选用法语来表达，而这正是，克吕格先生,您所希望的。

夫人和先生,请接受我最亲切和美好的祝福。

您的

列奥·施特劳斯

4a （克吕格致施特劳斯）

1932.11.13,马堡

亲爱的施特劳斯先生!

既然我已经开始给您写一封信——此信现已过时——我想至少应对您的祝愿表示谢意,并简单写一下对您的《霍布斯》的看法。我夫人的身体一直在恢复,虽然有些缓慢;儿子劳伦茨迄今非常健康,这是 pensée Krügerienne[克吕格思想]难以达到的。

我首先必须感谢您的手稿,我从中又学到很多东西,热切希望很快看到后续部分。我没有更为成熟的专门知识,虽然读过一些霍布斯著作,眼下也还在读。所以,我只能就您的著作本身说些意见。您一定得鉴谅,如果我将批评放在显著地位的话——我之所以如此,是因为这需要说更多的话。有两点没有使我完全信服,即 1. 将人类学问题还原为虚荣问题(das der Eitelkeit),2. 认为霍布斯在重提苏格拉底的问题。

关于 1. 天真的读者无论如何都获得一种印象:竞争作为独立动机带有"伤害",却是没法去除的。您所排除的"极端情况"仍有其重要性,即便撇开这个不说,看来,竞争和相互的不信任好像一直是虚荣能够赖以酝酿形成的**土地**:一个生物(Wesen)要是去掉这些可能性,从而变得没有需求,也就不会去需求胜利,也许这已经是无往不"胜"了。您要正确领会:我理解与斯宾诺莎的区别,我是最后一个可能否认"虚荣"之重要性的人(在这里霍布斯的说法一开始

克吕格

我们分歧的原因在于,我不能信仰,因而我在寻求一种在没有信仰的情况下生活的可能性,而您却认定,这样一种可能性不——不再?——存在。

——施特劳斯,1932.12.27 致克吕格

就使人一头雾水),可是我得到的印象是,您对"人类学成分"的合理强调似乎并不完全适合霍布斯思想中"自然主义的东西"(如果您以后将费人神思的有关方法论的几节移出放进一篇附论里,也许给人的印象会好些。您在引论里的实质性开端,更宜于在对霍布斯思想之内容上的阐述中延续下去):自然主义的东西虽然必须被视为一种第二位的"科学的"诠释——这我并不否认——但也必须承认,其中同时包含着人在 *το πάν*[自然]中的地位问题。从人类学上看,竞争的极端情况是不可比的,但在生活资料存在的偶然性中却蕴含着人——不论虚荣的还是谦逊的人——对宇宙的仰赖。在这里,将前定和谐设定为准则性的东西(如休谟和斯密)是隐匿的天意信仰。总之,我想要问的是:在霍布斯的自然主义方法里,是否蕴含着对具有肉身的人的内在自然本性的"实际性"(Faktizität)的意识——尽管他没有理由将这种"实际性"理解为"客观性"(Objektivität)。霍布斯近似笛卡尔,对世界在现代精神形成以前怎样"存在着"有着一种意识,但这只可能某种程度上表现在"人性里",因为霍布斯是在现代精神的土地上做的回顾。

从细节上我还想知道,虚荣是否可被称为人的"本质"。我注意到页 27 在"自然"以及"原初在"(Primärsein)的概念里出现的模棱两可。即便按照霍布斯的说法,某种意义上虚荣恰恰也是非自然的东西。他所设定的人的共体性(Gemeinschaftlichkeit)难道没有包含着一种对平和相处倾向(Verträglichkeit)的"自然的"提示?您所说的倒像一种霍布斯式的摩尼教。

关于2. 霍布斯"对自由主义的论证"果真与苏格拉底的意图是一回事吗?他探求"正确"的问题与苏格拉底探求"好"的问题并不是一回事。即便人们不给古希腊罗马的 *άγαϑόν*[好]加进"外在的"、"要求性的"(fordernd)道德主义,约束的方式和问题的基础仍旧是不同的。如果您从两个方面发现对政治科学的关切,这便是一种非常间接的同一性。这表现在数学对霍布斯和苏格拉底来说是不同的(见克莱因的书)。如果苏格拉底与霍布斯两人都要求"谦逊",

我便觉得，这近似于卢克莱修(Lucrez)①和奥古斯丁等人都在讨论忧虑、恐惧、逃离自己等等的情况：在"邪恶"、"腐败"等问题上，激进的启蒙者和神学家相互接近（而我将苏格拉底当成"哲学的神学家"）。

类似问题出现在您的施米特书评的结尾，对此书评我字字赞同。我在研讨课上当着戈加顿的面提到了施米特，并沿着您的踪迹前行。在某些方面，您的批评性判断比施米特的著作本身更富教益，后者不惜以整整一章做赌注夺取优势，他提出一种绝对的决断论(Dezision)——比决定命运的上帝还要绝对（我渐渐厌倦了这种遁入决断论的做法，我这么做也许会误伤"完整的认知"。但这一背景迄今并未产生影响）。附在这个词上的好东西正在于，与一种"纯"意识的自由相对立，它说，我们也许无法做出选择我们究竟要用我们的自由支持或者反对什么。

戈加顿当然也留下许多问题——姑且完全撇开他的一知半解不说；他接过霍华德(Howard)关于希腊伦理学的意见，这做法简直令我气愤。

您可否在巴黎看看是不是有神秘的柯特斯(Donoso Cortes[中译编者按]此为施米特依傍的西班牙思想家)著作的法译本？看来似乎没有德译本。这里的罗曼学者②甚至不懂西班牙语。这种陷于绝望的天主教竟然是——迄今似乎仍然是——施米特的榜样。

请告近况！您的确像您的"主人公"一样过着巴黎流亡生活。那里的情况如何？

衷心向您致候，我的夫人也向您问好。

您的

G. 克吕格

---

① 卢克莱修(前97—前55)，拉丁诗人，写有长诗《物性论》(De Herum Natura)六卷。——译注

② 罗曼学(Romanistik)：研究法国、意大利、西班牙、葡萄牙等国家的语言、历史和文学的学科。——译注

我觉得重要而又难以讨论的是您针对狄尔泰的立场所发动的论战。即使您从摆脱了启示的处境出发，您也并未占据一个真正"自然的"基础。我不明白您如何理解古代的重要性。我会将您的文章交给伽达默尔的。

5　（致洛维特）

Hôtel Racine 23 rue Racine, Paris(6ᵉ)
1932. 11. 15

亲爱的洛维特先生：

几个星期以来，我就想给您写信，可是，由于一直在期待着能够给您写一些关系着您的利益——我指的是您的尘世利益——的东西，而我又没有这类内容可写，所以，迄今未给您写信。我今天致函本来也只是为了告诉您，我在这里不可能听到任何信息；这些盎格鲁撒克逊人的尊容使人根本不敢向他们询问什么事。所以，请你直接找费林（Fehling），他肯定会妥善接纳您，1. 作为编外讲师，2. 作为聘任的社会哲学家（Sozialphilosophen），3. 作为施泰丁（Steding）的朋友。

现在来谈巴黎。关于这个城市，我无须说些什么，即便我需要说，恐怕也说不出或者说不好。对我而言，这里的一切都很陌生。诸如"肮脏""杂乱无序""世界规格的小城市"这类"外形上的表征"，至少向你指出了我的初步印象的倾向，当然，这种印象没有考虑到"在手边的东西"（Vorhandene），而只着眼于"到手上的东西"（Zuhandene）。一位在这里访问过我的相识第一次来巴黎但却熟悉罗马，他对我说，这里的一切都使他想起罗马。这时我才明白，这个城市的南国风情是使我感到真正陌生的东西，至少是使我暂时感到费解的东西。可这对于你却多了一份魅力。

令人感到欣慰的是，在这里可以观察到普遍利益与个人利益的巧合。所以，在这里看得到真正的爱国主义。法国的和平主义便是这种巧合的表现：每个人直接想到的是他必须上战场的儿子，是可能被夷为平地的法国城市和村庄。这个国家对战争的体验完全不同于德国，因而对战争的态度也不太空洞（法国可能更容易倾向和平主义，在这种和平主义里包含着得到满足者的伪善，这些我就无须对你说了）。正是由于这个缘故法国军队——您可不要笑！——有点儿亲切感人。犹如一支民兵队伍，这些农家青年服役 9~12 个月，就是为了保卫家园。法国在这一方面的确实现了让·雅克（〔译

洛维特(1897—1973)

  请原谅我向你这个写了迄今最优秀的关于尼采的书的人说：我觉得在关键之点上，尼采并未得到理解。

——施特劳斯，1951.7.9 致洛维特

按]指卢梭)的某些要求。

我见过两位出类拔萃的人,当然都不是哲学家:1.地理学家西格弗里特(André Siegfried),他的样子和举止令人想起奥托(Otto),①他由于是法国的盎格鲁撒克逊国家专家而知名,此人异常精明而且是杰出的演说家。2.阿拉伯学学者马西尼翁(Massignon),他热情奔放而又惊人的博学,具有径直进入问题核心的卓越才能。

吉尔松(Gilson)不在这里,他正在加拿大作报告。科瓦热(Koyré)是个快活、可爱的家伙;他深受狄尔泰和格鲁托泽(Groethuysen)②影响。我在这里曾两次见到格鲁托泽,此人非常随和可亲,读书之多令人吃惊,他熟知其他任何人所不知而又非常有趣的事,但也像所有怀疑论者一样,极富偏见。

科瓦热是我唯一交往的人。我在他那里结识了一个非常聪明而又很讨人喜欢的俄国人,他是雅斯贝斯的学生(科舍夫尼柯夫[Koschevnikoff]),我与他至少在诸多否定中颇能理解。

我突然想到,我这里有一位德国"同事",他很想读一下您的海德格尔批判。请告诉我有关杂志的名称、出版年月和期号(即那些正式讨论现象学和神学的文章)。

您听人说过布什维茨以及他的博士论文的遭遇的消息吗?

您在做些什么?您写的关于19世纪宗教批评家们的文章发表了吗?您曾许诺要送给我的,请不要忘了!在德国有什么令人感兴趣的文献方面的新闻吗?我为雷德勒(Lederer)档案馆承担了就自然法文献作一个汇总报告的工作;您如果发现什么有关的东西,请告诉我作者、标题和出版社名称。

请保重!您如能给我写信,我当非常高兴。

请代向您夫人致候,并祝您本人安好。

您的

列奥·施特劳斯

---

① 奥托(Rudolf O., 1869—1937),德国新教神学家。——译注
② 格鲁托泽(1880—1946),荷兰哲学家,狄尔泰的学生。——译注

您递交洛克菲勒基金会的申请书至迟必须在一月一日寄达。法国的社会学进展顺利,最重要的人物是莱维-布鲁尔(Lévy-Bruhl)、布格(C. Bouglé)(巴黎大学)、莫斯(Marcel Mauss)(法兰西学院);您也提到过作为宗教社会学家的马西尼翁(法兰西学院),此人与法国的实证主义社会学毫不相干。您愿否将您的申请书适时地寄给我,使我能够根据我自己的经验向您提出修改建议?

5a （洛维特致施特劳斯）

[1932]11.15,[马堡]

亲爱的施特劳斯先生:

现在该是我听您诉说以及听您就巴黎的"社会学"谈谈您感受到的东西的时候了。关于格鲁托泽,我已得到一点儿一时传闻,我也想听到您的消息！

这个学期一开始便让我遇到特殊的困难,因为开学前不久我父亲在慕尼黑去世。这也是促使我请求您谅解所附短笺的原因,我本人不懂希伯来文。这张短笺来自我父亲早已过世的母亲。您能解出其内容吗?

总之,请告近况。愿您在巴黎诸事顺遂、如意！

致好。

您的

K. 洛维特

6 （致克吕格）

1932. 11. 17，巴黎

亲爱的克吕格先生！

衷心感谢您的来信。我立即回复您，因为我今天或明天接待德国来的客人，我不知道何时才能再动笔；还因为我很想尽快得到您对我的回复的一个回复。您可以设想，如果您将我的推断置于您审视的目光之下，对于我是多么珍贵：所以，我期待着您的回复。

首先谈一个与形式有关的问题。您读过我关于斯宾诺莎的书，知道我的毛病是什么：是"口齿"（Aussprach），是用库茨-马勒（Courths-Mahler）①夫人的语言在说，或者更精确地说，整体上条理清晰地行文谋篇，这不是我的专长。所以，请您告诉我——不要姑息我的孤芳自赏——我的《霍布斯》是否几乎又要成了"那副样子"。这是我无论如何都要 pro virili[尽力]避免的呀。

在这一方面我必定有许多失误，这是我从您对我的"霍布斯-苏格拉底"命题的批评得出的认识。您当时本来同意我就"第二洞穴"所做的推断；就是说，我们原则上一致。可见，我必定表达得很糟，致使您未能再次看出，我将关于霍布斯的观点定位在苏格拉底，是认真对待这个 Aperçu[构想]的尝试。

您问，霍氏"对自由主义的论证"果真与苏格拉底的意图相同？当然不是！但问题恰恰是：一个富有理性的人，一个哲人（!）怎么可能是自由主义的，或者怎么可能去论证自由主义？抑或说得更尖刻些：一个哲人、一个学人怎么可能像智术师那样说教？如果这一旦成为可能——而且首先是通过霍氏才成为可能的——那么，原则上至为清楚的情况，即柏拉图通过将 ἀγαθόν[好]归入 τέχνη[技艺]和 ἐπιστήμη[知识]，将ἡδύ[快乐]归入智术和理发行当（归入教授、报人、煽动家、经理、诗人……）而造成的情况，原则上就含混不清了，

---

① 库茨-马勒（Hedwig C. M., 1867—1950），德国通俗女作家，写了 207 部长篇小说，格调平庸，语言故作高雅。——译注

结果便是"当今思想潮流"中的全然迷失方向的无定位状态,在这个状态之下,"所有一切"在哲学上都是可能的。于是,应提出的问题是:一个哲人,一个行事严肃认真的人怎么可能像智术师那样说教?可见,首先必须确信,霍氏是一个哲人,而非"实际的政治家",亦非像修昔底德(Thukydides)那样是个史家、精明的观察家,而是一个探究的即探究"人类事物秩序"的人。因此,我觉得,这好像并非像您所认为的那样,这是"一种很间接的同一性",如果我在苏格拉底和霍氏身上发现他们的政治科学的关切的话。我必须坦率地说:我不理解您的批评。在这一点上,我想,我们本应是一致的。我只能如此解释您的批评:这又是我表达紊乱和行文繁冗所致。

对苏格拉底自己而言绝对成问题的τέχνη πολιτική[政治术技艺]与对霍氏而言"理所当然的"philosophia civilis[公民哲学]之间存在着重大差异,对此我相信我没看错。但是,怎么可能凸现出一种其中不存在任何共同之点的差异呢?这个共同点就是我称之为"切入点"(Ansatz)的东西:一种τέχνη πολιτική[政治术技艺]的需求(Desiderat)是沿着功能性的τέχναι[技艺]发展的。您也许觉得,这种共同性太偏于形式了,而我基于前一段所指出的理由并不这么看。尽管存在着我恰恰要弄明白的古代科学与现代科学之间的种种巨大差异,——可两者毕竟都是科学,这就说出了某种"实质性的内容",只要观察一下前科学时代的领导之诸可能性(Führungs-Möglichkeiten)便明白这一点(无论荷马或吕库戈,还是伯里克勒斯①甚或摩西)。

我认为,我清楚说明了霍氏的起点并非苏格拉底的问题,而是完全另一个问题,它以苏格拉底的问题已经得到回答为前提。霍氏当然有着不同于苏格拉底的另一个基础;但对此基础必须进行分析,不是根据我们占优势的历史知识,而是基于"事情本身"来分析。

您我之间的差别自然更深刻。您在评说我对狄尔泰的批判时

---

① 吕库戈(Lykurg,约前390—约前324),斯巴达政治家和立法者;伯里克勒斯(Perikles,约前495—前429),雅典民主制时期的大政治家。——译注

指出了这一点(我的批判在一些地方表述得很不清楚,这一点我非常明白),这就是"历史性"。您看到,我的矛盾在于,既相信"自然的"基础又将古代视为准则。在证明我的对立看法以前,我倾向于认定,古代——精确地讲:苏格拉底—柏拉图之所以堪为准则,正是因为他们自然地作哲学思辨,这就是说,从原初探究对于人纯属自然的秩序。这一条可能途径是在希腊开辟的,而且仅仅在希腊。但这并不重要,如果苏格拉底—柏拉图的问题和回答是自然的问题和自然的回答这一情况始终不变的话:因为,苏格拉底在哲学思辨,这时他已经不再是希腊人,而是人。哲学得以产生的历史条件是 Noμos[礼法]在民主制中的衰亡,但这一历史的条件最初犹如所有的条件一样无关紧要;所以,苏格拉底所完成的事恰恰是:他从一种特定的历史处境——πόλις[城邦]的衰落、智术——里产生的问题(Fragen)因其为极端的问题而变得具有一般性,这问题原则上既针对吕库戈和米诺斯(Minos),同样也指向普罗塔戈拉(Protagoras)和卡里克勒斯(Kallikles)。① 这是自然的问题,因为其目的并非雅典人或斯巴达人,而是人。从这个意义上讲,哲学总是且始终是非历史的。我们今天没有历史便不可能成事,这是外在于哲学思辨的事实;与此有关联的是,我们1.通过使 Noμos[礼法]传统与一种哲学传统,就是说圣经启示传统与希腊哲学传统,一种顺从的传统与作探问的传统(其作为传统本身已不成其为探问)互相悖理纠结,2.通过某种程度上在暗处进行的反对启示传统的斗争而被巧妙地推入第二洞穴,我们今天根本不再有进到自然的哲学思辨的手段。不错,我们也是自然的生物,但我们却生活在一个完全非自然的环境里。自17世纪以来的反传统的斗争,本来目的是恢复希腊的哲学思辨自由;这本来是一场复兴运动;可见,在所有这些"奠基行动"中,在所有心理学和历史主义中所孜孜以求的都是:发现、重新发现一个原初的自然的基础。但是,现代哲学从一开始直到海德格尔并

---

① 米诺斯,希腊传说中的克里特岛一个城邦的国王和立法者;柏拉图有部作品以其为题,施特劳斯为之作过义疏。普罗塔戈拉(约前481—约前411),希腊哲学家,最知名的智术师。卡里克勒斯,智术师高尔吉亚的学生,见于柏拉图的《高尔吉亚》。——译注

包括他本人,便自以为是一个进步,自以为正在阔步前进(您会如此说,且有某些道理,因为它拥有希腊人不曾以这种方式占有过的认知,即基督教的认知)。由此而产生现代哲学之非彻底性(unradikalität):它自以为可以假定,基本问题已经得到回答,并因此而能够"阔步前进",这就是后来尼采痛斥的延误,即对苏格拉底问题的延误;这就是海德格尔所揭示的对本体论的延误。我不知道,您是否由此而比较清楚地明白我是如何思考"整体"的。请您就此对我多少说 un petit mot[几句话]。

现在谈谈"虚荣"。您并未否认而是承认,虚荣在霍布斯哲学中以及 secundum veritatem[在真实的情况下]所起的中心作用。但您问:竞争作为带有伤害的意志之独立动机是否可以或缺?人对宇宙的仰赖问题不再是"出现"在竞争中吗?甚至虚荣本身由于它植根于这种仰赖岂不也植根于竞争之内吗?——我承认这种提法。在我的计划中,正如您从"目录"里看到的,预先安排了一节:"人之被抛状态"。这就是说,如果将来我有研究能力,我会讨论这个问题。我也知道,恰恰在这个问题上,我现在的表述中出现了一些 lapsus[疏漏]("虚荣是人的本质"——这自然是胡扯)。然而:我必须从虚荣出发,我必须将它作为国家所针对的东西(Wogegen des Staates)孤立起来(这在"自然"这个关联体里叫作:前教育的东西,教育所反对的东西;竞争绝不会被克服,只是被驯化了,这就是说,从在它之内的虚荣包围中解脱出来)。另一方面,霍布斯的思想不可能解释清楚,它依然处于不大搞得清楚的状态,人们迄今一直安于这种状态。请容我继续做下去——只要我的双手功能不衰退,您有朝一日一定会看到完整的东西,它将使您明白,别无更好的探究方法。如果系统地来搞——首先确认,按照霍布斯的观点,人是 animal rationale[理性动物]等等——达不到目的。必须从(黑格尔意义上的)现象学视角,描述人的历史,随之逐渐地使基本的前提显现出来。霍布斯的哲学是一种启蒙哲学,是为启蒙奠基。可为启蒙奠基只有以"默想"(Meditationen)形式才可能,而不是以系统方法,人们只可以系统地对已经"被启蒙者"讲话。在下一点上或许可以将霍布斯与柏拉图作对比：他与后者不一样，并不是以探究灵魂、从对人的本质的探究出发：霍布斯的起点是探究人身上必须被克服的东西，这就是说：是探究人的自然。这一起点意味着什么，加给前提的是什么，都必须根据他对这个探究的回答弄明白。——探究人的自然的问题即探究人身上的邪恶原则的问题；这邪恶就是虚荣，而非竞争本身，而非不信任本身；虚荣者本身要求伤害，竞争者和表示不信任者要求出于理性的理由去伤害。

好了，克吕格先生！Soyez bon garçon[要做乖孩子]，快点儿写信给我。请原谅我没耐心！但是，如果考虑到 a. 我多么看重自己的书，b. 我多么看重您对我的书的评价，您就理解和宽宏大量地原谅这种急不可待的心情罢。

关于柯特（Cortés）——法国书业公会的标准名录里没见他的书的法译本。我将继续查寻。星期天去马里坦（Maritain）那里，也许他知道点儿什么。

不久前，我在某个地方发现，加贝塔（Gambetta）[1]称一些白痴（在我们这个领域诸如施普朗格[Spranger]、迈耶[Maier]、曼海姆以及豪尼瓦德[Hönigwald]之类的人……）为 les sous-vétérinaires[低等兽医]，当时我曾想给您发一张明信片。我认为这个称谓真妙，无比地妙。而且，也是一个书评集的美妙标题。

巴黎——不过如此！您也许知道我见识不多？令人肃然起敬的是我曾听过其谈话的地理学家西格弗里特和我与之谈过话的阿拉伯学家马西尼翁。两人都是"首选人物"（erste Garnitur）。马西尼翁是不可多见的人：学养惊人地渊博，非常精明，又有一颗火热的心。请多保重！谨向你们伫致最好的祝愿并向您的夫人和您亲切致候。

您的

列奥·施特劳斯

---

[1] 马里坦（Jacques M.,1882—1973），法国哲学家；加贝塔（Leon G.,1838—1882），法国政治家，激进共和党人的领袖。——译注

6a （草稿残篇）

[1932.11.17,信的草稿残篇]

2. 霍布斯在重复苏格拉底的问题吗？

您在当时，在我寄给您关于埃宾豪斯的书的书评时，曾同意"第二洞穴"的命题。可见，我们原则上是一致的。莫非我的表述如此含混不清，致使您未看出我将关于霍布斯的观点定位在苏格拉底是认真对待这种构想的尝试？我写得又像我的《斯宾诺莎》那样晦涩费解？您倒是就此说一句话呀。

您问：霍布斯的"自由主义论证"是否果真与苏格拉底的意图相同？当然不是！不过，问题也恰恰是：一个富有理性的人，一个哲人（！）怎么可能是自由派或者去论证自由主义？或者说得更尖刻些：一个哲人，"一个学人"怎么能够像智术师那样说教？既然这果真成为可能——首先是通过霍布斯成为可能的——，那么，通过柏拉图将 ἀγαδόν[好]归入哲学和 τέχνη[技艺]，将 ἡδύ[快乐]归入智术和理发行当而造成的原则上清晰的情况，就会觉得原则上模糊难辨了，事情的结局是全然的无定位状态，在这种状态之下，"所有一切"在哲学上都将是可能的。总之，问题是：一个哲人、一个关注正题的人怎么能够像智术师那样说教？可见，最先必须认定，霍布斯是一个哲人，并非"实际的政治家"，亦非像修昔底德那样是一个精明的观察家，一个史家，而是探究的人，即探究"人类事物秩序"的人。所以，我觉得这绝非如您所认为的，似乎是"一种非常间接的同一性，如果您（即我）在两个方面（即在苏格拉底和在霍布斯）都发现对政治科学的关切的话"。我不得不公开承认：在这个方面我不理解您。我想，关于这一点我们原本是一致的呀。

您继续说："这表现于在两者那里数学是不同的。"（克莱因语）现代数学与古希腊罗马数学之间的差别，对于最初的切入点无关紧要；而且，只要两种"数学"之科学上的意图得到确认，这种差别也容易得到澄清（此外，克莱因关于现代哲学的基础与古代哲学的基础截然对立的必然性的思考，跟我并无不同）。

再者，我认为，我在文章中不容置疑地说明了霍布斯恰恰并非以苏格拉底的问题，而是以全然不同的、探求人的"自然"的问题为起点。但是，只有在确认他假定苏格拉底探求德行本质的问题已经得到回答的前提之下，这其中的意味才可能显露出来。

诚然，苏格拉底和霍布斯由以出发提出问题的"基础"很不同。不过，重要的是首先须知道，霍布斯的基础在本原上与苏格拉底的基础不可相提并论。可是，您切莫忘记，在§2和§3对苏格拉底与霍布斯所做的比较，只是要证明对具体的苏格拉底-柏拉图命题与相应的霍布斯命题进行比较的可能性。至于我是否会有能力做这件事，我颇怀疑。不过，总得有个人去做——这就是我要说的。

7 （致洛维特）

1932.11.19，巴黎

亲爱的洛维特先生：

由于我的地址在十二月一日将改变，请在此之前写信给我，如果您还想知道些什么，或者有什么事要告诉我的话。

由于您寄往基希海因的信转寄迟误，我们的信错过了。我今天才给您回信，而且只讲最需要讲的事，因为我很忙，忙得不可开交。现在要说明白这种情况似嫌过于冗赘了。

我猜，这张希伯来文短笺是有关一座墓碑的，也许指"第九区第736号"墓？询问一下慕尼黑犹太公墓管理处(?)便可确定。希伯来文印刷字母的意思是：第一、二行是用希伯来文写的一个日期，第三、四行是一个名字。我不能完全识读此两者；但肯定是日期和名字——确定无疑。这是指您的一位男性祖先：埃西克(Eisik)（或者埃西克之子），即埃西克·洛维特（至少据我所知，Eisik 是 Isaak 的犹太–德文形式）。也许是：Eisik Wolf Löwith（埃西克·沃尔夫·洛维特）。我想这一粗略的说明对于您已够用。为了确定这与一座墓有关，您不妨向慕尼黑方面问一下！

有关"法国的社会学"，您还有更为专门的问题吗？您尽可以将问题寄给我！

请多保重！

向您和您的夫人热烈致候。

您的

列奥·施特劳斯

7a （洛维特致施特劳斯）

[1932] 11.21

亲爱的施特劳斯先生,您这个"忙得不可开交的"巴黎人!

多谢您的两封信——虽然我尚未完全,但却也识解了四分之三,我的夫人说,为了造福于与您共事的人,很希望您能用洛克菲勒基金会的钱买一台打字机,不过,很抱歉,由于我自己的字迹,我根本不敢对此提出非议。

现在您用外国的**语言**活动的情况怎样?仍在绞尽脑汁地思考和搜寻合适的词语和句式,还是已经可以信口开河大胆讲话了?怎样在这类"饭店"里起居和饮食?您信中提到的马西尼翁何许人也?

我现在正埋头写讲稿,假期由于父亲的去世和种种应做的事,几乎只字未写。我在讲一门全新的课程,题目是《导论》,讨论的无非是在世之在(In-der-Welt-sein),我要说明,世俗化的成效是多么少,而现代人与"世界"的这种世俗化的关系又多么含混不清。我要具体地指出这一点,1. 这是对海德格尔和雅斯贝斯的批评,2. 从积极意义上讲,也是我的教授资格论文的续篇,尤其是对**劳动**与金钱在人的内在心灵上的意义的批判。我对**西美尔**(Simmel)①的《货币哲学》怀有崇高敬意,尽管他深陷于单纯的辩证法而不能自拔。

您读过奥依肯(Eucken)的《世界与人》(1918)吗?虽然知名度不高,但其基本思想绝对不差,在某些方面甚至比狄尔泰更清晰。为了挣钱,我还讲授一个小时精神分析的基本概念:人与性别(Menschsein und Geschlechtswesen sein)。康德伦理学课与此相比——与市民基督教的性伦理相比——极其有益而又有趣。

我的三篇现象学文章分别刊登在《神学通报》(*Theologische Rundschau*, Mehr, Tübingen),1930 年第一和第五期以及《神学与教会杂志》(*Zeitschrift für Theologie und Kirche*, Mohr, Tübingen) 1930 年第五期。《19 世纪的宗教批判》和关于存在哲学的一篇文章尚未

---

① 西美尔(Georg S.,1858—1918),德国哲学家和社会学家。——译注

发表,大概在一月份才能刊出。

谈到我的申请,还要请您打听下面一些情况:(委员会中的)克尔(Kehr)教授为何许人?如有必要应如何与他联系?您有否某种途径将我向门德尔松(Mendelssohn-B.)"推荐"?费林在几天前将规定寄给了我。对于我始终最难办的事情是**研究计划**,——叫我怎能只用3~4个打字页的篇幅在某种程度上"提出理由说明"我必须去巴黎或者罗马呢?此外,如果从一开始便说,想——比如说——第一年去巴黎,第二年去罗马做这——和那——项研究,合适吗?一当我拟出申请,我很乐于将它奉上请您鉴定,不过,为此您必须给我您在十二月一日开始用的新地址!

我的一篇关于雅斯贝斯的书评(Göschen)①可惜未在《社会[社会学和社会政治]文献》上刊出,他们觉得太少"社会学性质"。但我认为,他们事实上出于胆怯和学术上的"礼貌",在海德堡那个地方根本不敢碰雅斯贝斯。您是否知道一家我可以投送的杂志?

我可不知道这里有什么有文献价值的新出版物,我觉得在这样一个时代,新出版物的文献性是非常可疑的,现在最新的"科学"是——在马堡亦如此——"国防科学",新的课程是"扩大就业问题"、"移民问题"、"军事学"等等,老教授们重又与大学生联谊会会员们合理合法地同心同德了。

多谢您为我识解希伯来文短笺。

我太太嘱我代笔致候。

祝您在巴黎生活顺遂,愿您对南国风情和所有南国人的好动秉性有更多兴趣或者更多感受。我相信,诸如德国哲学系会议这样的事在那边是不可思议的,充其量只是一种逗趣方式。

顺致安好。

您的

卡尔·洛维特

---

① 这里大概指他的书评发表在德国出版家葛森(G. J. Göschen, 1752—1828)创办的葛森出版社从1889年开始出版的《葛森辑刊》(*Sammlung Göschen*)。——译注

8 （致克吕格）

1932.11.29，巴黎

亲爱的克吕格先生！

请您原谅并俯允我为自己的《霍布斯》一事再次打扰您。不过，这真正是只此一次了：将来我不再惊扰您。

我不揣冒昧地问你，这本书是否又像关于斯宾诺莎的书一样，行文和结构几乎无可补救。这问题对我可真有些重要。再说，看来唯一一个能够回答我这个问题的就是您。我是否应将您的沉默解释为：您想让我避免面对严酷的真相？我认为这可不是您的习惯。何况，您这么做是帮我的倒忙。我可否请您告诉我，您认为哪些部分在行文和布局上特别失败？因为我熟悉自己的作品，粗略提示一下就够了，这对您最多是五分钟的事。如果您要让我特别高兴，就请快些回答我。

衷心向您致候。

忠于您的

列奥·施特劳斯

请代我多多向您的夫人致意。

8a （克吕格致施特劳斯）

1932.12.1，马堡

亲爱的施特劳斯先生！

我急忙回复您今天的来信，并恳请切莫责怪我，请原谅我尚未回复您十一月十七日的信。您的推测完全正确，我沉默，并非因为我想让您"避免面对严酷的真相"，在我看来，这真相根本不一定被感到"严酷"，只是因为我没时间，同时也因为在许多地方，我无法识读您的字迹。您看原因多么简单。而且，回复您最近一封信并不如您所想的那么容易，材料对于我相当陌生，仅仅由于这个缘故，我就必须有比现在更多的空才能回复。所以，请您行行好，给我几天时间；我希望下个星期天能够详谈。这个学期，缠着我的不仅是大学校方，还有莱布尼茨。我作为没正式教席的教员(Nichtor-dinarien)代表，必须出席重要、但耗费时间的学院磋商会议。此外，您也知道，给所有的人写信——绝不是仅仅给您写信——对于我至为困难。

既然您专门提到行文和结构问题，我可以根据记忆重复我已经说过的话：就结构方面看，我觉得，将方法论的讨论移到结尾后(作为附论)，似乎好一些，以便使人看到，十分令人神往的导论立即因讨论"自然状态"等等的内容接续了下去。对狭义上的"行文"(风格、措辞)，我只能表示赞赏。您知道，我多么珍视您以往(如在施米特书评中)表现出的这方面的天分。

在这些"形式上的解释"之后，我希望并请求您别再生气。至少我还是一如既往。

我——以及我的夫人——向您亲切致候。

您的

G. 克吕格

8b　（克吕格致施特劳斯）

1932.12.4，马堡

亲爱的施特劳斯先生！

我夫人为我识读了您十一月十七日来信中最难辨认的几段，我终于可以做较详细的回复了。首先再谈一下形式问题。我想对我两天前所说过的话作一补充：您千万不要改动第一章。我认为，妨碍深入您全书内容的东西原本只是难读的§1。您或许可将这一章简略,即从中剔出讨论和文本比较(如前所说取出作为附论),只从**实质方面**(人在世界之中的和同时又处于世界之关键点的地位)简洁说明您的"**人类学**"出发点的理由。可以说,我更多是从命题上考虑这一点的。从历史角度看,这可能是以表述作为**论题**的霍布斯政治学的双重定位。这就是我要"挑剔"的唯一一点。

至于(本身已完全清楚地得到表达的)内容,我们最好继续就此进行的讨论,即我要对您的信发表意见。

"第二洞穴"。我认为,这个譬喻是对我们的精神状态至为准确的描写,如果人们从您提出的古代的 = 自然的 = 正确的这个等式出发的话。可是就我本身而言,我必须说,我不可能无条件地接受这个等式。虽然首先承认它,但却不得不问:1. 我们在"第二洞穴"中被加上的镣铐是用如第一洞穴中的镣铐那样同一种金属制成的吗?2. 哪个领袖能够卸下镣铐并指明通向上层的道路? 我对第一个问题持否定回答,我认为,第二个问题没法回答,原因是我认为,"第二副"镣铐的金属过于刚硬,致使这整个譬喻难以站住脚:如果明白我们为什么身陷第二洞穴,那就不能将这所"监牢"理解为柏拉图监牢的一层;相反,由此倒回去看,柏拉图的立场倒是需要修正。"偏见"的问题恰恰比 δόξα[意见]的问题更加彻底(用您的话来说)。所以,"自然性"与"人之在"(Menschsein)的概念必须由此出发加以规定。"科学"与"哲学"两个概念的统一性,并不像您所假设的那样,可以直接地(以古代为衡量尺度)得到理解。我虽然理解您旨在克服历史主义的动机,但在我看来,要摆脱它,不可采取坚决不予理会的态度(从根本上看,您也并未这么做),而是应把它归结到其实质性的和历史的内核,即基督对古代之后的人类精神的实际统治。诚然,这种统治在近代变成间接的了,但您却恰恰承认这统治事实上并未断裂;您断言,现代思想的"状况"根本上是由对抗启示宗教的反向所决定的。人性所受到的基督教"桎梏"在历史主义中的质变(Denaturierung)无疑是一种完全特殊的监禁:从这个洞穴里可能产生哲学上的解放。不过,如果您将第二洞穴理解为历史主义的原初**地基**,那就既没有一个苏格拉底,也没有一个草秆(Grashalm)的牛顿了。——您的论说方式始终如一,您坚持认为,"事物自身""质朴地"为我们的目光敞开。然而,您的语言背叛了您:这种质朴在您那里是一种自身绝非质朴的**要求**,而您的具体研究方法表明,这个要求行不通。我认为思维对于哲学具有本质性,思维之"自然性"既不是您,也不是其他某个人所能拥有或者追求的。我们事实上的非自然性使哲学必然成为问题。

我相信,这个问题是我们分歧的根源所在。您从内容和方法上就"虚荣"论题对我所做的回答,大概无须讨论:我说得太多了,而且必须首先等着读您的后续部分。

您的提纲本来包括对我在这里所接触到的问题的分析的呀。您不愿写信预先告知一二?请告诉我,您如何看待我的信;我很想知道,这些批评对您是否能派上点儿用场。

谨致安好。

您的
G. 克吕格

9 （克莱因致施特劳斯）

1932.12.1，柏林

亲爱的、亲爱的朋友，——我听米丽亚姆（Mirjam）说，你又为我大发雷霆，我真不知道该怎么办。我简直无法想象，得到我一封信对于你竟如此重要。请不要误解我，我的意思是：你毕竟了解我对你的感情呀，你最终知道，柏林—巴黎的距离绝不可能对你我之间的亲近有任何损害呀。至于就最近几个月的事件交换意见，亲爱的朋友，我觉得，事实上发生的事件不是任何关于它的意见或者对它的表态可能左右的！我真正感到庆幸的是，我至今没有将关于你和米丽亚姆的长信投邮。已经"过时"啦，理由很简单：现实比关于它的空谈重要得多，无可比拟地重要。如果我要对你提出指责，那只有一个：你似乎在面对他人寻求某些辩解理由，其实，在这里根本没有可辩解的，一切只在于两个人一起"名符其实地"生活。你真的认为，在这一点上有人会对你们说三道四？

或许有一点，我可以就它谈一些看法，反正你也已经知道。这是一个老话题，这就是，我要说的是你的急躁，你的某些情况令人奇怪的夸张，当你没有完全说出你的意志和你的感触时所表现出的对不完全诚实的恐惧，你内心的和表露于外的"狂躁"等等。所有这些——比如说——也表现在对我没有写信的愤怒，而这在我们朋友之间是很容易解决的。这在米丽亚姆就比较难办。我有时感到害怕。你必须考虑到，对于米丽亚姆——我认为——在保护她的使命与让她过自己的生活的使命之间，找到一条正确的中庸之道很难，而此两者却都必要，不是吗？对此首先起阻碍作用的——恕我直言——是你的"自我中心主义"。起平衡作用的正是：米丽亚姆在这一点上非常明智，正如从总体上看，她强的地方正是你弱的所在，反之亦然。这一切你比我更清楚。想想你以前谈到"幸福"时是怎么说的。你当时所说的并不对，如果说永远不会对的话，这责任也全在你自己。

让我们离开这个话题转向"学术"。——关于新近对卢宾斯基的评论文章,我只能大致回答说,绝对要在兴内伯格那里出版。没有什么能阻止你顺便发表一篇经改动的法文书评。米丽亚姆对我讲,科舍夫尼柯夫在帮助你写一篇书评。是关于这本书的吗?我深感高兴的是,你们两人相互都有好感。科氏认为你很"现代",这就是说,站在"最前沿",既是希腊人又是犹太人……

你关于辩证法的构想我没有完全读懂,只了解其大意。相反,我完全同意你的下述说法:我们今天根本没有严格意义上的生存哲学,近代哲学和科学中之缺少本体论,是与其"实践的"品格联系在一起的。当然,在"象征主义"里有一种本体论替代物……

关于你与马里坦的会晤,我是从米丽亚姆那里听说的。我很乐于听到更详细的情况,以及关于"巴黎人"的一般情况。克劳斯(Paul Kraus)很羡慕你与马西尼翁结识。洛克菲勒基金会的人怎么样?你对巴黎的环境仍然很不满意吗?另外,国家图书馆里的情况怎样?

我与可怕的财政困难进行了一番撕打,此外还得与"毕达哥拉斯的信徒们"打交道。这篇文章必须在十二月十五日完成。我希望能够办到。此文至关重要。

对讲座我有些懈怠了。不过,亚里士多德讲座(物理学 Δ——die τόπος[拓朴]学说)进行得很好。克劳斯似乎从中真正学了些东西(布什维[Boschw.]女士跟着听课。弗莱汉[Freyhan]叫人找不到!虽然我多次给他打电话谈过,可是他随后再也不露面了)。我计划在一月份与克劳斯、潘尼斯(Pines)(!)、舒尔茨(Schulz)、汉斯(Hans)、一个曾在巴黎上学并认识科瓦热的捷克人帕托克(Patočka)和另一个人一起办一个非常专门的讲座(形而上学 Z[Metaph. Z])。另外,哈特曼"也开了"一个亚里士多德讨论课:形而上学 Λ! 在这个题目下干不出名堂!

最近,我听了两个报告:一个是耶格尔(Jäger)①关于修昔底德的报告! 据估计,它将在研究院会议报告集里发表。很好!(减去

---

① 耶格尔(Werner J. ,1888—1961),德国古典语言学家和哲学家。——译注

寻常的"耶格式用法")。你一定得读一下。另一个是哈特曼关于"德国哲学在当今的系统性课题"的报告。希尔德(Hilde)也一起听。真了不起！哲学之反常(Perversion)达到了高潮！哈特曼以一场论战结束报告——伍斯特(Wust)①指责哈特曼说,哈特曼因为不敢而不愿(即提出一个绝对的合题[Synthese])。可是,以往哈特曼却以德国的哲学为依据,要求有尽可能多的合题。他称"极端的"(radikal)哲学家为"表现主义者",因为他们只是单纯表达自己的情绪！

我给了米丽亚姆几份剪板和教会小报(斯宾诺莎专号！)。请务必将您论斯宾诺莎的文章寄给我。

至于克吕格,我完全可以想像,他被苏格拉底-霍布斯比较绊了一跤。这与你何干?！如果你"走得过去",他也会相信你的,你要确信这一点！

我发疯般地工作！已经精疲力竭、神经兮兮。这是我没有写信的唯一原因,请相信我。

请保重自己！

您的
克莱因

(附寄的字条是贝尔塔[Berta]三周前给我的！)

---

① 伍斯特(Peter W.,1884—1940),德国哲学家。——译注

10 （致克吕格）

新地址：7 Square Grangé,
22 rue de la Glacière, Paris (13e)
1932. 12. 27

亲爱的克吕格先生！

请您多多包涵，我将您的来信搁置这么久未复。责任完全不在您的信，它倒是推动我立即作出回应——事实上我有一大沓信稿——，而是一系列的情况，我不愿一一列举这种种情况让您劳神。我只是向您保证，我并不"生您的气"，而且从不曾生气，我对您的前一封信之所以感到不满，只是因为我不知道，您从哪里出发反对我的意见。让我们说正事，即"第二洞穴"。

我们分歧的原因在于，我不能信仰，因而我在寻求一种在没有信仰的情况下生活的可能性，而您却认定，这样一种可能性不——不再？——存在。但是，既然您并非从教义上做出这个认定，而是觉得有必要指出，我所寻求的可能性不存在，那么，您就必须同样允许我进行我的尝试，让它明明白白地失败。

"第二洞穴"问题是历史主义问题。历史主义之"实质性的和历史的内核"，如您正确指出的，是"基督对古代之后的人性的实际性的统治"。由此，对没有信仰的人，对否认这种统治，即否认神性的正当性的人，将得出怎样的结论？

最易于理解的结论——如海德格尔的结论——是：基督教揭示出古代哲学所不知或者知之不充分的人类生活事实；它至少比古代人更深刻地理解这些事实；因此，尤其率先通过基督教达到的对历史性的理解，是一种对人更深刻、从这层意义上看也更彻底的理解——如您所说："'偏见'问题恰恰比 δόξα [意见]的问题更彻底。"原则上可以说：在基督教瓦解之后，尚能存在和恰恰因此而能够存在的哲学将基督教"真实的东西"保存下来；这哲学因此而比古代哲学更深刻、更彻底。

这个结论也许正确——然而至少必须被证明。但只有通过现代哲学与古代哲学的对立比照,才可能证明。这足以说明,我有关霍布斯的研究方法之正当性——我指的是与柏拉图的直接对立比照——哪怕我关于"第二洞穴"的命题——它本身并未经过证明,是纯粹的 Aperçu[设想]——是错的。

您说:霍布斯与苏格拉底各自所由出发提出问题的"基础"不同。我承认,但这个"基础"必须解释、讨论。一旦将现代人与希腊人的基本问题加以对比,并对其前提进行分析的时候,"基础"便成为论题。因为,对"基础"或者"情况"的单纯描述于事无补。

我曾说过,现代的无宗教信仰最易于理解的结论是下述设想:后基督教的哲学与古代哲学相比是一个进步,哪怕基督教信仰并不"真实"。对这个结论产生的怀疑是:这个结论始终只是造成"种种俗世化现象"(Säkularisierungen),这就是说,只是造成种种立场(Positionen),过去人们没有基督教信仰便不可能进入这种立场,而当今有基督教信仰却又不可能待在其中。于是,人们不由得要问:难道没有一种确定的非基督教的哲学?难道古代的——不论柏拉图还是亚里士多德的——哲学不是此种哲学?承认后基督教的哲学更深刻,——莫非关键就在深刻?深刻性这种观点本身岂不就是一种自己本身便须要证明的基督教观点?深刻性与彻底主义是一回事?万一"深刻性"并非真正彻底的呢,此说不对吗?

深刻性本来就在于自我审视。而自我审视以一个尺度为前提。对尺度的追问是彻底的追问。我看到,现代人随着或假或真地推进自我审视疏忽了这个彻底的追问。

现代的反思也好,自我审视抑或深刻性也好,可能不单单揭示了个别事实,而且也泄露了一个希腊人不曾泄露的整个层面(Dimension)。于是,问题仍然是,这个层面具有怎样的"地位"(Dignität)?这果真是一个更彻底的层面?我们真的比希腊人更了解生活之根、生活之不可靠状态?或者,情况仅仅是,某种东西把我们带到希腊哲学曾作为唯一对象的这个彻底层面之前,强加给我们一种已被思考过的入门知识(Propädeutik)?

我一点不否认,必须历史地哲学思考,即我们必须使希腊人无需使之上升为意识的事实上升为意识。我一点不否认,"素朴"在我们只是一个要求,今天没有谁能够"素朴地"进行哲学思辨。但我要问的是:这种变化是我们原则上比希腊人认知更多("偏见"的问题比 δόξα[意见]的问题更彻底)的一个结果,还是这种变化原则上、即从人之为人所必须认识的知识来看成效甚微,是一种可憎的厄运,强迫我们走一条"不自然的"弯路?

您记得席勒的《素朴的和感伤的诗》的前几页吗?素朴的人是自然——对于感伤的人而言,自然性只是一个要求。我们现代人必然是"感伤的"。这就是说:我们必须以"感伤的"——以回忆的、历史的——方式探求希腊人"素朴地"探求到的东西;精确地说:我们必须通过回忆将自己带进我们在其中一方面理解希腊人,一方面能够与他们一起"素朴地"进行探求的层面。

现代的"成就"并非一个更彻底的层面,比如一种人类疾病的比较彻底的疗法,或者至少一个比较彻底的诊断,这"成就"只是医治现代疾病的现代医学。

我意识到这些表述的不足。倘若我能向您说明白:我完全像您一样认为,在我们这个世界上,"素朴的"哲学没可能存在,我与您相左的仅仅是,从这种不可能性中,我看不出任何意义上的进步——倘若我能说明白这些,我就感到庆幸了。

请务必写信告诉,您对哪些持有异议。

衷心问候您的夫人和您本人。

您的
列奥·施特劳斯

又及:劳驾将我的新地址给伽达默尔,并告诉他,我衷心感谢他的明信片,我绝不生他的气,相反非常高兴能很快听到他对我的文章的评说。

10a ［1932.12.27 信的第一稿］

1932.12.12，巴黎

亲爱的克吕格先生！

多谢您的两封信！我理所当然不致"生您的气"。我当时只是对您的前一封信有些不满，a. 因为您将对我个人如此重要、有关表达之明确性的问题置之不理；b. 因为在中心争执点方面，您使您的命题与我的命题如此对立，致使我看不到与您争辩的可能性。最近这封信善意地全部消除了这些难点。我为此由衷地感激您，尤其感激您夫人和您为辨识我难以辨读的笔迹付出辛劳。在今天和未来我要尽力写得清楚一些。好了，言归正传！

"第二洞穴"——我们产生分歧的原因在于，我不可能信仰，我必须寻求一个在无信仰的情况下**生活**的可能性。有两个这类可能性：古代的，即苏格拉底-柏拉图式的；现代的，即启蒙运动的（别的不说，由霍布斯和康德提供出的可能性）。因而必须问：谁正确，古代人还是现代人？必须恢复古今之争。

我倾向于相信古代人的优先地位。我只愿提请您记住，在我们之间不存在争议，且根本不可能存在争议的**一点**。对于现代哲学适用的说法是：如果没有圣经信仰，过去和现在都走不进这个现代哲学，尤其走不进其"无神论"，但带着信仰却又不可能待在现代哲学中；现代哲学原则上靠其所瓦解的事实的恩典而维生；所以，只有当圣经信仰没有从根本上被动摇时，"现代哲学"方才可能存在。这是自从尼采以来和通过尼采而存在的情况。即便在尼采身上，也遗存有基督教的东西，——但尼采本人却清楚地区分开两种东西：一种是超基督教的观念，他要为其得到承认开辟道路的超基督教的（transchristlich）理想——它不再保存基督教的任何东西——一种是（俗世化的）基督教的"坦诚"（Redlichkeit）信念——在批判基督教时，引导尼采的即是这一信念（Gesinnung），只要还有一种必须与之斗争的基督教，如此信念就有必要，且才可能。

在自己的哲学中将"俗世化的"观念与"整全的""自然的"非论

战性的观念区分开来,尼采得算第一人,而且是唯一一人。这种"坦诚"观念从其自身出发说明了历史的(和心理学的)批判——尼采本来与历史的关联,仅仅是第二篇不合时宜的考察中提出的关联,此外与历史没有任何关联,这就是说,唯一的历史关联是:人总得以此为理由"质朴地"书写历史。

您会发现,在尼采自己的观念里存在着如此多的"俗世化的基督教信仰",这足以证明我的荒谬。我承认这个事实,但我怀疑针对我得出的结论。我更相信,尼采之所以始终没有摆脱某些基督教的"思维倾向",原因只在于他在拆毁欧洲世界的支柱并揭露出这个世界的 ὕλη[质料]以后,换言之,在"以一口仇恨的气"选择荷马和伯里克勒斯,反对苏格拉底—柏拉图,以及选择以色列—犹太国王(或者恺撒)反对先知(或者耶稣和保罗)以后,总之,在重新发现了人类之"自然的"观念——ἀνδρεία[勇敢]以后,尼采没有向前迈进,没有进而对这种观念进行非信仰的批判。尼采退回到哲学的后面,同时又认信哲学;他以最猛烈的方式反对"精神",又最热情地肯定它。只有在向前推进到柏拉图哲学的情况下,才可能克服这种摇摆不定,这种原则性的暧昧态度(尼采以 ἀνδρεία[勇敢]的立场对抗靠现代启蒙运动得到实施的对 ἀνδρεία[勇敢]的否定)。

总之,我觉得,被推到其终点的现代哲学似乎到达的是苏格拉底开始的起点。所以,现代哲学证明自己是巨大的"对传统的破坏",而非"进步"。它当然曾自称是进步的,由此产生"第二洞穴"这个词所要指出的不可救药的错综复杂性、暧昧性和不彻底性(unradikalität)。

10b [1932.12.27 信草稿残篇]

"第二洞穴"的问题是历史主义问题。历史主义之"实质的和历史的内核"——如您正确说明的——是"基督对后古代的人类的统治"。这样一来,对不信仰的人会产生什么结论?只可能有两种结论:a. 海德格尔的结论——基督教虽然是"错"的,却揭示了古代人性知道得不充分的关于人的事实;基督教至少比古人对这些事实理解得更深刻,比古代哲学"更加深刻";所以,通过基督教率先得以实现的历史性观念是"比较彻底的"观念(所以您说:"偏见的问题恰恰比 δόξα[意见]的问题更彻底")。从根本上看:在基督教瓦解之后,尚有可能存在和恰恰因此而可能存在的哲学保存着基督教"真实的东西";正因为如此,基督教比希腊哲学更深刻、更彻底。

b. 对这个结论产生的怀疑是:这个结论最终只是造成一种"俗世化",即造成一种境况(Position)。没有基督教便走不进这种境况,而有基督教却又不可能待在其中。于是,不得不要问:莫非没有一种绝对的非基督教的哲学?古代的——不论柏拉图的还是亚里士多德的——哲学不是**这种**哲学?承认基督教的和后基督教的哲学更**深刻**——关键就在深刻?这种(深刻之)观点本身不就是一种有待证明的基督教观点?"深刻"与彻底性是一回事?情况难道不会是:"深刻"并非等于**真正**彻底?

请让我以霍布斯为例说明这个情况!霍布斯需要比亚里士多德(和柏拉图)更深刻。这个要求的背后是什么?他将探求 εἶδος[理念]的问题(无论 ἀρετή[美德]之本质的问题,还是人的社会性问题)置而不论,假定已经得到回答,假定回答是"平常的"(trivial);霍布斯以自我观察的方式问,他作为人能够多大程度上符合(从教义上设定的)尺度。

10c [1932.12.27 信的第二稿]

1932.12.16

亲爱的克吕格先生!

多谢您的来信!我立即作复,因为若是我今天不写,我就得很久以后才能动笔了,随后一段时间里将非常繁忙。但是,您对我的"霍本斯草稿"的评论太重要、太有趣,容不得我等这么久。而且我也希望,既然我如此快地回复,您也会很快答辩(以及再答辩)。我为此而向您郑重提出请求。您切莫忘记,在整个巴黎,没有一个我可以与之就这个问题进行富有成效的讨论的人!好了,ad rem[说正事]!

从您信的结尾对我的狄尔泰批判的评说谈起。我的批判竟如此费解?我的意思是,人们在分析自然法时不应以批判自然法(Naturrecht)为前提,分析(比如说霍布斯的)对自然法分析**本身**是为了探讨自然法的问题时,才有意义。探讨自然法条件的历史性问题,无论如何都是第二位的。我想更精确地说明我的意思:原初的事实是一种**已给予**的(gegebenes)律法,甚至精神分析也不情愿地证实了这种情况,这是一种无须刻意寻求的律法。在某个时候,在地球上的某个地方,人们看到自己被夺去了这样一种律法,并因此而**探求**一种律法,这就是对于人本身适用的**自然的**律法。自那以来便有了哲学;在我看来,废止给予的律法和寻求律法,标志着哲学的特点。苏格拉底—柏拉图哲学所探求的是秩序,甚至就是"律法"。在有人提出反证以前,我相信,哲学正因此而是**这样的**哲学,所有其他哲学只有根据它或者从它出发才可能为人所理解。因为,其他任何一种哲学总是以这样或那样的方式假定,βίος θεωρητικος[静观者的生活]是真正的βίος[生活],——但对苏格拉底—柏拉图而言,这哲学的第一个前提恰恰是成问题的(正由于这个缘故,尼采对苏格拉底哲学的批判是无力的)。柏拉图的尝试也许失败了——对这一点,我不知道,但我不相信——于是,才会首先有这种可能性:有一种**确立**的律法,这种律法经受住了柏拉图对吕库戈和米诺斯的律法的批判,并实现着柏拉图只是要求或者预告的东西;这种律法便是(按照中世纪阿拉伯和犹太哲学家们的观点)**启示**的律法。然而,在近代之初,针对启示的律法重又产生了与公元前四世纪针对吕库格和米诺斯的神性律法曾经有过的**基本上同样**的情况。因此,将苏格拉底与诸如霍布斯这样的人做一比较,原则上合理。

差异巨大,部分是明摆着的;但我认为,如果不坚持原则上的同一性并从这个背景下突出差异,便不可能彻底分析这些差异。您问,霍布斯的"自由主义论证"是否真的与苏格拉底的意图是同一的? 当然不是! 苏格拉底是自由派——这说得更离谱! 可这恰恰又是问题之所在:一个富有理性的人,一个哲人(!)怎么可能是自由主义的,甚或去论证自由主义? 说得更尖刻些:一个哲人怎么可能主张智术师的学说? (这绝不可能,在柏拉图的对话里这很清楚。)可见,首先必须确认,霍布斯是一个哲人,而非"实际的政治家",亦非修昔底德那样精明的观察家、历史学家,而是一个进行探究的、即探究人类事物秩序的人。我觉得,这似乎并不像您认为的那样,是"一个非常间接的同一性,如果您(即我)在两方面都发现对政治科学的兴趣的话"(强调是您加的)。您继续说:"这表现在这儿和那儿的数学的差别。"(克莱因语)现代的与古希腊罗马的数学有差别,但这对于这最初的切入点无关紧要;只有坚持形式上的切入点(如果您愿意)的共同性,这种差别才可能得到澄清(再说,克莱因在解释苏格拉底与霍布斯直接对立这一问题上也持我的看法)。

我越来越清楚,描述现代思想特征的基本方法只有靠与古代思想(我以为不是与诸如基督教的思想)对立比照才可能奏效。可是,为了对立比照,我必须有一个 tertium comparationis [比较的第三者]。我所知道的只有:不论古代还是现代的哲学都自称是哲学。这只是形式上的吗?

您说,苏格拉底与霍布斯的接触点在谦逊问题(Problem der Bescheidenheit)。所以,您认为,答案完全不同。我当然承认这一点。可是,答案为什么不同? 因为,他们从一开始便完全以不同方式探究美德问题。然而,他们都在探究美德,不过,在我们必须问的是,哪一个问题:苏格拉底的抑或霍氏的问题更为原初和更为恰切? 但是,这种比较之所以可能,只是因为,追问这个事实本身将两人统一了起来。(而且,我相信,我在我的书里确定无疑地指出,霍布斯的起点恰恰并非苏格拉底的问题,而完全是另一个问题,即有德操的人必然所由构成的质料的问题,只有在设定苏格拉底的问题已经得到回答的情况下,这个问题才可以成立。我现在详细说明这一点,我首先指出,在认识人的天性方面,霍布斯所要求的更多的"深度"正是在于,他只是追问质料——苏格拉底对εἶδος[形相]的探究以及亚里士多德对合群性(Sozialität)的探究,在他全被略过不提——他似乎埋头于对质料的考察;这种本体论上的唯物主义是克莱因作为得到反思的东西(Reflektiertheit)来分析的那种东西。然后必须进一步指出,霍布斯在尽力设法摆脱苏格拉底的问题的延误,他只试图从质料——更精确地说从 matter and artificer[物料和工匠]——求得秩序。)

在当时,在我写埃宾豪斯评论时,您可是赞成我关于"第二洞穴"的命题的,可以说,我们原则上是一致的。莫非我表达得如此含混不清,致使您没有看出来,我将对霍布斯的理解定位在苏格拉底,是认真对待这个构想的尝试?莫非我写得又像我的《斯宾诺莎》一样如此杂乱繁冗?我请求您,倒是就此说一句话呀!

10d （克吕格致施特劳斯）

1932.12.29,马堡

Zeppellinstr. 23

亲爱的施特劳斯先生!

您今天的信正好撞上我有较多空闲,所以,我立即回复。

我们对于我们进行思考的历史环境的看法一致:您也"确信在我们这个世界上'素朴的'哲学没可能存在",也就是说,您对这种不可能性的理解跟我完全一样:其根据在基督的统治。然而,一方面您假定我承认这种实际的统治之正当性。另一方面,您说您否认它。您审视思忖在这种情况下可能做的事,您发现现代哲学——一种自我审视和"深刻"的哲学——的特征是"保存着"基督教的"真实的东西",您有理由对此进行挑剔。与此相对,您寻求一种其彻底性不一定在于"深刻性"之中的"确定的非基督教的哲学"。您从正面谈到,探究自我审视尺度的问题与自我审视相比是更彻底的东西。

在这最后一点上,我同意您的看法:我也发现,现代人以他们的自我审视掩盖了尺度问题;但同时我又认为,古人在提出这个问题的时候——在这里我们两人想到的是苏格拉底和柏拉图——已经沿着启示宗教里的"律法"问题所处的方向将它向前推进。奥古斯丁的柏拉图主义——我不知道阿拉伯人和犹太人的柏拉图主义是否也如此——真正是柏拉图的:是在启示背景下对柏拉图问题的正当重复。(如离开柏拉图哲学,我们两人所指的探求尺度的问题,就不至或者就不至首先贯穿于古代了。)

现在的情况是,今天,即在"俗世化"的背景下,重又提出这个"非现代性的"探求尺度的问题。我始终认为,这个"基础"以及古代的"基础"不仅必须"描写",而且必须"分析"。这正是我在追溯历史主义与"感伤主义"思想问题的基督教来源时所要做的。在某些情况下,也许有必要直接地将现代哲学家与柏拉图对立比照——我也这么做。然而,恰恰在这么做时,显然必须对介于两者之间的东西有或者总是有一种观念。您也有一种观念,而且,是同一种观念,我指的是一开始便确定了的观念。但对于我们的分歧,您却认为表现在您"不可能信仰"。如果我回答:这根本不是问题之所在,但愿您不至将我的话解释为不严肃和不恰切。您有无信仰,在这里是纯个人的事。(我或许可以冒昧地说,您确实是个"非宗教徒",但并非一个漠不关心者。)因此,我同样很少谈及我的个人信仰或者无信仰。对作为哲学家的我们而言,问题不在我们是否有信仰,因为重要的并非我们是否以及怎样应对"生活"。并非 tua res agitur [与你有利害关系的事],而是 utrum verum sit[是否真实]。我们或许忍受不了真实,无法去做唯一真实的事:因为这种真实的事本身与此无涉。我想回答您对"现代的境况"的态度:以探求自己的生活和信仰的问题为出发点,这在哲学上是错的。这种"自我审视"问题是第二位的;它如您所说,以尺度问题为前提。由于您将自己的问题推迟了一级：以信仰和无信仰的问题为切入点，您便假定，尺度问题已经得到解决。所以，您定位的依据——虽然负面——在启示宗教。只是由于这个缘故，您才可能像您现在这样理解历史境况；只是由于这个缘故，您才可能像我一样确信，素朴的哲学没可能存在。在我们一致同意的这个乍看起来纯历史的事物观里，深藏着一种承认：对一切关于尺度、世界等等的探究，启示宗教这个事实具有绝对重要的意义。倘若您确实从根本上否认这一点，这就是说，倘若不是将启示宗教，而是将其他什么东西，比如宇宙，看成具有绝对重要意义的东西，您在观察历史时必定更"杂乱无章"。可是，这样一来，该怎样理解历史事实和我们自身呢——我不知道。从哲学上看，我觉得情况似乎是，我们必须重复古代的和真正哲学的问题，但这重复是在当下尚不可克服的实际情况之下，即哲学思辨本身已经不再像当时那样在理所当然的情况之下。这种新东西，一个对于哲学而言的新生问题只可能在一种世界历史哲学中，这就是说，在对原本由于启示而发现的"反思"基础的分析中提出来。人们可以觉得，这是一种"可憎的厄运"，或者是一道在我们手足无措的黑夜中闪现的希望光亮——这只是我们的"世界观"的事，这只是我们在这种处境之下个人要有所作为的可能性的事。但是，假如有人自称在其他地方找到了真实的东西和专断权威性的东西，那么，他的自我理解就必定比我们两人差。这样一来，人们必定——您会认可我的说法的——像诸如洛维特一样，像大多数同时代人——不论精明者还是愚蠢者——一样，"毫无感觉"。但您比较明白这一点，所以，对您而言，寻求一种无神论哲学便根本不可能无视古老的 $\dot{\alpha}\gamma\alpha\theta\acute{o}\nu$ [好]的地位的 $\delta\varepsilon\acute{v}\tau\varepsilon\varrho o\varsigma\ \pi\lambda o\tilde{v}\varsigma$ [再次起航]。

  Dixi[该说的都说了]。我很高兴，我对您与我的关系的担忧毫无根由。我的夫人以及我衷心问候您。

您的

G. 克吕格

11 （致洛维特）

新地址：7 Square Grangé,
22 rue de la Glacière, Paris (13e)
1932. 12. 30

亲爱的洛维特先生：

我今天才能够对寄来的您的两篇文章表示衷心感谢。近几周非常忙，现在也忙，但我至少抽得出时间读您的文章并思考其内容。

《尼采与基尔克果》自然比主要评说雅斯贝斯的文章更让我感兴趣。两篇文章的主要论断相同，所以我更可以着重讨论前者。

您的命题我大致熟悉——基于在马堡的几次谈话。可是，对您以如此决然的口吻提出人的自然，提出普遍人性的问题，我仍然大感意外。您一开篇立即表述的问题是："人是什么，人变成了什么？"这使人推断，"人之所是的"应被认为是衡量"人之所变成的"，是衡量人基于其自由所达到的现实表现的普遍、永恒的标准。这一推断被进一步的论述否定了：在这些论述中，您提出了人的自然之可变性。那么，以您提出的人的这种自然的问题您究竟要指什么？您所理解的"自然"（Natur）是与非自然（Unnatur），即与基督教的非自然对立的。这就是说，您对这个概念的理解也只是——与尼采并无二致——"论战性的和反应性的"（polemisch und reaktiv）(63)（[译按]这应是引文所在的页码，下同）。当然，您超越了尼采，因为您也关注"生存"（Existenz）所意味着的东西，可见，人的自然问题在您那里变成了其中包含着"生命"与"生存"的人的本质的问题。这样一来，您虽然扩大了论战，但却并未达到一个非论战性的"纯粹"问题。

我认为，这是不可避免的，如果定位在19世纪的最高阶段的话。您自己认为(48)，这里重要的始终是恢复名誉：人们要重复某种失去的东西，要发掘出某种被掩埋了的东西。但是，失去的东西在被当今现实寻找回来，是当今现实所需要的——，这就是说，要肯定被黑格尔、被现代哲学所普遍否定的东西，而且按照它在这种否定中被理解的方式加以肯定：肯定并没有达到原初的维度。如果

19 世纪的哲学全然是论战性的,可以说并不彻底,那么遵循 19 世纪的哲学便根本不可能达到彻底性(radikal)的问题。

您所关注的是自然不拘(Unbefangenheit),是人的自然不拘的认识,是自然不拘的人的理想。您关注自然不拘这个事实,证明我们并非自然不拘,因而也不可能自然不拘地提出问题。然而,倘若我们不是"以某种方式"认知自然不拘状态,我们本可以不关注自然不拘状态。应怎么办? 在我看来,必须追踪,无条件地追踪"自然不拘"这个词投向我们的那束微弱的光;必须十分严肃地对待针对我们的受拘(Befangen-heit)的怀疑。我们所指的拘见是基督教传统中的受拘,是反对这个传统的论战中的受拘。我们要走出论战和针对论战的论战这个怪圈,只能通过实在的、具体的、不再从论战视角来解释的自然观的引导。但满足这一要求的只有前基督教的、即希腊的哲学。

可是,希腊哲学完成不了这个功能,不可能达到一种真正的人本主义(Humanismus),只要历史主义(Historismus)得以提出下述异议的话:不同的时代需要不同的理想,因而希腊人的理想不可以成为我们的理想。我发现,由于您的"自然主义的"、旨在达到不存偏见状态的意图,您正在被引向历史主义的边缘而又未真正跨越这条边界。您想回到"存在"(Sein)与"意义"(Bedeutung)的二元论背后,您在寻求不凭藉"解释"的存在。然而,如果您承认普遍人性、人的天性有理由在不同时代被不同地理解,也就是说,"永恒的基本文本"有理由被不同地解释,那么,您恰恰随之承认了"解释"的必然性。

我不知道,您是否能够理解这些过分一时性的看法。所以,我想对我的批评从全然一般意义上作如下表述:我在您身上发现了一种人本主义,一种关于人的人性哲学的一切成分;但这些成分并没有凝结在一起,这是因为您过分仰赖我们反人本主义传统的遗产,以致未能走出这一传统的魔圈。

以往曾有过的一切人本主义都自视为是向希腊人的回归,这是偶然的吗?那么,您为什么认为可以避开这种必然性呢?

我不得不住笔了。请尽快来信，谈一下您的一般情况，尤其有关洛克菲勒奖学金的进展。

向您夫人和您本人亲切致候。

您的

列奥·施特劳斯

11a （洛维特致施特劳斯）

1933. 1. 8

亲爱的施特劳斯先生：

衷心感谢来信！您的批判**论证**的方法（与您批判施米特和曼海姆时采用的是同一种方法）像以往一样得当。可是，我并未感觉到是致命的打击，原因在于我觉得，克服历史相对主义——按照您的看法我是"偏执"其中的——似乎并非因为人们不从——必然为论战性的——当今处境出发便可能奏效的。您相信——完全基于传统！——希腊人的"观点"不存偏见，但恰恰因此却更深地陷于历史之中，比我要深得多，因为我认为，我们恰恰要以历史主义**为基础**，才可能不存偏见，要以我们成为技术的所在**为基础**方才可能变得十分自然。克服历史主义不可通过任何历史的绝对化和**教条**的时间性（海德格尔），而应借助自己的历史环境之向前推进的命运，人们正是在这个处境里进行着哲学思辨而一起前进的，并且与非常不自然的文明联袂而行。如果说，尼采当时并没有发现人的自然之"永恒的"基本文本，而是设计了非常俾斯麦式的"权力意志"，其原因并非在于没有完全回到前苏格拉底人，而是由于他低估了我们现代的此在条件日益前进的人为性（Künstlichkeit），并想与一种非历史的"自然"重新结合，虽然从倾向上看，他恰恰要达到一种未来的"自然性"（Natürlichkeit）——一种"自然的非道德性"（natürliche

Amoralität),走向欧洲虚无主义和超越前此所可能存在过的东西。被还原迻译为非**在于**人的自然,即唯一完全自然的自然的人,并不是自然的人,因此,我使人的自然的规定性先验地附丽于——始终具有历史性的——**人性**。为了深入认识自然的"相对化"(如果您愿如此理解的话)之合法性,只举一个例子也就够了:在人身上,什么东西生来会比他的性属更自然呢,——可是,关于男女、家庭等等的人性的立场却是如此易变。要在这方面发现一种绝对"原初性的"和"自然的"立场,并以希腊人作为范例,全属幻想。对人而言,性犹如所谓性反常(Perversität)一样是如此自然而又如此非自然,因为根本没有人的**直接的**存在和关于人的直接的观点。费尔巴哈在这一点上反对黑格尔毫无道理;他并不明白黑格尔的作为"第二自然"的精神的理解。在世界变成一个首先必须重新被世俗化、被非教会化的 *saeculum*([译按]兼有世纪、时代、时代精神等含义)之后,甚至连希腊人的世俗性也不可能完好无损地重现。现代性十足的**克列孟梭**(Georges Clémenceau)说:"对希腊人而言,世界是一个世界,而在我们看来,它是话语。"不错,可是,他忘记补充说,希腊人的"世界"也是逻各斯和神话,而我们的话语世界则相反,是一个事实上被理性化了的世界。正如世界和性一样,人身上的一切都经由人类历史的"中介"。不可将希腊人的"观点"当作绝对标准,同样也不可能维持基督教的"永恒"真理。既然据称希腊人拥有"完整的"知识(我猜想,在您的要求"完整性"的意志背后,隐藏着极度"道德性的"偏见!)——那么,为什么不同时将对于他们极其自然地存在过的奴隶经济、男童恋等等奉为楷模?所以,我不愿空想般地回归**人的自然**,而是想从对于我们变成了**实在的**普遍人性的东西——如货币与劳动——中,从被我们当成"自然的"东西中阐发出"真正的"可能性。这时,诠释(存在之"意义")不可绕开,而且也绕不开解释之论战—批评—反应性质。这里不可能是**消除历史的**解释方法,而只能是采取当今的解释方法的善良用心,从其目的看只能是"存在与意义"的**一致**,只能是解释之合宜性。尼采并没有达到这个目的,因为在他看来,"内涵"与"事实"正如自然科学与历史批判方法一样是如此相互分裂,虽然他也看到,"表象的"世界也与"真实的"背后世界(Hinterwelt)一起同时落入我们这个唯一的世界之内。

我比您更历史地进行思考,因为对于我而言,理性的历史性已经成为理所当然,由于这个缘故同时又更加非历史,因为我认为,为着眼于未来,绝对的历史的正当性始终应属于当今。然而,您却将恰恰不再是我们的历史的一个历史绝对化,并以绝对的古代取代绝对的基督教。您问:人是什么,1.他变成了什么——我虽然开始时作如此表述,但事实上,我却引出下面的话,我对自己说,"我们现在就是这副样子",2."人究竟还能变成什么呀"!并非我而是苦命的基尔克果和今天有复辟倾向的人总是还想重建"已失去的东西",并为之恢复名誉,相反,基于一种彻底历史的意识,我却已经完全非历史地进行着思考,正如我私下也十分非历史地生活着一样,只顾眼前,而且不为历史的"不利情况"所累。因而,我偏爱比较无所顾忌的南方。我总是从当今开始,着眼于最近的未来的目标,虽然当今人类学科学的解释不可能无视历史,尤其刚刚过去的历史(19世纪)。可是,您所理解的"原初"究竟是什么??我也熟知一种原初,可是它并非在既往,而是在我面前,从理念上看,它在极大程度上切合尼采的纯此在的"清白"(Unschuld),即超越意义与非意义(Sinn und Unsinn)。这种清白既非古代的,亦非单纯反基督教的,毋宁说是那种业已广为传播却尚未从哲学上被理解的现代的非道德、不受拘限、自然性、漠然性以及甚至"平均状态"的本质形式。恰恰当今某一种特定的、非常"现代的"类型的人,也是非常"自然的",变得——举例来说——如电灯之于我们那么自然。希腊人的油灯也曾是一种十分精巧的、技术性的和自然的照明设备。但油本身像电流一样都同样是自然的。可以说,我是太不自然地思考着人的自然!最近的历史的自然性在19世纪就是"自然主义"——为什么由于我们不再满足于这个自然主义便立即到希腊人那里去寻求拯救?您对人的自然之"易变性"颇为反感,我认为,这种易变性是唯一充满希望、唯一有广阔前途的东西(例如,我本人年已三十,变得比十五到二十五岁时更自然了)。即便希腊人也并非如克莱因爱讲的那样,始终将人"作为人",将狗"作为狗"揭示出来,他们只是不再像埃及人那样,相信被魔法变成了**动物**的人,但毕竟还是相信奥林匹亚([译按]众神之所在)的呀。人们后来曾信仰基督,最终又相信道德和理性——现在,人们"什么也不"相信了,于是,通往**自然的、质朴的**人的通道随之敞开。当然,这自然的人是什么,我并不知道,我对此也完全没有兴趣,因为我知道——举例来说——(存在哲学的)"存在"是很不自然的东西,我自认为我也能够说明它何以如此。从正面讲,我理解一种十分自然的此在方式和"自然无拘状态",虽然这种自然无拘状态像一切人为的东西——不论基督教还是古代思想——一样如此"相对",如果人们以一种历史的绝对性历史地对之量度的话。基督教和古代思想,此两者在神话、宗教、社会中存在着的实际基础(用尼采的话说!)早已完全变得岌岌可危了。我们今天可能更自然无拘! 在雅斯贝斯身上,我所反对的是,他没有从虚无主义得出积极的结论,因为(他)是一个具有浪漫气质的知识人,对"平均化"和"平庸"怀着可笑的畏惧。他恰恰以马克斯·韦伯为楷模,塑造了一个为"失败"的形而上学所升华了的"真正的"人的形象。这种对失败的升华的平庸背景,是已经消失的市民安全感。

然而,"真理"为什么不可以是某种平庸、朴实和自然的东西呢? 恰恰这种朴实和与此相依的"自然"很难达到,如果人们要一味提防种种异议的话!"完整地"说明自然的、朴实的人之所是(*Menschsein*)之所以如此困难,只是因为人们几乎不敢直截了当地说出人之所是根本上是**多么**简单,人们担心这样一来,他们的话可能不再被认为是"哲学的"了。可是,我完全从哲学上认真对待诸如施韦策尔这类人,虽然是以非基督教的方式。我也认真对待任何明确的虚无主义,甚至任何对一切存在者都一视同仁的极端的"漠然态度"。如果人真正摆脱了上帝以及道德,他也许就不再有什么特殊的"规定性"了——而且,如果他只是诸如"人"——即**没有引号的人**! ——这类东西,他就根本无须规定性。但眼下仍然还在讨论一百个引号里的人，所以，我注意到，海德格尔的**实证性**（Positivität）恰恰表现在大多数人觉得反感的东西里，即表现在他返归诸如此在——忧虑和死亡——这类"朴素的"事实，——只可惜他血液中还有颇具渗透性的神学传统，因此，他的哲学上的实证主义仍是一种隐匿神学的（kryptotheologischer）虚无主义，一种带有有限性之"形而上学"的不完全的虚无主义。他还没有理解——如尼采所说——以"清白"和"犬儒方式"思考此在，两者几乎是一回事。在这里，我倒是想用简洁（lakonisch）取代犬儒这个词。必须用哲学的"简洁"取代浪漫的"反讽"和生存的激情。须知，真正的哲学美德是漠然态度所具有的平静，这种态度不再区分 res extensa［广延物］与 cogitans［所思］——自然与理性本质（Vernunftwesen）、经验的自我与绝对的自我、此在与存在、在手边的（Vorhandensein）与生存、善与恶、本质与非本质等等，按照尼采的说法，肯定存在之整体——不经选择、不加不减，一如其现状。这么一来，您从教条上所谋求的"正确"又会怎样呢？？它将由于取得了自由的精神，由于与自己本身达到同一的人而灭亡！

请尽快写信来！我从费林博士那里只是听说，我的**年龄**不会有任何麻烦，因为我是参战者。他可能近期顺道来马堡，我会与他谈谈。作为推荐人，除了**格鲁托泽**，还有**海德格尔、雅斯贝斯、弗朗克、索顿**（Von Soden）——如有必要也可加上雷德勒——这些我会拜托费林去办。Speriamo［让我们期待着］！

我和我夫人向您亲切致候。

您的
卡尔·洛维特

第二编

艰难岁月(*1933—1948*)

一九三三年

1 （致洛维特）

7 Square Grangé,
22 rue de la Glacière, Paris(13^e)
1933. 2. 2

亲爱的洛维特先生：

我今天才得暇动笔：我一直很忙，现在还忙。因此只能写最急迫的事。

首先告知赫尔曼夫人的地址：Charlottenburg, Kantstrasse 28。

感谢您的来信和您评论雅斯贝斯的文章。关于雅斯贝斯，我们曾多次讨论，不论口头还是书面的。因此，我仅仅对您的信作出回答。

您攻击我的反历史主义（Antihistorismus），对您提出的论据可以作出这样或那样的回答。但我更想作如下表述：这种反历史主义是一种结果，而我的开端恰如您的开端：当今的处境，这同时又是我们的未来。当然，我并不像雅斯贝斯——也许还有您？——所设想的那样，认为当今的阵线如此紊乱。我在眼前看到的是左与右的斗争，对这场斗争的解释也分为两翼：在左翼是进步主义和马克思主义的解释，在右翼是尼采、基尔克果、陀思妥耶夫斯基的解释。对于对手观点的解释都是漫画化的。所以，我曾出于某些理由尝试对两个阵线的一翼，即对左翼获得一个正确的观念。于是，我便研究启蒙运动，尤其斯宾诺莎和霍布斯。在这里，我看清楚了某些在其他地方难以看清楚的东西，例如，我甚至觉得海德格尔和尼采著作中的某些东西在这里也变得更清楚了，对于我甚至比读他们自己的文章还要清楚。我认为，我最终弄懂了尼采的本质性难题（Aporie）。尼采的发现是其对立面为坏（das Schlechte）的好（das Gute），也就是跟善恶即"道德"观念相对抗的善。这个发现是人类的原初理想，即阳刚（勇敢）理想的再发现，尼采有时喜欢使用的扭曲和夸张（至少按照寻常的看法），是此一理想遭否认和被遗忘这种情况造成的结果。被什么东西所否认和遗忘？尼采说：被苏格拉底—柏拉图和基督教的共同工作。让我更审慎地说：被启蒙运动所否认和遗忘。启蒙运动明明白白又是第一次否认勇敢之道德品格。尼采以其关于勇敢的立场对抗启蒙运动对勇敢的否定（由此出发也可以理解尼采的哲学推理的品格：以铁锤进行哲学推进，便意味着勇敢、英武、无畏、主宰者的信念——而并非理性认识——成为哲学的工具[Organon]）。但是，勇敢立场也有其麻烦：罢黜勇敢的权力——"精神"——不断从背后攻击尼采。于是，这里便出现一个问题：人们是否必须停留于勇敢—知识这个反题。在我读柏拉图的《法义》时，我才明白，这并不必要；如果人们忆及柏拉图的某些学说，尼采的问题，亦即我们的问题似乎更简洁、明确，也更具原初性了。——而且，关于中世纪哲学的某些思考也证实了这一点，于是，我最终认为，对柏拉图作一尝试是有益的。我了解抽象的历史思考，但我相信，这种思考在终结之时有别于其开始之时。让我长话短说：我必须尝试，我是否"行得通"。如果我通过我对霍布斯的解释会让您明白我对尼采的修正，我的"柏拉图式推理"也许会显得不再像现在这么"浪漫"。我为《哲学研究》(Recherches philosophiques)就霍布斯写了一篇短文，将在近几个月内发表。也许您可读一下（我将在此文发表后给您寄去）。

请原谅，这封信写得拉拉杂杂，如我所说，很忙——不过，您可不要以其人之道还治其人之身。无论如何，您要告诉我您的情况，以及您的洛克菲勒奖学金一事的进展。

衷心问候您夫人和您。

您的
列奥·施特劳斯

1a （洛维特致施特劳斯）

1933. 5. 13

亲爱的施特劳斯先生：

　　上周我去柏林向委员会的先生们介绍自己。费林自己发表的看法最为含混，相反，我觉得舒马赫（Schumacher）、奥依肯（Oncken）和克尔（Kehr）却完全支持我。奥特（Schmidt Ott）未出席，门德尔松我未得见到。

　　我通过克莱因，以前通过伽达默尔得知您的一些情况。您结婚的事为什么对我如此保密，我不得而知，——我以前在柏林于匆忙中认识了您夫人，请代我向她致候！反之，我有点生气，您没有遵守希特勒有理由称赞的"男人的缄默"美德，（除了克莱因）也向克吕格和伽达默尔讲了我的打算。这使我很尴尬，因为我迄今并未告诉他们两个人，何况事情还未完全定下来。倘若您对马堡的闲言碎语有较清晰的想象，您也就理解，有许多事我为什么在这里秘而不宣了，现在尤其如此。我今天才开始讲课，对所有其他事我还在观望，德籍犹太人的流亡命运大概是我所愿承受的最终结果，由于我参加过战争，暂时还受到公务员法保护。显然，洛克菲勒奖学金眼下对于我可谓来得适逢其时。今天，我从 F.（[译按]费林）博士得到消息，其内容如下：六笔奖学金有三十个申请者，我被列入六个候选者之中，但是，由于我的学术著作的主要部分并不真正属于社会学领域，人们又将第七位申请者列入其中，这就要由基金会决定，他们要优先选择我们两人当中的哪一个了。这事要到六月底才决定下来。所以，事情很难办，虽然我曾急切请求 F. 考虑到我作为一个德国犹太人所处的特别困难的情况。现在，烦请立即而且准备并可令人识读地（不要像我一样）写信回答我下述问题：是否有途径可直接或间接地问巴黎的主管先生（Kittedge, 20 rue de la Baume），说明我必须取得这笔奖学金？您自己能否为此尽力，或者让格鲁托泽为我活动？（如果他目前在巴黎，可能在《法兰西新闻周报》[*Nouvelle Revue Française*]？）但这事最好在六月初就得办，如果 F. 已经收到我填好的问题表并送达那里的话。或者您另外还对我有什么建议？您的第二年[奖学金]有把握了吗？会到哪里去？意大利,还是继续留在巴黎？您论述霍布斯的文章发表了吗？还有:您用英文拟的研究计划有多长？文本是否必须与第一次详细的计划完全一致？假若不一致,其间的出入最好保持多大？另外,在用英文填写印制的问题表时,有什么特别注意的吗？据我所知,在三十份申请中只有五六份附有与我完全相似的研究计划,即研究意大利法西斯主义。无论如何,我不想错过巴黎的赌赛终局可能带来的机遇。

请尽快给我写信。

您的

K. 洛维特

1b （洛维特致施特劳斯）

[缺日期]

亲爱的施特劳斯先生,这一页也许最好应该略去？因为倘若我得到奖学金,第二年如有可能,我倒要尝试一下可否去莫斯科！——多谢您的来信,为什么您在巴黎过得这么不自在呢？要是我们1933年能在意大利相遇,[那]当然是美不自胜！请您将您认为重要的东西写进这份草稿；我担心它在整体上太"哲学味"了,但另一方面,我又不可能避而不谈我的哲学出身。太一般化了？可又叫我怎样拟出比较专门的"问题"呢,我本来只了解法西斯主义的一般情况呀。除了格鲁托泽,谁可充当推荐人？列出关于法西斯主义的文献时,在费林那里提到曼哈特(Mannhardt)是否有危险？他如果随后(被费林)询问情况,这对我很不利,因为 M.([译按]曼哈特)将我看成马克思主义者,而且他不喜欢我。所有其他问题我上次已经向您写过了。只是当时由于时间仓促,先将手抄的申请书给您寄了去,当时还没有打字稿——今天才打好的！

请尽快回复！愿您的情况不断好转！
致好。

您的

K. 洛维特

[附:研究计划,手抄稿四页。]

1c （洛维特致施特劳斯）

5.17[1933—明信片]

亲爱的施特劳斯先生：

多谢您迅速回信和在科瓦热那里使劲。您无望得到第二年[奖学金]的消息使我感到难过——柏林究竟为什么拒绝呢？现在您下一步是什么打算？您作为自觉的犹太人所处情况大概不同于我，但一般的问题对您我都一样，这都包含在两个词的联系中:"**德国的犹太族**"。在我看来,这个问题只能在德国本身得到解决。流亡者的命运也许是我——如有必要——所能接受的**最后选择**。我暂且观望一下是否还为我保留教职。我在这里还能够不受干扰地开始我的授课,听课的人比以往少一些。请您也详细写一下自己的情况！我并不对您"恼怒"，从没恼怒过,我只是有点气:此事在此已传开而我一无所知。我并不知道这是经克莱因传开的。至于您结婚的事——我和我夫人当此之际祝你们万事如意——我的确看不出在"保密"与"未正式通知"之间有什么客观的区别！我自然并未期待一张印制的礼帖！不过,我怎么会为**此事**怪罪您呢？我只是认为,让我从第三者得知此事很没有必要,且有点儿可笑。

致好。

您的

K. 洛维特

2 （致克吕格）

1933.2.7，巴黎

亲爱的克吕格先生！

多多包涵，您去年底的来信搁置这么久未复。但我相信，一旦您知道原由，您就会放过我的。我正准备——结婚，新娘是您和您太太在海尔曼太太家1931/32年除夕晚会上认识的米丽亚姆·佩特瑞（Mirjam Petry）女士。关于佩特瑞女士的遭遇，我无需对您讲了，因为克莱因当时肯定向您说过。无论如何——您现在知道，我为什么没写信，您不至误解我的沉默了。

您对我提出异议说，由于我从自己的无信仰的事实出发，因而在做某种"哲学上错误的事"（"从探求自己的生活和信仰的问题出发，这在哲学上是错的"）；您说我"推迟了一级切入问题，即并非从真理问题，而是从我自己的信仰和无信仰问题开始"。——对此我想回答说：我什么都不知道，我只是表示意见；首先我要明白，我表示什么意见（我的 δόξα [意见]是无神论），这个意见有什么意思，其问题何在，以便带着问题走上或许会引导我达到认知的道路。我并不认为，我因此会过分看重自己的"个人意见"——归根结底，这也不是我个人的意见，而是时代的意见，人们只有理解、洞察它，才有可能克服它；可是，这意见也许在这人或那人身上被证明是恒定的。我因此而实现着一个要求：人们绝不可无视自己的处境，而这是您曾针对我提出的要求。

您还写道："从哲学上看，我觉得情况似乎是，我们必须重复古代的和真正哲学的问题，但这重复是在当下新的、尚不可克服的实际情况之下。"——关于古代的问题是真正哲学的问题，我们是一致的。我们争执的是，现代问题具有何种品格。我的意见是：若以古希腊罗马的问题为标准来衡量则，现代问题并非真正哲学的，而只是入门知识性的（propädeutisch），哪怕我们所需要的入门知识可能比本来的 παιδευμα [课业]百倍地详细、复杂和深刻。但我强调：这只是一种意见、一种（我希望，并非完全没有根据的）推断，而不是真正的认知。要是我将来对柏拉图的理解比此前更为深刻,我可望能就我们争执的问题说出更多的东西,这就是说,要么赞同您的意见,要么能够严谨地论证我的意见。

现在,我正在与几个相识一起(其中有科瓦热)重读《普罗塔戈拉》。我们认为我读懂了这篇我反复读过的对话,我过去忽略了好多东西、好多重要的东西呵。现在我才明白,普罗塔戈拉神话的涵义所在:"厄庇墨透斯式的"①自然哲学堪称解释雅典民主制之正当性的基础——这就是说,在一个无计划、无秩序的情况下产生的世界里,一切人事(Alles Menschliche)都井然有序(苏格拉底可以感到高兴的是,他生活在雅典人而非野蛮人当中),可事实上情况却是,在一个按周密计划制造的世界上,人事却恰恰没有秩序。由此表明,现代的与古代的自然主义(Naturalismus)原则上多么一样。——但是,对人事的秩序和事实上人事的无序的认识,并不受制于一种关于 φύσις[自然]的先行认知,正如《裴多》中对 δεύτερος πλοῦς[再次航行]的限制和《蒂迈欧》的神话品格充分证明的那样,而遭到反对的智术师的观点却天真地以自然主义的宇宙论为前提。

您的莱布尼茨导论究竟完成多少了? 我最近几天正好又在读些莱布尼茨的著作,因为我必须为门德尔松文集的一篇文章——实际上是对莱布尼茨的 Causa Dei(《上帝的事业》[译按]全称为《为上帝的事业辩护》)一文的解释——写篇按语。《神义论》§215 非常"有启发性",在这里莱布尼茨与真正的启蒙运动的对立被归结为 beauté(ordre)[美丽(秩序)]和 commodité[舒适]这一清晰的公式;还有§73:这是对报复性惩罚的确证,它同样流露出与真正的启蒙运动的对立。另外,在《狄尔泰全集》卷八有对这一点的评注在我看来颇佳。

吉尔松又来巴黎,他讲授 a. 圣伯恩哈德(St. Bernhard),b. 爱留

---

① 厄庇墨透斯(Epimetheus),希腊神话中普罗米修斯之弟,他不顾其兄的警告接受给人类带来灾祸的潘多拉(Pandara)为妻。——译注

根纳(Eriugena)。① 讲课很好,非同寻常地好,非常清楚又至为严谨;我所听的最后一次讲课是解释伯恩哈德的爱的概念、爱的"淡漠"与爱的"酬报"之同属性(Zusammengehörigkeit),最为精彩。照此看来,康德对幸福论(Eudämonismus)的论说似乎与基督教传统并无二致。

请多保重！快些给我写信,请宣布放过我长时间不写信！

衷心问候您的夫人和您本人。

您的

列奥·施特劳斯

小克吕格好吗?

3 （致克吕格）

1933.3.14,巴黎

亲爱的克吕格先生！

我正在读一本书,读时不禁反复而又深切地想到您,以致我觉得如果不着重地提请您注意这本书,在我几乎是罪过。这就是吉尔松的《中世纪哲学精神》,共两卷。②（请您让兴内伯格设法委托您写一篇书评——出版社地址：J. Vrin, 6 Place de la Sorbonne, Paris [5e]）。书中有许多让您喜欢的东西。您的理念与吉尔松的理念有着令人大感惊异的可比点。此外,您在注释中会发现,登录的文献大量以往也许为您忽略,尤其法文文献。我刚刚记下了我非常感兴

---

① 吉尔松(Étienne Henry G. ,1884—1978),法国著名哲学史家,新托马斯主义的代表之一;圣伯恩哈德,克莱沃的伯恩哈德(B. von Clairvaux,1091—1153),拉丁教父;爱留根纳(Johannes Scotus E. ,约810—约877),生于爱尔兰的哲学家。

② *L' esprit de la philosophie médiévale*,Paris[Vrin]1932,[中译编者按]有沈清松中译本,台北:商务印书馆,2001。

趣的一篇文章的题目：L. Laberthonnière,《基督教的现实主义与古希腊的观念论》(*Le réalisme chrétien et l'idéalisme grec*, Paris 1904)。吉尔松的行文方法是，总是首先指出某一问题在希腊人那里的提出，然后追问，通过圣经又被加进了些什么。

请让人尽快听到您的消息！

亲切问候您的夫人以及您本人。

您的

列奥·施特劳斯

3a　（克吕格致施特劳斯）

1933.4.19,马堡

亲爱的施特劳斯先生！

　　请原谅我这么久没写信！而您却是如此耐心，以您关于吉尔松的善意提示而使我赧颜。当然，我本可简短回复，我夫人也总这么告诫我。可是，与莱布尼茨和现实事件相比，信属于次要的了。关于莱布尼茨的文章，复活节已脱稿。现实事件现在开始在学校产生影响。

　　首先要弥补最糟糕的延误，对您成婚表示最良好的祝愿。您未来可期待的命运不会轻松；克莱因一家也将去那边，这将是一个安慰。Solamen miseris[对不幸者的安慰]。您和克莱因作为"右翼"没可能达到合格："不能做不许做的人"。只是，您怎么办呢？我希望明天从 G. s([译按]可能指 Gadamers 伽达默尔一家)那里能听到您的一些消息。

　　我想有机会认识一下吉尔松。关于他的书的事，我现在正从兴伯内格那里征询意见。既然世界历史很快将在一切地方终结自由主义，重大而现实的问题最终有可能再次为人所理解。但是，在这块土地上,情况将很严酷,人必须知道自己可能支持什么。您可以设想,在这种情况下,我会变得更加教条主义,我想,现在也公开这么做。

您在二月的来信里谈到您的问题提法:您说你不"知道"什么,而只是"表示意见"。对此我不太相信:意见的未决状态可能被哲学家引得非常远,但始终只是动摇人们生活于其中且只能生活于其中的知识结构。现在,这种"知识"的证明总是有缺陷,而且根本不可能在毫无原则性的模糊点的情况下得到证明;但这并不是说:"知识"的证明因此而是表示意见,毋宁说,它是信仰。古人所谓 δόξα [意见]的东西,仅仅部分是自觉完成的"单纯的"意见表述;意见主要还是一种臆想的可靠的知识,这种知识恰恰只是不曾被问及其证明,它部分是可以证明的,部分不可证明,部分可成功地证明,部分则是可以推翻的。希腊人将这些东西不加区别地称为 δόξα [意见],因为他们将基本上可达到的 ἐπιστήμη [知识]当作尺度。如果世界关于其自身和关于其历史性本身的历史经验必然使认知性知识(epistemischer Wissens)的获取成为问题,那么,对提问处境的分析也将随之发生变化。

我觉得,您似乎对古代之后的问题的"入门"品格理解得太表面了。确切地说:从您的回答我察觉到,我自己必须审慎地进行思考。诚然,"真正的"哲学问题是古代的哲学问题,但我必须加上一句:这适用于主题[Themata](例如,世界历史并非哲学的真正主题)。当时论述主题的方式不正确;论述方式当时可能根本不存在。现在它则可能存在。"不正确"是一种 privatio boni [善之缺失],也就是说,这并不意味着,柏拉图对真正的哲学全然一无所知,而是说他错误地、不正确地进行着探索。而且您知道,我认为,柏拉图的著作在最大程度上相对地接近真正的探究方式。

关于我对莱布尼茨的看法——就我为此而可能考虑到的——您最好从我必须简洁而通俗地撰写的导言中去了解。我完全赞同您的说法:在莱布尼茨和真正的启蒙运动之间有着一种对立。我只是在现在的研究中才认识到这一点,并确实对莱布尼茨产生了兴趣。他的空间理论(Raumtheorie)对我尤其有吸引力,我对此了解不多,但我觉得,它至关重要。莱布尼茨在某些方面胜过康德,后者虽然在基本方向上优于莱布尼茨,但并非在"理性"批判方面。凡在《纯粹理性批判》里——以及后来在《判断力批判》里对康德来说成为问题的东西,莱布尼茨从一开始就统一地着手做了。对我而言,这恰恰颇具本质性,因为您知道,我无法"接受"古人所指的 οὐρανος [天],同时我也拒绝意识的独立及关于它的科学的独立。从这个意义上——这听起来或许有些像幻想,我在上学期讲述了近代哲学的历史,将它表述为在"基督教的"(即基督教可能达到的)哲学内部发生的一切失败的反叛;而将自由主义看成是宗教战争、即西方出于教义动机进行的战争中的停火状态。

我们还将经历到什么?

我的夫人和我向您和您的夫人表达由衷的祝愿;请代我们问候她并向您亲切致意。

您的

G. 克吕格

很抱歉,我一直还没读您写的门德尔松导言,但我现在很快就读,因为我正在准备讲《纯粹理性批判》。此外,我还在讲授伦理学!

胡塞尔(1859—1938)

当我就神学询问胡塞尔的时候,他说:"如果有'上帝'这个事实,我们将描述它。"

——施特劳斯,1961.5.14 致伽达默尔

4 （克莱因致施特劳斯）

1933.3.22，柏林

亲爱的朋友，

我要立即（!!）回复你的信，免生误会。我最终还是坐下来写信啦……

好了！你这封让我为之对你表示真诚谢意的信是从一个错误的前提出发的：我并不刻意，甚至根本没有诱因现在就以这种方式改变我的生活状况。我也许必须做很不可能的事，但无论如何，在七、八月之前不行。何况，我当然有必要估计到，继续上进的前景变得如此暗淡，我好歹也得回到你的建议上来。我的问题只针对这种一般的看法，并没有如此急迫的意味。在这一方面有着多种可能性。而且，一切都取决于最近几个月的发展。

而且，我的情况不能与我的工作割裂开来看。因为，至今仍未结束——这是由于实际的、而非"个人的"原因。你必须知道，我在近几个月里做了大量工作。我逐渐变成了一个真正的柏拉图"专家"（而且因此而上了一门真正的柏拉图课——可惜我面对的是一群不配听的听众），并有一个"发现"。这就是，我自认为已掌握了分有（Methexis）①问题的解决办法，精确地说，$\varkappa o\iota\nu\omega\nu\acute{\iota}\alpha\ \tau\tilde{\omega}\nu\ \varepsilon\acute{\iota}\delta\tilde{\omega}\nu$[理念的联结]问题的解决办法，其结果是相同的。十二月底，我对此已经确信不疑。这期间出现了各种各样的困难，但我相信已经基本上克服了它们（眼下我主持一个关于"国家"的"通俗"讲座。此外，"隐秘地"与克劳斯研究亚里士多德的物理学$\chi\rho\acute{o}\nu o\varsigma$[时间]）。（我与克劳斯单独解读 De coelo [《论天象》]。他成了一个"忠实的学生"。）

不论我的未来前景如何，我的道路即便现在仍要经过施滕泽（Stenzel）、哈特曼、胡塞尔（!）和海德格尔（?）。眼下我还不可能向你详细分析我这方面的计划。这些计划也针对你信里预设的情况，

---

① "分有"是柏拉图的理念论中的基本概念，其含义是个别事物只是由于"分有"了理念世界的特点才具有相对稳定的属性。——译注

此外也适用于布拉格。我无论如何都不可无视我的研究将对施滕泽产生的影响。

至于你的建议的具体可能性,我自然可能指望布里奇基(Britschgi)的帮助。另一方面,通过施坦纳(Steiner),我为可能并愿意一起走的希尔德做了各种准备……

我还没有与 Sp. 取得联系,因为他太难找到,但我在最近几天一定要找到他。他夫人简直叫人受不了。

差不多同时,你会收到施泰丁(Steding)的一封信,他无法辨认你的字迹——这不奇怪——,总要花一个小时我们才能识读你的信。我也认为他有些精神错乱。请写信告诉他,他尽可以给我写信,使自己得到调节。

最后还有一点纯属"个人的"说明:天哪,你难道不明白,如果你为我们给予米丽亚姆的"接待"而感谢我们,我们会非常生气!这究竟是什么意思?!要么这是套话,也就是蠢话。要么不是套话,那就更糟糕了。

向科舍夫尼柯夫和施密特问好(如果后者还记得我的话)。后者对我可能很有用。他仍在巴黎吗?复活节期间,我们要去拜访克吕格一家,至少眼下是如此安排的。到时我可能与克吕格和其他人一起就这方面的事拟定计划。

看来你近期可能有幸在巴黎接待戈尔丁(Gordin)和 Gurw.〔译按:拟指 Gurwitsch(古维奇)〕。

关于钱的事,假若你能寄还,自然对我是好。不过,如果办不到,也没什么要紧。

克劳斯、布什维茨(Boschwitz)、舒尔茨兄妹、汉斯等人让我代问你好。班伯格(Bamberger)与凯特(Käte)结婚了。——你的研究如何?

向米丽亚姆亲切致候!

您的

克莱因

5 （克莱因致施特劳斯）

1933.3.27，柏林

亲爱的朋友：

由于我刚好有机会经由"外交"途径将邮件带到外国发出，我想对我的上封信做一补充。

首先：发生了许多事，其细节足以令人不寒而栗。但与变革的规模相比，事实上又微不足道，与俄国和意大利的相应事变根本不可相提并论。不言而喻，这样一种"客观的"观察方式难以为直接受到事变打击的人们所接受。但对于我们它是义务，哪怕在目睹个别事件和暴行的情况下心灵语言占上风的时候。

如果撇开目标、附带现象和一般状况不看，这场变革最可与之相比的是十一月九日事件。① 这是因为，变革更多仍局限于表面：德意志的民族品格是巨大的、不可动摇的恒量（Konstante），不论表现在善还是恶。内在的结构变动早已完成。从这层意义上看，简直不再有 S. P. D. ［德国社会民主党］，而共产党人还拥有被触动的内核。S. P. D. 领导的无能可谓举世无双。在德国，永远不会再有议会民主制——这是肯定的。

其他一切都还不确定。政府内的斗争达到白热化，希特勒大都采取反戈林的立场。自施莱歇尔（Schleicher）担任民国总理职务以来的发展，绝对不是"必要的"。帕本（Papen）② 一个人是最近事变的始作俑者，因为只有他才能够说服兴登堡改变看法，并将纳粹分子与德国民族党人一起拉入内阁。可是，他在这一点上失算了，因为选举给纳粹分子带来谁都没有预见到的成功，这是通过煽动以前的非选民达

---

① 指在德国 1918 年 11 月 9 日，德国帝国总理迫于总罢工和群众示威游行，为阻止革命而设法说服德皇威廉二世退位，尔后擅自宣布德皇放弃王位并将总理一职转交给社会民主党人艾伯特（F. Ebert）。——译注

② 施莱歇尔（Kurt von S.，1882—1934），德国将军和政治家，1932 年 12 月至 1933 年 1 月任德国总理；帕本（Frang von P.，1879—1969），在施莱歇尔推动下，1932 年 6 月任德国总理，半年后又在前者的影响下辞职。——译注

到的:纳粹的整个宣传机器以书信、广播等等形式集中鼓噪。事实是:"民国总理"希特勒和国会纵火案起了关键作用。关于后者,德国共产党自然与之毫不相干(而且它也可悲地无能为力)。不过,我也并不相信左派普遍怀有的、你肯定从报刊上也了解到的信念,尽管许多东西事实上支持这种信念。我觉得最可能的似乎是,一群工联主义者出于对德国革命组织无所作为的义愤而干了这件事。

可以设想,政府现在正上演一场——按照俄国的模式——对共产党的宏大审判。但还将发生什么事,就很难说了。谁也不会变戏法,经济情况的好转几乎毫无迹象。民防、劳役、就业、移民都不足以从根本上降低失业率。犹太人问题并非本质性问题。Numerus clausus[名额限制]处处都在实行,不过时时也有"例外"(谋求大学教职资格对于我还不是完全不可能,尽管事实上机会很少)。兴内伯格喋喋不休地诉说着悖谬的事:"规矩的"犹太人现在在德国的日子也许好于以往。善良的人不再完全无视当前的形势。犹太人在美国和英国因"防卫"措施所碰上的事是幼稚可笑的。虽然"叫叫嚷嚷"的原则取得成功,致使德国政府被迫发表安抚性的声明,并遏制肆无忌惮的排犹主义言论,但德国犹太人的实际状况丝毫未得到改善。相反,政府现在转而从自己方面加强反犹宣传,实在是一种绝妙的转移视线的措施。从根本上看,如果世人自己的生存已经处于危险,他们便无暇关心犹太人了。而他们也正是如此行事。

真正"互相谅解"的机会,在我看来从来不曾像现在这么巨大。原因很简单:否则两年之后战争便不可阻止。当前自然并没有战争危险。谅解必然会以牺牲"弱小者"为代价。不过,法国或许得到了真正充分的"安全"。如细细思考一下人类的非理性,人们自然必定会悲观绝望。

至于我,我想最好待在德国。如果办不到,就去巴黎。第三个地方——按照我的意愿——是布拉格。事实上,我最多的机会恰恰在布拉格:胡塞尔与马萨利克(Massaryk)①是朋友！我接近胡塞尔的门径得自他的女儿和儿子,此外还有施滕泽、哈特曼等人的助力。(请勿与外人道也!)克劳斯——布拉格大学正教授——今年前往。这样一来,不仅在他那里,而且在他的后继者——很可能会是一个德国人(也许是弗兰克[!?],不过,这只是我的纯然设想)——那里我都有一线希望。马萨利克的影响遏制着布拉格大学的反犹主义。Nous verrons[我们且拭目以待]……

七月十七日我的护照到期。如果不能延长,就必须离开——

希尔德在目前情况下感到很不好过,这无论如何都是可以理解的。实际上在巴黎也许还过得去……

你的计划如何？对第二年的所谓怀疑是什么意思？这些计划只具有为我所熟知的你身上的那种品格？

我将施泰丁的信与这封信一起寄去。这家伙写信给我说,我们似乎处于最沉静的和平里,似乎没有书信检查等等事情。请你告诉他这些事。

我得赶快！以后也许还有如此发信的机会。

向米丽亚姆亲切问候！

您的

克莱因

---

① 马萨利克(Tomas Carrigue M.,1850—1937),捷克斯洛伐克社会学家和政治家,1918~1935任捷克斯洛伐克总统。——译注

6 （克莱因致施特劳斯）

1933. 4. 22

亲爱的朋友！

首先：关于我的计划，克劳斯会口头向你叙述一切。在两三周之内作出决断几乎不可能。倘若按我的心愿行事，我在五月底或六月初就来巴黎。至于希尔德，暂时还无法告知确定的消息。只有一点是确定的：

我们来……

你为什么让人一点儿音信都听不到？这种沉默是否与我的前两封信有关？另外，你是否收到了这最后两封信？你的情况怎样？奖学金的事如何？研究等情况还好吗？——你的父亲好吗？

你看：全是问号。我希望你——除了对未来的忧虑——一切都好。希望米丽亚姆，希望你们两人好。

据我看，洛维特和弗兰克会留下来，一旦后者不愿放弃的话——当然这与经济基础有关。艾伦伯格（Ehrenberg）已被解雇。布洛赫（Bloch）被停职。[①] 厄德斯坦（Edelstein）想去瑞士。瓦格纳（Wagner）因祖母而不得脱身……关于班伯格我一无所知。

胡塞尔老人——因出言不慎——也被停职！我两周前在这里跟他交谈过，这次谈话让我终生难忘。关于这方面的情况容后口头相告。海德格尔刚刚当上校长！

近几周在各个方面都将带来重大变化，一切都无法预料……

对我的工作我时而觉得好，时而觉得差，这也很自然。自去年秋天以来，我至少学到了许多东西。倘若能够顺利地在巴黎得到最低生活保障，我现在就能够写出像样的东西。为什么老是不顺呢？

我非常、非常高兴地期待着最终又能够与你交谈——妨碍我与人谈话的是——但愿你还记得——我的秉性。不过，你也知道，自

[①] 布洛赫（Ernst Bloch, 1885—1977），德国哲学家。1933—1948 年流亡国外，后任东德莱比锡大学教授，1957 年被强制退休。1961 年流亡到西德在杜宾根大学执教。——译注

你离开以后,这里就没人了(唯一的例外是克劳斯,可他的兴趣却完全在别的地方)。我心头压着无穷无尽的事。我曾造访菲勒(Firle)女士。她在某些方面对我很有用。请你代我问候科舍夫尼柯夫。

25 马克中 20 马克来自克劳斯。请你与他结清。不过据我看,完全不用急。

请写信来!亲切问候米丽亚姆!

您的
克莱因

7 （致洛维特）

1933. 5. 19，巴黎

亲爱的洛维特先生：

关于您的事，我最近向正在伦敦的格鲁托泽写了一封信，告知他急需告知的一切。另外，我藉与洛克菲勒基金会领导人西克尔（Van Sickle）谈话的机会提到了您、您的研究和您的兴趣，他记下了您的名字，这样一旦您的名字在费林的信中再次映入他的眼帘，肯定会引起他的注意。

至于我，现在还是获得了第二年[奖学金]。柏林推荐了我，这是至为关键的。我在第二年期间仍留在巴黎，我将尝试做一些能够使我继续研究下去的事。当然，"竞争"很激烈。全部德国犹太族的知识无产阶级都在这里。这很可怕——我最好还是离开这儿去德国。

不过，这恰恰也有麻烦。虽然我不可能"选择"另外某一个国家为"国籍所在"（[译按]从语境看这句话应是肯定语气，这样才能与下面的否定自相对应），——故乡，尤其母语是不容选择的，至少除了德语我不可能用另外一种语言写作，尽管我将不得不用另一种语言写作；另一方面，我又看不出有任何可以接受的可能方式在卐标志下生活，在这样的一个标志之下，这个标志要告诉我的无非是：你和你的同类，你们 φύσει[生来]便是下等人，因而按照法律便是 Parias[贱民]。在这里只有一个解决办法。我们必须反复对自己说：我们这些"学问人"——我们这类人在阿拉伯的中世纪如此指称自己——non habemus locum manentem, sed quaerimus……[没有久居之地，而是到处探索……]。至于事情本身：已向右转的德国不宽容地对待我们，从这个事实绝对得不出反对右的原则的东西。相反，只有从右的原则，从法西斯主义的、专制的、帝国的原则出发，才能体面地、无需可笑而可怜地诉求人的 droits imprescriptibles de l'homme[不受时效约束的权力]，对褊狭的倒行逆施提出抗议。我怀着深刻的理解阅读恺撒著作的注疏,我想到维吉尔(Virgil)①的话:Tu regere imperio…parcere subjectis et debellare superbos[以权利治国……体恤臣民并战胜傲慢]。没理由去祈求十字架,也不要去祈求自由主义的十字架,只要在世界的某个地方还有一颗罗马思想的火星在闪亮的话。即便到那时,宁可去犹太人隔离居住区,也不选择任何十字架。

可以说,我不怕流亡者的命运——充其量只是 secundum carnem[顺乎肉身需要]:饥饿之类——从某种意义上讲,我们这种人始终是"流亡者",至于其他的事,即肯定十分巨大的厌世危险,我认为,从任何意义上看,始终是流亡者的克莱因是一个生动的例证,说明这个危险并非不可战胜。

Dixi, et animam meam salvavi[我说完了,我已感到心安]。

请多保重!向您和您的夫人衷心致候。

你们的

列奥·施特劳斯

我夫人由衷感谢您的祝愿,并向您亲切致候。

7a　(洛维特致施特劳斯)

5.28[1933]

亲爱的施特劳斯先生:

由衷地感谢您的来信和您在科瓦热与格鲁托泽那里所作的努力。在此期间,我也向格鲁托泽在巴黎的地址写了信,昨天得到回信,我随信附上。我不知道格氏的建议是否可行,容我将此事交由您和科瓦热去讨论。请将我推荐给科瓦热并向他解释我目前的情况。我确实非常关注巴黎委员会能选择我,柏林推脱责任或者对此

---

① 维吉尔(前70—前19),罗马诗人。——译注

做出评价的方式,颇具灾难性。我认为这是费林干的,因为他认为,我迄今为止所发表的文章对美国人而言太少社会学性质了,基本上属于人文学科(可又没有这方面的奖学金),所以他认为,他能够接受我这方面的申请,已经是对我特别开恩了。另外,舒马赫可能也有自己的参与竞争的候选者。可幸运的是,我在几天前收到一篇一家美国杂志发表的关于我就韦伯和马克思所写的文章的评论,其中很多溢美之词,现在我将一份抄件随信寄上,这也许派得上用场。另外,我让这里的语言教师(施密特,巴黎)致函巴鲁西(Baruzi),看他能否对做出决定或者对在巴黎的基金会的一个主管先生施加影响。非常感谢您向西克尔先生推荐我!您最终将取得第二年[奖学金]的消息让我非常高兴!但愿您在这段时间里会找到一个消除您以后的经济忧虑的职业机会。不过,这如今在一切国家都非常、非常难。我自己只是私下询问了几位在瑞士大学执教的德国教授,得到的是处处一样的完全负面的消息。瑞士现在已经停止新的和转修的高校教职资格进修,更谈不上教职聘任了。而且,那边的排犹主义倾向也日益严重。我之所以想到去瑞士,首先是因为能够讲德语和用德语写作,对我至关重要。在哲学中尤其不可能使用外语。

您关于我们永恒的流亡所讲的一切,我只明白一部分。克莱因在这方面虽然堪称楷模,但从其出身和生活风格看,却是一个例外情况。他在某种程度上可谓四海为家,居无定所,但在我却不同,虽然我并非从种族的(völkisch[译按]此为纳粹用语)意义上"植根于这片土地",但我清楚地知道,我属于德国,所以我会感到,做一个流亡者便是失去根系[恰恰现在我们因此而里外不是人。在外国我们这种人在紧急关头是德国人,而在这里是犹太人。甚至瑞士也不愿充当传统的避难国了]。这并不否认我们"学问人"应超越"现在的东西",不是拥有 locum manentem[久居之地],而是探索。不过,对于您就左右所作的区别,我感到奇怪:您怎么能够如此教条式地从政治里接受这类东西。如果右的原则事实上不宽容对待科学精神和德国犹太民族的精神,这在很大程度上便是违背这些原则的。而且,您知我绝不赞成"自由派的"和人权的"精神自由"。此外,法西斯主义完全是民主的赘生物。不然，为什么如此"有教养"而且总是立即将切近的事物变成世界历史性的前景，并以恺撒和罗马为自己的精神支柱呢；可在当时，基督教已将这种罗马精神彻底瓦解了，即便格奥尔格①的第三帝国也并非布鲁克②笔下的帝国，何况后者与戈培尔③所称的"变得野性十足的市侩"的帝国有着天壤之别呢！迄今为止所发生的一切，并非一场"革命"，而是一次彻底的重组，而这种小市民变革的所谓"理念"，只是种族—民族主义的带有"种族"创新的理念，人们应为这样一种理念而感激一个法国人和一个英国人——戈宾诺和张伯伦！④ 但德国人从来都不能"真正地"，即现实主义地观察世界历史，他们总是从事历史形而上学，因而其中有太多欺骗成分：黑格尔大规模做的事，现在每个教授和编外讲师都在小范围内经营着，因而世界历史的远景与最褊狭的个人利益奇妙地纠结在一起。

关于祈求十字架的事，我虽然并没有想到以任何一种形式去做，但从反面看，当今世界也不可能产生殉道者，只可能产生帮凶和靠边站的人。

您对这一切有何看法？

Dixi et animam meam salvavi！

衷心致候。

您的

K. 洛维特

---

① 这里似指德国诗人 Stefan George(1868—1933)，在他的诗作《新帝国》的幻景里令人感到荷尔德林式的对一个精神的日耳曼国度的希望，即希望古希腊的新生。——译注

② 布鲁克(Arthur Moeller van den Bruck, 1876—1925)，德国文化评论家和作家，所著《第三帝国》(1923)一书戏剧性地给纳粹德国提供了名称。——译注

③ 戈培尔(P. J. Goebhels, 1897—1945)，德国纳粹党的宣传部长。——译注

④ 戈宾诺(Joseph-Arthur Gobineau, 1816—1882)，法国外交官、作家和人种学者。他的《人种不平等论》(1853—1855)提出种族成分决定文化命运的理论，认为一种种族的特征经过混血而变得不明显，它的文明便容易失去其生命力和创造力。张伯伦，这里指 Houston Stewart Chamberlain(1855—1927)，英国政治哲学家，他鼓吹雅利安因素在欧洲文化中所具有的种族和文化的优越性。——译注

7b （洛维特致施特劳斯）

1933. 6. 10

亲爱的施特劳斯先生：

您是否收到我的信以及所附对我的《韦伯》一文的评论和格鲁托泽给我的复信的抄件？我大概十天前就给您寄去了。此信如若丢失可就糟了，因为事关奖学金，在近几天必然会对此事做出决定。格鲁托泽在信中说，他本人与巴黎的委员会没关系，但科瓦热通过**布鲁尔**(Lévy Bruhl)也许能做些什么。美国人写的评论十分有利，抄件也用于这同一个目的。它发表在 The Annals（The American Academy of Political and Social Science）[《年鉴》（美国政治学和社会学研究院）]卷167，1933年5月，页244。

看到了海德格尔的大学校长就职演说吗？很有趣，但暂时还只是节录，发表在弗莱堡日报。

关于人权，也可能已经变得可笑，但却**并非**如此，我刚好在研读卢梭的著作，我发现，他对人们之间，即有产者与国民之间的矛盾的阐发比后来一切关于国家的教条主义理论加在一起都更诚实和富有教益。此外，五月一日，柯特（Cortés）的《上帝的国家》德译本将由卡尔斯鲁厄的**巴蒂尼尔**(Badenia)出版社推出（5马克）。

请写信告知您的近况！

致好。

您的

K. 洛维特

又及，布什维茨来到这里，他像以往一样很讨人喜欢。

7c （洛维特致施特劳斯）

1933.6.22 ［明信片］

Caro mio［我亲爱的］,这实在是一个太令人高兴的消息！我由衷地感谢您在 K. 博士（［译按］似指 Koyré［科瓦热］）那里对我所做出的友善而有力的支持。此外,我觉得 F. 博士（［译按］似指 Fehling［费林］）也很好,他让 K. 去向您了解我的情况。我坦率地承认,我曾不相信他会这么做。K. 之所以询问我的健康情况,是因为这里的官方医生在证明中写道,我有一个尚有正常功能的肺,但由于受到过损伤,"不堪躯体劳累",不过,可在意大利作研究居留。我虽然对他说,我在滑雪等等,可他胆怯的良知坚持他的看法,尽管这在事实上很荒唐,因为我并不想去西伯利亚或者厄瓜多尔。很遗憾,**克劳海默（Krautheimer）**还没有将您的《霍布斯》交给我。眼下我将［海德格尔的］大学校长就职演说借出去了,一旦收回就给您寄去。而且它会印刷出版的。我的文章要到下周才发表。至于发表在《神学通报》上的讨论 19 世纪对宗教的哲学批判的文章,我还未收到抽印本,因为首先刊出的只是第一部分,第二部分登在下一期,即两个月以后才发表,我已请求出版社将两部分一起装订。克莱因来过这里收集鉴定书,他总是兴致勃勃且富有魅力。不过一般而言,与年轻同事的交往机会在慢慢减少,从根本上看,每个人都有使他忙碌的最属于自己的自私的利益。您的法语在我看来已经很出色。衷心问候您和您夫人。

您的

卡尔·洛维特

8 （克莱因致施特劳斯）

1933.7.6，柏林

亲爱的朋友！

自五月底以来发生了许多事，希尔德将详细告知你有关情况。有些传言好像也已经流散到巴黎。这就是，对于我存在着在布拉格争取高校教职资格的某种可能性，即在理学院（而非哲学院）的数学和自然科学史专业。真正的困难似乎并非在学术—政治领域，而是在人事和学术领域。"众所周知"，接办这件事的理论物理学正教授弗兰克（Philipp Frank）是一个赖兴巴赫（Reichenbach）①式的极端新实证主义者，我暂时还完全不知道应如何与他沟通。我自然将站在"纯"历史学家的立场，可他并不蠢，不至察觉不出马脚。其实我觉得，这类实证主义者比"康德式推理的"或者以其他方式作茧自缚的"系统论者"还更可爱一些，但对于弗兰克而言，我所从事的历史学大概太危险了，而且还必须考虑到，他在政治上站在极"左"一边。他不久来柏林，想在这里与我谈谈（但也许不可能成行，因为他似乎没有时间）。这也有其危险，因为他与赖兴巴赫圈子交谊至深，也可能要从那里领取指示。简而言之，一切都极其没有把握。但他们毕竟还让我送交论文，由此推断高校教职资格考核至少"原则上"可能——虽然肯定存在着布拉格德文大学的一体化倾向。

几周之后将到达你手里的论文本身——除了许多外在的缺点——写得确实并不坏（最后一节还没写完，但两周之内即可告竣……）。真正理解它的人暂时还没有——伽达默尔除外。施滕泽和弗兰克对之虽然很有好感，却是以"完全茫然无知"的方式。我还寄希望于托普利茨（Toeplitz），不过很可能落空。因为这可不是我的业余爱好——保留的最后一节将对此专做讨论——而是根据柏拉图和亚里士多德本文的有关段落的古希腊罗马的"数"概念所做的

---

① 赖兴巴赫（Hans R.，1891—1953），德国哲学家，1938年移居美国，新实证主义的主要代表。——译注

精确诠释。伽达默尔自然是确信不疑的,这在眼下对于我意义非常重大。我毕竟需要得到一个人的理解呀!我必须使自己确信,"前批判的"(vorkritisch)柏拉图和亚里士多德观的天真相当严重。这并不妨碍人们为我写出可以设想的最有利的推荐书和鉴定,但我却预先领略到了未来的文字上的评论和挞伐……

万一从布拉格得不到什么结果——至迟八月底就可见分晓——我立即而且最终前往巴黎。在布拉格的事没有定论之前,我当然不会去看我父亲。因为倘若事情真的办成,我可以完全以另一副样子出现在他面前了。你大概会明白这句话的意思……

还有,这称得上是"生意上的"事务了。在这整个事件将我推入其中的漩涡里——我曾不得不去基尔和马堡,在那里我作了关于希腊代数的报告(酬金50马克!)——当时我实在无法写信。现在让我事后感谢你在科瓦热那里进行的干预(请向他转达我的谢意),这或许还会对我有用。——克吕格和伽达默尔让我向你问好。此外,姿色仍然不减当年的舒尔茨小姐也向你致候。两个布什维茨一再打听你的情况。班伯格让我告诉你,古特曼对你的沉默生气了(不必介意!)。此外,我还要代汉斯向你问好,——不过,这转到另一个题目上去了。

你知道我对你多么怒不可遏吗?!关于你的流言在柏林传布开来,沿着下述叙径:a. 戈尔丁→古维奇→列奥·施特劳斯;b. 汉斯→阿伦特(Arendt)①→施特恩(Stern)博士→列奥·施特劳斯:"列奥·施特劳斯博士先生一度曾是德国民族主义者之后,现在变成了法国民族主义者。"你无需向我对这个值得注意的说法作语言—历史学的澄清——我一定能够重视这个事实——可是,你究竟为什么不能对这些人闭上你的嘴??!!或者,你为什么表达意见的方式恰恰激起人作出这样的解释?我曾请求希尔德在这一点上给你上一课——我希望她以她独有的秉性办这件事。

---

① 阿伦特(Hannah A., 1906—1975),德国哲学家和政治学家,1933年流亡到法国,1940年移居美国。——译注

你好吗？你们的旅行如何？我感到非常高兴的是，你没有为未来过分忧虑。日子会过得去的！你想，我们总还能够做点什么呀！你还有一个很大的长处，你已经在某种程度上融入了法国的生活环境。何况我大概不至毕生待在布拉格，最终还是会奔向你们的。因为现在我必须承认，我非常思念你，我实在无法想像以书信方式进行哲学对话。在巴黎，我们会成为一个小小的学术圈子：你、科舍夫尼柯夫、克劳斯和我。可是，你是否同克劳斯合不来？（这小子为什么不给我写信？）

比尔森（Birson）好吗？你们的关系如何？他除了重新修订《亚哈维鲁》①以外在巴黎还干些什么？你结识了些新人吗？你为什么很少写你自己的事？你妹妹好吗？（你听到厄德斯坦的什么消息吗？）

请你一定要回答所有这些问题！还有最后一个请求：请你写字写得能让人识读，实在无法读你的信。有些段落最终还是未得识解。如果不相信我的话，去问问希尔德。

祝好

您的

克莱因

又及：自然从不曾有过误解，即在某一封信中以某种方式不提及希尔德！耶格关于修昔底德的学术演讲迄今未发表。以现在的情况看，洛维特发展很不顺利。克吕格越来越拘泥教条，而且以一种绝妙方式！

---

① 亚哈维鲁（Ahasverlus）：1.《圣经·旧约》的《以斯帖记》所述波斯国王薛西斯（Xerxes）的名字的希伯来文写法；2.指传说中的形象"永恒的犹太人"的名字，他永无栖息之地，永远流浪，作为对他曾殴打耶稣的惩罚。比尔森所写的书所指何人，不详。——译注

9 （致克吕格）

新地址：4 rue du Parc de
Montsouris, Paris(14^e)
1933. 7. 17

亲爱的克吕格先生！

自您给我写信以来，三个月已经过去。您可以设想，我为什么这么久没有给您写信。原因是：政治。被不同于我们的那些人掘开的深沟也将我们隔离开来，因为我们并非纯粹的灵，而是尘世生命之尘世的子孙呀。这几乎像处于战争中了……

本可能采取恰切、公正、庄严的解决办法。人们现在所采取的解决办法出于仇恨，它几乎必然会制造出相对立的仇恨。我将需要持久的努力才会摆脱人们加给我和我的同类的东西。

关于我长时间沉默的原因，就说这么多，但愿陈述这些理由能够使这次沉默不至成为我们的最后一次陈述。

上周我们接待赫尔曼女士来访，她将小托马斯带到我们这里。通过她，我们得知您夫人和您的一些情况。关于克莱因的命运和打算，您已经从第一手得知详情。未来将仍然是，我们必须在几近完全孤立的状态生活下去。明年春天我们想移居英国。我将去阿伯丁的莱尔德(John Laird)那里，据吉尔松对我说，此人正准备写一本关于霍布斯的书。

您收到经由克劳海默转交的我的卢宾斯基(Lubiensky)书评了吗？这是"预告"我的研究的一个方式。

眼下我正在修订一篇叫 La critique religieuse de Hobbes(《霍布斯的宗教批判》)的论文，作为高级研究实习的资格论文。我趁此机会重温了我以前已知的某些东西，此外也学习了这样和那样的一些我以前所忽略的东西。《利维坦》的宗教批评部分"在审美上"给人一种高尚享受：与霍布斯的讽刺相比，培尔和伏尔泰真可谓相形见绌了。总的看来，讽刺这个事实——正如书本身所告诉我们的（"嘲讽者的长椅"）——以某种方式成为宗教批判的中心。将讽刺与柏

拉图的 παιδιαζεῖν [διαπαίζειν] (儿童 [教育]) 相比较，必将引出有趣的结果。"笑"无论如何在本质上属于所有的启蒙，不论柏拉图的还是现代的启蒙。

您当时写信对我谈到您的莱布尼茨导论已脱稿。我可否先睹为快？

当时，在我们的通信中断以前，我们曾讨论述不同于希腊哲学的现代哲学作为"入门知识"所必然具有的内涵。您对这个问题的最后意见使我认识到，我们之间的根本分歧是：您断言，由于世界对其本身及其历史的历史性经验，获取认知性知识在根本上成问题。我必须承认，我无法使这种历史主义与我以往所知道的您的观点协调起来。您是否要以此而步亚里士多德的后尘，将关于道德问题的知识放逐到 ἔνδοξα [共识] 领域（它本身可能是随历史而变化不定的）？那么，理性可认识的、本身为 aetern [永恒] 的 lex naturalis [自然法] 将成为什么东西？在您的前提之下，如何解释我们有时讨论过的圣经的律法与柏拉图的 νόμοι [礼法] 之间的和谐呢？

望多保重！我并代我夫人向您夫人和您最亲切地致候。

您的

列奥・施特劳斯

10 （致洛维特）

[缺日期]

我们对我们处境的一般性质的看法是一致的：我们处境的特点是原则上无限的无政府状态，根本不再有具普遍约束力的准则（那句名言已经成为可能：我根本不愿做人——布莱希特：Mahagonny［译按］似为一首诗的标题）。这里的问题是：这种无政府状态能否得到克服，应怎样克服？

1. 基尔克果的回答。

基氏将解体推向极端，即推向绝对个体化，推向全然非政治性的生存结构，以便为达到基督教之古老的、永恒的回答铺平道路。

与此相反，您说（大意是）：

a. 假定，哪怕并不承认，假定讨论一个永恒的回答是有意义的；至少一个永恒的回答只适用于一个永恒的问题。可是，基氏的问题根本并非永恒的问题，而只是现代的、市民阶层的人的问题（参见页8~10）。

b. 所以，基氏的回答事实上根本不是永恒的回答，而是一个完全世俗的、时限性的回答：因而基氏为了取得一个永恒的回答，不得不以悖理方式赋予他那个时代的问题以永恒的内涵（19世纪的问题"恰恰也"是基督教的问题）……；但是，既然基氏的问题是世俗性、政治性的，所以，他最终给予一个政治性的回答，即一个专制—反动的回答也就不足为怪了（参阅页12~13）。

对您的批判我要提出异议："恰恰也"（页12）并非自我泄露真情——露出一个自称反基督教的魔鬼的政治马脚（请原谅或者更正这不恰当的比喻），而是这永恒的基督教的回答"在今天"必须得到一个非同寻常的证明，因为，今天我们正处在一个人们曾尝试给予一个完全不同的反基督教答案的时代的终点，又因为我们今天可以切身感受到这种尝试的失败。基氏所由出发的解体状态，是要以人的手段找到对秩序问题的绝对解决办法的一个尝试的后果——这个尝试的后果便是人的极端"公开化"，便是一切人的实质之丧失或者丧失的危险。基氏从根本上并不认为,人的问题并非政治问题,即并非共同生活以及这种关系的秩序和治理的问题,而是认为,人的政治问题不可能以政治方式解决①(这意思并不是说,从宗教的回答中不会得出政治的结论,即反动的结论)。

所以,我认为您的批判冤枉了基尔克果。在我看来,人们在下述一点上只能赞同他:对秩序问题的一种绝对解决办法所包含的基督教的问题,只可能以基督教的方式解决;此外,从霍布斯经卢梭到马克思的现代政治学要以无神论解决基督教的问题是悖逆情理的。

2. 尼采的回答。

基氏冷静地认识到:"虚无主义是想以无神论,想从人的方面解决基督教问题的尝试所产生的后果。"他从这个认识推断,可见必须重提基督教的回答,而尼采却由此得出结论说,可见虚无主义是基督教的问题本身的一个后果,所以,这个问题本身必须被否定——肯定纯然此在之毫无意义,中立地肯定存在者整体,摆脱思想本身的自由。这种克服虚无主义的方法也是您所设想的,而我公开承认,我对这种方式搞不懂,而尼采——如您所说——没有坚持使用这种方式;他通过他的永恒复返说(die ewige Wiederkunft)和权力意志说与之相对,使自己错失目标。

对此我要说的是:

a. 尼采以永恒复返说摆脱了犹太教—基督教对一种 providentia particularis[特殊的天意]的期待,他由此发现的,并非一切存在者的漠然态度(这里谈不上对存在者整体的中立的肯定,如果讲的是"此在的更加真实的诸方面"的话——参阅页24),而是一切存在者,即世界整体对于人的漠然态度。这就是说:他重又取得了前基督教的古代哲学的立场。尼采的复返说的模棱两可之点,并不是使人回到自然的自然性的尝试,而是使人拥有为进入希腊人沉静、从容不迫地发现的真理所需要的高昂激情;可是由此——而且仅仅是由此——他流露出基督教对 providentia particularis 的期待多么严重地

---

① 对此可参见席勒在他的《审美教育》中对卢梭的类似批评。——原编者注

从负面制约着他。

b. 一般而言：尼采克服虚无主义的方式并非极大程度掌握一种本质上新的方式，而是重新获得一种被基督教所否定的方法；尼采寻找的自然人是前基督教的人。

我重申：否定思想是否定任何形式（包括进步信仰的形式）的 providentia particularis，并非中立地认可一切存在者。

亲爱的洛维特先生！

请宽容地对待上面的笔记。可惜我没时间写得更详细些，尤其关于尼采部分。不过您很了解我，您不难补充其中缺失的东西。

无论如何我得由衷地感谢您的文章，它那么美，即便形式结构也是如此和谐典雅。您送给纪德①的那一份我已转交。我何时可望得到您的宗教批判文章？

您仍然没有得到奖学金的消息？我得到确信，正式的会议已在上月底开过了。我自己在一周以前收到了确认第二年[奖学金]的证明。

我在巴黎至少要待到十月一日，至迟三月一日前往英国。

对贝克（Werner Becker）我很熟悉，这是由于施米特对他的著作所说的赞美的话。他为《戈勒斯百科辞典》（Görres-Lexikon）所写的霍布斯条我读过，写得很好，但我发现贝克过分地——远远甚于施米特——痴迷于主流观点，即从其内在意蕴解释霍布斯的自然主义观点，他并未尝试去揭示这种自然主义在人这方面的生成过程。可惜我眼下没时间给贝克写信。但请您转告他，我非常感激他，如果他能告诉我他对我在卢宾斯基评论中草拟的命题所持有的疑虑的话。

是否收回了您那份海德格尔就职演说？能借我用三天吗？我还听说，《存在与时间》第二部分现在出版，其中令人注目的更正应被视为从柏拉图和亚里士多德向着前苏格拉底人（以一种基本上跟

---

① 纪德（A. Gide, 1869—1951），法国作家。——译注

尼采相近的方式）的回归。是这样吗？

多保重！望能尽快写信给衷心问候您夫人和您本人的

列奥·施特劳斯

尤其要告知，您是否得到了洛克菲勒奖学金的消息以及结果如何。

10a （洛维特致施特劳斯）

1933.7.12［明信片］

亲爱的施特劳斯先生：

昨天，语言教师施密特告诉我，巴鲁西就我的事曾给科瓦热写过信，因为他自己没有关系人。但愿 K. 不至为此生厌而不再做什么事，因为他已经从您那里知道，自从我得到评论文章以后，这已经没有必要了。可惜我始终还没有得到通知，我不知道，这是否是一个不祥的征兆？费林在六月二十日给我寄来基金会询问表的抄件，并将我对此的回答立即转送上去。这里的问题是，美国人觉得我的题目太少"经验性"，因此我听从费林的建议做了些让步。——您是否找到了纪德的地址，以便转交关于"基尔克果—尼采"的文章？我还没来得及读您的《霍布斯》。一位天主教助理神甫，即贝克博士，1925 年在施米特指导下以关于霍布斯的论文取得博士学位（此论文仍未印行），他现在在这里，参与我的黑格尔课和练习，他对您的研究颇感兴趣，因为他在您之前曾是《德意志文学报》等报刊的霍布斯评论家，并与施米特继续保持联系。他也认识您新近讨论过的关于霍布斯的一本书的作者，并对他做出相似的评价。他——贝克博士——是个很有教养而又聪慧的天主教徒，我猜想，您大概愿意跟他有某种联系吧。——至于我的未来，一切都不确定，虽然这里表面上暂时还没有什么变化,我迄今尚未失去教职。

衷心向您致候。

您的
卡尔·洛维特

又及,能否给我寄一份迈斯特(Maistre)①的主要著作简装版本的目录或者一览表?瓦尔(Jean Wahl)关于黑格尔的文章值得一读吗?

您在八九月间会在巴黎吗?

10b （洛维特致施特劳斯）

7.20[1933——明信片]

亲爱的施特劳斯先生,多谢来信,我将于最近回复。今天只是匆匆告知令人高兴的消息:我已得到一年去意大利的奖学金!这从"根本"上是您的功劳,因为没有您,我几乎不会着手采取行动。请您也代我感谢科瓦热为此所作的努力!我已为您订了海德格尔的就职演说,将在这几天以小册子形式出版(其他东西全系节录)。您读过瓦尔关于黑格尔的《苦恼意识》一书吗?是否值得一读?还有**索雷尔**(Sorel)②的 *Illusion du progrès*(《进步的幻想》)和**皮罗**(Pirou)的索雷尔小传,如果后者包含着对索雷尔的完整**评述**(两者都是由巴黎 Marcel Rivière 出版的)。如果此两书容易买到,能为我办一下吗?书款要么用钱要么用书偿还,如果您需要什么德文书的话。此外,还有几个实际上颇重要的问题:基金会在当前美元贬值

---

① 迈斯特(de M., 1753—1821),法国政治哲学家。——译注
② 索雷尔(Georges S., 1847—1922),法国社会主义者。——译注

的情况下如何付奖学金？兑换时所得是否同样大大减少？是130美元还是150美元？您在巴黎用这笔钱过得是充裕还是狼狈？为了可能获得第二年[奖学金]，还有一件事：是否必须真正按照递上去的计划在第一年期间不时证明尚未完成研究，并在即将结束之时送上某种书面的东西，以便有希望获得第二年[奖学金]？抑或只是写信确认在研究以及做了些什么？因为我出于某些理由只考虑下一年，然后可能——我们私下说——放弃这类可以证明的研究，以便能够完全为我自己的目的而工作！

衷心致候。

您的

卡尔·洛维特

今天，请原谅我的字迹[潦草]。

10c （洛维特致施特劳斯）

8.2[1933—明信片]

亲爱的施特劳斯先生，多谢来信。我几天前来到慕尼黑，因此，两本索雷尔的书大概将在马堡等待着我回去。到那时我也将偿清我的债务！眼下通过与大学学监磋商和与海德格尔通信得出的结论是，我——可惜！——最好在冬季学期之后开始奖学金，在秋冬季学期，大学里将发生许许多多变化，假如我此时不在校授课是不明智的，因为我今后在大学的整个前途可能完全取决于此。我还没有将此情况告知费林等人（请您亦勿与外人道也）——我将在几周之内办妥此事，如可能将亲自去柏林。我希望洛克菲勒基金会将允许我作这一变动。您不如此认为吗？这种情况本身在洛克菲勒基金会规定的附加"补充"条款里做了规定，虽然是作为不太希望发生的例外个案。您对海德格尔演说的评价,在我看来似欠公允,对埃宾豪斯演说的评价又过高。我从海德格尔字斟句酌的语言中并未发现语体上的"堕落(Abfall)"(?),只是在《什么是形而上学》里已出现的同样的引人上当的用词技巧——我不喜欢,但的确是考虑周到,"字斟句酌的"。我也没能发现"胆小怕事",而是——他一贯如此——狡黠的双关语(在体的—本体论的[ontisch-ontologisch]),在黑格尔的普鲁士-本体论国家哲学里也包含着这样的"双关语",且更多也更地道。海德格尔将哲学的起点跟当今历史之过分当代的终点联系起来,这始终存在于他的历史观的倾向里。我认为他错失的东西,恰恰是您与他共有的东西:关于"原初"的伪神学(Pseudo-theologie vom "Ursprung"),"原初"应重被收回=俗世化的原罪,后者被有限化为"命运"信仰。由此产生他诉诸起点与原初的整个的双关性,藉以为终结和为当今的"瞬间"辩解。总的看来,今天所有的人和每个人都"从世界历史角度"进行思考,远离"最切近的"事物和人。例如,您见过**本恩(Benn)**①的《知识分子与国家》一书吗?抑或希尔德布兰特(K. Hildebrandt)关于柏拉图的新书?尤其在海德格尔的著作里,对哲学的不相信(从来)总是转化为理论的行动主义(Aktivismus)。精神=历史的坚定性=基尔克果的"生存着的"(existierendes)思考=马[克思]的理论之成为实践——因为最后一个仍然相信哲学之**为哲学**的人是黑格尔!

衷心致候。

您的
卡尔·洛维特

---

① 本恩(Gottfried B., 1886—1956),德国表现主义诗人。这里提到的他的书,标题应是:*Der neue Staat und die Intellektuellen*(《新国家与知识分子》)。——译注

11 （致克莱因）

1933. 7. 19，巴黎

我亲爱的朋友！

  我为你的祝福深感欣喜。你的感情表达形式确实独特，即在这种情况下不好意思，我的喜悦不仅没有因此减少，反而增加了。但愿种种情况的交织会使你对米丽亚姆和我的祝愿得到实现，但愿我们在这尘世间所待的地方将成为你我共同的所在。

  实现第二个愿望的前景暂时还很渺茫：布拉格和阿伯丁——距离遥远，并没有因早在 14 世纪就曾存在的英格兰与波希米亚之间的密切关系而沟通（参见布尔达赫[Burdach]①的研究论著）。

  此外，感谢你对我的卢宾斯基书评既过分恭维又太令人气馁的意见。之所以是过分恭维：因为我还写不出像我用德文写的书评的译者，即像科舍夫尼柯夫那么好的法文，我永远也达不到他的水平；我将毕生用德文写作（我自己非常清楚，这在一定的情况下是一场灾难；mais on emporte sa langue avec les semelles[语言随脚步移动而去]）。你的意见太令人气馁：因为我设想不到，有价值的思想内涵完全被不得体的形式扼死了。至关重要的是我想知道，我的意见是否完全无法为人所领会，尤其假若这些意见如你所想的那样，说得透彻、明白易懂的话。请你回答这个问题，万不可将回答推延 ad calendas graecas[到无尽期]：你知道，你的判断对于我比其他任何人的判断更重要。

  几天前我收到一本装帧精美的印件：洛维特在杜宾根作的关于尼采和基尔克果的报告。我给他寄去一篇虽然 suaviter in modo[语气温和]但却是毁灭性的批评。

  就此住笔：再次由衷地感谢你。

  亲切致候。

您的朋友

列奥·施特劳斯

---

① 布尔达赫（Konrad B. ,1859—1936），德国日耳曼学者。——译注

亲爱的雅沙,你充满友爱的信今天来得真恰逢其时!我们俩为此而深感欣慰!

祝你万事如意,并向你亲切问候!

您的

米丽亚姆

你是否知道,二十一号是瓦尔特(Walther)逝世一周年!?

11a （克莱因致施特劳斯、米丽亚姆）

1933.7.17,柏林

亲爱的朋友,亲爱的米丽亚姆!

　　这是第一次,也是唯一一次,我在写这样一封信时不怀有难堪的情感。你们可并非"陌生人",你们的结婚对于我可不是一个在我们固有的生活之内如此难以安置的外在事实。我自以为能够理解,这是怎样的情况,在你们内心,那些牵丝攀藤的思想感情和感情思想赖以得到表达的公式多么简单——我祝愿你们:幸福!你们,你们俩一定要原谅我表达我的祝福的方式之笨拙。你们明白这祝福的意之所指。

　　我感谢你——亲爱的施特劳斯——寄来你的第一部法文著作,我对它的方方面面都要加以评论。但眼下却做不到,因为这封信必须发出,而且书也不在手头。我回头肯定要做这件事。从总的印象看我可以说,la vigueur de ton style, le suc même de ta persée, ne s'y retrouve pas[你的风格的活力、你的思想精髓没有得到表达]!这很可惜,但肯定并非不可改变。我深信,时间久了,适合你的法文形式自然会形成,翻译逐渐变成编写,然后其痕迹全部消失。

　　关于校长的事,现在刚好选出了一个新的。当然,科瓦热对我可能很有利。请写信告诉我他何时返回,有关的名义是什么。

多保重！向你们亲切致候。

您的

雅沙·克莱因

（克劳斯并不像你写的那么糟！）
（附寄的信是布洛赫决意要写的！）

12 (致克吕格)

[草稿,未向克吕格寄出]
4 rue du Pare de Montsouris, Paris(14ᵉ)
1933. 7. 22

亲爱的克吕格先生!

重读您四月间的来信,促使我再次思考我们的分歧。从形式上看,这分歧在于,只有当我认清了这种提问方式的不足时,我才下决心离开苏格拉底—柏拉图的切入点——而且还不仅仅离开这个切入点;但您不仅不想放弃这种认识,甚至要求拥有它。

我曾说过,我不知道什么,只是表示意见;您说,您不太相信此说,因为被推到如此广延程度的表示意见的未决状态,只是动摇人们事实上生活于其中而且只可能生活于其中的知识结构。您接着为这种知识本身加上引号,显然以此说明,我们事实上生活于一个可疑的知识,即表示意见的世界里。如果预先说出这几乎理所当然的限制,即并非所有前哲学的认知都真正可疑,不过只是或尤其是有关最重要的事物的前哲学的认知是可疑的,它只是意见,那么,您通过引号使我有理由说,我不知道什么,而只是表示意见。

于是,您认为更正确的是说:"我相信",以取代"我表示意见"。由于我要么表示意见,要么相信,那么,Principiis obstare[在原则面前],我便怀有疑虑,不敢附和您的说法。因此您的异议迫使我思考一个问题,区分相信与表示意见这两者,基于什么前提才有重要意义。

疑问开始于我们生活于其中的那种"认知结构"表明有缺陷和易破损的时候。比如,我们这一代人在自由—民主的认知结构中长大,这种结构从其本身令人关注诸如"布尔什维主义"这类东西。我们看到,这整个现代世界濒于解体。这个现代世界的反对者们——我指的是行动者——提出种种解决办法,这些办法并不乏"现代性",由此从根本上必然导致同样的负面结果(参见诸如百科全书"墨索里尼"条关于国家的论说)。所以,我们倾向于尝试一下原则上非现代的办法,具体地说,这是老办法。但由于某些现代的"成就",现在实际上值得考虑的老办法受到巨大怀疑(比如您就古代的解决办法提出的对οὐρανος[天]的异议和我就犹太教—基督教的解决办法提出的对奇迹的异议)。可见,人们用那些老办法是否"行得通"至为可疑。鉴于这些巨大困难,首先不可能是认知,而只可能是推断和提问。正是从这层意义上,我将对政治权利的选择理解为不知,而是表示意见。如果有人"相信""真正的"理想,他便可能更适于所有可能的行动,尽管如此情况仍旧是,他只是表示意见而并不知道。

可见,通过这个途径,我们达不到对表示意见和信仰作出正当的区分,这正如我想从一般意义上所说的:理想永远不是信仰的事,它要么是认知,要么是表示意见的事。信仰是信仰某个人,而一个理想并非某个人。此外,信仰某个人,认为他的理想是正确的理想,这只是表示意见说,他的理想是正确的理想。这怎么会成为"信仰"?

假定我们知道,什么是正确的,那么这种认知还远远不是去做这正确的事。让我们用一个奥古斯丁的例子:为了能够履行敬父母的戒条,我必须知道谁是我的父母。可是,对此我不可能真正知道,只能相信。不过,我也并非单纯地表示意见——因为我如此相信的东西并非严肃怀疑的对象。

12a （克吕格致施特劳斯）

1933.10.3,马堡

亲爱的施特劳斯先生!

请能够原谅我至今尚未回复您七月间的来信;原因是同样的不重要,这是您向来都知道的。可是,使我感到特别歉疚的是,我又一次对我的"等待恶习"失去控制。您很难再等下去,终于给我写信。

这对我很重要,我为此对您心怀感激。至于让我们不断思考的东西,也不可能有什么改变。可惜我们无法就此详细交谈。我不得不为我的伦理课绞尽脑汁——这在论题上和教育学上是一个艰难的课题。人们今天感到未来不可捉摸,"决断"也完全不同于以往;在我这里问题日益尖锐,总是针对 locus de ecclesia[教会的位置]。但那里的困难也非常之大。

我已得到您关于卢宾斯基的书评,我觉得您的观点得到了更清楚的表达。对于主题我不敢说更多。可以看看您的毕业论文吗?但愿这一切都有助于稳定您的未来;您现在已有家室,这对您是双倍地必要。

我们曾去巴伐利亚山中休假,居处有些原始,但风景美,最后又在施伯格湖畔小住。归来后便埋头读关于莱布尼茨的书评的清样。但愿它不久便到您手中——增加了我的赞助者写的一篇让我不大满意的引言,您将看到的。我关于笛卡尔的论文不久也必将出版。

我正在为准备冬季学期关于哲学与神学的边沿问题的课而阅读托马斯的著作。他思想中的奥古斯丁成分比我以往所能想像的要多得多——渗透在所有将他完全与原初的亚里士多德思想区分开来的著作里——我与伽达默尔安排了一个关于《斐多》的讲座。

我们的外在环境新近有所改善,因为我不再领以前的奖学金,而是因刚获准的授课头衔而得到了任教委任。伽达默尔的情况也如此。当然,我们是一个"生长着的"家庭——劳伦茨现在一岁了,至于大学还会有什么变化,我们不得而知。您对海德格尔、对施米特有何评说?戈加顿已经成为"德意志基督徒",在这里使我们大感意外。

我们一家衷心问候您一家,再次请您原谅并尽快来信。

您的

G. Kr.

13 （致索勒姆）

4 rue du Parc de Montsouris, Paris（14^e）

1933. 8. 2

尊敬的索勒姆博士先生：

首先，对您所告有关克劳代默博士前途的情况表示深切感谢。

其次，我再次感谢您寄来的关于喀巴拉（［译按］Kabbala，犹太教的神秘教义）的条目，目前我终于安静地读完了。我自然不可能发表任何"有关的"意见和思考，因为我所有关于喀巴拉的知识都得惠于您的词条以及您的其他一些著作。我只是在几个地方不揣冒昧地在边缘空白处划了问号（由于我那一份不在手边，只好凭记忆引用）。例如，您在一个地方写道，迈蒙尼德关于 Intellectus agens ［生动的领悟］的概念对 K.（［译按］指"喀巴拉"）产生了影响，在这里您大概只是想说，这个概念只是由于迈蒙尼德的影响才出现的。此外，您在谈到溢出说（Emanation）问题对区分开上帝的本质（Wesen）与本性（Natur）（而在另外一些地方则区分开本质与力量，这更易于理解）——我无法想像"本质"与"本性"的区分归结于源泉。我在这里也许是谬说，如蒙教正十分感谢。总之，我觉得，在关于喀巴拉以及神秘主义的最初几段中，概念的定义太模糊。

这种模糊无疑与作为百科全书条目的整个词条的性质有关，我在词条中根本没有再看到您特有的泼辣、干净利落的文笔。我很惊叹这种跟辛苦的个案研究中的自我否定相适应的文笔上的自我否定，它无疑具有一种容许从任何意义上进行推断的价值：我怀着更急切的兴趣期待着您以如此精致的形式提出的这个谜团的破解。

至少对我而言，这是一个完整的谜。我只熟悉格莱茨（Graetz）之类关于喀巴拉的长篇空论和布伯（Buber）关于虔诚派（Chassidismus）的令我感到厌烦的缺乏吸引力的议论：现在我有了真正的兴趣，虽然这对于我们只是与我们的思维方式完全相反的东西所具有的兴趣。由于人们在毫不理解的时候往往喜欢争论，所以，我想顺从这一倾向说出我所不理解的东西，即我以争论的口吻说：我不理解这种缺乏原初性和缺乏清晰性的情况。

缺乏原初性。这在表面上就暴露无遗,表现在您所讨论的种种几乎数不胜数的影响。虽然喀巴拉本身自认为掌握了原初的人类智慧,但是,获取这些智慧靠的是它不断的扩展。可以说,喀巴拉活动的范畴距离我们生活于其中的世界,甚至距离律法在其中产生和先知在其中出现的世界无限遥远。哪一种梯子能将它传给"一般的意识"?换言之,喀巴拉如何使自己得到彻底解释?我认为,这在护教学和论战中显得最为尖锐。

您大概会说,失去的原初性就在神秘主义的经验中。可是,这类经验的前提是人们走着一条路,更可以说人们走过了一条路,只是我不知道这条路"在这里下边"的起点何在。

缺乏清晰性。为什么用象征性的表达方法?为什么用这种象征性表达方法?难道喀巴拉的象征品格原本就是全然已知的和明确的?

我深知这些"缺点"或多或少是一切"神秘主义"所共有的。可是,恰恰这种"神秘主义"是我所不理解的。

请原谅我提出的这些粗浅和简单的问题,面对一个绝少粗浅和简单的论题,这些问题可能显得特别不得体。不过,既然您允许我向您提问题,您也就允许我以我可能问的方式提问;很抱歉,我不可能以有别于我以往提问的方式提问。

我非常高兴能有机会再次听到您的消息。

请您代我向贝尔(Fritz Baer)先生衷心致候。在此恭祝安好。

您的
列奥·施特劳斯

又及,我忘得干干净净我还有事相求。我(居住在亚历山大的)妹妹近期将去耶路撒冷访问几天。她非常高兴能造访您和贝尔先生。

13a　（索勒姆致施特劳斯）

1933.6.22，耶路撒冷
Rechawjab, Rambanstr. 51

尊敬的施特劳斯博士先生：

　　我非常愉快地接读来函并高兴地注意到，您在巴黎住的正是我朋友本雅明（Benjamin）①曾长期居住过的同一幢房子。您对克劳海默博士先生的推荐使我很感兴趣，只是我担心，我在这门学科没有什么可置喙之处，我几乎不知道自己能够以什么方式为您尽力。而且，我也很怀疑，在可预见的一段时间里，本地的大学究竟能否考虑引进欧洲意义上的艺术史研究。倘若您得暇说出您对"喀巴拉"词条的疑问、看法和思考，我会非常高兴的。我希望您的研究的进展相对地不至于因令人沮丧的事变而受到干扰，我衷心地而且也代表贝尔回敬您的问候，他在任何时候都怀着深切友谊思念着您。

诚挚的
格哈德·索勒姆

---

①　本雅明（Walter B., 1892—1940），德国作家和文学批评家。——译注

14 （致洛维特）

1933.9.5，巴黎

亲爱的洛维特先生：

首先对您寄来的第二份海德格尔演说和巴特（K. Barth）①的《今日神学尚存》表示由衷谢意！我很喜欢巴特，他比海氏要好得多。无神论要具有与基督教的"竞争能力"尚须时日。为此，您只需比较一下巴特对启示之公开的、个人的认信与海氏躲在尼采背后对无神论的认信，只需比较一下巴特对正在发生着的事件所作的基督教意义上的批判与海氏不加批判的屈服。所以，我重申我开始时对海氏的评价。

有人——而且是个可信的人——告诉我说，马堡的哲学家们，尤其还包括克吕格，认为他们与我们这类人的关系已经决裂。由于在不久前抱着不可能有此类事件的想法，我还曾给克吕格写过信，所以，了解此事的情形对于我就至关重要了。您能否就此对我说一下看法？我绝不会利用您的话，这是不言而喻的。

眼下我也收到了您关于19世纪的宗教批判的文章。多谢了！我将文章拿给科瓦热看，他恳请您将文章的抽印本也能给他寄一份，尤其您表述现象学的内在发展的文章，他那方面乐意作相应的回赠。我真诚地建议您满足他这个愿望，如果科瓦热以这种方式进一步了解您，只会对您有益。

请容我就您的文章说几句话：您的基本论断是，承认黑格尔哲学的同时，便不可避免地向着无神论，最终向着"对无神论的超越"跨出了一步——这一点我完全理解；可是，如果说黑格尔是笛卡尔所开始和康德所坚决实施的东西之完成，那么，显然有神论不仅"与现代的、此岸的人类世界之全部实在"不相容，如律法、先知书和新约所表明的那样，从它自己的内涵看，也与一切时代的现实人类生活的全部实在不相容，与整个现代的基本信念和生活理想更是格格

---

① 巴特（1886—1968），瑞士新教神学家。——译注

马堡大学哲学系全体教员，前排左二为海德格尔(1927)

不入(您在页 219 第二段极其清晰地指出了这一点)。但不幸的是，恰恰在这种情况下，出现了现代性本身的正当性(das Recht der Modernität selbst)问题。对这个在我看来比较极端性的问题，关于从黑格尔到尼采的道路的分析，并没有——至少没有直截了当地——做出回答。我完全同意您的结论，虽然并不把它当成结论：让我们真正在无神论—有神论抉择的此岸开始：让我们完全从头开始，从原初开始，让我们耐心等待，看一看经过我们的努力是否会出现某种"从不曾存在过的东西"，或者某种远古的东西，抑或也许在此期间存在过的东西。在我看来，一个怀疑论者，即一个从容不迫的有批判目光的人，至少必须如此说话。

您自己的态度集中地表露在您对欧维贝克(Overbeck)和对施蒂纳(Stirner)①的评论里。这种(在我看来极为勉强的)组合的确令人称奇。难道欧维贝克议论过施蒂纳？另外，关于施蒂纳，您现在虽然就"人"这个理念在摒弃了一般人性的东西以后，究竟还能怎样区别这个问题作出了回答；然而——姑且完全不说这个回答仍然包含着一般的"伦理学"，尽管是一种形式的伦理学(从真正意义上看，人"与自己本身变成了同一"者)——这个回答本身始终面对您在页 205 对基尔克果所提出的不可回避的问题，这个问题"通过尼采对真理本身的质疑"(页 206 以下)不仅未被取消，而且以极其尖锐的形式重被提出来：因为并没有回答怎样(Wie)这个问题——不论这回答称作"自由"，或"激情"，或"实力"，或"决心"，或"真实"甚至"真理"——，同时也并非是对什么(Was)这个问题的回答。

请再次来信告知近况，衷心致候。

您的
列奥·施特劳斯

---

① 欧维贝克(Franz O. ,1837—1905)，著名基督教史家、瑞士巴塞尔大学神学系教授，尼采的挚友。施蒂纳(Max S. ,1806—1856)，德国哲学家。——译注

14a （洛维特致施特劳斯）

1933.9.9［明信片］

亲爱的施特劳斯：

　　关于马堡哲学家们的传言，我可以向您保证，与事实全然不符，自然对克吕格而言也如此。尽管如此，这里——"本身"——存在着一种历史的裂痕，这在我看来也的确是肯定的，因为，恰恰现在确有两个阵营，姑且撇开个别的人不说。海德格尔接到去柏林的任聘！请告知科瓦热的地址和头衔，但务必写清楚！我很乐于给他寄上几种抽印本，他希望得到而我又缺少的抽印本（《神学通报》），我将设法向出版社索取。眼下由于两次寄文章给费林，手边已经没有了。

　　容不久后再叙，衷心致候并感谢来信。

您的

卡尔·洛维特

　　您知道瓦莱里（Valéry）①领导的设在尼斯的"地中海大学"吗？我们可否对此加以考虑？？

---

① 瓦莱里（Paul V.,1871—1945），法国诗人和思想家。——译注

15 （致克莱因）

[邮戳：1933. 9. 15]

亲爱的朋友！

我只是要告诉你，目前取得我所享用的 modus procedendi ad obtinendum stipendium eiusdem generis [奖学金的办事程序] 也对你和我们这类人公开了。我认为你得到它非常可能，因为你肯定可以满足所要求的最低条件（绝不提"政治科学"之类）。我将寄信布拉格，告知你详情。请向我证实你已收到这一通报，不妨用明信片，而且要即刻告知，这样我就无须写信央求其他人转告你必要的情况了。

无论如何要绝对保密。

你和希尔德的情况如何，我一无所知。不想让我们知道吗？

假若我们的境况对你并不完全不值得关注，那么我要向你说明，托马斯在我们这里已经很习惯，当然，米丽亚姆很劳累，甚至过度劳累，我写了作为我身后发表的关于古特曼的书的长篇书评。

我并代表米丽亚姆向你和希尔德亲切致候。

您的

施特劳斯

15a （克莱因致施特劳斯）

1933. 9. 20, 柏林

亲爱的朋友！

有这么多话要说，首先应解释我沉默的原因，不过，关于这容以后再说。

非常感谢你的信。此前一天我在这里从一个熟人那里听说有一个洛克菲勒基金会,对他、甚至对我都可以考虑。这位是古典语言学家。我正要写信给你,询问有关情况,请你在当地——如有可能——支持这个熟人的申请。恰在这时,你的信来了。

你说的是否是这家基金会?你理解获得这样一项奖学金对我有无比巨大的重要性。鉴定和推荐书我可以弄到一大堆。

我预计十月初前往布拉格,在那里做一个关于现代代数学和公理学之历史基础的报告。这可能会赢得当地教授先生们的某些兴趣。我将做好各种准备——两周以后便返回!这次旅行理由很简单,因为我在这里"等待"可以便宜一些:从十月一日起便将放弃我的住房(克劳斯住进一家教会寄宿学校),我可以免费住在熟人家,吃饭很便宜,讲座可以继续进行。此外,希尔德也不至一人独处:因为布拉格的事最终可能搁浅——我为什么要立即完全移居那边呢?!

请你给我写封短信到这里,告诉我,这是否你提到的那家基金会,我现在是否可以为此做些准备,再次表示衷心感谢!

艾伦伯格来到这里。他大概将会在伦敦落脚。他一家都生你的气,因为你没给他们写只言片语……艾伦伯格小姐让我向你问好。

你们何时去阿伯丁?汉斯十月中旬去巴黎,他问,你们的住房是否可转让他住两个月。他让我向你衷心致候。(房租多少钱?)

还有一件尴尬的事:鲍恩斯坦(Bornstein)女士日前写信告诉我——当时我不在柏林——她需要钱,为此让我求你帮忙。我想,这事在此期间已经直接解决了。

我迄今一直未将论文寄去,因为我只有唯一一份。你很快便可看到它。付印的可能性很小,但实际上却也存在。无论如何也必须为布拉格的事印出来。

希尔德不是太好,你可以想象得到。她被研究压得令人难以置信——再次表示谢意!

向你和米丽亚姆衷心致候。

雅沙·克莱因

对卢宾斯基书评的意见：

总的看法：我认为，攻击之尖锐与论题不相称。现在请不要说我"软弱"之类的话。一个毫不知情的读者必然暗自生疑：这种突出的攻击性究竟出于什么原因，他找不到答案，因为无法理解你所厌恶的伦理学的深层。页 617 的一句话——被作为独立的一段印出——：La remarque de M. Lubienski sur la volonté présomptive "est assez exacte"［卢宾斯基关于假定意志的论断"是颇为精确的"］，实际上恰恰带有污辱意味，当然这可能并非你的本意。

个别言之（请原谅下列各点的琐碎，但我恰恰要写我注意到的一切）：

—— dans et par（［译按］两个介词，前者意为"在……之内"，后者意为："通过，在……地方"）用了四次……（页 611，倒数第 3、7 行；页 619，倒数第 11 行；页 622，第 6 行以下）。

—— radical［激进的］以及 radicalisme［激进主义］在法文中含有一种过分——我想说——"左的"意味。但或许我的理解有误。

——页 610，第 2～4 行：实际上此句纯属多余。第 14 行：sa prémisse［他的前提］——sa［他的］须删去。

——页 614，第 9 行：……il faudrait se demander encore si l'interprétation la plus authentique est aussi l'interprétation la plus appropriée.［另外，还必须考虑到，最忠实的解释是否也可能是最得体的解释。］此外，页 612：à aucun monment on ne doit perdre de vue le rapport de ces thèses entre elles, tel qu'il fut établi par Hobbes lui-même［任何时候我们都应看到霍布斯自己提出的这些论题之间的关系］以及下面 il est clair que l'interprétation doit se baser sur la tendance authentique, caractéristique pour Hobbes［显然，解释应以霍布斯自己的独特倾向为基础］和下面的句子。

卢宾斯基先生可以将这两段话合起来转而对付你！

——页 620：Il n'y a donc, d'après Hobbes, qu'un seul fondement du devoir……Ce qui ne vent pas dire que cette peur est le seul fondement du devoir.［因此，按照霍布斯的说法，这并非义务的唯一

基础……这并不意味着这是义务之唯一基础。]——不可理解的矛盾！

——当然，除了开始时提到的"语气"，我认为书评写得非常好，我完全理解你的意思。

卢宾斯基先生对此发表意见了吗？（为什么关于古特曼的书评只是"为身后"用的？）我可以得到一份吗？

16 （致克莱因）

1933.9.22，巴黎

亲爱的朋友！

这的确指的是 R.（[译按]洛克菲勒基金会）。条件是，同样向一家机构提出要求，即这家机构同样必须为助教、教师、讲师等等的薪俸交付一小笔款，以此参与承担风险。办理形式以及实际上的规避可能性都作了清楚描述（例如，作为一个教授之编外的个人助手，他实际上并不缴付 80~100 马克，而洛克菲勒基金会提供的 200 或 300 马克对你是有保证的——你已经结婚！从一开始便应对洛克菲勒基金会说明这一情况）。无论如何仅仅鉴定和推荐书是不够的。

请告诉小汉斯：我们在十月四日以后住 269 rue St. Jacques（Paris 5°）。我高兴地期待着与他重逢。

匆匆！

衷心向你致候。

您的

施特劳斯

此信昨日未投邮。我想补充几点：

1. 关于卢宾斯基——请将页 620 第二个 le seul fondement [唯

一的基础]改为 le fondament complet[完整的基础],正如我的修正稿一样(唯一的……完整的……)。这虽说仍不精确,但毕竟可以看得懂。

2. 你的论文可否再抄写一份让我也可一读?

3. 我很乐于将关于古特曼的书评让你看一下,但很抱歉,你在三天之内得寄还,而且不可向任何人(尤其班伯格之类)谈及此事。

4. 务将你的新地址告诉我!

再次衷心致候!

您的
施特劳斯

索勒姆(1897—1982)

我以前从不曾对您的思想产生过如此深刻的印象。您甚至成功地温暖和软化了我这颗冰冷而坚硬的心⋯⋯对于现在活着的每个犹太人,您都是一个祈神赐福者。

——施特劳斯,1960.11.22 致索勒姆

17 （致索勒姆）

269 rue St. Jacques
1933. 9. 24,巴黎

尊敬的索勒姆博士先生：

我冒昧地给您寄上一篇文章，请拨冗读一下，并告知我您对其中粗略表述的命题的评价。我怀着感激心情请您将此文给贝尔过目，并将所附信件转交给他（我不知道他的通讯地址）。

谨致最真诚的问候。

您的

列奥·施特劳斯

又及，我想请您注意科瓦热关于帕拉切尔苏斯①的文章，我认为写得很精彩，对于您肯定十分重要（载《宗教历史与宗教哲学杂志》[Revue d'histoire et de philosophie religieuses]，斯特拉斯堡，1^B Quai St. Thomas）；至少我在读它时，不由自主地便想到您的"喀巴拉"条目。

17a （索勒姆致施特劳斯）

1933. 10. 19

尊敬的施特劳斯博士先生：

衷心感谢您寄来的邮件：八月间关于喀巴拉的信，对此我更乐于口头回答，我对提出的批评很感兴趣，虽然我并不完全同意您的

---

① 帕拉切尔苏斯（Paracelsus, 1493—1541），出生于瑞士的医师和炼金家。——译注

意见；您对古特曼的书的批评，我现在刚刚开始读，而且是怀着急迫的心情读。我自然乐于将您的批评传达给贝尔。贝尔对我说，他本人尚未读过古氏的书。

您也许认识巴黎的科瓦热先生，您如此着力推荐他关于帕拉切尔苏斯的文章，有否可能从他那里得到一份抽印本？此文自然会使我大感兴趣。

我跟贝尔谈过您写信告诉他的您个人的事。如有可能，我很乐于为聘请您来此地尽力。可是，谁也不知道大学的外在环境将是什么样子。在这里，曾有一段时间不能肯定古特曼是否会来（目前看来他似乎会来，但并未完全确定），我过去和现在都准备在空缺的情况下推荐您承担中世纪犹太教哲学的教学。可我不知道此举是否有望，更不知道您个人觉得，自己是否适合此项工作。无论如何，这门课在这里被公认是必要的，另一方面，迄今情况还并不像您所提到的那样。就我个人而言，非常希望与您合作，哲学和喀巴拉在这里构成一个专业，并非因为我们想法相同，这还远远谈不上，而是因为我认为，您，sans phrase[直截了当地说]，是一个杰出的人物，在这里，恰恰在一般哲学学科——在我看来——这正严重缺乏。由于我现在也获得了教授资格并是教授委员会成员，我希望在出现第一个机会时便能够为您尽力。不过，假如某种可能的犹太学工作不在您考虑之列——按照您自己的意见——请您提醒我注意，我当至为感激。

衷心致候。

您的

格哈德·索勒姆

18 （致洛维特）

[1933.10]

亲爱的洛维特：

万般匆忙之中草此！

首先向您表示我的热烈祝贺！

然后提个问题：这是否持久的东西，即长于两年的有保障的东西？如果不是，我劝您绝对不要接受。因为，按常理您通过洛克菲勒奖学金已经足足两年之久得到保障，而且又是在眼下重又转好的财政条件之下（您可以将奖学金兑换成意大利货币！），最终重要的是，您是在 bel paëse［美丽的国家］，而不是在一个遥远的野蛮国家，且不说在那种国家，您完全置身于世界之外。何况您并不知道，这两年的过程中，在意大利对您可能有什么样的结果。不过，如在君士坦丁堡的时间较长（多于两年），或者原则上持久，那当然可以接受！

至于在这种情况下不可避免地产生的与奖学金相冲突的问题，可以说，您在没有义务约束的情况下退出德国的大学职业，而并非退出德意志的国家联系，这肯定不会影响您申请奖学金的权利。只是这在技术操作上有困难，因为您需要对享用奖学金的时间作一变更。我将就此设法询问一下基特里治（Kittredge）先生。但我为此需要您的允许，我必须在本月三十日以前得到您的允许，因为我在这一天将去办事处！这也并非没有风险，因为到那时您的事就定下来了。我若处在您的地位就会这么做：向巴黎总部写信说明，您收到在君士坦丁堡授课的要求，即在一月一日开始到五月或六月一日结束；您请求再次推迟奖学金开始时间，即推迟到那个时候。如果您走到了那一步，就向土耳其当局请求休假一年，在此期间不支取工资。

写得十分匆忙！

埃伯尔那里的书我已付款。

吉尔松的 Discours de la méthode-Kommentar（《笛卡尔〈谈谈方法〉注疏》）价50法朗（=约8.50马克），还有吉尔松的一本较小版本的评论:10 法朗(= 约 1.60 马克)。

Index scholastico-cartésien(《经院哲学-笛卡尔哲学索引》)已告罄。

衷心致候。

您的

施特劳斯

请代我向克吕格和伽达默尔亲切致候——非常感谢他们的来信,这使我感到十分欣慰,可我现在为诸多事情缠身呵!

18a （洛维特致施特劳斯）

12.6[1933—明信片]

亲爱的施特劳斯,多谢来信。关于第二年[奖学金]在巴黎的事,当时就明确地对我表示了拒绝,因为已经有了另一位申请者的一份完全相似而且更好的计划。所以,我充其量只可在以后设法为在**罗马和意大利的研究**得到一次延长机会。这还须花许多时间,尽管希望很少。现在,我收到从巴黎寄来的关于兑换奖学金的询问函,我当然做了肯定的回答,因为不可去搞美元投机。我今天与贝克博士交谈,他认为,施米特虽说原则上支持排犹主义,但却不可能因此而不回答您的信(顺便提一下,海德格尔也从没回答我的问题:阿克利斯[Achelis]究竟对他讲了些什么!),不过,1. 他作为国务顾问事太多,2. 贝克说,他也不认识可以求助的英国的霍布斯研究者。贝克也不认识这类人,他说,只有两个年迈的霍布斯追随者和一个较年轻的毫无影响的人物,他是在英国举行的一次会议上于匆忙中认识他们的,肯定对您不会有任何帮助。

关于您的《霍布斯的宗教批判》的安排问题，极有可能会被一家德国杂志采用，但依我看（贝克也同样认为），最好去找（已离职的）滕尼斯老人，如果给他写信，一定要用打字机打出。我可以为您弄到他的地址。不然，也可以考虑投《康德研究》，李伯特（Liebert）已回到那里，（哈勒的）麦耶（Meyer）主持编务。伽达默尔认识他以及库恩（Kuhn）博士，这足够了。假若这两处都不成，贝克也可以将文章推荐给一家天主教杂志。此外，还有现在巴黎 Alcan［译按：似为出版社名称］以德文出版的《社会研究杂志》，由在日内瓦（以前在法兰克福）的霍克海默（Horkheimer）①教授主编，您可对他提一下我的推荐。

更多的可能我一时还没想到。

衷心致候。

您的
卡尔·洛维特

又及，论霍布斯一文也可以试一下《逻各斯》，您最好通过克吕格将手稿寄给克洛纳。

这次在课堂讨论中，我分析了施米特的《政治的概念》，我愈是仔细阅读，便愈觉得内容空泛——除了反自由主义，从正面讲，除了"生存上的"教条主义，没有更多的东西，也没有哪个地方对敌友提出论证，这种敌友关系也解释不了政治危机的可能性，相反：后者造成了前者。有趣又令人困惑的是 1927、1932 和 1933 年的三种不同版本中的修改！您听说过约敦（Henri Jourdon）教授（柏林）这个人吗？他乐于帮我。他在巴黎有影响吗？

---

① 霍克海默（Max H.，1895—1973），德国哲学家和社会学家，主持他参与创建的"社会学研究所"。——译注

19 （致克莱因）

[邮戳：1933.10.9]

亲爱的朋友！

今天（星期一）一早，你的信便送达。我赶忙回复。

我以为较正确的做法是，由弗兰克致函洛克菲勒基金会，20 rue de la Baume, Paris (8ᵉ)（用哪种语言皆可——当然英语较好，但事实上无关紧要）。让他强调《自然科学史》，以便使你鹤立于不计其数的"哲学家"群。不可回避关于你迄今做何事（我指正式的事，即所谓职业）的说明，一定要以某种方式在信中强调，你因从德国出走而失去一切生活来源。如有可能，提一下（或让别人提一下）因政治事变而破灭的获取高校教职资格的前景（无须说在哪里和师从谁——或许可暗示这在当前情况下不合宜）。首先要提到或以抄件形式附上来自德国的鉴定。这一切必须列入大致如下述申请的框架之内：

弗兰克经由柏林的同事认识你，并表示他的迫切愿望：鉴于你的卓越才干以及根据其他专家的意见（见鉴定），应给予你继续因德国事变而陷于困境的科学事业的可能机会。弗兰克希望在近期（确定一个大概日期）接受你作高校教职资格课题的研究，并聘用你为学院助教（假若这不太可能，则作为个人助手——他不是要主编一份杂志吗？）。不幸的是高校教职资格课题研究实际所仰赖的后一种可能——因为众所周知，编外讲师并无收入——因致命的资金缺乏而搁浅。所有可能支配的钱太少，使你——尤其因为你已结婚——无法赖以维持生计。所以，请求基金会给予一笔足够的且长期的奖学金，以便使你能在布拉格得到安置。你应说明自己掌握德文和法文，因而你的事业机会并不局限于德语地区。

我想，毋宁说我担心，弗兰克实际上不可能给你什么——如果可能，哪怕每月只有 50 马克，这自然也聊胜于无，或许有什么捷克奖学金？——所以，我认为，最好还是细心写好我建议你写的这种申请格式。已婚绝对必须提到，因为奖学金高低在相当程度上取决于此。

请弗兰克绝对要悄悄处理此事,因为 crescente multitudine nihil fere restat[人多几乎砸事]。你自己同样要悄悄行事。

假若你从那边不写封哪怕三言两语的信告知你和希尔德的状况和心情的话,我会真的生气。另外,还要告知其他一些人们从德国很难写的情况。你知道,施米特、克吕格和伽达默尔不再回信了吗?现在是否普遍如此?我从洛维特那里得知,他的日子也很不好过。

我并代表米丽亚姆向你亲切致候。

您的

施特劳斯

祝你在布拉格一切顺利!(你是否知道——严格保密——厄德斯坦整个冬季将在梵蒂冈做事?)

19a （克莱因致施特劳斯）

1933. 10. 12

U nádraži Uyšehrad, Hotel Union, XIV, Praha

亲爱的朋友！

衷心感谢你的信！让我们从"办事的"情况谈起:现在还无法预见这里事情的未来发展。获取高校教职资格课题研究的事完全退居次要地位,因为最重要的是我该如何在此维生。一旦我在布拉格有稳定收入,从长远看还是可以攻读高校教职资格的。一个大问题是,我如何遵循你建议的途径取得一项奖学金。

努力的方向有三个:1.德国方面。这方面起作用的是弗兰克,除了其他计划,他还考虑下面一件事:在布尔诺有一所类似柏林洪堡研究院的"业余大学",这里也许可能"聘"一个人。然而,这样一个机构会在基金会的考虑之列吗?在官方单位,你所建议的那些东西绝对行不通,不仅出于资金上的而且也有一般政治上的(内政上的)原因。至于个人助手的可能性,暂时还没有人敢于问津。何况我在明天与弗兰克有一次关键性的谈话,因为他近几天(自星期二以来)做了一系列试探。

2. 捷克方面。这里起作用的是我的"学生"和"朋友帕托克",这次布拉格的机会完全仰赖他帮忙。在这里也绝对不可指望官方:国家财政甚至不容许资助本国人士,除此之外——鉴于"臆想的"情况——对雇用外国人有极为严格的规定(任何俄国的机会同样被排除在外)。

3. 德捷合作。在这方面出现了第一个真正的可能机会。有一个布伦塔诺①学会,对此总统——这一点非常重要——也直接表示兴趣。他在筹备出版布伦塔诺著作。理事会中有些克劳斯和帕托克的老师。这里要求各方面的助力,一直到最高机构(现在已经布下一张复杂的网)。机会还将增加,如果布伦塔诺学会完全无须支付(薪俸)的话。他们会直接向我提出要求,即在强调迄今一直无人负责"自然科学"的情况下。甚至克劳斯对此也不可能表示反对。他也怀有真正的帮忙意图。学会甚至可能每月支付20马克,这对于捷克的情况并不少,因为真正的助教最多得到50马克。关于这件事,我将在星期六听到最后决定。

好了,这是暂时的情况报导。尽管你的复信在星期一之前几乎不可能到达,我仍请求你立即对目前的事态说明你的看法,以便我知道基金会方面的情况。而且,我自然会精确遵循你确定的方针。

从所有这些情况你会看到,我大概下一周还不得不待在这里。不过,我至迟在二十三日必须离开。在此之前,我对理学院教授们的那个"报告"想必也得举行,这本来就是此行的主题。我将会直接认识所有的人(尤其卡尔纳普[Carnap]!②)。

至于保密,无论如何也只是相对而言,因为最终我必须对所有

---

① 布伦塔诺(Frans Brentano,1838—1917),德国哲学家,他的描写心理学(beschreibende Psychologie)对现象学产生了重大影响。——译注

② 卡尔纳普(Rudolf C.,1891—1970),德国哲学家,维也纳新实证主义派的重要代表。1931—1935年任布拉格大学教授。——译注

的人说真话。我总是忘不了注意保密。其实并没有多少可隐瞒的。

谈到我个人的情况,天哪!没有什么可谈的,同时可谈的又无限之多。与政治情况分不开。希尔德也如此,她只有一个愿望:尽快出来。与此相关的一切,我将在星期天写信告诉你,详尽、安静地写。目前,我因许多来访、谈话等等无力为之。

厄德斯坦在梵蒂冈做事,我已知道。可是,他除此之外又该做什么(比如"神父"),我看不出来。

克吕格和伽达默尔自然会写回信的!两人都不在马堡。两人都得到执教聘任。两人都过得艰难。

施米特是否会回信,自然是个大问题!我认为他当前的态度绝对不可接受。我不知道你是否知情。关于这一点,我将在不经德国发出的下一封信里详谈。

再次表示衷心感谢!向米丽亚姆亲密致候。我希望不久得知你们的详情,你何以不去英国?

祝好!

克莱因

汉斯将在下周到达巴黎。

19b （克莱因致施特劳斯）

1933.10.16,布拉格

亲爱的朋友!

看来,女人们目前处于某种紧张状态。**完全看明白这一点,我**认为是不可能的。我想,有一个我们在其中不受这一股股浊流冲刷的领域;我想,我们的友谊时而受到某些烦恼侵袭,时而又超脱开这些烦恼。(顺便说明:从根本上说,这可是我们**所有人**的意见,包括米丽亚姆和希尔德,不是吗?)现在不可能讨论这些事了。

真正使我不能释怀的,是你们为什么留在巴黎。有更深层的原因吗？另外，你还好吗？你是知道的，我以平静的心态面对一切。我在去年——通过研究——学到非常多的东西。面对整个经济上的困境，面对未来的忧虑和对德国事变的直接参与，我可是一刻也没有忘记，我们的义务、我们的生活内容是观察事物之真实的地方，这就是说，不是观察这些日子里的"偶然性"事件。你可以设想，我怀着一种此生罕有的紧张心情经历着德国政治。对所有方面的不理解是巨大的。纳粹正在使真正具有重要性的**一切**声名狼藉。这是令人感到恐惧的所在。在布拉格，人们的这种感觉尤其清晰。我很想知道，你是否也有这种感觉。现在我担心的只是，你患了使视力模糊的"较重的斑疹"，你在巴黎的视角有些不同于当前从德国可能采取的视角——你也许**更**正确。诚然，严重的战争危险是存在的。可是我并不认为，灾难现在会立即降临。形势更像柏林会议①前的时期，而不像 1914 年。法国人不至打一场预防性战争(Präventiv-Krieg)，虽然从他们的观点看，现在这恰恰是必要的。我也不再认为，德国当前的政府形式会持久存在。君主政体的复辟完全可能。眼下发生过多的蠢行，表现出过分的无能。当前形势实质上由两个因素决定：1. 所有的人不可名状的怯懦和 2. 所说的——我指的是纲领所宣布者——与真正所做的之间有一种从不曾有过的矛盾。λóγos[言语]只具有掩饰功能，而且还无法预见，这种情况将会怎样变化。

你的研究怎样？你同谁保持着联系？为什么你跟克劳斯的关系如此糟糕，我真的无法理解。你妹妹好吗？这段时间你见过她吗？你父亲好吗？他在排犹情况下很受苦吧？

柏恩森一家(Bernsons)怎么样？如见到他，请告诉他，**舒勒**(Schürer)向他亲切致候。也代我向他致意。

犹太人的问题之所以如此困难，首先是因为犹太人自己——全人类的范例——以莫名其妙的方式陷于失去领路人、分崩离析和盲

---

① 柏林会议：1878 年 6 月 13 日至 7 月 13 日举行的实际上由俾斯麦操纵的欧洲主要国家外交会议，会议因使俄国利益受损失、未考虑巴尔干各民族的愿望而给危机埋下种子。——译注

目状态。我在老年之时将会变得虔诚的……

切记给我写信来！问候米丽亚姆。告诉她我经常想念她和托马斯。

祝好！

您的

克莱因

详细地址：Hotel Union, Praha XIV, *Nusle-Údoli*

"事务性"部分

1933.10.16，布拉格

亲爱的朋友！

事情大有进展，以致我可以将布伦塔诺学会致洛克菲勒基金会的信稿寄给你。目的是请你从你对基金会"心态"（Mentalität）的了解出发修正、改动或补充，即不仅在格式上而且从内容上。

有必要对这篇信稿做几点说明。

1. 格式基本上出自克劳斯之手，他煞费苦心地维护布伦塔诺学会的尊严和"弗兰茨·布伦塔诺"这个名字的光辉。他完全是一个令人乏味的老人，但他为事变感到非常震惊（作为领洗的犹太教徒），并表示全力相助。

2. 学会将提供多少资助，现在还说不准。可能是 25 马克 = 400 克朗，这对于本地的情况并不算少！

3. 弗兰克的信将指出，在本地大学，"数学和自然科学史"学科尚没有人承担，因此学校非常重视将我——作为"真正的研究学者"留在布拉格。（一封相应的信已送达布伦塔诺学会。）

4. （为布伦塔诺学会所写的）履历（curriculum vitae）是否必要，即以这种格式是否必要，你可能会更正确地作出判断。

5. 布伦塔诺学会的存在，只是由于提供丰厚资助的马萨利克总统的支持。现在最重要的是：我有两种方式接近马萨利克：

一、通过舒勒，他是一个年迈的马堡人，与捷克女人结婚，直接与马萨利克有"交谊"。他在哈勒取得高校教职资格（艺术史），但家住布拉格，而且总是在此地度过假期。我在这里同他谈过，他愿**全力**相助。困难只是 a. 马萨利克不在这里，b. 舒勒眼下也走了，即到德国去了。我们已约定，我回德国之后立即与他取得联系。必要时他会写信通过柏林的捷克斯洛伐克公使馆交马萨利克。可是，他认为**最好**还是同马萨利克面谈。现在，舒勒也有可能在下星期返回布拉格。然后他会在这里与马萨利克会晤，因为后者同样将参加二十八日捷克国庆节。甚至如果我为此请求舒勒，他会专门为此事来这里的，他对我做过这种许诺。

二、通过胡塞尔，不过，这相当麻烦。我在复活节曾与胡塞尔一起待了两个小时，他对我——我通过他的女儿和帕托克得知——有良好的评价。但他是慢性子人，在这类事情上尤其难以采取行动。无论如何我还是要试一次。倘若能够以这种方式使马萨利克本人支持布伦塔诺学会的申请，这或许——我想——对基金会具有最重的分量，不过，这真的有必要吗？

我以航邮将此信寄给你，明天（星期二）下午你就会收到。请以同样方式寄给我回信，你必须根据飞机起飞时间投邮。然后，我在星期三，至迟在星期四便可收到你的回复。我想尽可能快地返回，以便尽可能快地（如在十一月十日）**最终**安定在布拉格。随后，希尔德可在十二月初到此。如此匆忙乃政治形势使然。

重要的问题：在最顺利的情况下——你认为——**何时**可望得到基金会的答复，何时奖学金开始发放？倘若能够在十二月顺利开始，那当然再好不过了。或者，这完全不可能？

可否在申请中强调事情的紧迫性？或者，这毫无意义？

好了，这便是"事务性"部分。

接续部分在下一张。

请将履历寄还我，请看背面！

随信附上鉴定的抄件，以便你能够掌握一切情况。但请同样寄还我。

可惜我明天才会得到弗兰克的信。

19c （克莱因致施特劳斯）

1933. 10. 21,布拉格

亲爱的朋友！

匆匆草此(火车还有15分钟就开)！

首先:最衷心的感谢！所能做的一切都做了:布伦塔诺学会的申请做了**重大修改**。本地人们致马萨利克的一份申请将被送出,这就是说,在周末才送出,因为还缺少一份文件。此外,舒勒将写信给马萨利克。我或许还敦请胡塞尔写信。

如果能肯定马萨利克作出回答,我想,下周周末便可发出布伦塔诺学会致洛克菲勒基金会的申请。

关于个人的事,没什么可讲的！衷心问候米丽亚姆。

我大体上同意你的意见。但你不仅要读**恺撒**(Caesar)的著作,而且还要读**塔西佗**(Tacitus)①的作品(皇帝时代的作品和一般作品,不要读《日耳曼尼亚志》！)。

关于 C. S. ([译按]也许指卡尔·施米特),可以说,他以**不可宽恕的方式**参与了合作。从他现在所处的官方地位,他可能不好做出回答……我是绝对不会再给他写信了。

我希望尽快最终到这里来,也许在十一月十日。十一月二十四日和十二月一日已经安排了报告。

以后,我将对 C. S. 这个题目详细评说。

致好。

您的

克莱因

---

① 恺撒,当指罗马将军和政治家 Julius Caesar(前102/100？—前44),他留下不少有文学价值的著述和演说;塔西佗(Cornelius T. ,约56—约120),罗马历史学家,《日耳曼尼亚志》是他的名著之一。——译注

20 （致索勒姆）

269 rue St. Jacques, Paris(5ᵉ)

1933. 11. 3

尊敬的教授先生：

请首先接受我对您被聘为教授的真诚祝贺，和对来信的深切谢意。

关于我在那边大学的前景的通报，对于我的确重要，可对于我更重要的是，知道您对我在古特曼的书的评论中所陈述的观点的看法。您能否不弃得暇示知？我为此会非常感激您。

对您乐于在必要时为我在那边的大学受聘而努力，我由衷地表示感谢。不论我的耶路撒冷计划前景如何，我的目的是在结束我的霍布斯研究以后，重新完全投身犹太中世纪研究，首先是进行我暂时推迟了的关于拉尔巴格（Ralbag）的写作。我的"政治学"兴趣并不妨碍而是促进我所从事的犹太中世纪研究，这一点大概从我对古特曼的书的评论中可以看出。

此外，至于事情有关钱的一方面，大概很难说完全不重要，所以，我有理由设想，洛克菲勒基金会在最初一段时间会给予我酬金的一笔不小的部分，哪怕我并不研究政治科学——条件是，有关大学的系以我在致贝尔的信中所拟定的形式致函基金会。

我再次表示诚挚感谢并谨致
崇高敬意

诚挚的

列奥·施特劳斯

又及，关于科瓦热的论帕拉切尔苏斯一文，我已请求目前滞留开罗的作者给您寄去一个抽印本。

20a （索勒姆致施特劳斯）

1933. 11. 29

尊敬的施特劳斯博士先生：

  对您评论古特曼的文章，我只能说非常喜欢。我完全同意您的主要看法，或者对它表示附议。有几个地方我不敢苟同，部分原因是我简直还不理解您所说的东西。在下一点上我觉得您全然没有道理，即对哲学家将启示引以为依据的做法的评价。在我看来，您在这里过高估计了哲学家们怀有的**传统性**顾忌在事实上的真诚，特别是这种真诚在体系上的重要性。当然，这种哲学的启蒙品格会得到保持。我深感惋惜的是，您不想将文章发表，我觉得这对讨论会很有益。

  我给您写信还为了下面的事：眼下几乎被认为已成定论的是，古特曼将不接受这里的聘请。在为准备重新招聘以应付这一局面而成立的委员会里，我竭尽全力主张，聘请您为犹太教哲学讲师，重点在中世纪哲学。跟您对立的是另一方所支持的招聘拉维多维奇（Rawidowitsch）博士，此人与您相比，在我看来，只有能够流利地讲希伯来语这一优势胜您一筹，至于我如何设想他的哲学天赋，就无须对您说了。现已决定，如有必要将征询古特曼、布伯和**沃尔夫森**（Wolfsohn）三位先生的意见，决定应优先录用你们两位中的哪一位。形势变得复杂化了，因为不论您还是拉氏，迄今都没有在对当前这里的工作具有决定性意义的领域公开发表过著作。于是，事情结果如何，某种程度上（贝尔和**巴内特**[Baneth]大概也如此理解）变成了一个偶然性问题，虽然我可以期待古特曼或者布伯——尽管您对此两人可能保持距离——在这个问题上对您有一个明确态度。可是，现在我请求您告知我某些情况，包括具体事实，以便使我能够在无论如何都得讨论一下的时候，不仅表达我对您的哲学天赋的坚定而言之有据的信念，而且还根据对其他一些方面的了解来论证我的这种信念。请您不要生气，我谨开门见山地直接向您提出下面一些问题：

1. 请您寄给我一份您的著作目录,如果可能请附上样本。

2. 请您明确地告诉我,您迄今从事过以及完成了哪些关于犹太教中世纪哲学的著述。

3. 您有足够的阿拉伯语知识,能够阅读阿拉伯文哲学文献吗?如果没有:能否期待您一旦被聘用,在一定的时间之内会获得这种知识?

4. 您的希伯来语知识如何?您能否至迟从1934年十月份起,如果更早作出决定,则在1934年夏季学期用希伯来语授课和主持课堂讨论?您理解这里可能要求您付出巨大的努力,这可是一个conditio sine qua non[必不可少的条件]呀,因为对犹太学者自然比对其他学科更看重希伯来语知识。由于我们这里所有的人都不详细了解您对希伯来语的掌握究竟达到什么程度,以及您是否自信能够用希伯来语或多或少地完全表达自己的思想,所以最好是直接问您本人了。我着重强调,在任何情况下,即便在试用期内,都不可能考虑用外文授课。

5. 您多大年纪?

如被聘为讲师,您每年将获得300英镑,像"德国高校教师"情况一样,聘用期均以两年为限。

希望我的许多问题不至给您带来不悦。您会理解这些问题是什么用意。

顺致安好。

您的

格哈德·索勒姆

21 (致克吕格)

1933. 12. 3
269 rue St. Jacques, Paris(5ᵉ)

亲爱的克吕格先生!

在回复您的来信以前,我又让两个月流逝过去。使我更感到伤心的是,我现在不再可能像我刚收到您的信时那样,怀着良好情绪向您表达我对这封信的喜悦了:当时让人喜出望外的,即我们的commercium[交往]仍旧未变,现在已经成为令人欣喜的理所当然;理所当然的东西令人接受和表达起来,就不如喜出望外那么生动感人了。

我没有时间写信,现在也没有。我似乎一只脚已经踏进英国:一月份的第一个星期,我们大概就去那边了。其实,我只是在等待吉尔松从加拿大回来,以便请他给英国那边写一份鉴定或类似的东西。脑海里冒出上百个计划,也许没有哪一个会得到实现:英国、美国、巴勒斯坦。法国完全排除在外,部分是因为我的处境:我在这里被当成"纳粹"。

您认识在美国的一些学者吗?假若有相识的,您能否为我写一些引荐信寄给我?您认为我可以为此事去求弗兰克吗?我寄希望于《认识问题史》的作者,您大概也知道,他目前正在牛津。柏林的舍德(Schaeder)为我寄来一份赞赏有加的鉴定。

我关于霍布斯的宗教批判的书仍然没有完成。我不再将它作为毕业论文上交了。我由此学到一些东西,尤其与本堂和分堂的依附关系(Filiationen)及宗教批判技巧有关的。

您在信中曾预告您的《莱布尼茨》和您的《笛卡尔》。它们还没有出版?

我从洛维特那里得知,克莱因和赫尔曼女士在马堡。请您代我向他们衷心致候。我想,克莱因到布拉格后会给我写信的。他将我的评古特曼一文交给您了吗?

我并代我夫人向您夫人和您本人亲切致候。

您的
列奥·施特劳斯

您读过布洛夏德(V. Brochard)关于伊壁鸠鲁的文章吗？这些文章写得非常好(除了其"体系性"部分)，我相信它们对您像对我一样很有趣。

22 （致克吕格）

1933. 12. 7
269 rue St. Jacques

亲爱的克吕格先生！

谨提出一个急切的、严格保密(当然不对克莱因保密，如果他在马堡的话)的请求或者询问，但愿不至太高的请求或者询问！

我刚刚得知，我有点指望在耶路撒冷获得犹太中世纪哲学的教席。只有一个"竞争者"——一个名叫拉维多维茨的人，他发表过一本关于费尔巴哈的大部头书和类似的作品，是迈尔(原文如此！)① 的学生，完全无能的家伙，但他希伯来语说得、写得都很漂亮，而这些可惜我又完全做不到。耶路撒冷希伯来大学于是决定，极大程度上由一个委员会的意见来定夺。这个委员会有三人：一个是对我一无所知的美国人、古特曼(我从前的上司)和布伯。布伯更"看重"我，不太看重我的"竞争对手"，这一点我相信可以假定。但却不可排除他对我怀有某些敌意，因为关于他我曾多次利用机会说过一些

---

① 读起来与本书编者同名同姓，故编者按说：原文如此！——译注

不客气的话,肯定传进了他耳朵,而他是非常爱面子的。只是,现在对于我却事关香肠,①或者您更愿意说,事关德国牛排。我要问的是,您是否认为有着某种通过布伯进行干预的可能性,同时又使我不至对他承担责任。我首先想到布尔特曼(Bultmann),②但可惜他根本不认识我。这事很棘手,但尤其令人感到棘手的是,我虽然不是在形式上但却以默认方式承诺,对来自我的耶路撒冷的支持者的通知保密。简而言之,一切似乎都取决于您与布尔特曼以及布尔特曼与布伯的关系。您不妨拿我关于古特曼的书评(但愿克莱因目前已将它交给了您)或者其他什么能使布尔特曼想像我对"论题"的思考的东西给他看看,或许奏效?

亲爱的克吕格先生!不要怪罪我,竟请您帮我办这么一件也许无法想像的难事。不过,您也知道,我的处境实在太不容易。好了,请写信径直告诉我,我所想像的可能性是否存在!

我夫人和我向您夫人和您亲切致候。

您的
列奥·施特劳斯

又及:克吕格先生——盼请正确看待这封信!

---

① 原文为:Nur geht es für mich jetzt um die Wurst. 这是一个习惯用语,意思是:只是现在对于我是紧急关头。这里采取直译,以便与后面作者自造的说法"牛排……"相对应。在这里作者的意思是:更为紧急的关头。——译注

② 布伯(Buber,1878—1965),1905 年任耶路撒冷大学社会学教授,1933 年以前为德国法兰克福大学教授;布尔特曼(Rudolf B. ,1884—1976),德国新教神学家,1921—1951 年任马堡大学教授。——译注

23 （致索勒姆）

269 rue St. Jacques, Paris(5ᵉ)
1933.12.7

尊敬的教授先生：

我现在才接读您十一月二十九日的亲切来信，由于今天有去近东的邮班，我必须毫不延迟、不容长久思考地写回信。因而我只写最必要的事。可是不论多么仓促，我都不愿耽误。再次为您对我所表示的关切向您致以最诚挚的感谢。

关于我们在论题上的分歧，我只说一句话，Falâsifa[哲学家们]的"启示信仰"并不完全可信，正如您所说，对启示的认识在他们那里是出于传统的顾忌，在这一点上我们完全一致。但与您相反，我认为这种信仰尽管如此——尽管它不真诚——仍然具有重大的体系性意义。在这些外在的让步之中，奠立了对律法、对国家的现代立场。刚好在最近一段时间里，通过我对霍布斯的政治学（即我认为的最重要的现代政治学）与柏拉图政治学的比较分析，我获得了说明这一点的令人折服的证据。而且从哲学史上看，并不是单单孤立地倚重启示信仰；关键在于：哲学的基础即便在不可能涉及启示信仰的地方，也在启示信仰的意义上发生着变化。只需读一下阿威洛伊①的《亚里士多德〈论灵魂〉注疏》，便可具体地感触到这期间发生了多么巨大的变化，即便对无信仰的人也是如此。最终在 fraus[欺骗]与 pia fraus[虔诚的欺骗]之间有着重大的区别。阿威洛伊之流的启示信仰是 pia fraus，这就是说，他与某一种自由思想没有任何关系，他符合柏拉图式的思想观点。——总之，我要说：我们的分歧来源于：您基本上是从宗教史角度，而我基本上是从哲学史角度看问题。我并不是以此为方法论上的视角主义（Perspektivismus）代言，您肯定是知道的，无需我正式向您确认。请原谅我信手写的这

---

① 阿威洛伊（Averroes，阿拉伯文名：Ibn Ruschd[伊本·卢德]，1126—1198），阿拉伯哲学家和医生。——译注

些看法;我的意见也许因此而显得更加清楚(请容我妄说:我的表述与 Falâsifa[哲学家们]相比之所以如此"可信",还因为我要求它符合帕拉西奥[Asin Paracios],甚至符合霍尔顿[Horten]的论据,即在这些论据有某些文本为基础的条件之下)。

现在我必须回答您的问题了,我理所当然明白这些问题的必要性,因而我丝毫不会为此而不悦:

1. 我的著作目录

a.《柯亨对斯宾诺莎圣经学的分析》,载:《犹太人》,1924。

b.《斯宾诺莎的宗教批判——其圣经学的基础》(页 288),Berlin Akademie-Verlag 1930(谨请参阅下列作者写的书评:Dunin-Borkowski,载:*Stimmen der Zeit*[《时代之声》] 1930/31 第五期和 *Scholastik*[《经院哲学》]1931,页 435;de Boer,载:*Tijdschrift voor Vijsbegeerte*,1931,页 153 以下;G. Krüger,载 DLZ 1931,2407~2412 栏;Koyré,载:*Revue de l'Histoire et de la Philosophie religieuses*,1931 年底或 1932 年初)。

c.编辑门德尔松哲学文集(迄今已推出编订的有——包括引言、参考书目、注释——《蒲柏,一个形而上学家!》、《致 Magister[大师]莱辛的公开信》。Milloth ha-higajon 评注——这是由我从希伯来文选译的。《论证据》、《斐多》、《论非躯体状态》——同样由我译自希伯来文——见周年纪念版卷 II 和卷 III a)。正准备编辑《上帝的事业》、《清晨时分》和《致莱辛的朋友们》,这些文章应收入卷 III b。

d.《评施米特的〈政治的概念〉》,载 *Archiv für Sozialwissenschaft und Sozialpolitik*(《社会学与社会政治文献》),1932 年 7 月(这篇文章也许更会使您而不是使大学感兴趣)。

e.《对霍布斯政治学的若干评注》,载 *Recherches philosophiques*(《哲学研究》),T. II。我自然略去了我写的没有价值的报纸稿件。

《迈蒙尼德的先知论及其来源》(部分根据为阿拉伯文手稿)这篇长文 1931 年便写成;本应发表在 1931 年的《研究院通讯》上,可这个杂志已不再可能出版;尼伯格(Nyberg)的 *Le monde oriental*(《东方世界》)杂志已经采用(一年多以前),但仍未出版。该文曾被送呈舍德尔(H. H. Schaeder)和克劳斯,以便就阿拉伯文和其他方面作出评估。您可以从我随信附上的鉴定书复制件中看到舍德尔的评价。对这份鉴定书请您暂时保密,尤其要对古特曼保密,我必须顾及不至于触动某些敏感处。对于用于耶路撒冷的官方交往,我自然不会怀有任何疑虑。至于克劳斯,倘若您重视他的评价——我不知道您是否认识他,所以用了一个"倘若"——即重视他就我的观点的立论之客观正确性所作出的评价,我可以说,此人是可靠的,我的这种观点跟舍德尔相同,正如我在与他多次交谈中所发现的那样。这篇文章是我为研究中世纪先知论(Prophetologie)史所作的准备,为此积累了许多材料;但是,只有在我的霍布斯研究(拟写成两篇论文:"论霍布斯的宗教批判"和"论黑格尔与霍布斯")告一段落之后,我才能着手梳理和撰写这段历史。在中世纪领域作这种较为广泛的考察的想法,产生于多年对格桑尼德的 *Milchamoth ha schem*(《上帝的诸争战》)和亚里士多德(以及阿威洛伊)著作注疏的研究。我关于霍布斯的书尚未完稿,原因——姑且不说外在的困难——在于这位哲学家真是太深刻了,比人们寻常所设想的要深刻得多,我不愿在从事如此重要的研究时仓促行事。一份一百页的简述早在两年前就已完成:施米特的鉴定给我带来了洛克菲勒奖学金,这份鉴定——也许!——可以通过洛克菲勒基金会得到(当然不是给我而是交给大学)。

您将在这封信寄达八天之后收到我发表的著作。

2. 关于犹太教中世纪哲学,参见1)。我要强调的是,我关于斯宾诺莎的书毕竟有几个印张透露出对这个题目的研究情况。

3. 关于阿拉伯语文知识:我可以正常地阅读阿拉伯语哲学文本(对此魏尔[Gotthold Weil]教授可以证明,且不说舍德尔和克劳斯);我现在不再读了,但只要我再次进入其中,几个月之内便会恢复这种能力。

4. 关于我的希伯来文的语言能力:这种能力目前很低。但我自信,只要我投身其中,在下个秋季学期来临之前的时间内,可以达到过得去的语言熟巧程度。如有可能,我就在夏天前往耶路撒冷——

我希望洛克菲勒基金会不致给我制造麻烦——以便在冬季学期开始时首先在语言上得到适应。

5. 我三十四岁(此外,我有妻子和一个孩子)。

请您原谅我潦草写成的急就章,这都是匆忙和写此信时的激动心情造成的。

致崇高的敬意。

诚挚的

列奥·施特劳斯

23a （索勒姆致施特劳斯）

1934.1.27

亲爱的施特劳斯博士先生:

自收到您上一封信和您寄来的著作以来,我一直未给您写信,因为我想给您一个至少明确的关于事态发展的信息,而这又取决于古特曼的最后回答。回答在这几天终于到达。尽管这一切的一切,原则上倒是一个肯定的回答,这就是说,倘若他们达成一致,他准备从十月一日起在这里接管犹太教哲学教学。如此一来,其他任何候补人选暂时都退出了讨论,而为(正如我曾写信告诉您的)普遍预料的最后他会拒绝的情况所准备采取的步骤,则不再实施。重新接受您的候补资格的可能性形式上是存在的,前提是,要么古特曼的事在这次肯定回答之后化为泡影,要么他在两年之后不想留在这里,并为此愿意为自己敞开道路。不消说,我深感抱歉,看来我在这里为您所发现的可能机会不会有什么结果了。我曾下定决心为您做我力所能及的一切。眼下我看不出还能做些什么,因为**洛特**(Roth)似乎没有兴致提出扩建一般哲学专业的建议。假如在某一个新的时机有可能旧事重提,我至少精神上是有准备的。您也许不久又有可能回到您所提到的犹太学研究工作。假如您能结束您关于拉尔巴格的著作,我会非常为您高兴。

谨致最真诚的问候,并多谢您提供关于您的所有情况,我希望有朝一日能够卓有成效地为您尽力。

衷心致候。

诚挚的
格哈德·索勒姆

24 （致克吕格）

1933. 12. 29
269 r. St. Jacques, Paris(5^e)

亲爱的克吕格先生！

我刚刚收到附在我信里致克莱因的一封十万火急的信，并请求将它转给克莱因。由于我不知他的地址，我想您是知道的，请您尽快将信寄给他。事情的确急迫。

在我移居英国（一月七日）之前还会听到您的信息吗？

衷心问候您和您全家，并祝新年安好。

您的

列奥·施特劳斯

又及：匆忙之中，我几乎忘了感谢您精彩而又极其令人兴奋的关于笛卡尔的论文。如果说我尚未就它给您写信，那只是因为它使我无暇旁骛。笛卡尔与霍布斯的相似令人大感惊异。您也将因此而不可绕过霍布斯。请原谅这次我专谈自己所好。关于论题，我只想提出一点异议：倘若是我，就不会谈普遍怀疑的神学前提，您自己做了修正，最终以"看不透的超级权力（Übermacht）"取代"万有权力"（Allmacht）。诚然，问题又将重现，但却是以另一种方式。到英国后再详叙。第二本书我已从邮局寄给吉尔松。他一月十二日才从加拿大返回。——我见不到他了。

25 （致克莱因）

1933. 12. 31，巴黎

我亲爱的朋友！

你无法想象我看到你的信多么高兴。我立即忘记了我对你不可思议的沉默的全部恼怒。我又感到我是多么爱你，世上没有任何东西能够斩断交织于我们之间的一条条纽带（我想 ties 是相当于德文的"纽带"的英文词），这些纽带因种种情况的巧合形成，并建立在一种始终至为深厚的情感之上——至少在我心里如此。

每当拆开你的信和读到你的东西之前，我第一个闪念便如此。

我非常害怕读到关于希尔德和你的残酷命运的叙述。我为我们不能在这个时刻帮你而感到极其内疚。不凑巧的是，我们不得不在极短时间内前往英国，可以说，进入一个包藏着许多危险而又很少机遇的完全陌生的国度。倘若我们留在这里，会为你寻找某些机会。几个小时以前，我曾对克劳斯博士谈到你的情况，我们持同样的看法：如果你在去年春天或者夏天来这里，你会像其他许多人一样得到一项奖学金，虽然低微，但在你要完成你的书的这段时间内，已足够维持生活。

最使我感到生气的事情是，你（我对这枯燥的语调感到厌倦了），你没有想到去看我父亲，虽然你几乎要去看他。你短暂的造访和几句得体的话便可能对他是一大帮助。所以，当我看到你自己想到要这么做的时候，我便格外高兴。非常感谢你。我父亲的日子一定很不好过。我不了解详细情况。我只知道，生意已经给毁了，我不知道，他究竟是否可以度日，长期下去该何以为生。如果你尽快过去一下，立即给我一个完全如实的，我的意思是一个没有隐瞒任何东西的描述，你就帮了我一个很大的忙。请告诉我父亲，不要为我担忧。这是我曾请求过你的，而你也可能为我做的最重大的一件事。现在，当按照常情判断已注定我永远不会再见到老人以后，我才完全觉察到了这是怎么回事，在这一方面，自远古时代以来，人身上从不曾有过任何变化。

为你的巴勒斯坦-布伯行动,我向你以及克吕格和伽达默尔表示最诚挚的感谢。对于拉维多维茨也许会获胜,我不抱任何幻想,我甚至并不为此而伤心:因为巴勒斯坦意味着放弃霍布斯研究,并随之放弃许多东西。虽说如此,我也不可放过任何尝试的机会,以便使我们三人不至于十月一日面对空无。此外,万一拉维多维茨获得耶路撒冷的职位,我希望当地的大学能为我在英国或者美国谋职尽力。我自然最希望留在英国——所有一切都表明,这个国家可取(可惜我完全没有前往意大利的关系)。但愿卡西勒会帮我——也许还有布伦什维(Brunschvicg)。我通过洛克菲勒奖学金生自然会得到我原得到的引荐信。我从舍德那里取得一份非常理想的鉴定——依据是我对古特曼的书的评论。(舍德自然感到有些震惊,他竟然不得不"在古特曼的背后"阅读到对他的书评。)你只字未提你对书评的看法。另外,我还需要这一份[抽印件]!

我的工作虽始终未停却进展缓慢。我目前在写一篇关于霍布斯的宗教批判的论文。接着就该轮到写《霍布斯与黑格尔》了。糟糕的是,这里没有一个可与之讨论这些问题的人。科舍夫尼柯夫是很令人乏味的人。我现在天天见面的克劳斯——因为我们住在同一栋房子里——只是有学养,且具有前霍布斯的(即虚荣的)秉性,这就是说,他还没有找到,也将很难找到返回 status naturalis[自然状态]所具有的极端"虚荣"的道路。——在法国,被称为哲学者充其量只是学问(Erudition)而已:据我所知,在法国没有一个人乐于献出自己的学问。古维奇在这里被视为胡塞尔现象学的代表和精通科学史的专家;他在这里已经就后一领域授课。同样事业有成的是海涅曼(Heinemann)先生(研究普罗提诺①),他看起来似乎除了随当今潮流而动外,还在追赶裤背带时尚。

---

① 海涅曼(Fritz H.,1889—1969),德国哲学家,20世纪哲学史学者和批评家;普罗提诺(Plotinus,约204—270),古罗马哲学家,新柏拉图学派代表。——译注

1934. 1. 2

新年好！你的信到达之时的晚上，我已经写了上面那么多。于是，我不得不停下来，除夕临近，信来了。我用了整整一天才从你的信回过神来。现在启程在即。我们在星期天，至迟在星期一动身。要为之奔忙的事多得可怕。我不知道，我是否还得暇在我的文章上划上一笔。

如果容我再次回到布伯行动，如果它最终还有某种意义的话，一定得立即进行。请你从这一方面发挥作用。

由于我不知道你的地址，这就是说，不知道在马堡滞留多久，而我也不知道我在伦敦的地址，所以，请你写信到我在巴黎的地址（269 rue St. Jacques, 5^e）。仍继续寓居此处的克劳斯会将邮件转我。

今天，我收到我妹妹信，她曾在开罗造访科瓦热，而且他很讨人好感。科瓦热曾对她说，他也将为我在巴勒斯坦的候选而活动。

亲爱的雅沙，我为你们在这整段时间的糟糕境遇感到很难过。告诉我，现在希尔德究竟在哪里，她还好吗？我久等她的回信而不得，现在终于能够十分理解她未能写信的缘故了，请代我向她深切致候。

但愿我们大家在英国重逢！托马斯很好，他长得越来越像瓦尔特！

多多致意，并祝你来年大大好于过去的一年。

您的

米丽亚姆

（1934. 1. 2，巴黎）

我最亲爱的朋友！

你只字未提希尔德究竟在哪里。我们曾有些感到奇怪，她对米丽亚姆的和解信竟未做任何回应。现在我们自然都明白了。假如她能在某个时候给米丽亚姆写封信，那该多么好。

我们迄今已经有十五个月之久未见面了。自我们相识以来，我们从不曾分离这么久。在这段时间发生了什么变故哟！我感觉到，米丽亚姆和我已经度过了最初的、看似不可克服的巨大困难时期——撇开你可能想像的东西不论，多亏了——你小子。开始时非常困难，随之逐渐好转，现在完全好了。我曾认为这永远不可能。

快些写信来。代我衷心问候希尔德，并向你本人亲切致好！

您的
列奥·施特劳斯

请代我向马堡的哲学家们及其夫人们致候。

25a （克莱因致施特劳斯）

1933.12.28，马堡
Ockershäuser Allee 39
伽达默尔博士转

亲爱的朋友！

你可能向我讲的一切糟糕的事我全都对自己讲过了。只是我不了解，你是否知道我们经历了非常恶劣的事。希尔德已经不在乌法。① 造成这一"变动"的情况是，说他们交出了一部非常坏的影片，可对于参与其事的人们而言，对它足以终生难忘……详情容后再叙。

于是，希尔德来到马堡，主要为了休息。她已精疲力竭。现在

---

① 乌法（Ufa），德国最大的电影企业，1917年创建。——译注

她面前又出现新的机会。但愿你能想像得出，近两个月来如此多的忧虑和恐惧压在我心头，提笔写信对我至为艰难。现在我终于不得不谈谈我的情况了，首先因为这也关系到你的未来呀。

根据你给克吕格的信，我们在这里进行了重大的磋商。正如你曾想到的，事情不好办。因为布尔特曼对布伯了解甚浅。于是一致决定，由克吕格直接写信给布伯，以布尔特曼的意见影响他。但同时也拉开一定距离，因为首先重要的是，以**不易觉察**的方式使布伯对你的候选资格产生兴趣。现在出现了下面一种可能：

在马堡有一位担任相当重要的职务的先生，他个人与**西蒙**（Simon）**先生**（法兰克福时代）私交甚笃。后者已领得方案，**直接向布伯了解下述想法**：只考虑让你担任这个尚未决定的职务。他可以自然地、不易察觉地做这件事，因为他经常与布伯交往，可以**理所当然地**谈到这类事务，而在马堡的人都不可能办到。

此外，伽达默尔也相应地对**里茨勒**（Riezler）做了工作，后者同样与布伯有私交，自然在法兰克福经常碰上他。最后，我还经由柏林采取行动，对此我暂时还无法向你提供准确情况，但有一些成功的希望。

我个人必须向你承认，我现在很不乐观。直接原因是该死的R.（[译按]大概指施特劳斯的竞争对手拉维多维茨）无疑在当地拥有较重要的关系和较好的机会，我是通过**莱维**（Hans Levy）了解到这个情况的。你也认识此人，我早在夏天就跟他议论过R. 及其意向。当然，一切可尝试者都必须试一下。

此外，你对古特曼的书的评论我**早已**寄给了克吕格，他喜不自胜，并将它交给了布尔特曼。他对此文的主旨做了批评，并要向你提几个问题。不知他在此期间是否提过。我理所当然地认为，你**并没有**将书评寄给古特曼。为什么要寄给他呢？他不会理解的，这无论如何对你有害。

至于我的事，一切都极其不确定。让马萨利克个人出面支持的事**无法**办成，这是出于宪法的原因！替代方法是让他的秘书致函洛克菲勒基金会，在其中表达马萨利克对此事的关切。可是**否**如此做了,仍然是未知数。我希望在这几天得知有关的最终结果。

我暂时待在马堡,主要由于经济上的考虑。眼下财政是一场真正的灾难。如果洛克菲勒基金会的事办成,**所有一切**都将转好。可此事却恰恰完全没把握。

我正在修订我的书,使之能够付印。或许还能在这里出版。但某种内心的不安使我研究起来特别吃力。

我想,你们将移居英国,请立即告知我地址。切莫报复我的沉默,快一些而又详细地写信给我。米丽亚姆好吗?那些熟人怎么样?我有意去看望你父亲,我想这会让他感到快乐的。

大家都让我向你问候,尤其正在为结束博士论文而"拼搏"的布什维茨。他在"技术上"很笨,我眼下在帮他。他真是个非常可爱的青年。

祝一切顺利!亲切问候米丽亚姆!

您的

克莱因

克劳斯怎么样?

一九三四年

1 （致克莱因）

1934.1.27,伦敦[明信片]

亲爱的朋友！

今天收到我父亲来信,他告诉我,你友善地去看望他的事。几天以前,我收到你语焉含混的明信片。无论如何,请你立即写信告诉我你对基希海因的思想和经济状况的印象,我为此将非常感激你。另外,我还有一事相求。你能否告诉我,滕尼斯的《霍布斯》平装本第三版(1925)多少钱？我急需此书,但我不想买,倘若太贵的话。

我在这里见到了约纳斯(Jonas)①,你还记得他吗？他现在已经完成他关于灵知主义的著作。我觉得,他的观念完全不坏或者可笑。

原谅我的蹩脚英语。

您的忠诚的

施特劳斯

向你和希尔德深切致意。

米丽亚姆

1a （克莱因致施特劳斯）

1934.1.26,马堡

亲爱的朋友！

正如我已经在目前你大概已收到的一张明信片上所暗示的,我

---

① 约纳斯(Hans J.,1903—?),德国哲学家和宗教史学者,着力研究古代灵知主义的产生及其影响。——译注

对你父母的状况做了仔细调查,得出的结果如下:你的担心绝对太过分了(我本来就对此耿耿于怀,因为你的担心带有某些——比如说——让你妹妹光火的意味……)。你父亲正在着手清理变卖他的铺子。唯一的问题是未收回的款项很难收回,部分是由于不言自明的原因。不过,你父亲明确向我证实——我也曾从听到的关于乡下的情况(与城市,即小城市的情况相反)中了解到——与以前的生意伙伴的关系,大体上仍然照旧。此外,由于某种程度上的资金短缺而希望将地产转让者日多,因而要转让也困难重重,因为眼下自然很难找到买主。不过,还远远谈不上已陷困境。当然,女仆已经辞退,这给你继母造成一些麻烦。不过总的说,他们的情绪令人感到有信心。没有幻想,但也并未陷于绝望。一再明确告诉我,让我叫你放宽心。这种平静的心态绝非来自为你所鄙视的那种不可原谅的乐观主义,而是产生于冷静的思考。

你父亲已显苍老,却非常"快乐":他现在较少出门,更精确地说,他被合情合理地劝阻外出。现在,首先应纠正你前不久在巴黎从一个亲戚口中听到的那个荒诞传言,它显然给你留下了很深刻的印象。我由此理解了你信中的一些说法。这个传言无疑只是某个街坊的虚构故事,意在激怒你父亲。现在已经弄清楚,某些人在绞尽脑汁地猜想你在干些什么,很快便找到了谜底。不过,根本未谈到什么编目之类的事。这纯粹是街谈巷议,没任何实际意义。尤其伽达默尔敦促我写信告诉你这一点。您瞧,这并不是我个人"美妙的"乐观主义。

你继母看来非常了解所有可能的人事情况,例如有关希尔德和我的情况。她要我无论如何还要去他们那里,并待得时间长一些,我也会去的。在这次拜访中,我感受到,也亲自看见了某些情况。我清楚认识到,这一幕情景可能出现在任何一个世纪……值得一提的也许只有一点,有几本书不见了,这对于你可能无关紧要,可是,看来这使你继母内心深感不安。也许你应写信给她说几句安抚的话。

非常感谢你和米丽亚姆最近的一封信。关于我们的情况,可一言相告:我在等待……有些消息听起来并无不利。不赞成有着颇富理性的理由。至少对我而言,有效的支持事实上靠得住。希尔德眼下正在柏林,然后还要回到这里来,她同样在等待完全确定的机会。她在下周初最终重返柏林(另外,她在圣诞节时曾写信给米丽亚姆,但看来门牌号写错了)。经济状况捉襟见肘。尽管如此,我现在终于顺利地将汉斯急需的钱寄给了他。我想,他在你那里对我曾大发怨言吧。上帝保佑,现在已恢复正常。

关于你受聘的前景,我了解到下述情况:1."人们"很看重 R.([译按]指拉维多维茨)先生;2.布伯对你绝对怀有善意,却会优先选择 R. ;3.你占有的唯一"优势"在于, R. 已有足够收入。其他方面我不为你担心:你提到的推荐书——在我看来——已经足以为你铺平一切道路。我甚至完全可以设想,你在英国一定会感到很顺心。

你就你和米丽亚姆所写的情况让我感到十分欣慰。代我向她衷心致侯。说不准我们会在某个地方相逢呢。你认为我早就应该去巴黎,我不能同意你的看法。因为毫无疑义,我在布拉格会有更好的机遇。——关于你对古特曼的书的评论,可以说非常精彩,只是缘由太不充分(这也是克吕格的意见)。我觉得,关于生存哲学的讨论在这里不得体。但在所有原则性问题上,你完全正确。(此外,我还要纠正一点:布尔特曼谈到的并非这篇书评,而是克吕格就你的书所写的书评。我误解了克吕格的意思。)克吕格在积极宣传你发表在《文库》(Archiv)上的书评。书评也将立即被用在一篇报告里。

我在这里的研究还过得去。我在润色将在这里付印的书。不过,此事尚未十分肯定。克吕格总是那么拼命工作,他在柏林康德学会做了一个关于康德的报告。伽达默尔很快将发表一篇非常好的论述柏拉图与诗人们的文章。L.([译按]指洛维特)在瑞士做了几个报告。

让我们不久听到你们的消息!

致好

您的

克莱因

2 (致克莱因)

1934.1.30[明信片,伦敦]

亲爱的朋友!

多谢你有趣而重要的回信。现在我心情稍微安静下来。

读了你的信我不禁在想,你有意让我不去圣地。我这个印象对吗?不论怎么说,我仍未失去 là-bas[在那边]找到位置的希望。

请勿忘记为我在书商那里问一下滕尼斯的《霍布斯》的价格。我需要这本书,为我在德比郡(Derbyshire)的霍布斯手稿研究作准备。

你还能再去一次基希海因吗?我会非常非常感激你的。

希尔德不能再给米丽亚姆写封信吗?可惜从未收到过她的信。

您忠诚的

列·施特劳斯

谨向希尔德以及伽达默尔一家、克吕格一家和洛维特一家亲切致候。

2a (克莱因致施特劳斯)

1934.2.8,马堡

亲爱的朋友:

1. 滕尼斯的书(1925年第三版)七马克。

2. 关于圣地,我不完全明白你如何看你的问题。你自己曾写信告诉我,倘若你得不到聘约,也不至惋惜,这首先是因为霍布斯研究的缘故。我可以想象,米丽亚姆在那边生活不会多么轻松。而且可以设想,你自己在那边可能会与所有可交往和不可交往的人闹翻。

不过，另一方面，你也许会有某种程度上的内在满足感。我个人对这个问题原本并未表示态度。我原则上是怎样的想法，你知道。对个案中技术上的解决办法不容提出任何异议。最后，至于我们之间某种空间上的距离问题，我觉得，这种距离在今天实际上或远或近处处都一样。

3. 现在针对你提个问题。你究竟如何看我的奖学金的事？我指现实的机会。此外，你认为还要等多久我才能得到一个答复？

我扼要重述一下最重要的情况：布伦塔诺学会的申请想必至迟去年十一月二日便寄达基金会。支持的动议之所以没有提出，只是因为 M.（[译按]指马萨利克）由于其职务的缘故不可能承受一个否定性的答复。因此，为了探查这种情况下对于我究竟存在着哪些前景，现在伸出了非官方的触角。只要证实答复将是肯定的，支持动议当立即提出。显然，这就成了一件头撕咬自己尾巴的事。不过，也不尽然，行事者是非官方的。当然，我并不知道在多大程度上和以什么速度。人们向我保证，M. 对此事表现出极大的善意和兴趣。

你对此事是什么看法？如何评估此事？究竟在哪里作出决定，在巴黎还是美国？你对此还能有所作为吗？

我想，希尔德已经写了信，要么很快就写。她的心境很不好：父亲在生意和心理上都正处于零点。情况便是如此的。

还应提到的是，克吕格几天前将关于古特曼的书的评论寄给了厄德斯坦。他现在如何？

亲切问候米丽亚姆！我确实想见你们一面。可是，怎样见面呢？

您的

克莱因

3 （致克莱因）

新地址：Elsworthy Road St.
John's Wood, London
1934. 2. 14

亲爱的朋友！

请原谅，回信迟了。原因是搬家，同时又病了一场。我利用这第一个闲暇的瞬间给你写这封信。

在你的事情上，我在这里自然根本不可能有所作为。我可能做的唯一一件事是，在偶然拜访基特里治（洛克菲勒基金会部门负责人）时，如果话题接触到与你的事接近的一点，我即席谈一下我的看法（例如，R. F. ［译按：洛克菲勒基金会］的人曾认为，克吕格的健康似乎受到损害时，我当即作了澄清）。可是，首先，前段时间我没这种机会，勉强制造机会也许有害而无益。其次，M. 是否拒绝对你有利的干预，我对详细理由缺乏必要的了解。在我看来可能做的是，问一下你的事现在到了什么程度，并正式地、至为委婉地通报关于背后的大人物的情况。但这只能采取口头方式。问题是：由谁来表达？可惜科瓦热不在（他能胜任此事，因为他认识 M.）。我觉得，可由莱维-布鲁尔来办。布拉格的弗朗克或其他人会了解找到他的途径。M. 可否亲自写信给莱维-布鲁尔？他如能亲自写信，自然再好不过。

至于在哪里作出决定，很难说。无论如何，从形式上看是在纽约。当然，巴黎的人实质上对于他们要将获得的经费给予谁拥有广泛的支配权；可是，一旦他们达到批下的这笔较大数额的款项的极限，个案问题就会变成美国总部是否会提供更多的经费的原则问题；这个由量到质的变化当然任何时候都可能出现。

天晓得我们最终找到的是什么解决办法——除了自杀，我们总会找到一个办法的吧。巴勒斯坦的事终于了结，因为，据索勒姆来信说，古特曼还是到那里去了。我是否在这里找点事儿，看来很没有把握。或者重返德国，就是说重返基希海因，那么……我父亲的房舍有多个住宅。我想,我父亲现在有过这些经历之后变得更随和了。

我在星期六到牛津造访《认识问题史》的作者。他给人的印象相当寒酸:典型的 refugié[逃亡者]。① 至于牛津,一个真正的世界奇迹(杜宾根给人一个对它的遥远想象)。这是一个隐修院之城,这里曾培养出首相、印度总督、约克郡和坎特伯雷的大主教之类的人物。给人的美感印象——与一切大陆性的东西相比——是阴暗、粗陋,有时露出一点儿野蛮的华丽;加之天空阴沉、雾霭不散,简而言之,无"定形",所以,很合我的口味。大教堂里有几幅令人注目的撒克逊式的窗玻璃画。餐前总是要念一段拉丁语祈祷文,这几乎是顺理成章的了。其他任何民族都不会像英国人那样善于维护经验,并随时准备体认新的经验:他们是地道的经验论者。此外我还认为,人们低估了英国君主制的意义。不久前,在下院鲍德温(Baldwin)② 和丘吉尔之间发生了一场堪与罗马元老院相比的辩论。总之,这是一个奇妙的国家和一个奇妙的民族。

(尚未发表过的)霍布斯遗稿存放在德文郡(位于利物浦西南)的一座宫殿中,"德文郡公爵殿下"允许我阅读。我将在三月初前往那里逗留几天。可惜不能带米丽亚姆和孩子,因为我们必须十分节俭地度日。为了避免做无用功,我需要滕尼斯的书《霍布斯》(1925年第三版)。请告知厄伯(Ebel),让他立即给我寄来,我将在三月份付款。

在这里经常见到约纳斯。他关于灵知派的书(约 500 页)已完工。第一卷即将印出(复活节面世)。我相信这将是一个巨大成就:非常娴熟,可以说给人以深刻印象,论说绝不愚蠢,尽管如此,不会希望自己写成这样的书。这有点像我们民族的敌人想象一个犹太

---

① 特别指 1685 年废除南特赦令后逃离法国的新教徒。——译注
② 鲍德温(Standley B.,1867—1947),英国保守党政治家,曾两次组阁担任首相(1924—1929 和 1935—1937)。——译注

人的书。此外,我认为该书正当地为施本格勒(Spengler)①的"神秘文化"理念挽回了名誉。在与约纳斯的交谈中,我感到有趣的是,他像我们一样——虽然不太鲜明——也遵循着超越和回归海德格尔的方向。

我的《霍布斯的宗教批判》一书正在继续。我在撰写霍布斯与笛卡尔对比,克吕格的意见极富启迪性,减轻了我的工作(克吕格的文章从解释上看至为精辟,可是我觉得,他并未达到自己的目的:说明从非古代切入即便对于我们也不可避免)。我在多年前就曾对你讲过,极端性令人奇怪地分布在笛卡尔与霍布斯之间。我自认为我现在可以指出:那是怎样的分布。笛卡尔无疑在形式上,即从现代意义上更极端,而霍布斯在实质上则更具原本性。希望不久能与你详谈。

十分感谢伽达默尔的信。我只要得闲便再次给他写信。请代我们两人衷心问候他和他夫人,并问候克吕格一家和洛维特一家。亲切问候你和希尔德。

您的

施特劳斯

亲爱的雅沙:

(米丽亚姆写到这里就给打断了,可是信必须立即发出,她让我告诉你,她由衷地向你们致好并期待着你们的消息。)

信尚未发出,我至少要附上几笔表示问候的话。今天,我也要给希尔德写信,非常想跟她讲话!但愿她父亲和她自己的情况转好。托马斯经常谈到她。我们大家何时、何地重逢呀?

亲爱的雅沙,但愿你不至太消沉,但愿你很快找到能够安静地研究的机会。

---

① 施本格勒(Oswald S. ,1880—1936),德国历史哲学家,其主要著作是《西方的没落》(*Untergang des Abendlandes*,1918—1922)。——译注

多保重。尽快写信告诉我们一切。
衷心问候你。

您的
米丽亚姆

4 （致索勒姆）

2 Elsworthy Road, St. John's Wood
1934.2.14,伦敦

至为尊敬的教授先生：

多谢您的亲切来信。我感到多么遗憾——尽管不是为古特曼的当选，而是为他的当选对我所造成的结果，这一点我就无须对您多说了。我不愿描述我所面临的处境，这会让您感到厌烦。我只想请求您做一件事：假如您认为，我若有机会继续或者恢复我的有关研究，符合犹太教哲学史研究这个目的，那么就请您帮助我在世界的某个地方寻找这种机会。在世界的某个地方，实际上就是英国或者美国（我几乎无须对您说，我并非正统派，无论如何都不考虑选择一个正统的研究机构，因为我不可能做任何妥协）。我在数月前听从莱维的建议致函阿德勒（Cyrus Adler），可他至今仍未回复。然而，不论戈尔丁（在巴黎），还是拉维多维茨（现在伦敦犹太学院），至少暂时都有了归宿，我的意思是，某个地方总会有我工作的机会。

在我看来，下面的情况有利于我在英语地区得到可能的安置：通过我的霍布斯研究，我对英国17世纪神学-政治学的状况有较为深入的理解。与此相联系，我现在想彻底考察犹太教圣经的和后圣经的文献——尤其Mischneh thorah①——对英国（和荷兰）的政治思想所具有的意义。即便出于工作技术上的理由，这项考察也最好是在英国（或美国）做。

倘若您或者贝尔能够将我引荐给那些合适的英国犹太人——他们自然连我的名字也不知道——我当感念不忘。没有这种引荐，哪怕只是谋求最低微和最不稳定的奖学金——可惜我根本没有个人财产——的任何尝试，也会全然无望的。

---

① Mischneh thorah,可译为《律法汇编》，是犹太教后圣经时代的主要文献，即通常称Tamud（《塔木德》）的第一部分。——译注

再次请您确信我的热忱谢意,并向您深切致候。

您的

L. 施特劳斯

4a （索勒姆致施特劳斯）

1934. 6. 19

亲爱的施特劳斯先生：

非常遗憾,您请求退还您的文章,我很想保留着它,但既然您的那份丢失,这自然无可挽回了。我只能希望,您也许会将文章发表。我以挂号印刷品形式将手稿与此信一起寄给您。

由衷祝贺您发现霍布斯遗著。我不愿错过这次机会简洁地告知您这里的情况：虽然在相当程度上可以肯定,古特曼将在冬季学期来此,他接受了聘任,可是,我们有充足理由怀疑,这次到来在他是否确实真正是长久打算。请允许我向您进一步解释这个充足理由,您可以相信我。可以设想,他完全有可能在一年之后辞去聘任——甚至在形式上,他也在这里明确地为自己使用这种可能留有余地——然后返回柏林。我们相信,这只是来自德国的消息的问题。我之想向您指出这一事态是因为贝尔和我都认为,在这种情况下,您的聘任问题重又会成为急迫的现实,我们乐于向您建议：如有可能的话,在这一年里,发表您的一些有关犹太学的著作。如果不充分利用一切机会以便更容易地重提您的问题,那将至为可惜。我希望您不至为我们的建议而不悦。

最深切地向您致意。

诚挚的

格哈德·索勒姆

5 （致克莱因）

1934. 4. 9

2 Elsworthy Road, London NW3

亲爱的朋友！

  我颇费踌躇，今天我应该给你这个我不拖欠信的人写信呢，还是应回复我对之尚欠信债的伽达默尔，现在写信给你，其中一个原因是关于你，关于你现在的心境我一无所知，或者让我说真话，我为你担心。你至少要写片言只语，告诉我你的情况如何，你是否有了工作，希尔德和她父亲情况怎样。

  以我在巴黎和伦敦的印象判断，你没有来巴黎或者伦敦是你的错。难道你搞不到引荐信？你一定会为你的书找到一个译者的，至于以后的事，可无需操心。因为一流的人一定会被接受和得到支持，哪怕人们事后认识到那是些不中用的人。例如厄德斯坦现在应聘到约翰·霍普金斯大学担任助理教授。

  关于我没有太多可告知的。我还要在这里待一个月，然后，我们经剑桥去阿伯丁，在那里执教的有英国唯一的霍布斯研究学者（约翰·莱尔德），他关于霍布斯的书（其中他将你的朋友作为一个 Very competent Writer[资深著作家]引用）刚好出版，不过写得很蹩脚，或者至少可以说，写得不好。今后的一切全取决于我的项目的具体化，这个项目就是编辑出版一本霍布斯著作。一位颇有影响的牛津的学院院士（Oxforder College-Master）关心这事，所以这个项目并非完全没有希望。我曾看到存放在德比郡一座宫殿里的手稿，我在那里只待了两天，但肯定这是有出版价值的东西：其中有 *De corpore*（《论物体》）和 *De homine*（《论人》）的草稿，还有早期从 Eth. Nic.（[译按]指亚里士多德的《尼各马可伦理学》）和卡尔达诺—斯卡利格①著作的摘录,最重要的是一份"在卡文迪什(W. Cavendisch)②家完成的论文集"的手稿(共十篇,其中前五篇讨论虚荣和类似的现象),以及一些即便风格上也显露出霍布斯影响的文稿。手稿封面绘有一个族徽,据图书馆员称,这是"德文郡伯爵三世"(3. Earl of Devonshire,众多卡文迪什伯爵之一)在1626年某些月份所佩戴的徽章。如果此说确凿——这个问题已呈送英国徽章局作鉴定,我希望一周之内可获得答案——霍布斯也许就是作者,这个论文集便是他的处女作。因为上面提到的伯爵在这段可疑的时间里是他的学生,当时九岁。这当然尚属幻想般的事。你可以想象,我多么期待着有关徽章的鉴定。如果这些论文是霍布斯撰写的,我的霍布斯解释即便对于最愚蠢和最怀有恶意的人也是得到了证明的。我将自认为是一个杰出的语文学家。请你祝愿我成功!

我的工作因纵情于语文学而进展缓慢。关于《霍布斯的宗教批判》的写作仍然没有结束。克吕格的笛卡尔论文来得正是时候,大大减轻了我的工作。为揭示霍布斯宗教批判的基础,我必须将它跟笛卡尔作一比较;有关的一切成为对笛卡尔和克吕格隐而不露的批判。我感到惊讶的是,克吕格与我的意向竟如此并行不悖,但我认为,他若从霍布斯出发向前推进,便会走得更远,也更深刻(例如,他在笛卡尔论文页229的第一节关于"糟糕的经验"的论说,和他在笛卡尔身上必然作出的假定,在霍布斯身上也有,正如我用法文写的霍布斯论文结尾所指出的)。近来我对视觉学(Optik[译按]这里取其希腊文原义,而未用通常的"光学"译名,以适应这里的语境)颇感兴趣。我觉得,视觉学在霍布斯以及在笛卡尔那里之所以如此重要,因为从新的观念看视(das Sehen)已经令人难以理解了。"基本感觉是触觉",狄尔泰在论及笛卡尔时说。视觉学的任务无非是比较触觉,即比较接触、摩擦、冲击来解释视。如果自我如何与世界发

---

① 卡尔达诺(G. Cardano,1501—1576),意大利医生、数学家和占星术士。斯卡利格(J. C. Scaliger,1484—1558),意大利医生和哲学家。——译注

② 卡文迪什后来成为德文郡的伯爵。霍布斯1608年在牛津大学毕业后任他的私人教师多年;1630年又重任他的私人教师。——译注

生接触的问题可以成立,触觉便必然是基本感觉。所有这些问题在霍布斯那里论说得更具体、更具有直感性。这在他那里大体表述为:在自己的想象中审视自己本身的个体通过"未预见到的厄运"跟可怕的"现实"发生"接触"。我还没有得闲谈歌德的《色彩学》,其中想必会谈到现代视觉学的这类相关联的基本问题。

请向伽达默尔和他夫人转达我们的问候。感谢伽达默尔告知我海龄(Hering)的《论黑格尔》,大概几个月之后我才会写《霍布斯与黑格尔》。

我妹妹夏天将来我们这里。

托马斯已经很习惯这里的生活。我们(在经过开始的困难以后)相处很好,我在严厉的权威与兄长之间选择了明智的中庸之道。

我们何时得见一面?请尽快给我写信,实在不行就写张明信片吧。

衷心向你致候。

您的朋友
施特劳斯

亲爱的雅沙,你们好吗?这是我想知道的一切。请立即写信来。希尔德在柏林吗?非常惦念你们!托马斯是个可爱的好孩子。你也会为他感到高兴的。

再谈,多保重,让我们尽快听到你的消息。热烈问候你。——你的米丽亚姆。

5a (克莱因致施特劳斯)

1934.4.17,马堡/拉恩河畔

亲爱的朋友:

多谢来信。信的内容自然在各个方面都使我深感兴趣。对你的发现,我表示热烈祝贺,我想你眼下已经收到了徽章局的回答,即便这个回答并非"百分之百"可靠,可从根本上看,这也无关紧要。因为在未来的霍布斯版本中,手稿无论如何都可能为人所接受!你在英国的逗留将会沿着推出这个版本的方向活动,对此我怀着不可动摇的和应受惩罚的乐观主义早就设想过了。总之,祝你成功,同时出于神秘的理由暂时保留我对你的祝贺。

我向克吕格转达了你对他的文章的看法。他当然认为,从霍布斯比从笛卡尔完全可能获取到更多的东西。关于视觉学,你触及了长久以来使我反复思考的事:现代的心理—物理学问题**不论其论题所涉为何**,只有在自然科学的层面上才有意义。这在笛卡尔身上肯定如此,在后来者那里就比较困难了。"视"的问题因此而全然丧失,而这却意味着:哲学之自我理解的问题。

可是我却不可由于这些问题而忘记自己的处境。目前的情况是:

你问我为什么没有尽早移居境外。回答是:a. 我等待奖学金,b. 这期间完成我的著作。

关于 a.:你的问题似乎是以我不可期待有利的决定这个前提为出发点。果真如此吗?在开始时,即在两三个月以前,我曾认为,鉴于我特殊的情况,肯定会比较快地下来。可是我眼下才明白,不论目前的情况如何,我都应在六月初得到回答,这就是说,按照**寻常的日程**。我有理由认为,决定已经作出或者将在近两三周之内作出。所有从布拉格进行干预的尝试全告失败。这的确够糟的了,但毕竟还有几分希望。**我不得不请你借助你在巴黎的关系尽快打听一下目前的情况**。我认为不至因此而对你或者对我造成损害。向基金会询问的理由是:我眼下难以为继的经济状况……此外,我现在事实上必须知道我该做什么,因为:

b. 假如我获得奖学金,我无论如何都得去布拉格,因为**确实有望**在那里取得大学教职资格。我不可能放弃这次机遇。诚然,取得大学教职资格只是一个跳板,但这种功能尤其显得重要。

假如我得不到奖学金,个人唯一的"资本"就是我的著作。它现在有一个堂皇的标题:*Die griechische Logistik und die Entstehung der algebraischen Formelsprache*(《古希腊逻辑学与代数的形式语言的产生》),共七个多印张,以极其紧凑的形式包容了各方面的问题。其中许多东西**不太好**,而许多东西则肯定很好。究竟有关的读者将如何接受它,现在预言似嫌太轻率了。既然为此花费了至为艰辛的劳动,人们不至于不对它表示"尊重"。数学家们在此一点上肯定不会信服,但也许在并非不重要的另一点上表示信服。哲学家们对它几乎无可奈何。首先由于资料的缘故,只有**极少数人**能够读懂它。(如果我自己还能够对它作出评价的话,我只可以说:它是从原则上不同于寻常的另一个视角思考精密科学和哲学历史的第一次尝试。这一点,正如它实际存在的具体弱点一样,很可能不会为人所察觉⋯⋯)

你或许会问:可是你的书早在一年前都脱稿了呀?是又不是。当时整个古希腊罗马部分已写就,它本身就是一个独立的整体。现在又补入了 16 世纪。这才具有了整体意义。我现在可以在它的"结果"之上架构我的著作的其余部分⋯⋯(也许使你感到高兴的是,这本书以霍布斯,即以他的 computatio[计算]概念结束。)

所以,我打算在**四月三十日**经哥廷根和哈勒前往柏林,然后去哥本哈根。我要在哈勒跟施滕泽就文稿付印一事商谈,这原则上没有什么障碍。但总可能产生一些预见不到的困难。在哥本哈根居住着数学家和数学史家**诺伊格保尔**(Neugebauer)。我听说他在那里组建了一个完整的研究机构。哥本哈根有着古老的数学史传统:**海伯格**(Heiberg)、**宙登**(Zeuthen)及他们的弟子们。如果世界上有个可用我的地方,那就是这里。当然在学术"立场"方面还有些实质性的困难。不过,必须去看看。我在这里以我的书自荐,已经读过第一部分的施滕泽必须扮演中介人的角色。

我不愿隐讳我也瞩目英国。请你告诉我,希思(Thomas Heath)的活动(可能在牛津)是否通过学术上的继承者留下了某些踪迹。希思本人还健在,但想必已年过七十,据我估计,他可能对我的论说无从着手。倘若能筹措到足够的钱,我将从哥本哈根西渡英伦。但这在当前却完全不可能。我的哥本哈根之行如能得到资助,就得为之庆幸了。也许能在英国弄到一笔钱？你们在剑桥待多久？

其他没有多少可说的了。我为厄德斯坦的成就感到高兴。我也很想再见到你妹妹。但最想见到的是你、米丽亚姆和托马斯。后面附有希尔德给米丽亚姆的信。她又回到这里，情绪尚好。许多事全取决于未来两个月之内的决定。

在我离开马堡之前，希尔德、布什维茨和我将去基希海因"拜访"你父母。我曾向你继母作过承诺。

多保重！快些回信。首先回答所列问题。最亲地问候米丽亚姆。

您的
克莱因

可惜我的书只有两份修正稿。现在我才明白，我必须给你寄上一份。你如有机会也能为我做点什么。只要有必要，我还会完成第三份，当然这是一件极费力气的工作。

5b　（克莱因致施特劳斯）

1934.4.21，马堡

亲爱的朋友！

下面对我的信做一点颇重要的补充：

我刚刚得到消息说，我被授权可在有关机构使用下面的说法：M. 先生了解此事。可以认为几乎不再可能对有关奖学金的决定施加影响了。尽管如此，这个说法仍可能产生某些效应。

就此住笔！

向你们俩热烈问候！

雅各布·克莱因

6 （致莱因）

1934.4.25，伦敦

亲爱的朋友！

这封信只可能是对你的信和明信片的暂时回答。可是，我必须给你这个暂时的答复，以便使你看问题尽可能清楚一些。

如果你认为，从我这方面询问一次比由你直接询问更适合，你就错看了我跟洛克菲勒基金会办事处的关系的性质了。我只是个无关紧要的小人物。我所能做的是，在进行有关谈话时抓住机会进言或者询问。现在并不排除我在一周之内会有这种机会。巴黎办事处主任西克尔将来这里，我已请求一次面谈。在这次面谈过程中，如有机会我也许能够陈述你的事情。我不可能做更多承诺，如果要我对你讲真话的话。

关于英国的数学史家，尤其关于希思的情况，我只能在下次访问牛津回来之后告诉你，我将向卡西勒处打听，他肯定知道。这次访问定在五月间，也许在五月的第一周。本来我只是等待我要与之交谈的一个牛津教授的回答。

如果我必须就你的Ⅰ、Ⅱ两个问题安抚你，我就能够对Ⅲ、Ⅳ两个问题给你一个较为满意的回答。米丽亚姆已经告诉希尔德，北方之行取消了，这就是说，我独自前往，只逗留尽可能短的时间。作为补偿，我们从六月一日起在伦敦周边地区租一幢小屋，只要情况允许，我们便一直住在那里。我们希望，到那时你到我们这里来，以便1.与我们再次相见；2.从容地切近体察一下你关注的事。关于从哥本哈根到英国的事，你无论如何要打听一下费用。然后我想看看我可为此做些什么。

真诚地祝贺你的书大功告成。我坚信你会成功的。在这一点上你也犹如可爱的上帝：你的磨转动慢，但却磨得特别细。我想，你应带一份来，我们可以一起细细品味这成果。我已经急不可待，尤其因为你要到我这里来。

最近一段时间我正在思考计算问题并试图作一解释。你对此不会感到满意的,因为它颇乏"认识论意味"。我将概念的加减跟物体的加减联系起来,按照霍布斯的说法 τέχνη[技巧]的本质便在于物体——然后又将这一本质与对明白性的需求联系起来。

我读完了古朗热(Coulanges)的《古希腊罗马的城邦》(*La Cité antique*)和梅因(Maine)①的《古希腊罗马律法》(*Ancient Law*)。两书都是杰作,是对柏拉图的《法义》的最佳解释和验证,虽然这并非其本意。

英国徽章局证实了"收藏于卡文迪什家的论文"的以前的日期,进而也同样证实了这些论文属霍布斯之作。

衷心感谢你们准备再次前往基希海因。你可以想象,我为此感到多么高兴。

多保重!衷心向希尔德和你本人致候。

您的

列奥·施特劳斯

代我向布什维茨致候,请向他解释我没给他写信的原因。告诉他,我总是怀着极大好感想到他,我希望我们永不相忘。另外,向伽达默尔一家和克吕格一家问好。克吕格不写信,除了忙还有否其他原因?但愿没有。你能不能抽时间打听一下,我的《霍布斯的宗教批判》一书(约100印刷页)可否在德国安排出版,也许通过神学家?

---

① 古朗热(Fustel de C.),法国历史学家;梅因(Henry M. 1822—1888),英国法学家和法律史学者。这里提到的两书均已有中译本。——译注

6a （克莱因致施特劳斯）

1934.5.4，柏林[明信片]

亲爱的朋友：

你瞧，我又回到柏林。大概还要在这里停留一周，也许会是两周，但绝不可能更久了。居无定所，但无论如何你可以寄信到下列地址：

Mommsenstr. 26, Charlottenbg. 4　Straus 教授转

随后我前往哥本哈根。这也跟我的书的出版有关系。施滕泽急切地建议我去走一遭。

我希望你眼下已经收到几张明信片。请你明明白白地写信告诉我，你如何判断奖学金的前景。

衷心问候米丽亚姆！

您的

雅各布·克莱因

7 （致克莱因）

1934.5.7.

26 Primrose Hill Road，London NW3

注意：新地址！

亲爱的朋友！

关于你在洛克菲勒基金会的机会我持悲观态度，其根据是有传言说，近几个月基金会大大削减了对德国犹太人的资助。人们担心，这个失去根基的学者群会成为他们的负担。我只知道，我要求继续得到某种资助的申请遭到拒绝。当然，我的情况跟你不一样。基金会的立场是，第二年的奖学金并非作为寻常的第二年的奖学金给予我的，而是为了使我能够在另一个国家站稳脚跟。

你瞧，我们在伦敦留了下来。本周我去剑桥一天，下周去德比郡逗留几天，过些日子去牛津，我要在那里打听一下希思的情况。

多谢你的明信片，尤其感谢你访问希海基因。你无法想像，这让我感到多么高兴。

眼下我已收到布什维茨寄来的博士论文。我认为它作为一篇博士论文写得非常出色。我不知道，其中有多少应属于你。他只是告诉我，你帮了他很大的忙。

你如见到布洛赫和艾伦伯格多多代我致意。请向他们解释我没有写信的缘故。

你何时来？

衷心致好。

您的
施特劳斯

米丽亚姆和托马斯向你问好。

7a　（克莱因致施特劳斯）

1934.5.10，柏林

亲爱的朋友！

不久就将揭晓：我是否会获得奖学金。只是由于将在哥本哈根决定我的书的付印问题，我无论如何必须去那里。在此前我再次拜访了给予我全面支持的施滕泽。如果一切顺利，我将在下周末动身。以后情况如何还很难说。可是，我从那里去看望你们的可能性是有的。以前说过，这首先是一个旅费问题。你曾写信说：在这方面你也许能够为我做些什么。此事办得如何？我听说，如乘货轮旅费应很便宜。

让我们再回到出于可理解的理由使我非常关切的奖学金问题。最近,我从不同方面听到消息说,洛克菲勒基金会完全陷于资金短缺。关键问题是我可否按**老办法**解决。事实是并非**我**,而是一个"机构"申请奖学金,这一点似乎对我比较有利。我并不抱幻想,即便出于**神秘**莫解的理由也不抱幻想,但我仍然认为可能获准。也许金额有所减少。糟糕的是,在争取可望得到的支持时,某些人丢下我不管了。

如果事情无望,我就集中力量于哥本哈根。这里的情况过不多久便可见分晓。如果这里也办不成,我一定去英国。那里首先可能成为我的一大障碍的是语言。我对英语明显欠缺天赋。不过可以学习……

我觉得布什维茨的论文有一个根本性的缺点,即他完全没有考虑到狭义上的神学问题。在教授们——包括布尔特曼——的心目中,这不是缺点。我的帮忙除了某些"技术性的"指点,更多属于"道义的"性质。布什维茨总强调,他的所有理性思考都得益于你。

布洛赫对我说,在你和维尔纳·艾伦伯格之间有着某种程度的紧张,这表现在你们互相根本不见面。莫非你不知道他在伦敦?在这里的艾伦伯格一家似乎对你有点儿"气"。当然这完全无关紧要。不过我不理解这类"紧张"。刚才我碰到艾伦伯格夫人。她让我不要告诉你维尔纳在伦敦,假若你不知道此事的话。她说,维尔纳生你的气,因为你从不写信给他。我之告诉你这一切是出于义务。切莫以"非理性的"方式火上加油!(我也不知道艾伦伯格的地址。)

布洛赫一家不是太好过。他们搬家了。手头拮据等等。

希尔德还在马堡。不过,她不可能在那里久住。不论未来如何,至迟到七月,我也将最终离开这里。

衷心向你和米丽亚姆致候。

雅·克莱因

8 (致克莱因)

1934.5.20
26 Primrose Hill Road,
London NW3

亲爱的朋友！

请原谅,我回信迟了。你的信(日期为本月十日)在上周中到达,这就是说,恰恰在我们到德比郡去的时间。

我们在期待你。关于你来的钱,我想我们可以凑足。但这要在六月一日之后,因为我在这个月由于这次和几次短的旅行已经达到零点的边缘。我通常在每月一日收到钱,所以,你肯定可以在六月的第一周内到这边来。据我所知,你作为南森护照①持有者须得到英国公使的签证。我不知道你是否能顺利取得签证。

告诉我,按英国货币算你需要多少钱。我们还可以如此生活半年。以后怎么办,我们也不知道。但是,我自认为可以说,我向你谈到的《论文集》的出版将是可能的。我上周在德比郡的宫殿作了复制(你可以在这里读到它)。几个有影响的人对我表示支持。我们肯定会以某种方式帮你的。你无须为你以后几个月的食宿担心。我们也许为你找到一个跟出版家们有关系的人。此外,科恩(Josef Cohn)在这里的复国运动办事处很有影响,我与他关系颇好,他很尊重你,等等。

艾伦伯格在伦敦,我是从你的信中才知道的,至于"紧张",至少就我而言根本无从谈起。我不理解他何以为我不写信而气愤或者近乎如此,因为他比我要手懒得多。我想这件事推迟到你到达之后再说。

请代我衷心问候布洛赫一家。

主要的事是:你过来!在现场一切都更好办些。我们为终于能

---

① 1922年,根据在国际红十字会工作的挪威外交官南森(Fridtjof Nansen, 1861—1930)的创议,在日内瓦签订国际协议,对流离难民颁发后被称为"南森护照"的身份证。——译注

再见到一个富有理性的人而高兴。你一旦到达这里,便可以留在这里。

多保重!期待着很快相见!

衷心致候。

您的
施特劳斯

8a　(克莱因致施特劳斯)

1934.6.3,柏林夏洛滕堡
Mommsenstr. 26.

亲爱的朋友:

你看,我还没有启程。这完全由于财力上的原因:我无论如何必须在动身之前履行某些义务,这恰恰并非易事。

真诚感谢你的上一封信和它使我看到的可能机会。现在的情况是:

上周我接到洛克菲勒基金会的最后拒绝通知。它在四月底就已经到达布拉格,但当时那里的人们认为我已经直接被告知,无须再通知我。我事后得到的唯一令人感到欣慰的消息是,M. 的确在二月间进行了干预,只是无济于事……

所以,我在本周前往哥本哈根。那里还有得到安置的某些可能,我当然不敢有任何幻想。如果不行,我便去你们那里。我想我在周末便可看到事情的眉目。如果我必须去你们那里,最麻烦的问题无疑是签证问题。我现在就要请你无论如何为此采取某些步骤,即:1.打听一下对我这个案有何要求;2.物色一下合适的担保人(因为这是事情的结果之所在)。从我这方面看,无疑波尔(Bohr)等人在这一点上会给予支持,他们也有相应的关系。

我为你的成就和与此有关的前景深感欣慰。

多保重！向米丽亚姆亲切问候！

您的

雅·克莱因

9 （致克莱因）

26 Primrose Hill Road,

London NW3

［1934.6.7，明信片］

亲爱的朋友！

我打听了你办签证的事。这很难。唯一的可能是，请弗利斯（Aage Friis，［Solsortvej 62］）教授领导的哥本哈根委员会在当地英国公使馆争取获得入境。我接着还要跟另一位先生商谈，但我不相信会得到更好的消息。无论如何，我已经促使这里的一个委员会为了你而致函哥本哈根委员会（该函已经发出），但没有提及你的英国计划。只有结果表明在哥本哈根将一无所成的情况下，才提及此事。但愿会有个结果。我们为你将到我们这里来感到非常高兴，即便出于完全自私的理由也很高兴，你在这里的前景（施坦伯格［Steinberg］要我以他的名义告诉你）很渺茫。但这也是不言而喻的：处处的前景都不好，一切都靠一点儿运气。

立即写信告诉我哥本哈根的情况如何。

我并代表米丽亚姆向你致好。

您的

列·施特劳斯

9a （克莱因致施特劳斯）

1934.6.11,哥本哈根
Hellerup, Onsgaardrvej 25
Panision Olsen

亲爱的朋友！

情况大致如下：

a. 书将很快——分两部分——在《数学史文献与研究》丛书内出版。

b. 我不可能留在这里。

c. 由于持南森护照，去英国大概几乎毫无可能。至少我不相信我在六月二十四日之前会取得入境许可。而且，这种许可只是为短暂的停留而发放的。另一方面，我至迟必须在六月三十日回到德国，因为德国的返回签证有效期到此时为止。

d. 这里为安置我采取了步骤。首先考虑的还是布拉格。但其前提是财力基础，而这种基础是布拉格本身所办不到的。目前已发信到荷兰，在那里游说一个据称服务于此一目的的基金会。答复可能本周内寄来。如果我能够经由这个途径获得一笔奖学金，也许这里还会提供一笔津贴。这样一来，我便可在布拉格待上一年，那里始终有争取大学教职的可能。然后，伦敦仍然在考虑之列。

我首先必须在六月二十四日返回德国。我必须去波恩与数学家托普利茨磋商，他是编委会的第三个委员（除了哈勒的施滕泽和现在这里的瑙伯格[Neugebauer]）。这是个过分仔细的人，他肯定会表示支持，但必须催得紧些，免得他拖延。随后我经马堡去柏林。下一步会怎样，现在尚不可预料。由于我的居留许可没得到延期，无论如何我至迟必须在十一月一日离开德国。看来，我很可能还是去布拉格。

当然，仍要请你看一下在英国是否有某种得到安置的可能（包括入境签证和居留许可问题）。几个月之后，终于会有我的一些出版物问世了。

陷于倒悬境地的手头拮据将在这里得到解决。从这一方面看，此行是一"成功"。虽然如此，我仍要请你再次打听一下，可否在英国为我筹措一笔一次性的为数100到200马克的款项。当然，我为此可以附上推荐信、鉴定等材料。科恩也许能够在这方面帮我的忙。这对我的自由行动至关重要。

这里的人，尤其瑙伯格和数学家哈瑞德·波尔（尼斯·波尔的兄弟）无比友善和乐于助人。在这里造成最大困难的也是南森护照……

我近几天将写信告知你一般情况。德国形势很紧张。能够设想的所有可能性如今变成了现实的可能性。今天的情况实际上不可能持久。并不存在与俄国或者意大利相类似的事。现在既可能出现"复辟"，也可能出现混乱的极端化。针对 a. 重工业，b. 大农场主，c. 农民，d. 天主教会，e. 势力不弱的新教反对派，f. 除了 c 和 d 包括前面一切势力的斯塔海姆（以及部分国防军）的紧张情绪已达到无以复加的程度。洛姆（Röhm）与戈林（Goering）之间围绕着解散冲锋队（S.A.）的争斗已持续数月之久，现在达到了白热化。人们现在已不再怀有特殊的恐惧：在柏林，可以听到陌生人讲些最令人难以置信的事情。当然，绝不可抱幻想，现在并没有有组织的反对力量。至于犹太人问题，在一场"反动"复辟的情况下，立法只是在表面上和缓了。不过，在今天，什么事情都可能发生……

衷心致候！米丽亚姆好吗？

下次请写详细些。你妹妹去了吗？

您的

雅·克莱因

我在这里的街上碰到的第一个人竟是施泰丁！他胖了，其他并无好转……他已中断奖学金达半年，在德国当一个世袭农户的农夫！

10 （致克莱因）

[明信片，邮戳：1934.6.16，伦敦]

亲爱的朋友：

　　请切勿见怪，我现在才得暇，而且也只能短短给你写几句。我给搞得晕头转向。我妹妹下星期回来。现在不得不多做一些工作，以便到那时有些许空闲。你可否从哥本哈根过来度个周末？为如此短时间的逗留获准入境签证肯定是可能的吧（尤其你通过玻尔等人提出你必须到这里与学者们商讨问题）。如果你买从哥本哈根到这里的往返程票，票价不至贵得支付不起。我们到时可以从容不迫地讨论一切。你立即去打听一下并告知消息。

　　谨致安好，米丽亚姆附笔致候。

　　　　　　　　　　　　　　　　　　　您的
　　　　　　　　　　　　　　　　　　　列·施特劳斯

10a （克莱因致施特劳斯）

　　　　　　　　　　　　　　1934.6.19/20，哥本哈根
　　　　　　　　　　　　　　　　Hellerup
　　　　　　　　　　　　　　　Onsgaardsvej 25

亲爱的朋友！

　　离开丹麦之前，我还必须就眼下在德国不可写的一些事写一下，而且，既然现在有这个机会，这些事不应不提。

　　但首先还要谈谈我个人的情况：现在，我自然完全不可能到你们那里去了，尽管我很想见到你们所有的人。目前不可如此破费。此外，我好像已经写信告诉过你，我必须立即去波恩与托普利茨商谈，有关书的付印还须取得他的同意。这虽然只是形式上的事，因为他在这件事上没什么可说，可是此人非常啰唆，必须直接紧催，否则事情又会推延下去，现在可容不得拖延……其他情况眼下都很顺利：印刷随时都可以开始，说不定九月份就可见书。这对我太重要，你自己当可作出判断。

关于奖学金，阿姆斯特丹方面已经首先表示拒绝。不过，这也许会向着对我有利的方向转化。至少正在采取一种全面的行动，以迫使在荷兰的人们为我尽力。即便收效甚微，但所得却不少。有一点是很清楚的：我将尽快去**布拉格**。以后的事必须有个定数。

我必须再次回到我在上封信曾触及的问题上。难道真的不可能在伦敦的某个委员会为我谋得一笔 200 马克的一次性赠款？这对我至关重要。推荐信、支持信、鉴定书之类的东西都不缺。常听人说钱是有的。能用在这方面可谓正是用之所在。

看来，我在二十五日以后还要在这里待几天，急切请你就这一点尽快给我个信儿。

这算是"私事"吧。再谈些"一般的事"。

我想纠正我以前常犯的一个错误。这就是关于民族社会主义……

我以前曾认为，它是一场普遍和必要的运动的一部分，这场运动具有一种源于"自由主义"同时又对它有所扬弃的倾向。在这场运动的框架之内，甚至排犹主义也有一个确定的位置和正确适用于所有参与者的理由。但究其根本，民族社会主义看来只是一个（虽说并非偶然的）附带现象。如果我没记错，一年前在给你的一封信里曾表示过这种想法。我完全错了。

民族社会主义只有一个基础，即排犹主义。其他一切根本不属于民族社会主义，全系对俄国和意大利事务的表面模仿：从希特勒青年团的帽子到德国已经用滥的某些跟现实发生的事全然不相干的词语。当然，由于存在着这类模仿，民族社会主义也就参与了那场普遍的运动。不过它只配为那场运动抹黑。与此相反，至于排犹主义，这是一件影响至为深远的事。它的确是自古以来以上帝为名义者与不信上帝者之间的第一次**决定性的**斗争。这是毋庸置疑的。斗争之所以是决定性的,乃因为它发生在由犹太教所规定的战场上:民族社会主义是"蜕化反常的犹太教"(pervertiertes Judentum),如此而已,它是没有上帝的犹太教,这就是说,是一种真正的 contra-dictio in adjecto[语词矛盾]。

我在这里不可能对此提出详细证明。你就把它当成后继事件的前提吧(整个反基督教会的斗争只应由此出发去理解)。既然如此,由此便会对犹太人自己的态度产生某些影响。

不可否认,德国眼下存在着一个强大的"犹太教"运动。"被同化的"和"羞为人知的"犹太人类型简直难以立足。自然也有那种自觉地成为"德意志人"的犹太人,我认为,如果这种态度是真实的,是很难对之提出指责的(所谓"民族—德意志的"犹太人不属此列,也许部分参加"阵线联盟"[Frontbund]的人属于其中。舍普斯[Schoeps]先生及其"前卫"全然不知羞耻:继续推行他那种无耻的"向上爬"的政治,自认为这是达到目的的途径。这跟"信念"毫不相干)。一个大问题是犹太复国主义(Zionismus)。

我听说,你现在又在积极从事犹太复国主义活动。你在犹太复国主义者的集会上作了一个报告。我不知道,你是在哪层意义上讲话的。我在最近一段时间里与年轻的犹太复国主义者多有接触,也听到许多有关巴勒斯坦的情况。我总是为看到这些年轻人而感到高兴,他们没有任何负担,准备实现自己认为正确的东西。这无疑是当今犹太民族中有着的最优秀的力量。可是,每当与他们谈话时,我不由想到在巴勒斯坦犹太人会变成异教徒(Goyim)这句话。姑且完全撇开种种"可笑的"事实不说,诸如:在特拉维夫可以听到希伯来语的《利哥莱托》,①将全部"文化"谰言转用于巴勒斯坦的发展,要在那边"恰如"在欧洲一样安排一切。很明显,一切都完全有赖定居点上的发展。正是在这里,我认识一些胸怀坦荡不做样子的

---

① 《利哥莱托》(*Rigoletto*),又译《弄臣》,意大利作曲家威尔第创作的三幕歌剧。——译注

人,他们十分清楚,这是一种"尝试",并非一切问题都将由此而得到解决,他们去巴勒斯坦,这虽说是一个事实,但同时意味着一个重大问题,即他们是"犹太人"。但在这一背景之下,这在眼下却是一个令犹太复国主义者在解释自己的立场方面感到满意的惊人的事实。我读了**卡斯坦**(Kastein)的书:《犹太人的历史》。我确实大吃一惊。它是**罗森伯格**(Alfred Rosenberg)①的书(我指的是《廿世纪的神话》)的颠倒。卡斯坦不知道自己写什么,就什么论题而写,以哪里为出发点和为了什么目的而写,全然是毫无意义的激情宣泄。"犹太教"既非道路也不是目的。他对"上帝"一词的滥用令人瞠目。可这本书今天在德国被犹太人如饥似渴地读……

我无法想像,直接以欧洲民族主义为楷模构成的犹太民族主义对犹太民族有什么意义。像以往一样,我必须承认,从这一方面看,犹太复国主义是迄今最强大的犹太人的同化运动。针对这种看法有人提出**异议**——对此我非常认真对待,它颇具普遍性——,认为人们无法知道最终从所有这一切会产生什么,一场运动的依据、导火线和载体不一定与——对载体本身隐而不露的——目的有什么关系。不过,我可看不明白这样一种"理性狡计"。我也理解,从无限数量的荒唐无稽之中,可能会产生一颗善的微粒——民族社会主义或许会是一个例证——所以,我无法反对犹太复国主义,尤其不能动摇青年人的自信。但是,如果"成年的"人们让这些青年人迷恋自己,对这种做法我就完全不理解了。

不错,这真正的异议听起来是针对我的:你大讲犹太教,你还言说"上帝",你配吗?我的回答:是的,我配。我们大家全都处在这种"无信仰的"地位,这无论如何都不可以使我们略过这个问题而不予理会,更不必说还是以今天犹太复国主义者采取的那种方式略过而不予理会。犹太人去巴勒斯坦是好事。年轻人改变自己的生活是好事。"自由派"说胡话是确定无疑的事,他们以站不住脚的理由反

---

① 罗森伯格(1893—1946),纳粹作家,《廿世纪的神话》是他的重要著作,1946 年被纽伦堡国际年事法庭以煽动"种族仇恨"罪处决。——译注

对犹太复国主义,这也是明摆着的。但是,**那些能够思考的人恰恰必须思考**,不可在某些事变的影响下屈从于极其不明确的倾向。犹太复国主义反对某一类型的犹太人一定有其道理,但这并不是说可以盲目地追随其后。

这大体上就是我早就想告诉你而从德国恰恰又不可写信告诉你的事。如果你没读过卡斯坦的书,请读一下,并写信告诉我你对此书的意见。

还要说明,现在有一个至为实在的问题,即应如何着手帮助个别的因某些变故而受到威胁的犹太人。但是,将一个在这种情况下刻意(ad hoc)虚构的解决办法在某种程度上作为最终目的来宣传,对此我简直无从理解。我相信,犹太民族远比某种殖民和"文化"问题更重大。

另请写信告诉我你和米丽亚姆的个人情况。霍布斯研究有何进展?你发现的手稿怎么样了?另外,关于霍布斯的著作出版有眉目吗?

请转告你妹妹,我由衷感谢她去年写给我的信,虽然事隔已久。我想她会理解我当时无法回她的信。真诚问候她!

我大概将在这里一直待到二十八日。你还可以从容地写回信。

祝一切都好!

您的

J. 克莱因

11 （致克莱因）

1934. 6. 23

26 Primrose Hill Road, London NW3

亲爱的朋友！

原谅我没立即回信。我妹妹来访以及她来之前和走之后的一切杂事，使我忙得抽不出身来。

好了，说正事。首先关于钱的问题，你不仅对我而且对科恩在委员会的影响都估计过高了。我现在受犹太难民委员会（Refugee Commitee）委托，在伦敦城外三刻钟车程的一个农场举办一个讲习班，甚至在他们需要我胜过我需要他们的情况下，也很难哪怕只是在某种程度上从他们那里挤出一笔像样的报酬。此外，在科恩那里，很难为非犹太复国主义者得到一点儿东西。米丽亚姆想，假如你们来这里，希尔德的出现至关重要。但这方面没有一种保持距离的活动（actio in distans）。我认为可行的唯一一条路是，波尔或者有着相近的巨大声望的人向"职业（离职学者）委员会"（Woburn House, London WC1），或者向"学者援助委员会"（Burlington House, Piccadily, London）递交一份要求提供一笔为数几百马克的一次性救济的申请，须仔细解释目的和说明你的资格。我个人表示抱歉无法给你钱。第一，我必须将所能省下来的钱留到十月一日，到那时即便在最有利的情况下也只能度过一段等待时间。第二，如有可能，我必须至少部分地偿还债务——厄德斯坦尚未得到一分钱。我所能寄给你的实在太少，以致我不敢寄，因为这对你达到你的目的毫无用处。不过，如果任何数额的钱（哪怕很少）对你有帮助，你就告诉我。

现在谈谈你的一般见解，那种悲观主义的基调使我大感意外，如果不说使我大吃一惊的话。从事变里学习，这是好的——但却不可认为，让它告诉自己正确的东西。我觉得你就是如此。现在没有任何由头"爬向十字架"，我的意思是说：议论"上帝"。即便我们重又被赶进 Ghetto［犹太人居住区］，被强迫进犹太教会堂和遵守全部律法,我们也必须以哲学家的身份去这么做,这就是说,带有一个虽然并未言明但恰恰因此而更坚定的保留条件。我对以叛徒群体(Kehillah)取代国家的问题在去年曾仔细思考过并认识到,这对于我们这样的人原则上没有改变任何东西,虽然在形式上几乎改变了一切。启示和哲学面对智术之学(Sophitik),即面对整个现代哲学是一致的,对此,我像你一样并不否认。但这并没有改变哲学与启示之间的基本差别:哲学跟信仰、祈祷和宣教也许能够协调一致,但绝不会合而为一。

民族社会主义是蜕化反常的犹太教,这我尚可承认,但只是从我为说明整个现代世界而对之表示承认的同一个意义上,——民族社会主义只是"世俗化"的终极之言,这就是说,只是信仰的终极之言,这就是对自动形成的和谐的信仰,或者对激情和情感之正当性的信仰,抑或对人民独立自主的信仰的终极之言。

你专门就德国犹太人所写的看法与我完全一致,我并非今天才讲这种看法。我一直是"犹太复国主义者",这并非没有原因。犹太复国主义不论在事与人方面多么欠缺,在动机上是最正当的犹太人运动,这里只指政治的复国主义,而不是"文化"复国主义。在这方面只有一个选择:政治的复国主义或者正统派。卡斯坦是犹太复国主义的路德维希(Ludwig)、①是布伯在一切方面都属灾难性的活动的产物,仅此而已,这劲头不会持久的,所以,我并不为当前的成就感到振奋(你的批评使我产生一个想法,我也许会将对卡斯坦的书的评论作为我关于犹太国家和犹太历史讲座的基础)。

我从事犹太复国主义活动的目的,只不过是使人们注意到,只存在要么政治的犹太复国主义要么正统派的选择——我认为,在这个事实中包含着你本意所指的一切。我们之间在这一点上的差别肯定又是 Mixed Pickle[混合滥水]与覆盆子调味汁之间的差别,并非本质上的差别。对这一点,我任何时候都不会误解。

---

① 路德维希(Emil L. , 1881—1948),德国作家,1932 年入瑞士籍,1940 年移居美国。著有许多名人传记,另有剧本和小说。——译注

我妹妹现正在这里。她讲了东方令人难以置信的趣事。那里还是真正的中世纪,医生仍被视为魔法师之类的人。她学了许多许多东西,给我的印象至深。她在那里担任一家女修院院长,再也不会上当受骗了。

我们都好,这就是说只要我们不想"未来"。每当我想到为了"每天的面包"而必须作出妥协时,便惊恐万分。

为什么你只字未提基希海因?这对于我可是非常重要呀!

关于霍布斯——我现在对他的哲学的产生有了一个本质上更具体的想像。在这里,"英勇美德"(实际上等于 magnanimity [高尚行为])占有重要地位。在这个方面,笛卡尔毋宁说是一个终点,而非开端。开端是霍布斯,在他的哲学中展开了贵族美德与市民美德之间的论辩。两种美德有共同的东西——这种共同性得以在霍布斯著作中发生不停的交换——两者在文明史上的意义是:它们要教育野蛮的、夸夸其谈的、狂妄的、残暴的人,当然是循着完全不同的方向:贵族美德关注的是基于优势地位的坦率态度,市民美德关注的是基于平等,即基于劣势地位和恐惧的诚实。霍布斯越来越使我感兴趣。从他出发可以理解许多东西,大大胜过以其他人,甚至以最伟大的人物为基点所可能理解的。他写第一本书时已经五十有二。迄今为止的描述没有提出任何关于他实际上是怎么回事的观点。

出版事宜我还未得到消息。我的建议眼下已送达剑桥大学出版社。一旦建议被善意采纳,我将在年底写一篇较长的导论,将《论文集》推出。

希尔德现在哪里?她好吗?米丽亚姆尚未收到过她的信。

请你从哥本哈根再给我写封信。

多保重。我同时代表米丽亚姆和我妹妹向你衷心致候。

您的

列奥·施特劳斯

11a （克莱因致施特劳斯）

1934.6.27，哥本哈根

亲爱的朋友！

很抱歉我无法完全静下心来给你写回信，因为我明天动身，有各种各样的事必须处理。谋取奖学金的行动波及的范围越来越大。这是一个真正的包围策略，荷兰基金会无论如何不太容易说"不"。可它是否会说"是"，却是个大问题。可以肯定我将去布拉格。这仍旧是唯一现实的机会。

钱仍无着落。到山穷水尽之时，我将给你写信。必须"坚持到底"，正如一个古典的词所说……

现在谈你的来信：这在实践上会导致整体中的那种区别，因为我觉得，这里存在着一个根本性的区别。首先，我无法以"政治的犹太复国主义"抚慰自己。怎么会和为什么要有这个主义？我们多年以来就议论过的"尊严"思想，事实上并不是充分的依据。欧洲意义上的民族主义是无稽之谈。问题依然是不可置而不论的犹太民族之独特性，当然，这不是指关于个别犹太人特别聪慧之类的愚蠢看法。但这种独特性没有犹太人的历史、没有"上帝"是不可理解的。对这里所指的悲观论云云，我不懂。我很快会为回答你而写一篇较长的文章，你将从中看到，根本说不上"爬向十字架"。同样也不爬进"旮旯"里生闷气。

我写最后几句话时，已坐在驶向吕贝克的船上，我将从那直接去波恩。

你将收到由舍普斯先生从哥本哈根寄出的《狂飙》杂志著名的"人祭"（Ritualmord）专号和一期《前卫》。

向你妹妹和米丽亚姆亲切致好。

您的

J. 克莱因

务请写得清楚些!!!

但愿你已将致雅典**许恩**（Hans v. Schön）的信投邮。上面请写上地址:Berlin-charlottenburg 4, Mommsenstr. 26 (Straus)。

11b （克莱因致施特劳斯）

1934.7.6,柏林

亲爱的米丽亚姆：

  祝你生日快乐！祝你们大家安好！

你们的
雅沙·克莱因

12 （致克莱因）

26 Primrose Hill Road, London NW3
［邮戳:1934.7.21］

亲爱的朋友！

  请原谅我这懒于动笔的毛病。我为来访者、研究和忧虑困扰，真的几乎无暇写信。

  我只想告诉你，我已经按义务要求发出了致许内伯克（Schönebeck）的信(航空邮寄)。

  舍普斯的文章已收到。这是怎样一堆狗屎哟！

  你的事有眉目吗？请尽快让我得知确信。

  我的事一直没决定下来。

  但愿能够安静、从容不迫地写作的时间终将到来。

  多保重！由衷地向你致候。

>您的
>L. 施特劳斯

12a （克莱因致施特劳斯）

>1934.9.9, Praha XVI
>Plzeňska tr. 32, Pension Praga

亲爱的朋友！

现在，又是该向你谈谈我的情况的时候了。我到达布拉格刚好一个星期。你可能从克劳斯那里已经听说过何以如此。我的哥本哈根之行及诺伊格鲍尔与托普利茨的支持（我以我的著作"征服"了后者）使我从荷兰得到了一笔为时半年的奖学金。每月金额很少，约100马克（=60荷兰盾=1000捷克克朗），但对于布拉格生活已足够了。我不得不选择在布拉格生活，与我要在布拉格获取高校教职资格的初衷有关。从现在情况看，这几乎是不可能的了。虽说还有些许机会，但却完全靠不住。在此地的"哲学家们"中充满对我的敌意，这敌意来自乌提茨（Utitz）——一个十分讨厌的家伙。不过，（德语大学）数学系仍然聘请我作一系列（古希腊罗马时代的）数学史报告，这将在十一、十二月间进行。

除此之外，在三月一日以后（在此之前奖学金为我提供了保障）还存在着多种机会。我将利用三月一日前的这段时间，首先完成第二篇研究专著（讨论伽利略、蒂迈欧①、《论天象》和阿基米德），然后作为单本出版，为此我已得到承诺（第一篇研究专著将分两部分在《文献与研究》[Quellen und Studien]发表：第一部分将在两、三周内刊出，第二部分大概在十二月）。此外，还有可能在一家法国企业工

---

① 蒂迈欧（Timaios），生活于公元前400年前后的毕达哥拉斯派的哲学家，因柏拉图的著作《蒂迈欧》而知名。——译注

作,克劳斯大概也向你谈及此事。总之,未来并不完全无望。尽管有这些短暂的"成功",情况仍差强人意,因为这对希尔德毫无帮助。她目前又去柏林找工作。这里虽说有些希望,但自然也很难。长期下去精神压力就太大了。

我们的情况大致如此,你和米丽亚姆怎样?你们的前景如何?我听小布洛赫(Bloch)说,你眼下又跟艾伦伯格走到了一起,我为此感到高兴。此外,我曾长时间地与莱维讨论你去耶路撒冷的前景。他不久可能去看望你(从柏林前往,在返回耶路撒冷途中)。古特曼只在那里待一年,索勒姆和莱维很支持你,可惜这还不足以拍板。你一定会从莱维本人那里听到那里的较为详细的情况。

我为西蒙针对舍普斯的文章而感到高兴,不过,也没有什么可高兴的——难道无法得到约纳斯的书?此书如何?

关于布拉格,可以说我熬过了所谓"哲学会议"这场"猴戏"。我将就此写一篇报导(自然是"私下的"报导)并给你寄去。整个事件自然与哲学毫无关系,但对我却很有教益。这里的"民主派"的天真令人震惊。我听了布伦施维克(Brunschvicg)的发言,此公整整一个小时之久以经典的遣词造句讲的全是上个世纪流行的空洞套话。此外,发言的还有令人讨厌的喜剧角色巴什(Victor Basch),了不起的人物、法西斯分子包德雷洛(Bodrero),其余的意大利人很糟糕。在德国人中,极大程度上居优势的仍然是哈特曼!关于这方面的情况下次详谈!

向你们俩亲切致候!

你们的

雅沙·克莱因

尽快给我写信!你妹妹好吗?

关于政治方面下次再写。德国的情况确实难以维持。我认为极有可能出现某种形式的"复辟"。不过,也可能变得不堪收拾。

13 （致索勒姆）

26 Primrose Hill Road, London NW3
1934. 8. 2

尊敬的教授先生：

对您将我的古特曼著作书评寄回表示我最热忱的感谢。现在，我又抄写了一份，冒昧地再次给您寄去。

您就我在耶路撒冷的远期前景所告知的一切，自然使我深为关切。为了遵照您的忠告尽快发表一篇犹太学论文，我已致函《东方世界》主编尼伯格，他曾接受我关于迈蒙尼德的先知论及其来源的论文，准备用于他的杂志的1933年卷，现在我请求他将我的这篇文章付印。他迄今还未给我回音。据我从正逗留此地的克劳斯博士那里获悉，尼伯格非常拖拉——他尚在准备出1931年卷或1932年卷——；尼伯格曾让人转告克劳斯，我的论文在1933年卷刊出。既然情况表明，发表一事可能还将拖延很久，我考虑，不知可否将古特曼著作的书评，或者关于迈蒙尼德的论文，抑或两者一起译成希伯来文，在巴勒斯坦的一家杂志刊出。您认为如何？您是否知道什么人乐于承担翻译工作？（我会放弃稿费以酬谢译者，这是不言而喻的。）

现在，我要设法无论如何都得尽快结束我的霍布斯研究，以便头脑完全空出来继续我的中世纪研究。当然，这在很大程度上取决于，到十月一日，即我的洛克菲勒奖学金生资格终止日期，能否得到某种奖学金之类的资助。前途并不太佳，因为我有点儿缺陷，即未取得高校教职资格。您认为有某种机会能够在巴勒斯坦挣到维持最低生存（两个成人和一个孩子）的费用，以等待空缺职位吗？这自然也有一个优点，即我可以在这段时间温习和加深我的希伯来语语言知识。

请代我向贝尔一家致候。谨致
崇高敬意

最诚挚您的
L. 施特劳斯

14 （致克吕格）

1934. 8. 18

26 Primrose Hill Road, London NW3

亲爱的克吕格先生！

  首先我要对您的信和寄来的您论康德的文章表示衷心感谢。我附带请求您在未来也要让我读到您的论著。解释这个请求的理由只有一个：在同时代没有哪个著作家——当然克莱因不可列入此类——的论著像您的论著那样如此让我反复思考。

  您的文章加深了我的印象——鉴于我对康德的无知。当然只可能是印象——这就是，您的诠释比您作为引子讨论的其他三种诠释无可比拟地更接近历史事实。由于您清楚地将诠释与批判区分开来，所以，可争论和需要争论的只涉及您的康德批判及其方向。我在此"只有"两点疑惑。第一，我不理解您极力追求的将信仰与认知拉平的做法。我很理解，您想在一种"怀着希望的认识"中消除信仰与认知的差别，以便为信仰取得地盘。可是我相信，您将必须以这一或那一方式重又考虑到原有的区别。至于将"怀着希望的认识"变成基本的认识的尝试（页170，第二段），我认为事实是，您的神学从奥古斯丁继续走到了托马斯，这是一个重要的对立关口（Gegeninstanz）。康德步柏拉图的后尘，因为他赖以出发的是关于人的生活和正确的生活所可能*知道*的东西，而且由此出发才可能反思应信仰的东西。所以，阻止康德走上您所认为的正确的道路的，无论如何都不是现代的观念中的偏见。

  第二，我不知道，人们是否可以像您遵循康德所做的那样，以理论认识与实践认识的差异为出发点。不论这种差异多么重要，但我觉得，毕竟是第二位的。实践的认识是基于一种约束（Verbindlichkeit）对一种约束的认识（我有意不说：基于道德律法对道德律法的认识；因为"律法"$\delta\iota\chi\tilde{\omega}\varsigma\ \lambda\acute{\epsilon}\gamma\epsilon\tau\alpha\iota$[双关地说]）。但是，比约束更有原初性的是有约束力的东西，且"仅仅对于人"具有约束品格的东西。认识这种自身并不具有一种真正意义上的律法品格的东西，正是柏拉图哲学努力之所在,康德通过承认"神圣意志"力图考虑这个彻底问题(虽然一开始便为神学传统所限定)。律法问题是在将尺度运用于人的问题的背景下才出现的。一种必要的认识与一种"纯然"真实的认识之间的区别只对于人有意义。现在您会说,只有以实践的(必要的)认识的形式,对尺度的认识才可能成为作为 res humana[人事]的哲学的基础。可是,我认为,这种原本启动着哲学的、将它带上正确轨道的实践认识并不是哲学的原初主题。为律法所唤起的哲学并不去探究律法,而是探究人类生活的正确秩序,并因此而随即探究秩序的原则。但这个问题却不可能成为自然的—神学的问题,如果人们不愿卷入将认知奠立于信仰之上的难题的话,自然的—神学的问题的提出和回答必须以柏拉图的批判哲学的方式完成。

我这么写,仿佛我们昨天刚刚交谈过似的,我没有考虑到这些提示只有我才可以理解。因此我尝试换一种说法,重述第二点异议。康德囿于现代观念的成见,不单单表现在他从承认和界定现代科学起步,甚至和恰恰表现在他的人类学—目的论—伦理学的教义,甚至和恰恰是对这种教义最全面、最纯粹的表达。"非信仰的方法论上的优势之所以得以维持,原因是康德将批判的道德准则看成一条必须迫使人正确运用理性的律令(Imperativ)"(页186,第二段),这句话具有深远的意义。以对颠转(verkehrten)的或无差别(indifferent)的理性运用的分析,以对颠转的或者无差别的生活的分析为出发点,这就是说,以人类学作为原初论题,这便是将现代伦理学本身与古典伦理学区别开来的东西(我在细细思考:尽管如此,康德在这一方面仍然比其他现代人更接近柏拉图)。这个出发点便是颠转的自然状态(霍布斯)或者无差别的自然状态(卢梭)的出发点,便是后来才受到限制的原初性自由的出发点。这出发点与对17世纪伦理学所特有的亢奋情绪(Affekt)的浓厚兴趣是一致的。最终,它与在16世纪突然产生的对历史的哲学兴趣是一致的,这后一种兴趣之所以在两代人的时间里便消失不见,只是因为17世纪的"理性主义"哲学要求解决伦理学的应用问题,这个问题之"未得解决状态",通过古代哲学造成了前面提到的早期历史哲学。现代伦理学从一开始便被设想为可应用的伦理学,我认为,它虽然具有康德伦理学所表现出的那种无与伦比的极端化,但从可应用的意义上看,它仍然是现代所特有的。

倘若我在将来连贯地加以阐释,这个观点或许会更加清楚。我正在写一本霍布斯伦理学的发展史,为此我会翻查许多资料。我想将它在霍布斯未发表过的文稿出版以前推出。但愿我找得到一个称职的译者。我曾写信告诉您,我从伦理学的角度确信,我所发现的是霍布斯的处女作。冠以"论文"(Essay)标题的手稿无论如何都极其令人感兴趣。此外,我还找到《论物体》和《论人》的一份草稿和部分更早的文本。我的《霍布斯》一书的脱稿之时自然因此而被推到了 ad calendas graecas(希腊历的初一[译按]无限期)了。

望多保重,请尽快来信!假期里总更空闲些呀。

请代我夫人和我向您夫人和伽达默尔一家衷心致候,同时,向您亲切致好。

您的
列奥·施特劳斯

14a （克吕格致施特劳斯）

1934.8.5,马堡

亲爱的施特劳斯先生!

我这么久未告音信,您必定感到奇怪。但是,尽管我长时间保持沉默,却并没有不同于以往的其他原因(要是我用黑格尔的范畴说,这就是:即便这个量也并不意味着"交点"[Knotenpunkt]和质的变化,因为我的"尺度"很大)。但愿您很顺遂。霍布斯遗稿的情况如何?您的宗教批判论文的进展如何?

今年夏季学期我曾在法兰克福替代克洛纳,现在尚不知道这项工作是否将继续下去。这种作为暂时代理的生活加之持久性往返旅行,有很多麻烦。最有价值的是结识了几个人,尤其是结识语言学家奥托。

现在我们正准备前往西特岛(在威斯特兰附近的提纳姆,住林德纳太太家),为时约三周。我们在那里与伽达默尔碰头,伽氏有同样的差事,像我在基尔一样。

我没有做成多少事——很可惜。我想在冬季学期开讲时间论题。——我们将从西特岛去柏林和奥德河畔法兰克福看望我父母,九月中旬返回。

我们感到高兴;克莱因毕竟得到了**一件事**。我相信,他通过自己的工作会开创一个全新的前景。他由于在错误的地方等待失去这么多时间,真令人叹惋。

与这封信同时给您寄去一篇论康德的文章。

我们全家向你们全家亲切致候。

您的
G. 克吕格

15 （致克莱因）

26 Primrose Hill Road, London NW3
1934.10.10

亲爱的朋友！

之所以没给你写信，是因为我须全力以赴在我们所处的十分困难的情况之下研究。让我向你简略描述一下这种情况：我正在就霍布斯未发表过的著作的出版事宜与剑桥大学出版社谈判；下星期一我将得到最后决定；假若决定对我有利，洛克菲勒基金会将向我提供——大概延续六个月——一笔奖学金。我的奖学金眼下已到期；"节约"已达最低点。近来几周里一直反反复复：时而一切都充满希望，时而全都又成问题。尽管如此，工作在有条不紊地向前推进。

我对你有个重大请求：切勿向任何人谈及我的工作，也不要讲我研究的题目。世上的猪猡要比你这个毫无猜忌之心的人所惯于设想的多得多。Hans L.[译按]似指莱维——你似乎将一切都告诉了他——在伦敦造访的并非我，而是他与之交谊甚笃的拉维多维茨；这位先生在你向他解释了你的朋友的情况、前景、计划等等以后，显然并不认为有必要告诉你，他是站在另一边的。事情并不像你想的那样毫无危险。拉维多维茨夫妇出于他们的策略，告知董事会所有成员说，我在全力以赴研究霍布斯，已完全放下中世纪研究，因此已经完全不再适合做候选人。所以，你将来要格外小心呵。

在犹豫一年之久以后，现在终于将我写的关于古特曼的书的评论寄给了古特曼本人。结果出人意料：他很高兴，并感到受到尊敬，他愿意为发表的事尽力。对这件事也要保密，尤其对班伯格先生之类。

至迟两周之内我就完成关于霍布斯的第一本书（《霍布斯政治科学的产生与发展》）。接着我将结束已经完成三分之二的关于霍布斯的宗教批判的著作。随后，除了希望促成出版以外，着手撰写在三四年以前开始的政治科学的阐释和批判，这自然将完全推倒重来。

在此居留的结果是,我真正体认到了霍布斯的"精神气候"。我现在即便有关细节也能够及时了解。我相信,这对我原本关注的事大概[不至]有害。我从此也能够证明,霍布斯的人类学和伦理学对于笛卡尔也是背景,并由此而成为整个现代发展的基础。"虚荣—敬畏"(Eitelkeit-Furcht)是 ego cogito["我思"]之具体的、伦理的表述。霍布斯的"唯物主义"比笛卡尔的"唯灵论"(Spiritualismus)无可比拟地更激进。前者的唯物主义无非说明,人的本质并非"实体性的"(substanziell),而只是自由。反过来也可以说,他的机械论物理学是一切真正的自由哲学的关联体(Korrelat)。"决定论"(Determinismus)并非其反证,而是证明。正是霍布斯而非笛卡尔将一切自我意识哲学的基本前提作为论题,证明这一点的是黑格尔,他在其现象学中将产生于生死斗争的主奴关系称作自我意识的"第一次"经验,而这种斗争本身又产生于希望得到他人承认的要求。这一切都是纯粹的霍布斯思想。另外还有:奴隶的自我意识而并非主人的自我意识是更适当的自我意识。两者所共有的是"内在的"、并非以一种从一开始便说明的尺度衡量的审视。黑格尔立足于霍布斯的土地,并通过将霍布斯的方法推向极端来反对霍布斯,黑格尔所谓的资产者恰恰就是霍布斯的理想。这一点从一开始便会让你看明白的。

    这整个运动从一开始便是"历史性的"。我目前考察了哲学转向历史的开始过程,这个过程在 16 世纪。博丹(Bodin)①和培根是最重要的人物。我认为,考察结果对摧毁形形色色的历史主义并非毫无意义。

    你读过施米特最新的小册子吗?他现在反对霍布斯的决断论(Dezisionismus),基于我的书评提出的论证支持"秩序思想"(Ordnungsdenken),自然他并未援引我的书评。我也许会将这个情况告知科尔洛特(Koellteutter)。

    你和希尔德可好?你在上封信答应告诉我多方面的信息,其中

---

① 博丹(Jean B., 1529/30—1596),法国国家法学学者。——译注

有关于布拉格会议的情况。你的书出版有进展吗？

托马斯在慢慢长大，他英俊、粗野而又极其狡黠——很惹人喜爱。米丽亚姆整天价都跟他周旋。她在勇敢地过着这艰难的时间。许多"问题"早已得到解决。以你的智慧，你一定会对自己这么讲过的。请尽快回复。

您的
L. 施特劳斯

15a （克莱因致施特劳斯）

1934. 10. 13, 柏林

亲爱的朋友！

匆忙中回复你的信，主要是要做出几点更正。

1. 我想，事实往往会表明，你的怀疑丝毫不比我的"毫无猜忌"更有道理。就目前情况而言，莱氏当然不会不让我明白他跟拉氏的友好关系。在他看来，具有决定性意义的恰恰是，所有的人必然无一例外地对他说，拉维多维茨先生出于纯专业的理由不适合这个岗位。尤其对古特曼以及索勒姆和对于莱氏有重大影响的西蒙（我觉得），这完全是不言而喻的。莱氏出于纯专业的理由极其重视你，这跟他与拉氏的友谊毫不搭界。你对你优先研究17世纪而非中世纪所抱的疑虑由来已久。你认为你在某种程度上生活没保障，而拉氏却相反，这种考虑在这个问题上没有决定性意义。最后，拉氏确实有某种姻亲背景。然而，最可笑的是（恕我直言）看到自己处处都为心怀歹意的人所包围。莱氏是绝对忠诚的，这自然并不直接针对班伯格。他也并非傻瓜。他跟所有人一样，并不绝对完美无缺，也不是在任何方面都讨人喜欢。他没有造访你，对此我不理解，但这无论如何与他对你或对拉氏的态度毫无关系，他绝对想与你结识。

我觉得,发表一篇文章能够直接证明你获得这个有争议的岗位的资格,至关重要。你那篇关于柏拉图和阿拉伯人的文章怎样了?在去年就该刊出的呀。

我再说一遍:你并非无足轻重的人物,不必特别在意拉氏的竞争,过多的外交活动和疑虑重重的审慎——尽管在研究霍布斯这个题目——会坏事的!请容许我这么说,这是出于真诚的友谊。

2. 稍能证明这一点的,例如你这次与古特曼交往的经验。这也使我感到惊奇,因为你的书评太尖锐,他本来可能很容易感到自己已受辱。是你缓和了行文笔锋,还是他没看懂?

3. 但愿你此时已收到有关出版事宜的好消息。祝贺你的第一部关于霍布斯的书脱稿!对你就你逗留伦敦期间的成果所作的描绘,我自认为已有相当程度的理解。有关黑格尔的说法,我还没完全明白:你所强调的段落,对于他只是"实体性的""精神"长河中的"瞬间"。从广义上看,黑格尔并未如此远离笛卡尔或者霍布斯的前提,在这一点上,我们始终是一致的呀。他恰恰是从这些前提出发反对他们,这很清楚……

4. 关于 C. S. ([译按]施米特),无须再谈。只是我恳切地劝你切莫就此与科尔洛特通信。在这件事上只有一句话:绝对沉默。

另外,你是否知道,布洛尼茨(Brodnitz)主编的《全国政治科学杂志》(*Zeitschrift für die gesamte Staatswissenschaft*)卷94(第 1 期),1933(Mohr 出版社)刊出科尔乃(Kolnai)的一篇文章(《政治之内容》)?该文不断地——以赞许的口吻——引用你在《文献》上发表的文章。

5. 关于我们,没有多少令人高兴的事报导。H.([译按]希尔德)正努力在新领域站稳脚跟。她也许会慢慢取得成功。我十一月初返回,将写完第二部研究文稿,预计将作为单书在施普林格出版社出版。第一部研究文稿(第一部分)一定会在近期(至迟十一月初)发表,第二部分在《文献与研究》的下一期刊出。

代 H. 和我向米丽亚姆亲切问候。关于会议,十一月中旬将接着详细报导。

请尽快让我们听到你们的消息。

致好

您的

J. 克莱因

你是否知道《论物体》第六章最后一节是韦达（Vieta）①的 *In Artem analyticem Isagoge* 第一章的改写？

你如何理解霍布斯与韦达之间的争论？

16 （致克莱因）

1934. 10. 13，伦敦

亲爱的朋友！

多谢你及时回信。

关于霍布斯与韦达、霍布斯与沃利斯的关系，我可以说无可奉告。我只知道对他与沃利斯（John Wallis）②的争论有两个有用的阐述——至少 prima facie［乍看起来］——这就是：1. 罗伯斯顿（G. C. Robertson）：《霍布斯》，London 1886；2. 莱尔德：《霍布斯》，London 1934。莱尔德提出一个正确观点，认为霍布斯之"不理解"沃利斯，其原因在于他比他年轻的敌手更为深重地处在传统的桎梏中（此外，莱尔德的书就我所能作出评价的部分而言写得很糟糕）。我研究数学—物理学问题，只是在我能够对政治作出分析和批判的时候。因为我注意到，如果我始终做我本行的事，通向《论物体》等书的门径便不至为我关闭。例如，我自认为可以用"虚荣"说来表述霍布斯的视觉理论之论题与结构之间的关联；假若我从视觉学的

---

① 韦达（1540—1603），法国数学家。——译注
② 沃利斯（John W.，1616—1703），英国数学家。——译注

(optisch)文章出发,肯定就做不到这一点。

我看过施米特书评,写得乏味可怜。

我妹妹还是老样子——时好时坏。她的博士论文现在终于出版。

几天前,施坦伯格来我这里。我认为,他经济上甚至健康状况都不好。我发现他现在更讨人喜欢——变得谦逊多了——大概是因为我已经结婚,而他却害怕女性。此外,你的情人——φιλοῦσα[爱你的]而非φιλουμένη[被你爱的]——维希勒(Vechler)小姐也在这里,另外还有拉斯克(Lasker)、科尔施(Korsch)等人,在下周,几年前我们曾参加过的柏林俄国讲座将开始。施坦伯格向我叙述了你的政治信念,听起来颇为乐观。我担心,你又将成为你天生的乐观主义的牺牲品。最近四年半的经验教我对最可怕的可能事件要有所准备。否则,我就只会想,要是我能信仰天命和奇迹就好了,可是,即便你去年改宗有神论——或者自然神论?——的做法,也不可能推动我去那样想。

霍布斯论文集(自然是英文——是对培根论文的模仿——几乎看不出蒙田的影响),在我看来是出自霍布斯之手。但我眼下对这个判断无从入手,因为我并非这方面的专家,这就是说,尚须专家的鉴定,我还缺乏——但愿只是暂时——为此所需要的一笔钱。一旦我得到这种鉴定,就将着手出版事宜。出版问题较为简单的或许是1.霍布斯所写和霍布斯所收到的书信(包括自传、传记和其他文献)和2.未发表过的文章(包括《论物体》和《论人》的草稿)。就这几卷的出版进行的谈判大概在新年过后举行。现在,我也许会在德国的某个地方将我写的关于中世纪犹太哲学的两篇论文付印,但还没有完全定下来。我曾写信告诉你,我已在几个星期以前完成了我关于霍布斯的第一本书(《霍布斯政治科学的产生与发展》)。我在寻找一个出版商,但迄今尚无结果。找一家英国出版商并不难,条件是书已译成英文;但这里的翻译却贵得吓人。因此,我要么在德语地区,要么在法国(在这里科舍夫尼可夫可能会翻译此书)找一家出版商。书稿约有150打字页,所以,也可以安排在两期哲学或者社会学抑或国家法学杂志上刊出。其中有些东西十分有趣,比如,论证亚里士多德的《修辞学》在霍布斯伦理学中所占有的重要地位,考察历史(史学家及其方法论说教)对现代政治学的重大意义(这与对应用[说明现代被称之为"现实性"的东西的一个得体的词]的兴趣先于对原则的兴趣的优势地位相关联,换言之,与对顺从日益增长的不理解相关联)。其余的东西或多或少均属无稽之谈——"从社会学角度看"——这原本只是为了使人不至在背后说我没看出这类劳什子。

对你具体的做法我首先只能说:tu ne méprises rien[不要出任何差错]。这里确实有多于莱布尼茨的东西。甚至希尔德布兰特①也含有真理颗粒———一句至理名言!一个像你这样的柏拉图研究者不会看不到,绝对没什么东西不含有这类颗粒。可是,——你也认为——这类颗粒与垃圾或诸如此类的东西的比例,决定着一本书的价值。关于耶格尔,我永远只可能将他称为——从完全内在的判断力看——一个有学养的智术师。伽达默尔只要不是部分随其天性的偏爱,部分受到弗里德伦德(Friedländer)的影响,为影射(Anspielung)和暗示(Andeufung)而偏爱影射和暗示的话,倒是德国柏拉图研究的人中最好的。此外,你认为伽达默尔的柏拉图研究著作怎样?我只是读过部分写得颇为详尽且精彩的书评。他在某个地方发表了论文吗?何时何处?请写信告诉我,我对此非常感兴趣。

关于"柏拉图问题",我们还得经常相互通信。我现在几乎无暇动笔:托马斯还在生病(不重),我们的情况还不明朗,所以,我的生活相当无序,加之自来英国以后,再也没有研究柏拉图。我完全同意你富于睿智的答复:单靠亚里士多德并不完全中用,单靠柏拉图也不完全中用,更无须考虑某种"整合"(Synthese)——关于柏拉图有一个内心的保留(Mental-Reservation),②所依据的是你也曾援用

---

① 希尔德布兰特(Hildebrand),原是个医生,后成为著名柏拉图研究者,译有柏拉图对话多篇,颇受称誉。——译注

② 内心的保留,拉丁文为 reservatio mentalis,是法律术语,又称秘密的保留,指说话人偏离陈述的清晰行文或者寻常理解,对它的内涵所作的内在限制或者改变。

过的对柏拉图问题(以及回答)的分层化——我相信,探求正确的生活和正确的政制的问题以及对这个问题的回答,并不取决于回答探求理念的存在(Sein der Ideen)的问题,更精确地说:并不取决于对这个问题的柏拉图式回答(我自然承认,柏拉图对正确政制的问题的回答与亚里士多德关于理念之存在的学说不相容)——然而,还有另一类回答,甚至有对回答的放弃。无论如何我都相信,柏拉图对智术的把握的根本之处在于,从教义上对宇宙秩序的否认是一切智术式政治学的基础,然而,正确的政治并不是建立在宇宙秩序的前提之上的(试比较《普罗塔戈拉》中普罗塔戈拉叙事的结构与《蒂迈欧》的结构)。

多保重!衷心致候。

您的

施特劳斯

17 (致克莱因)

[明信片,邮戳:1934.10.15,伦敦]

亲爱的雅基(Jackie)!

剑桥出版社同意出版霍布斯的论文,我今天太快乐啦……

此外,我对霍布斯政治科学之形成的研究,实际上已告终结。我想这还不算太坏。

您的忠诚的
L St.

向你和希尔德最亲切地致意!

米丽亚姆

17a （克莱因致施特劳斯）

1934.11.28，布拉格[明信片]

亲爱的朋友！

只想尽快告诉你，我在十一月二十二日才回到布拉格城，居留许可、签证等等的事拖了这么久。

刚一到达这里并准备开始上课的时候，爆发了这场——相当荒唐的——大学争执。事情无碍大局，但毕竟所有的课都停了。所以，我也要等到一月份才能开始工作。

现在，我的书——由于一系列最晦气的技术事件至少拖延了两个月——终于出版。我一收到特印本就给你寄去一册。你的情况怎样？你的书有结果吗？霍布斯手稿出版一事有眉目吗？最亲切地问候米丽亚姆。

您的

雅各布·克莱因

你妹妹可好？

再者，我在柏林碰见麦耶先生，他向我谈到，一个为奖学金分发起决定作用的英国教授（可惜忘记了名字）数月前，即麦氏正在伦敦的时候，向他打听过你的情况。麦氏自然对你大唱赞歌。

17b （克莱因致施特劳斯）

1934.12.1，布拉格

亲爱的朋友！

终于与此信同时给你寄去我的书。

最重要的是§7C："智术师"的一种解释。为此，我的意思是，为了原则上的正确,我将自己打碎分成小块:κατακεκεϱματίσϑαι[支离破碎]!

如果你在英国促使几位其评价值得重视的人关注此书,那自然再好不过了。只是这类的人……

我不久将对你详谈。不过,在此以前想听到你和米丽亚姆的信息。

衷心致候

您的

雅各布·克莱因

你究竟读过库恩在《康德研究》上发表的对 Karl Schm.'schen([译按]似指施米特)书的评论没有?很大程度上与你的书评一致,且引用了你的书评。

18 (致克莱因)

[邮戳:1934. 12. 6]

最亲爱的雅沙(Jascha)(你一定会因有这样的朋友而脸红)!

匆忙中对你寄来的你的书以及所写优美的、十分优美的题词①表示由衷感谢。迄今我只可能稍稍翻翻。——正如我所期待的,它极其细心和全面(我不知道,细心和全面是否要求一种μεδοῦ[平庸]),同时又惊人地具有德意志味儿,这使我大感意外!我一直觉

---

① [献给 L. 施特劳斯的题词:]在许多事情上我们的看法一致,也有许多事情使我们的意见相左。然而在几乎一切方面,我们心灵的对话借助柏拉图将我们从黑暗引向光明;我们的友谊永不会,哪怕在最困难的情况下也不会弃我们于不顾。望多珍重。[译按]原文为拉丁文。

得极具"欧洲味儿"的你的一本书却具有德意志味！（瞧，这就是两年国外生活带来的变化。）我只要安静下来，就尝试读它——以我低下的领悟力是否能够读懂，我很怀疑。

无论如何我都与你一起分享快乐,分享这极大的快乐,你终于达到了目的。你是否将它寄给了你父亲?

我们这里的一切都还悬着,甚至出版的事也成为问题,因为现在在年代的确定上出现难题,出现的这个 per Saldo[差额]反而使事情更令人感兴趣,但首先却削弱了将这些论文归诸霍布斯的外在证明。不过,我就奖学金事与剑桥的一所学院的谈判并非完全不顺利。

劳驾请你向麦耶打听一下然后告诉我,麦耶对之谈到我的那位英国教授是何人。

还有一个问题:布拉格有否一家杂志或者出版社能为我安排约150打字页的关于《霍布斯政治科学的产生与发展》的论文?

请原谅我太急！由于一直等待信息,而这信息又一再只是暂时的信息,我变得非常神经质。此外,托马斯又在生病,虽说不重。

我一旦稍稍安静下来就对你详叙近况。不过,请你不要等到那时才写信告知我详情。

衷心致候。

您的朋友
L. 施特劳斯

米丽亚姆认为,关于你的书我写得太少,而关于我自己又写得过多。可是,我确实还没来得及读它,而且我为眼前的困境搞得很头痛。此事肯定没有什么"背景"。原来可能循着这个方面——犹如人的天性所使然——活动起来的一切,都被你的题词扼杀在萌发状态里了。我亲爱的妻子口授说:"我理所当然地将在牛津或者剑桥抑或——这自然是不太可能的——在伦敦的任何适当场合提示人们关注你的书。这本书肯定十分出色。"

亲爱的雅沙,我想很快就可以写封像样的信了。一旦我安静下来,也会给希尔德写信。我很想念你们。

多保重,快点儿写信来。

衷心致候。

米丽亚姆

我祝贺你的书出版。

19 （致克莱因）

26 Primrose Hill Road, London NW3
1934. 12. 7

亲爱的朋友!

我今天去过牛津,在那里得知希恩(Th. Heath)的地址:Th. Heath, Esq. (Esquire = 尊贵的,人们不写某某先生,而是某某尊贵的)64 Bedford Gardens, Kensingten, London.

让我们立即转入正题。

我现在至少浏览过了你的书。我眼下还不能研读它,或许在几个月之后。尽管如此,我要冒昧地对你谈谈我的印象。印象非常好,无疑是我们这一代人最好的作品。我在上一封里曾提示过的写作上的缺陷——过分"德意志味儿"——在继续读下去以后,就显得不重要了,这缺陷甚至成为本书重要的优点的标志,即给人印象至深的实事性(Sachlichkeit)(我想起以前对你的评说:你是我们这代人的胡塞尔)。我在此顺便说明,你证明自己是令人惊叹的、优秀的柏拉图专家;我的意思是,即便在这一方面你也丝毫不比伽达默尔逊色。结构完美、得当,而且没有任何"炫耀"成分。我现在已经信服你对逻辑(Logistik)问题的解释。可是,且不说本书作为历史研究之作堪称一流,关键还在于它的"体系上的"意义:你以十分得体的方式挑起了柏拉图与亚里士多德之间的古老争论,你的裁决至少暂时有利于后者。某些人现在就柏拉图和柏拉图的政治学的全部美学—政治学的空泛议论,以及所谓史学—语文学的"敏感"未经任何公开的论战就仅仅由于你这本书的存在遭到了致命打击;这种所谓"敏感"以自称"敬畏"的疏懒和怯懦心态来观察两个古人的对话,因此而恰恰不理解他们的对话。你重又获得讨论柏拉图的学说和将它当作学说认真对待的勇气,因为你显然认可亚里士多德对它的批判。

我现在才真正可以向你表示祝贺了。你等待这么久确实很值得——我不愿违心地和明知而故作不知地说,你只是出于高尚的道德才等待了这么久。从个人讲,首先让我感到高兴的是,不仅未读过你的书的几个规矩人(如厄德斯坦),而且咒骂你的几个猪猡和白痴,现在都不得不闭上臭嘴。即便出于这个原因,你走出蛰居之处也是适时的,而且,你肯定没有迟到。

至于我"个人的"感觉,主要还是自豪感,我是《古希腊的逻辑学与代数的产生》一书作者的朋友。此外,还产生某些冲动,但愿有朝一日我也能完成某种与你的书相比不至太差的东西。我希望你以亚里士多德的精神而非以宗教上极端拘谨的态度来评价这种情感。现在,让我们回到正题。

我得到的确定印象是,面对你的柏拉图解释,以前"政治学上的"解读都站不住脚了。问题必须在你所达到的水平上——你肯定会承认——重新提出。你将柏拉图的哲学解释为本体论(Ontologie)——就这一点而言,亚里士多德有道理。苏格拉底将哲学从天上唤回到地上,这在你看来无非意味着他提出了本体论问题(这首先是你对善的理念的精彩解释)。——是的——你不应淡化这一点!——因为我在这里有几个疑点,你会预料到这些疑点的。我觉得,你对"善"的理解太中立、太"哲学"了。关于正义与不义等等的矛盾,比关于大小、刚柔等等的矛盾更突出。前者是哲学的原初切入点,善的理念是原则,这种理念恰恰必须首先从原初切入点出发来解释。或者,你大概会说,你的书的直接论题——一种科学史的论题——会导致对你的初衷的错误理解吧？

今天就此住笔。我很快将给你写信详谈。

祝好。

您的

L. 施特劳斯

20 （致索勒姆）

26 Primrose Hill Road, London NW3
1934. 12. 14

尊敬的教授先生：

靠西蒙和布伯的友好斡旋，我的《迈蒙尼德的先知论及其来源》一文，以及我对古特曼的书的评论终于可望发表。邵肯（Schocken）出版社的编辑施皮泽（Spitzer）博士写信告诉我，他要藉迈蒙尼德周年纪念之际，向邵肯推荐发表我的两篇论文，现在只待有一个恰当的标题，足以解释这两篇至少在形式上大不相同的文章一起发表的理由。我建议补充上一篇题为《哲学之律法上的依据》的短文，在这篇短文中，我讨论了伊本·卢德（［译按］即阿威洛伊）、迈蒙尼德和格桑尼德著作中对这个题目的阐发，然后给这本小书冠以《哲学与律法——迈蒙尼德研究论稿》这个标题。决定权全操在耶路撒冷的邵肯先生手里。倘若您能在邵肯那里代为美言，我当表示万分感谢。布伯大力推荐的信和舍德尔的鉴定已寄给施皮泽。我将为此事同时写信给古特曼。

谨向您表示热忱感谢并致
我的崇高敬意

诚挚的
L. 施特劳斯

21 （洛维特致施特劳斯）

Rom, Via Gregoriana 36/Ⅱ
1934. 12. 14

亲爱的施特劳斯：

　　遵照您的友善建议我询问了门德尔松-巴托迪（Mendelssohn-Bartholdy），结果是：他急切地建议我本人直接与基特里治取得联系，因为在现在的柏林委员会不会有什么希望了，虽然他自己——顺便提一下——（按照洛克菲勒基金会的愿望）仍然留在委员会。现在我等待着，看一下巴黎的人会给我什么回音。——您过得怎样？将尽可能在英国站稳脚跟，还是想去巴勒斯坦？我真无法理解您会为您的《霍布斯》的出版遇到麻烦。这本来一定会在英国引起关注的呀！我真诚地希望这个问题还有解决办法。我自六月以来便月复一月地等待着一位出版人对我的《尼采》一书迟迟未到的承诺。谨附寄一份报纸短文，不过编辑部几乎在所有比较重要的地方都极其令人可笑地做了删节和修改。我有个请求：您能否准确告知我历史学家康托洛维茨（E. Kantorowicz）（研究腓特烈-霍恩施陶芬①）现在的地址？据说他在剑桥（或牛津？）。我在这里结识翻译了他的《腓特烈》的意大利人，此人想在付印前将译文作些删节，因此需要康氏的同意，但从德国得不到他的地址。此外，您知道以前的柏林古代史学家罗森伯格〔著有《布尔什维主义史》〕到哪里去了吗？

　　我可能会将我的评施米特的文章投给日内瓦的一家国际性的法哲学杂志。

　　可惜没人有兴致和时间写信，而搁浅在"时间性的沙滩"（黑格尔如此指称"忧虑"）上。

　　衷心致候。

您的
K. 洛维特

----

① 腓特烈-霍恩施陶芬（Friedrich-Hohenstaufen），霍恩施陶芬是 1094—1268 年间统治德意志施瓦本地区的王族，后问鼎德意志帝位。腓特烈是这个王族的开创者。——译注

一九三五年

1 （致克莱因）

1935. 1. 8，伦敦

亲爱的朋友！

　　经过漫长的等待，我昨天得知有可能得到剑桥一家学院在十一月提供给我的一笔奖学金（学院只给很少一笔钱，一切都取决于洛克菲勒基金会将这笔钱向上增加为一个整数，他们也这么做了）。于是，我们一直到十月一日都有了保障。由于学院的奖学金定为两年，可以期待洛克菲勒基金会也将可能提供我第二年在剑桥的费用。无论如何，我们在星期五将举家带着全部家当迁往剑桥，我将在那里与学院——克伦威尔学院亲密相处。我很庆幸。

　　可怕的几个星期过去了。托马斯生病卧床五六个星期，我们住处狭小，无法顾及工作，而且下一步的生活又无保障……你从我的信里会有所察觉的。

　　你那里的情况怎样？据我所知，你一直到春天都有了保障。你是否采取了什么行动，以免到那时全然没有着落？施坦伯格——我现在经常看到他——和我都认为，你现在确实可以不失体面地去见你父亲。莫非你现在还有什么疑虑？

　　耶格尔的《教养》(*Paideia*)我一直没读过，因为大英博物院尚未购买此书。我希望在剑桥某个地方能够搜罗到。我认为库恩是个愚蠢猢狲，他嗅出了什么，却又毫不理解。

　　我很少跟艾伦伯格碰面。他非常难以相处，但并没有任何"紧张"。施坦伯格大有改善。他是——我这么说是表示赞赏——犹太教的耶稣会士。他现在正在写一种非常动人而又带教训意味的民间故事（《迈西斯》[*Meises*]）。上个星期天，我在俄国人圈子里（施坦伯格兄弟们、维希勒小姐……）作了一个关于"启蒙运动"的报告，是一次带有浓厚自传品格的表述，但不太成功，因为我精神太不集中，也许在我安静下来时加以整理，然后给你寄去。——一个极

韦伯(1864—1920)

  跟海德格尔相比,韦伯是一个失去父母的机智细心的孤儿……

  ——施特劳斯,1964.6.3 致洛维特

其不愉快的消息是,一位名叫克利班斯基(Klibansky)的人,他出版库萨的尼古拉、爱克哈特大师①等人的作品,此人极度活跃,同时却又头脑空空。

假如你能够为我《霍布斯》一书的出版助一臂之力,我会非常高兴。

我打算到剑桥后仔细研究你的著作。现在,我必须设法就柏拉图与亚里士多德之间在眼下对于我最重要的问题上存在的差别形成自己的判断,我这个问题即"科学的伦理学"问题,这就是区别"粗俗的"伦理学与"科学的"伦理学的问题。我相信,柏拉图关于真和假的道德的区分与此有某种关联。

你在一封信里曾谈到柏拉图的出发点是,δίκαιος[公义的]苏格拉底……我认为,这要从根本上加以限定。我怀疑,按照柏拉图的意见,究竟是否有某个人可以被称为是δίκαιος。不论在他的第七封信②中还是在《斐多》(结语)里,他都称苏格拉底为δικαιότατος τῶν τότε[当时的人中间最公正的],这可是完全不同的概念呵。正如没有一个绝对的σοφός[智慧的人]那样,也没有一个绝对δίκαιος[公义的人]——这正是理念论(Ideen-Lehre)的原初内涵。

我现在读韦伯的东西,读了很多。在某些方面颇为有益。这也是因为,韦伯的著作是人们在这里所熟悉和认可的"最进步的东西"。这里的一切都"有条有理",令人感到惊异。在这里都是以令人惊异的common sense[常识]各按其具体个案情况解决问题,因此不需要哲学。哲学的基础是自然正确(Naturrecht)与伯克(Burke)③思想的

---

① 库萨的尼古拉(Nikolaus de Cusa,1401—1464),德国中世纪晚期哲学家和神学家,著有《博学的无知》(Octa ignorantia);爱克哈特大师(Meister E.,1260—1327),德国神秘主义神学家和哲学家,主要著作是《德语讲道集》(Predigten)。——译注

② 柏拉图给后世留下十三封信,一般认为第七封信较为可靠,它被视为是柏拉图的自传。——译注

③ 伯克(Edmund B.,1729—1797),英国政治家,他的基本思想未形成体系,只是就具体问题作一些阐述。——译注

结合,因此,基尔克(Gierke)①在这里有着令人难以置信的影响。这里所写成的关于自然正确的部分学术著作赖以立足的前提是,存在着一个为罗马的廊下派(而不是为柏拉图或者亚里士多德)所解释的自然正确传统,这个传统基本上未受到触动,一直延续到18世纪末,其内容虽然不再作为"自然正确",但却作为"观念"至今仍然得到承认。霍布斯以前和从霍布斯开始的"自然权利"是某种全然不同的东西,这一点必须与这一传统相对照才能得到揭示,尤其要与基尔克的思想相对照。与此相联系,我如有时间和闲情逸致,将写一篇批判韦伯历史研究的前提和结论的文章,同时向人们说明,没有尼采便不可能有韦伯。

必须就此住笔。我已精疲力竭;只要我稍稍"修复",就会写得更连贯一些。

衷心向你致候。

您的

施特劳斯

米丽亚姆外出了,她让我向你致好。

临时地址:Sidney Sussex College 转,英国剑桥

2 (致克莱因)

[邮戳:1935.1.21,剑桥]

亲爱的朋友!

新地址是:38 Perne Road, Cambridge

我必须租一幢完整的小房舍。可眼下我们又手头拮据得很!买

---

① 基尔克(Otto Friedrich von G.,1841—1921),德国法律哲学家,主要著作是《德国私法》三卷(1895—1917 出版)。——译注

家具！买垃圾桶、锅、桶、扫帚……！而且还有一个巨大的花园！这颇为可笑。请将所附信件寄柏林的麦耶。我忘了他的地址。这封信很急。我这几周过得非常紧张,最后一周糟透了。

尽快写信给向你衷心致候的

列奥·施特劳斯

2a　（克莱因致施特劳斯）

1935.5.6,柏林-夏洛滕堡9号

Fredericiastr. 4a^v

亲爱的朋友！

请原谅我的迟误:太不容易找到安静下来写信的时间了。

我本可以报复一下,把你奉为"新莱辛",或者"我们这一代人的马克斯·韦伯"……可我不想这么做。我尽可能仔细地研读了引言,重读了关于古特曼的一章以及结尾的一章。对我尚未见过的中间一章,我只是匆匆浏览了过去。总结性评价:一本十分出类拔萃的书。我认为,引言是"划时代的"。除此之外,人们如果不感念你在"信仰-知识"(Glaube-Wissen)这个中心问题上所衍射开来的光芒,大概很难就中世纪的哲学再写出些什么了。可是,我担心恰恰犹太人对此不会理解许多(我很想读一下《犹太通报》上的书评。请写信告诉我,发表在哪一期)。

关于"律法"(Gesetz)这个概念,很可能既不会被正统派,也不会被自由派所接受。我虽然认为νόμος［律法］与Thora[摩西五书]的密切关联确证无疑,但其他人对此却并不相信。在这一方面已经对你发动了一场"攻击"。埃尔波根(Elbogen)先生(!!)在"学院"的一次讲话中提到你的书(作为关于迈蒙尼德的文献中的唯一一本书),他声称此书是错误的,因为你是用一个——与犹太教的概念相比——完全不得体的律法概念展开论说的。由于埃氏是1.一个十足的白痴和

2. 一个邪恶的家伙(一个值得注意的混杂物),所以,他这样说完全无足轻重。但是,我认为异议并非在他的粪堆上长出来的,因为我觉得,这异议之所以值得重视在于你应尽可能早地解释,为什么事实上可以和必须从你所指出的意义上运用这个概念来澄清所涉及的种种关联。

现在谈一下引言:对你自己在你的信里就此所作的评论,我从内心感到好笑。请正确理解我的话:如果人们为理解所写下的东西必须三次"绕到后面"去想,"人们"又该怎样去理解它呢!? 可是,我认为这篇引言——虽然你如此评论——本身十分容易理解。它无疑属于你所写过的最精彩的东西。我本人对它简直无可挑剔。除了最后几页,我认为,所写一切都正确无误、不容辩驳,表达具有"经典性",行文优美、流畅。当然,最后出现了问题:迈蒙尼德的启蒙要将我们引向何方? 我完全清楚,在这里不可能立即作出回答,因为我们处于其中的环境是:预先作出回答,可能意味着根本不再愿进行反思。人们尽可以心安理得地说,这是"无能"或者诸如此类的话。就自然科学方面看,也恰恰是——基于充足的理由——同样的情况。但人们毕竟还可以根据你的论说得出结论:究竟为什么不是正统派呢? 我觉得,当你没有将"坦诚"(Redlichkeit)跟"真理之爱"(Wahrheitsliebe)等同的时候,你自己告诉人的可是非常、非常重要的东西。所以,所有的东西都保持未决状态。对这一点我自己毫无异议。但情况表明,有人会为此向你提出反对意见的。

而我感到特别高兴的是,你毫无顾忌地认为,犹太复国主义并不是"足够长远而又严肃的解决办法"。因为我一点儿也不想支持犹太复国主义。我觉得,你关于现代自然科学的论述——这尤其贴近我——十分精辟。看来,我们之间确实有着重大的一致呵。不可因专注引言而忘记我认为写得非常好的其余各章(我还觉得,你在关于古特曼的一章里有几个地方"语气和缓"了下来,对此我自然表示"欢迎")。

此外,我正在读你的《霍布斯》手稿(缺第 14 页。看来在寄给麦耶时就已经缺失),此书自然绝对地必须而且也会付印出版。我一旦读完,就写信详谈。就已读过的部分而言,我以为一切都写得十分清晰、超常和优美。我早已在 *Runde*（[译按]似指一家出版社的名称）询问过，它出于相当可笑的理由不可能接受：因为"英国"不在"出版社计划"之列！我已托人到施普林格询问。很快就会有回音。你考虑过曾出版了赫勒和曼海姆的书的那家荷兰出版社吗？或者你根本不愿考虑？

克吕格和伽达默尔一定会给你写信。你确实太没耐性了。其他也没有什么可解释的。

洛维特刚好在柏林待了三天。意大利对他的身体很有益。我想他已经将菲亚拉（Hugo von Fiala）的文章寄给你了。我觉得此文不佳，虽然它有其道理：我不喜欢那种"基调"。此外，不可以这种方式利用克雷孟梭（Clémenceaus）的著名格言。

请尽快将《霍布斯》最后一章寄我。

我认为最好你在星期三将你的书寄出。他无论如何想得到它。

（你提到你妹妹的事很让我高兴。）

衷心问候米丽亚姆。希尔德最近一定会写信。

您的

雅各布·克莱因

你听到过厄德斯坦的消息吗？我一直未给他写信。你知道他是否知道我的书？

3 （洛维特致施特劳斯）

Via Gregoriana 36/Ⅱ, Rom
1935. 2. 23

亲爱的施特劳斯：

　　终于从克莱因那里得知您的新地址和您最近的命运。十分高兴地从克莱因那里听说，您从剑桥和洛克菲勒基金会又得到了一年的保障，因而能够继续您的霍布斯研究了。可现在请您自己也给人写封信谈谈近况呀！关系和经验世界虽然通过在国外的生活变得更广泛和丰富，但旧的经验和联系的原初世界却因人们长久离开德国和彼此远离而日益狭窄和淡薄，倘若距离不能至少通过书信交往来克服，那可至为可惜。所以，我现在开始简单地叙述一下我在这里的一些情况。罗马是生活的好地方，而我也爱南方，这些您知道——可这里精神的和政治的生活与古罗马传统和现代帝国主义的要求以及伟大的演说太不相称，而意大利人是怎样一些顽固的旧怀疑论者和"漠不关心者"，您可能就不知道了。关于后者，有许多有趣的事可讲，但书信对此就无能为力了！一个人在这里自然不缺相识者，除了流亡者，我们还认识许多意大利人，例如关于金蒂莱（G. Gentile），①我大概给您写过。绝大多数人对政治都有浓厚兴趣，而从真正意义上的哲学方面看，则没有什么，完全没有什么作为！以前的新教神学家和改宗者彼得森在这里，沃尔夫克尔（Wolfskehl）在这里很久了。人们的研究基本上完全靠自己，尤其我的研究是针对非常偏重德国的论题的。我关于尼采的书在六月间已脱稿，经过多次碰壁之后，终于找到了一家德国出版社（Die Runde），我正在读第一批清样。写完一年多的一篇论文，本应在《康德研究》上刊出的（论《黑格尔—马克思—基尔克果》），现在将以法文在科瓦热的《哲学研究》上发表；一篇用笔名写的对施米特的批评，登在日内瓦国际性的《法学理论杂志》上，我一旦收到抽印本便给您寄去。Ecce tutto［这就是全部］！——直到不久前，我还

---

① 金蒂莱（1875—1944），意大利哲学家。——译注

在考虑重新在马堡授课,基特里治和费林不愿延长我的奖学金,因为长期离开马堡"违背我的切身利益",基特里治自己在马堡询问过系主任,得到的回答是,我在休假以后应回马堡。然而,来巴黎告知此一信息的这同一位系主任——据大学学监告诉我说——在内部政治上却反其道而行之,他为了阻挠我返校,1. 拒绝继续支付编外讲师奖学金,2. 在部长那里动议撤销我的教职聘任！这样一来,对我而言"马堡"一章,因此德国以及德国大学一章便令人遗憾地结束了。令人遗憾,因为无论如何,对于我哪怕是勉强地在那边维持,也绝对地比我像现在这样被迫四处寻找国外的机会更有意义,根据我迄今为止的经验可以考虑的机会,百倍令人遗憾的是几乎只有美国(蒂利希在那里愿意为我尽力),没有欧洲国家,尤其没有我最喜欢待下去的意大利。而且对于一个编外的哲学讲师而言,不论走到哪里,前景都是同样暗淡。眼下唯一的出路是:在马堡做出决定以后设法再获得一年洛克菲勒奖学金。但愿基特里治对此表示同情,能够——摆脱开德国委员会——为我尽力,因为我不可能再指望这个委员会了。我也许会为此而前往巴黎。您对此还有什么建议,请向我道来！基特里治也说或者听得懂德语吗？我的英语由于缺乏训练很糟糕,意大利语大概他又不懂。

　　我进行了种种努力,写了99%毫无用处的信件,对于我有某些帮助的只有门德尔松-巴托迪,其地址是我幸运地从您那里得到的。他认识委员会和在巴黎的所有的人,并以友好的方式似乎在努力为我取得一个继续领取奖学金的机会。不过,我们眼下还没有达到倒悬之急,因为我从洛克菲勒奖学金节省下的钱,足以使我在这里继续生活一些时间。

　　意大利日耳曼学研究所经常举行一些有趣的报告,比如近期海德格尔、施米特和海泽(Heyse)将分别来这里！您仍在继续密切注视着德国的事态,还是已经以英国为家,以致感到德国离您已十分遥远？我在这里的情况往往相反,我越来越感觉到在精神上如此强烈地眷恋着的是德国而不是仍然以克罗齐(Croce)①为其最优秀代表的拉丁文化。在这里非常难以找到一个共同的交流基础,哪怕是与一个对德国著作涉猎颇广的意大利人。所有这些话自然并不意味着我对德国怀有"乡愁",甚或向往!绝非如此!因为,即便一个像我这样"被同化了的"犹太人,也不可能看不出德国犹太人问题的重大和严肃性,但我并不同情那些忧愤难解的流亡者,其数量在这里很少。大多数人不理解在德国发生和没有发生的事,因为他们以旧式的道德范畴,而不是以历史哲学的范畴思考。他们不善于从自己所经受的既往中解脱出来,因为他们为德国大学里的人们的那种原恶(Erbübel)所累,对"学问""永恒价值""文化""历史"等等持有错乱的"观念",因而他们从根本上就相当孤立地生活着。但是,罗马和南方十分有助于我保持哲学的平静心态——要是人们内心有更多更多这种心态,要是人们拥有的不是两只箱子,而是第欧根尼(Diogenes)②的一个桶该多好呵。

您和您夫人及孩子还好吗?还有哪些您认识和尊重的德国人在剑桥?剑桥生活舒适吗?我对此毫无想象。您认识布洛克(W. Brock)吗?

请尽快谈谈您的情况,衷心致候。

您的
卡尔·洛维特

又及,假如您用打字机写作,应优先打印信件!!瞧我的字迹!

顺便问一下,去年您看了哪些哲学等方面的东西?有什么东西对于我的兴趣同样可能很重要?

---

① 克罗齐(Benedetto C., 1866—1952),意大利哲学家、历史学家和政治家。——译注

② 第欧根尼(?—约前320),强调禁欲主义的自我满足、放弃舒适生活的希腊犬儒学派的原型人物。——译注

4　（洛维特致施特劳斯）

新地址：Via Bocca di Leone 32/4（presso Lehmann），Rom

1935. 4. 15

亲爱的施特劳斯：

由衷地感谢您的法的哲学！（[译按]这里当指 *Philosophie und Gesetz*《哲学与律法》一书。）到达时刚好是在布什维茨前往巴勒斯坦途中逗留的日子里。我本来是不太适于得此书的读者，因为我对迈蒙尼德和整个中世纪犹太教哲学全然一无所知，也因为我受的教育使我从一开始便是在非犹太教的气氛中成长起来的，我只能迂回而又吃力地理解，而原本又未能理解，人们怎么会如此有理性和合于伦理呢？所有我所熟悉的以及甚至那些"被同化了的"犹太人，从根本上怎么都是借助他们的传统达到这一点的呢？在万宁格（Weininger）身上，我首先注意到伦理与逻各斯的联系对于他具有何等决定性的意义，然后自然便是在我对之研究甚少的柯亨身上。然而，即便在爱因斯坦和弗洛伊德身上，仍旧继续存在着来自这种伦理理性的东西——您也许会愤慨地否认这一点。——在马克思和拉萨尔身上则尤其如此，虽然只表现在他们想理性地——借助现代启蒙——实现正义的那副"正义"激情。尽管这对于我太陌生，我却惊叹您的始终如一的能力和韧性，您正是借此在您思考和写作的一切方面通过娴熟地运用论战性的抉择，以一种缜密而严格的逻辑性将您的基本思想向前推进，一直推进到证明问题不可解决，或只能通过将体系性问题变成历史分析才可能解决的关键之点，这时您（犹如克吕格）便提出假定，可以通过历史的解构（historische Destruktion）使现代的，即启蒙的前提失去作用——对此我不敢相信——除非这种历史的解构只是一种历史的表述方法，而事实上，哲学推理的传统在其宗教的"律法"（= 启示）之下，在您自身之内仍然鲜活；这并非从一种所谓的鲜活传统之模糊的思想史意义上，而是从一种仍旧植根于正统犹太教的存在之特殊和确定的意义上而言的（这大概是在您与克吕格的学术比较中的一个本质性区别）。我本人完全在此比较之外——在这一点上，即便日耳曼的雅利安条款(Arierparagraph)①也不会有所改变——我,用迈蒙尼德＝施特劳斯的话说,只认识"低层"世界,而且由于我不知高层世界为何,连这"低层的东西"也因此失去其内涵。所以毫不奇怪,您何以停留在作为古代发展之终点的柏拉图那里,而尼采却遵循自己的前苏格拉底倾向已经将柏拉图计入基督教之列,计入"最长久的错误的历史"之列。同样,做正统的犹太教徒,还是做开明的政治上的犹太复国主义者——这一两难选择对于我从来不是问题,而您为此提出的解决办法,即彻底批判"现代的"前提,从时代历史上和内容上看,对于我都是遵循着尼采"进步"方向:这就是说,将思考进行到底,一直到现代虚无主义,而我本人既不从这种虚无主义跳进基尔克果悖理的"信仰",也不跳进尼采同样荒诞的复返说,而是……不错,而是——您可不要害怕呵!——将这类"彻底的"颠倒从根本上看成错误的和非哲学的,并离开这种毫无节制和绷得过紧的东西,以便有朝一日也许能够以真正古代晚期的方式(廊下派的—伊壁鸠鲁的—怀疑论的—犬儒的方式)达到现实中可以实践的生活智慧,达到"最切近的事物"而非最遥远的事物,历史地偏离正题,进入未来或回到既往同样属于后者。不过,不论德国人还是犹太人都缺少当今意识,缺少对"正午和永恒"之 nunc stans[现在仍然存在]的意识。

我自然是怀着特殊的兴趣读您的导论一章的,同样也读了所有其余各章。我在有胆量对此就个别问题向您详谈以前,还必须更透彻地阅读。

今天只谈两点:页 78:创世与永恒。这对我很有教益,因为我从中看到尼采反基督教是完全始终如一的,他再次承认,同一个东西之永恒复返,并竭尽所能地断然拒绝(从无)创造有(Sein)的思想。他因此而并非新的"立法者",这自然也很清楚。但我不明白,您为什么——援引尼采的话(页 24,注 1)——拒绝"顺其自然地生活"。您的论证却只针对现代的自然科学,但事实上永恒—同一的(ewig-

---

① 纳粹德国于 1933 年通过的《重建职业公务员体制法》中关于非雅利安人不得担任公职的条款。——译注

gleich)自然本身从没有以人的历史理想为准绳,只是由于有自然和自然而来的存在者(Seiendes),要求"顺其自然地生活"也就始终是一个有意义的主题——除非基督教和德国唯心主义以及存在哲学(顺便提一下,您本来不应参照见风使舵的戈加顿,而应参照海德格尔讨论存在哲学!)所言有道理:它们认为,人只是在世界上,并非也来自这个世界。尼采的名言所批评的并非廊下派要顺应自然地生活着,而只是指出,自然并不是如廊下派或者最终如卢梭所想的那样——即"道德的";按照尼采的说法,自然没有"意图和顾忌",没有"正义",它在道德上是冷漠中立的。对这句名言的结论(它似乎为您而发)我要说:即便尼采本人作为永恒复返说的倡导者恰恰不仅"检验了"他的"精神上的权力意志",而且也让那"至高的存在危急"赋予自己以"灵感",并在扎拉图斯特拉的比喻里不厌其烦地顺其自然地讨论这个世界之存在。他虽然在如此做的地方并未与自然的世界之自然本性合而为一,但的确与之一致,并重又看见希腊人曾看见过的自然——这对于他之所以可能,只是因为他本人到过地中海海滨,并在那里看见了天空、太阳和海洋,即同一种东西永恒复返说的有限世界。

今天就此住笔!您找到了我的书吗?

衷心致候。

您的

K. 洛维特

我在克劳海默那里偶然从《犹太通报》看到一篇对您的书的精彩评论。

您在剑桥造访过布洛克博士吗?

还有一件纯属个人的事:为防万一,即万一我到秋天找不到更好的事,我在谋求伦敦经济学和政治学学院公开招聘的德语教师职务!在危难之中,魔鬼连苍蝇也会吃!

又及:随后给您寄上评述性的尼采文献附录,其中最后一篇评述(Maulnier 作)尤其会使您感兴趣。

5 （致克吕格）

38 Perne Road,剑桥
1935.3.27［明信片］

亲爱的克吕格先生！

由于去年异常忙乱，我一直未能给您写信，我今天写信也只是为了告诉您，您在近几天将收到两本小书，其中一本是给您的，另一本给伽达默尔。我很高兴有机会听到您两位的意见。

这段时间写了点什么吗？我从克莱因那里听到关于伽达默尔论柏拉图之作的赞语，可惜我还未得一读。

为避免可能产生的误解谨说明：我的引言第一页上的"智术"完全指其字面上的意思（根据普罗塔戈拉神话的说法）：基于厄庇墨透斯的物理学（人之被抛弃状态）屈服于雅典人所说的东西之下。

——望多保重！

我们一家向您全家——包括伽达默尔一家——衷心致候。

您的
L.施特劳斯

又及：能为我打听到弗兰克教授的地址吗？为此非常感谢您。

6 （致伽达默尔和克吕格）

38 Perne Road
1935.5.12,剑桥

亲爱的伽达默尔先生！亲爱的克吕格先生！

我的时间太有限，不得不冒昧地写一封致你们两位的信，不再将两封内容大致相同的信分别寄给你们各位。

我有一件十分重要的事不得不麻烦你们。我已结束我的第一部分关于霍布斯的论著，眼下正在寻求一个出版人。要找英国出版人，只有当书在德国印行之后才有可能，因为此间人士不愿直接将手稿翻译出版。姑且不说，我确实怀疑此文稿可否翻译！从我的处境看，一切都取决于尽快出版一部出自我手笔的关于霍布斯的著作。所以，我求你们两位俯允相助，请你们本人或者通过你们的朋友使我能够将我的文稿投给德语区的某个地方。倘若我不是相信它值得出版，是不会向你们提出请求的。由于绝大多数的著作家都如此评说自己的著作，关于我的著作我只有在你们对我的自我评判有几分信任的前提之下才敢于下这个断语。从这层意义上，我敢说，我认为我们谈论的这部著作优于我以前写的东西。

它不同于那部其第一章我很久以前就给你们看过的著作。受对霍布斯遗稿和霍布斯崭露头角时的历史条件的研究启发，我决心首先写出一种关于霍布斯政治科学的发展历史（按照他的语言用法，这门学科本身便包含着伦理学）。我为它拟定的标题是《霍布斯政治科学的起源》(*Hobbes' politische Wissenschaft in ihrer Genesis*)。（我先告诉你们，不长，最多十个印张。）全书分为八章。在简短的序论中，我首先提出我的论断：霍布斯政治学的重要意义普遍被低估；接着指出，这种低估来源于数学和自然科学对于这种政治学所具有的意义被高估，来源于霍布斯伦理学原创性的被低估，狄尔泰关于"从属性"的论证尤其推进了这种低估倾向。在我看来，为衡量霍布斯思想的意义，重要的是理出对他具有决定意义的信念(Gesinnung)，并将之与古代的以及与圣经的信念对立比照。解释这种信念是第二章（"伦理基础"）的任务，我在这一章指出，霍布斯的主导信念之特点是虚荣与对暴死的恐惧这一基本的反题。我随之阐释了这个反题的两个成分之间的内在联系；另一方面始终强调，这个反题是从伦理上而言，霍布斯在对它做伦理上的理解时却后退了，我指出，为什么会后退。这一章的结语认定，这里所讨论的联系至少从论题上看"早于"数学、自然科学的政治学，结语并问，从生平史上看，这联系是否也早一些呢（霍布斯知道欧几里得时已四十岁）；在后一种情况下——如后面指出的，事实上也是这种情况——便会出现更为迫切的问题：霍布斯的政治学是否以及在多大程度上不仅受到数学与自然科学的损害，而且在另一方面也为其所推动？于是，霍布斯政治学的研究动机在其发展的背景下得到了说明。

——第三章："亚里士多德主义"。霍布斯先于数学和自然科学知识的第一个时期有理由被认为是一个"人本主义的"时期（狄尔泰语）。我指出，这段时期的哲学权威对霍布斯而言是亚里士多德，精确地讲是亚里士多德的《政治学》，这就是说，伦理学、政治学以及尤其修辞学；然后，我追踪考察亚里士多德对成熟的霍布斯政治学所产生的影响，通过文本对比确认，霍布斯人类学的中心章节无非是对《修辞学》有关部分的自由改编。（在这一方面，您，伽达默尔先生，感兴趣的也许是，霍布斯出版了两种英文的《修辞学》节录本——后来又以大开本重印——在他的遗稿中有一份拉丁文节录本，他将《修辞学》特别从他对亚里士多德哲学的谴责性判断中剔除，对此还没有人从中提出任何推断。）

——第四章："贵族美德"。霍布斯青年时代的亚里士多德主义与它 16 世纪在意大利卡斯蒂利奥内（Castiglione）、尼夫斯（Niphus）、皮柯洛米尼（Piccolomini）①等人著作中所经受的修改是一致的（在霍布斯遗稿中有一份根据皮柯洛米尼译文所做的《尼各马可伦理学》的节录）。这种修改的特点是，heroic virtus[英雄美德]获得中心地位。跟这种情况本身相联系的是，以英雄的美德取代基督教的圣德（Sanctitas）；对于我的语境具有决定性意义的是，英雄美德与侍臣、贵族的美德的同一。由此出发，霍布斯对"荣誉"（Honour）的分析可被认可为对贵族美德的分析。（可以说，对荣誉的分析有两个来源：1.《修辞学》中对 καλά[财富]的分析；2. 16 和 17 世纪的贵族文学。）接着，我指出，贵族美德随着霍布斯学说的长足发展而逐渐退居次要地位，但在《利维坦》里，却由于笛卡尔的影响而在短暂的时间里奇怪地占据

---

① 卡斯蒂利奥内（Baldassare C. ,1478—1529），意大利作家和外交官，他的 *Illibro del Cortegiano*（《侍臣论》,1528）提出了宫廷礼仪的范例；皮柯洛米尼（1508—1578），意大利哲学家和诗人，著有《妇女礼仪教育对话》。——译注

中心地位(为写这一部分,您,克吕格先生,关于笛卡尔的分析使我受益颇大)。这一章的结尾提请人们注意,霍布斯对自我意识所作的道德上的解释对于黑格尔的现象学的意义(而且,我深为关切的就是,要强调霍布斯与黑格尔之间的联系)。

——第五章:"国家与宗教"。这是对滕尼斯的发展史研究的延续。

——第六章:"历史"。前面所讨论的霍布斯学说的诸成分,或多或少都是传统性的,而历史对于霍布斯所具有的意义,却从根本上是革命性的,他在青年时代公开和明确表露过这一点,而在后来则掩藏了起来。16世纪发生了一次政治科学向历史的根本性转向(博丹、帕特里奇[Patrizzi],最后而又最突出的是培根),我将此与对历史的传统态度作对比,由此来解释这一转折:历史在哲学上成为中心,因为准则被认为是无须继续讨论的事——如培根所说,这已经由古人完美地解决了,全部的兴趣都移到了应用上(对历史的哲学兴趣的起源,在黑格尔的历史哲学中仍然清晰可辨)。人不顺从规定,为此人们必须研究历史,以便培养实现准则的技能;以这种技能取代顺从(因此而有对激情的新兴趣等等)。霍布斯在后来"非历史的"、"反历史的"、"理性主义的"政治学里"扬弃"了这种向历史的转向:这种政治学与传统政治学的明显对立在于它保证其绝对化的可应用性,换言之,它满足了在传统的政治学的前提下所给予历史的需求;因此,只是因此,霍布斯的政治学是"非历史的"。本章的目的是:以其创始人的学说为例,揭示现代政治基本的历史性品格,并作为其前提说明古代宇宙论(以及基督教神学)的衰微。

——第七章:"新伦理学"。我首先指出,在第二章讨论的基本伦理观点,从生平史上看也早于向数学和自然科学的转向。我接着说明,这个基本观点与资产阶级所特有的观点是一致的(我以黑格尔为依据)。随后我提请人们注意,这种伦理学的前提,同样是我在前一章作为哲学历史化的前提所讨论过的宇宙论和神学的衰微。

——第八章:"新政治科学"。这最后(和最长)的一章是回答问题:欧几里得的方法对霍布斯的政治学的意义究竟是什么。我首先指出,霍布斯的信念在一定范围内表现为以《修辞学》的文体来分析激情之类的东西;这就为将霍布斯的人类学与《修辞学》的人类学进行对比提供了机会(在第三章,我只揭示了其依附关系),由此而使第二章的结果——我如此认为——得到最有力的证实。接着我便探究"欧几里得"对于霍布斯政治学的意义,即探究"精确的"政治学的内涵问题。由此进入霍布斯政治学与柏拉图政治学的原则性对比:柏拉图思虑的"精确性"是出于对尺度的绝对纯洁性的关切,相反,霍布斯则是出于对绝对可应用性的关切。最后,关于古代政治学和现代政治学的关系在形式和 $\job\delta\xi\alpha$[共识]上都相联系,我指出,现代所特有的主权问题的可能性条件是:相信理性的无能为力(die Ohnmacht der Vernunft),这就是宇宙论和神学日趋衰微的后果,换言之即:放纵激情(关于这一点,除霍布斯外,卢梭也为我提供了证明)。结语说明了现代自然科学对霍布斯政治学的意义,它将引导我进一步考察霍布斯的宗教批判。

我还要补充说明,文稿并没有我的《斯宾诺莎》所患的那些形式上的缺陷,您,克吕格先生,在当时曾以充足理由对此提出指责,五年以后我才试图在为我的《迈蒙尼德》所写的引论中做一些修补。我尤其请求你们相信,它比我这封信写得更好、更清晰,我不得不表示极大抱憾,这封信是直接在打字机上写的。

现在重返柏林的克莱因有一份前七章的复写稿。他也在为找一个出版人奔忙。假如你们的努力与他的努力能够合起来,也许会取得成功。

对您,伽达默尔先生,我还提出一个特别请求。我听人谈到你关于柏拉图和诗人的文章。我未能搞到手。您可否给我,或者借给我一读,要么将已修改的校样寄给我,我为此而无限感激您。

请宽恕我用这么高的请求麻烦你们,谨代表我全家向你们两位的全家亲切致候。

你们的
列奥·施特劳斯

6a （克吕格致施特劳斯）

1935.6.2，马堡

亲爱的施特劳斯先生！

我不得不再次以请求开始给您的信，请求您原谅我迟迟未做回复，原谅我在通讯中无法根除的那种看似满不在乎的态度！事情特别糟糕的是，我收到了您使我理应深入回答的论迈蒙尼德的文章。很抱歉，我这学期太紧张，到现在也只读了引言部分。您用这篇文章确实极其明白而确定地说出了您以往论著中隐秘的主导思想。我非常欣赏这种表达方式的大胆泼辣风格，尤其关于现代科学理念的命题（页23），人们从您的语言看出，它有着充实的根底，并非狂言。简而言之：我非常满意，您毫无"现代的"学者们的忸怩作态，一语道破根本问题。我几乎同意所有一切。我能挑剔的唯一一点瑕疵是，在以"那么"一词从伊壁鸠鲁主义向启蒙运动过渡时，有些不连贯（页25，倒数第15行）。这一"本质性变化"的原因何在？人们在这里（正如在讨论"坦诚"的地方［页27］）莫非不可以说，启蒙运动之所以对人在自然中的情况有如此"糟糕的经验"，只是因为，由于圣经传统，启蒙运动忘记了像伊壁鸠鲁那样认为"此岸"本身竟没有问题？我为表示赞同刚才补充的"几乎"，指涉的是页20，在这里您接受了下述判断：正统派的前提只是信仰问题。您是不是教条式地以**现代的**认知理念为标准来衡量？

我对这一点特别感兴趣，因为我正在讲授《哲学中的上帝认识问题》，我尝试从"认知"出发，首先重建上帝证明的实质内涵。我觉得，这种内涵不仅可以脱离、甚至必须脱离古希腊罗马的宇宙论，以便卸下"异教的"负担，由此才会凸现出来。时间来源于永恒，这在我看来是关键。这甚至在中世纪对亚里士多德的接受中也是冲突点（世界之"永恒"）。在做出这一努力时，我自然体验到了困难的巨大压力。但我一定要做一次实质性的尝试，尽管历史的工作会导致更多可以做出决断的结果。随着时间的推移，或许会有所收益。

您给伽达默尔和我的那封信使我们急切地期待着您的书，但我不得不遗憾地通报一次失败:在我们考虑之列的出版人**克洛斯特曼**(法兰克福)刚好偶然过访我们,他对此事表示畏缩,尽管我们夸您的著作似乎使他心动。若在一年以前,他或许还乐于接受。现在,伽达默尔致函 Runde,人们眼下可能找到的最有希望的地方。万一这里也不行,弗兰克准备介绍一家出版德文书的荷兰出版社。无论如何,事情会办成的(另外,弗兰克的地址:马堡,Behringweg 7a。您的那份《迈蒙尼德》一定会让他十分高兴)。

关于我的"写作",可告知的不多。我将我关于哈特曼的较新的一本书的评论寄给您。另一篇主要是报道新书的文章"黑格尔研究的使命",可惜由于抽印本太少(仅十本),我无法寄给您。其前半部分已经出版(《神学通报》,N. F. 7,1935 年,第二期)。

学期一结束,我们想去雅得(奥尔顿堡)拜访施皮塔(Spitta)牧师。总的说来我们都很好。儿子已近两岁九个月。来信时要谈一下您个人的情况!

我们全家向您全家亲切致候。

您的
G. 克吕格

7 （致洛维特）

38 Perne Road,剑桥(英国)

1935.6.23

亲爱的洛维特：

刚读完您的《尼采》，借此机会重申我对您的由衷谢意，感谢您让我读到这部有趣而重要的著作。我曾为尼采的老追随者，这本书跟我直接相关。我对您理应感念不忘，您让我明白了虚无主义与永恒复返说之间至为关键性的重大联系。总之，我从不曾读过一部如此明确、如此深刻地提出尼采的问题和尼采本身这个问题的著作。我想说，您的尼采解释是我所读过的唯一一种迫使人——并非就尼采而是就真理——进行具体剖析的解释。所以，如果我在下面不揣冒昧地提出几点意见，我必须预先说明，我确确实实并非尼采专家，我只能说，尼采在我22到30岁这段时间里控制了我，使我如此着迷，以至我对自己从他书中所读懂的一切——这正如我刚刚从您的书中所看到的一样，仅仅是他的学说的一部分——句句相信。在尼采的学说中，某些东西"并不对头"，对此您做了令人信服的阐释，虽然您对埃默利希（Emmerich）的下述论题的批评仍值得怀疑：权力意志与永恒复返说是一致的。我的怀疑针对您的批评的结构，我认为它不适合尼采。我从您击中问题核心的精彩评述谈起。

您的论断完全说出了我心里的话：在现代性的顶点重温古代。由此首先产生了下述二元论（Dualismus）：a.在最初对现代的内在性批判的基础上以现代方式向古代引导，b.古代的学说本身。伴随着这种导向（或者进入某种全然非现代的东西之现代指南）的是坦诚（Redlichkeit）这个批判性的基本概念。从这个语境说明：人只有保持着对尘世（Erde）的忠诚，只有肯定这个世界，他才可能是坦诚的（实例的验证：对基督教道德的批判被视为是出于怨恨[Ressentiment]），肯定世界之极端表达：永恒的复返、生成之无清白（后者与存在之无清白的传统观点相对立）。换言之：在对一个增强力量和勇气的神话的探索过程中发现了永恒的复返。所有这些都属于进入学说的引导，可以说，正是在尼采的意图的意义上提供了学说本身的失误的方面，这个学说之得体的论证是纯宇宙论的。一旦这个学说为人所掌握，就会被从容不迫地传授。尼采拼命地倡导它，只是因为他必须让我们和他自己戒除创世和天意信仰对我们长达几千年之久的娇惯软化。此外，本质上属于这种娇惯习性的，还有反抗宇宙漠然中立的心态，反抗作为现代文明基础的宇宙之无目的性的心态。我认为，尼采学说的本质性困难植根于它的论战性品格，只要将论战性引导与学说本身区分开来，困难便随之立即消失。上文提到的引导与学说的二元论跟另一种二元论毫不相干，即 a. 道德与 b. 形而上学的二元论。因为，不论在引导的框架内还是在固有学说的框架内，后一种二元论都是不可避免的。它绝不受制于"人"与"世界"这一现代反题，正如亚里士多德所充分证明的那样。我赞同您的意见，即永恒复返学说本身并未回答道德问题，将复返说与权力意志相等同（这也许是尼采心中所想象的？）并不是解决办法。不过，永恒复返说，或者更精确地说，坚持此说的意愿是某种真正自然的道德之 conditio sine qua non [必不可少的条件]。您的话言之有理：永恒复返与未来意志不相容。对此我要问：意志必然是未来意志吗？是又不是，在现代世界里是，对古人而言则不是。总之，您可不要忘记，在廊下派以前，根本没有意志问题。简而言之，您对超越尼采学说的尼采的意图还没有充分重视。您没有充分研究它。只是在尼采不正确的地方止步是不够的，必须追问，由于尼采受到现代前提以及反对这些前提的论战的束缚，他是否已经不再恪守他重温古代的意图了。我希望我说明白了自己的意思。如果您读一下我的霍布斯分析，您就会更清楚我的意思。请尽快写信给我，我从内心感到高兴，如果我们再次进行一场论辩的话。

衷心致候。

您的

施特劳斯

又及，我重读了一遍您四月十五日的来信，研究了您对我的文章的意见。您否认，体系问题可以转为历史分析，除非"这种历史解构只是一种历史的表述方法，而事实上"旧的思维方式在分析者身上仍然是鲜活的。我乐于承认此说，但我认为，而且您也必定会承认，这个条件在我们所有人身上已臻于完备，因为我们全都是人呀，我们生活着、呼吸着，跟我们的——可并非"类似动物的"——祖先并无二致，甚至也并没有实现有别于他们的另一些"更高的"功能。我们是在非自然的条件下生活着和思维着的自然的生物，我们必须意识到我们自然的本质，以便通过思维消除非自然的条件。我们不可能成为"前苏格拉底时代的人"，因为基于容易理解的理由，这是不可能的；您本人对此也表示承认，因为您要"以完美的古代晚期的方式（廊下派—伊壁鸠鲁—怀疑论—犬儒派的方式）"进行哲学推理。但是，这些古代晚期的哲学家们——甚至怀疑论者——太教条主义了，您恰恰不可能滞留在他们那里，您必然回到所有这些人的祖师爷苏格拉底那里去，后者并非教条主义者。所谓柏拉图主义只是从柏拉图的问题之前逃遁。——另外需说明：我并不是正统犹太教徒！

7a　（洛维特致施特劳斯）

Via delle Sette Sale 19Ⅱ Rom
1935.6.24

亲爱的施特劳斯：

我昨天获得机会，与 Runde 出版社的要人柯尼希（R. König）博士就您的书谈了谈。虽然他对英国的东西原则上并无好感，但我认为事情还并非完全不可能，我把您的《迈蒙尼德》交给了他作为著述样本。我建议您将整体计划或者您的《霍布斯》一书的目录寄给他，可提一下我的名字。随后，他也许要手稿做评估。请您写一封简短的、打字誊清的解释性信件，以说明您的著作与自由主义的思想史联系，让他明白对德国的"现实意义"。

他现在的地址（八月底以前）：Taormina（Sizilien）Villino delle Rose，presso Lionardo Siligato。

伦敦的语言教师一职可惜未能办成。只有继续 pazienza[耐心等待]！我读了许多布克哈特（Burckhardt）①的书，关于我的日耳曼印象下次再谈。

衷心致候。

您的

卡尔·洛维特

7b （洛维特致施特劳斯）

Via delle Sette Sale 19 II

1935.6.28

亲爱的施特劳斯：

膝尼斯著作的出版人**布斯克**（H. Buske），住莱比锡 C1，Tal str. 2，不久将出版一本膝尼斯纪念文集，他是少数几个尚敢于担风险而又正直的出版家之一。我自己虽然被要求提供稿件，但与**出版社没有关系**。倘若您能通过膝尼斯得到引荐，会具有决定性意义，无论如何您可送上您的书稿，他会通过膝尼斯或者后者的学生于**卡特**（Jurkat，住柏林夏洛特堡 4 号，Niebuhrstr. 71）博士询问情况。从后者我还得知有下列外国人撰文送膝尼斯纪念文集：

索莱（Sorley）教授，剑桥

施坦默茨（Steinmetz）教授，阿姆斯特丹

李曼斯（Leemanns）博士，比利时

---

① 布克哈特（Jacob B.，1818—1897），瑞士文化史和艺术史学者，1858—1893 年为巴塞尔大学教授，尼采在 1869—1879 年间为巴塞尔大学古典语言学教授，两人交往密切。——译注

尼柯佛洛(Nicoforo)教授,罗马

坎内洛波洛斯(Kannellopoulos)教授,雅典

波阿斯(Boas)教授,纽约

索洛金(Sorokin)教授,马萨诸塞州坎布利奇(美国)

您也许可以找这些先生中的一位,由此亲自与滕尼斯或者布斯克出版社取得联系。

衷心致候。

您的
K. 洛维特

我刚刚收到您寄来的思路清晰、明了易懂的信,对此您会收到一封详细的回信,可眼下这里奇热袭人,我的头脑无法思考。我暂且给您寄上在《哲学研究》上刊载的可惜用法文写成的一篇文章。

7c （洛维特致施特劳斯）

Via delle Sette Sale 19 II
1935. 7. 13

亲爱的施特劳斯:

1. 首先谈一下出版人的事:您是否在布斯克那里尝试并给柯尼希博士(Runde 出版社)写了信？一个对霍布斯感兴趣的意大利人认为,何不考虑一下奥地利或者捷克的出版社呢？至于翻译——迻译成意大利文——您可以通过克罗齐在这里找到一个人的。此外,据我所知,Alcan(巴黎)也出版德文书籍。

2. 请将您的《斯宾诺莎》一书作为书评用书寄给罗马的坎迪莫里(Cantimori)教授,住址: Piazza Aracoeli 12 II。他愿在《评论家报》(Giornale Critico,这里最好的哲学杂志)作评介。

3. 对我的《尼采》一书所发表的看法,深表谢意,最重要的是讨论

您的批评意见。不错,更富有创造性的做法是,提出"真实的"存在的问题,并超越内在的尼采分析——如您所说:进而达到"自然的道德"。但遗憾的是,超越尼采,应属于尚未阐述的最后一章,奇怪的是,您没有仔细看这一章的主题:"适度与中庸",虽然我恰恰在这一章从尼采本身出发着手讨论,进行批判——一种实在的批判——的可能性和必要性在那里。可是,由于我还不能让您读到全书,了解从这一章必然会得到什么结论,这尼采诠释自然只能停留在对原则上不一致的证明上了。但您的意见中我无法理解如下说法:您怎么会认为,尼采的论战性引导和学说本身之间的二元论与道德和形而上学或者人类学和宇宙论或者意志……和事实之间的二元论无涉呢?正是在尼采那里,论战性的引导从复返说本身推出了一个生存的"蓝图"("新的启蒙"),它与作为宇宙论观念的原初学说相矛盾,后来这种观念在尼采那里的语言表达,便是狄奥尼索斯的"比喻"。也许现代将道德与世界的这种基本矛盾推到了极端,但它却并没有因此而存在于古代,尤其不至存在于前苏格拉底时代。将权力意志与永恒复返说等同是荒唐的,而且荒唐得很,我不明白我对埃默利希的批评何以不像对贝姆勒(Baeumler)、贝特拉姆(Bertram)、克拉格斯(Klages)等人的批评那么令人信服。您可能回答说:是呀,正是由此而产生了"自然的道德"的假设。可是这是怎样一种道德或者自然性呢?肯定不是走进未来的"意愿"的道德,同样也不是"没有意志和目的"的纯宇宙的自然性。那又是什么呢?您正确地指出,永恒复返说与未来意志不相容;您进一步问道,意志究竟是否必定仅仅是未来意志,这意思就是说,它必定仅仅是现代的意愿、能够存在(sein-Können)和设计蓝图。然而,您下面的意见就没有道理了,您说,尼采或者我们"现代人"中的某个人可以完全摆脱"陷于现代前提的偏执的情况",并——从原则上——"重温"古代的思想,现代人"可能"达到的极端,事实上正是尼采曾尝试过的东西——这表现在他的《扎拉图斯特拉》中关于从意愿或者"已在"(Es war)得到解脱的一章。由于我不要求什么乌托邦的、激进的和极端的东西,另一方面又不满足于"平庸",所以,对我来说积极批评的尺度只是,通过返归——原初同样属于古代的——执

中和适度(Mitte und Mass)理想，从根底上解构所有那种种极端。由此也就产生了一种道德与形而上学、意志与事实，甚至人与世界之理性的和"自然的"一致。由此看来，尼采并没有基于他论战性地偏执于现代虚无主义的心态而悖逆其意图（重温古代），他——粗略言之——不幸为**神学**所拖累，是古典的**超语文学家**；他永远不理解，为什么更加明智和有节度的布克哈特在其书信中对他的回答如此令人奇怪地克制，虽然尼采在癫狂发作时察觉到而且也承认，伟大的"导师"并非他尼采，而是布克哈特，因为布克哈特在衰微时代重新明白一度为——古代的——适度性的东西，并重新拿回来用。

遵循尼采的极端途径，即便成功地掌握了永恒复返学说，在事后也不可能被"从容不迫地传授"，它毕竟是一个被人为强力推行的"蓝图"。哪怕——如您所说——乐于坚持永恒复返说的意愿确实是真正自然道德的 conditio sine qua non[必不可少的条件]，也永远——我相信——达不到一种自然的道德。为了戒除进步信仰与对创世和天意的信仰的旧习，还有更好和更适当的方式。例如，布克哈特反复强调说，人——在道德上和精神上——本来就是"完备的"。在宇宙论方面与此相当的是尼采的完全正确的名句："世界是完美的。"我深以为憾的是，在书中我没有更详细地阐释相关部分（页162），以便让人明白，世界从存在和时间上看何以是"完美的"，因为它原本就如此，不论它将是什么——当然，这一点只有在至高幸福的短暂瞬间才向我们展现出来，对此，在南方比在北方更容易体验到，哪怕"生存"于全然的无保障状态——没有洛克菲勒奖学金，没有其他前途，而且节余日益减少。

请将您的信给我寄回并写清楚**手写部分**，这部分我这次费尽心力也只能识读 10%。

衷心致候。

卡尔·洛维特

8 (致洛维特)

38 Perne Road
1935. 7. 17,剑桥

亲爱的洛维特:

为满足您的愿望,谨将上封信结尾手写的几行誊清如下:

重读了一遍您四月十五日的来信,研究了您对我文章的意见。您否认,体系问题可以转为历史分析,除非这种历史解构只是一种历史的表述方法,而事实上旧的思维方式在分析者身上仍然是鲜活的。我乐于承认此说,但我认为,而且您也必定会承认,这个条件在我们所有的人身上已臻于完备,因为我们全都是人呀,我们生活着、呼吸着,跟我们的——可并非"类似动物的"——祖先并无二致,甚至也并没有实现有别于他们的另一些"更高的"功能。我们是在非自然的条件下生活着和思维着的自然的生物,我们必须意识到我们自然的本质,以便通过思维消除非自然的条件(其现实的消除方法一定得考虑到文明人类在下一场世界大战中自我毁灭,而且比对无产阶级革命的考虑更周到、更透彻)。我们不可能成为"前苏格拉底时代的人",因为基于容易理解的理由,这是不可能的;您本人对此也表示承认,因为你要"以完美的古代晚期的方式(廊下派—伊壁鸠鲁—怀疑论者—犬儒派的方式)"进行哲学推理。但是,这些古代晚期的哲学家们——甚至怀疑论者——太教条主义了,您恰恰不可能滞留在他们那里,您必须回到所有这些人的祖师爷苏格拉底那里去,后者却并非教条主义者。后来者的柏拉图主义只是从苏格拉底—柏拉图问题之前逃遁。——另外须说明:我并不是正统犹太教徒!

我还要感谢您的两张明信片、您的来信和您的法语文章。您非常尽心地为了我的《霍布斯》一书找家出版商忙碌。可是,我下不了决心写这么一些话。我现在已经有整整一大堆回绝信,种种失望弄得我颓唐不堪,不愿再继续受失望之苦,想宁可将我有限的力气用于研究而不愿耗费于烦恼。所以,我将书稿原样地放着,我并未失去什么,世界也没有失去什么,虽然这本书无疑胜过我迄今所写的一切。

您看，我有点儿垂头丧气了。为什么，我自己也不十分清楚。这么说是为了向您解释，我为什么没有得体地回答您关于尼采的信和您讨论黑格尔的文章。

关于您的文章要说的就这么多：您反复指出，黑格尔是不可超越的现代哲学的终结，具有决定性意义，这是您取得的一大功绩。不过，我认为，黑格尔思想的必然性，只有从17世纪现代哲学的奠基出发，才可能彻底搞清楚。因为，黑格尔只是现代哲学的终结，大概也是基督教哲学的终结，但并非哲学传统本身的终结。与这一差别相关的是，我并不像您一样，如此不怀好感地思考19世纪的学院派哲学：从这派哲学可是产生了现象学呵！

您对尼采的认识大大胜过我，所以，我几乎不敢向您提出异议。我只能说：如果考虑一下创世与天意教条对整个后古代的哲学具有何等决定性意义，便理解要从这个教条下得到解放，只有通过永恒复返说"超人的"努力才可能实现。一旦得到这种解放——从对人类的难以置信的娇惯之下得到解放——，永恒复返说便可以平静地得到传授，前提是：它是真实的，这是宇宙论的中心问题。无论如何，只有在永恒复返说作为可能性被认真对待和容忍的前提之下，才可能进行真正的哲学推理。这种真正的哲学首要论题却并不是宇宙论，因而它最初也并不看重所依据的学说。关于埃默利希对这个学说的批评，我要指出，埃氏也许正确地重述了尼采的意见；我承认，这条意见本身站不住脚。关于从笛卡尔所指的"已在"（！）中得到解脱，请参见我的《斯宾诺莎》一书页168以下。您否认，由于陷于反对基督教和现代性的论战的偏执，尼采悖逆了他恢复古代精神的初衷；但您自己也说，这是神学上的负担造成的——只要仔细一些便可看出，这种说法得出的结果是同样的。我为什么没有讨论"执中与适度"呢？因为我知道您这一段话所指的是什么，例如布克哈特。我很乐于相信，布氏是19世纪古代的稳健品格的理想代表，可是，他的哲学推理的论题只有在现代的"非稳健品格"的基础上才可以成立：没有哪个古代哲人是历史学家。这并非基于缺乏第六感，而是因为对适于人所知的东西的意识，以及对何谓"执中与适度"的意识。不，亲爱的洛维特，在布克哈特——这确实办不到。

现在结束我的倾诉。

请读一读斯威夫特(Swift)①的作品,除了莱辛,他是现代最自由的思想家。

永远忠于您的
L. 施特劳斯

8a （洛维特致施特劳斯）

12.31［1935—明信片］

亲爱的施特劳斯:

赶在旧岁结束之前向您衷心致候,希望也能再次听到您的消息。您有何打算,或者您以后的命运会怎样?霍布斯研究有否进展?您会因此在英国站稳脚跟吗?我与哥伦比亚的波哥大(Bogtù)方面谈判了两个月,准备——由于缺少其他前景——去厄瓜多尔,可此事毫无结果,人们最后只聘请被推荐者的一半。不久前,我应邀到伊斯坦布尔作报告,熟悉了当地情况。土耳其人在1936年是否会提供一个职位,我到那时是否有幸得到它——天晓得。

通过洛克菲勒基金会和门德尔松,我一直到六月重新有了保障。关于前者,人们在马堡和柏林一无所知,也不可能知道些什么。外部生活环境很难,令人费尽心力,我对布克哈特的研究因此只能缓慢进行。为去波哥大,我学了几个月西班牙语。不过,我不想埋怨,因为,我在看了伊斯坦布尔的情况以后觉得,罗马毕竟还是我们这类人在欧洲的一个庇护所。

彼得森在Hegner(［译按］出版社名称)出版了一本书,您会有

---

① 斯威夫特(Jonathan S.,1667—1745),英国讽刺作家和政治家。——译注

浓厚兴趣:《作为政治问题的一神论》,这是对每一种政治神学以及对罗马帝国与基督教神学的联系的历史解构。很有教益,写得也很好。此外,我不知有什么重要新闻了。您呢?

为三六年祝福。

您的
卡尔·洛维特

又及:在前往伊斯坦布尔的旅途,我在雅典逗留了一天!站在卫城看了下那个国家。

9（致索勒姆）

38 Perne Road
1935.10.2,剑桥（英国）

尊敬的教授先生：

您寄来的《琐哈尔》①译文给我带来莫大的快乐。我希望过不太久就能够借您的帮助尝试拼读原文的某些段落。眼下我甚至连德译文也几乎没法完全理解。所以，历史学家——因而,nolens volens[无论愿意与否]，也是实证主义者——在其中讲话的引言,对于我是一个真正的祝福。容我作为一个地道的门外汉对此说一句话：我认为，这引言是我所读过的出自您笔下的最美的文章。于是，我对于何谓喀巴拉开始有了一个印象,由此将您对喀巴特的兴趣与罗森茨威格的哲学联系起来。由于这种哲学直接引起我的兴趣,我现在至少间接地感觉到对喀巴拉的兴趣了。

我觉得,似乎仍然有一个并非无关紧要的含混不清之处。您提到在喀巴拉中,神话与神秘主义有联系,我自以为我能够推断出,您这个说法是什么意思。难道不可能简洁地用几句话概括一下"神秘主义"的含义？正如您在页 39 上方就"神话"十分贴切地做过的那样。何谓神秘主义,这曾一度是清楚的,即以 19 世纪和 20 世纪开始时的前提为出发点来考察,可是,这并非您的前提。以您的前提为出发点,我认为,就没有给讲清楚。

特别令我感兴趣的,自然是那些论及中世纪犹太教哲学的段落。斯非洛特(Sfirot)②跟作用象征(Wirkungsattribute)的明显对立几乎是一个证明：喀巴拉比中世纪犹太教哲学,精确地讲比拉姆巴姆(Rambam)更接近圣经。——所谓哲学较之喀巴拉"更高尚",只有从这层意义上讲才是正确的：哲学推理是对表现在神话中的种种

---

① 琐哈尔(Sohar 或 Zohar)：希伯来文,意为"光辉",是喀巴拉的主要著作。——译注

② 斯非洛特,希伯来文 Sephirot 或 Sfirot,意为阶梯。《琐哈尔》的主题是上帝之不可知性跟上帝被展示和表现为十个阶梯的关系。——译注

恐惧的一种态度,但不可以说,哲学对这种种恐惧一无所知。恰恰可以说,喀巴拉比哲学"更高尚",因为它对粗陋而又属基本性的创世问题"几乎没有兴趣"(23),然而拉姆巴姆则比其他任何东西更让我们关注这个问题的中心意义。不过,喀巴拉尽管带有如此浓烈的"神秘主义的"和"神话的"意味,可它并不乏哲学性。而且,最终在哲学领域重现拉姆巴姆与喀巴拉之间的争斗,如果不是某一权威的权力断语断然将之结束的话。对于我们的史学家这意味着:一切都取决于弄清楚目前暂时还处于冥暗中的柏拉图主义的真实历史。

在为我关于 RMbM 一文所写的引言中,我曾以另一种行文表示过的一些思考,请原谅我再次重述。在此文中,我从纯历史角度提出的东西,现在自然显得十分不够了:柯亨比我所臆想的要好得多(当然他的论证始终言不及义,甚至荒唐)。公元 900 年与 1200 年之间所发生的一切,看来完全不是基督教在接受了伊斯兰教哲学的背景下所显现的样子(而这次接受,较之现代所特有的偏见也许更是主流观点的依据)。如果我有时间和精力,我想花十年工夫写一本关于《迷途指津》的书。目前我正在撰写一篇关于《迷途指津》的引论,题目是:Hobbes's political science in its development(《霍布斯政治科学的发展过程》),它将于明年在牛津出版社出版。

在今夏,克劳斯曾在我处做客小住几个星期。他告诉我说,巴内特(Baneth)博士曾就 RMbM 的希伯来哲学术语写了一篇文章,他还说巴内特对法拉比(Farabi)①的《环石》(*Ringsteine*)的真实性表示怀疑。这后一说,我在关于 RMbM 的文章页 103 注 2 也提出过。可惜我不认识巴内特博士先生,可否恳切地请求您代我问一下,他是否会在近期发表关于《环石》的评论文章,并代我请求他,如有可能给我一份抽印本? 您为此会让我对您心怀至深的感念。

[列奥·施特劳斯]

---

① 法拉比(Abu Nast Mchanned al. F., 约 870—950),生于土耳其的伊斯兰哲学家,确信亚里士多德和新柏拉图主义哲学之原初的同一性,认为这种哲学高于宗教。——译注

9a （索勒姆致施特劳斯）

1935.11.4［耶路撒冷］

亲爱的施特劳斯先生：

对您的来信深表谢意。我感到很高兴，您竟在这本小书中发现这么多好东西。这是我所乐于做的一个大胆尝试：将一个如此晦涩的文本揭示给单靠其自身的清醒理智。这种尝试自然在某种程度上弄巧成拙，可我希望，您得暇在完整的喀巴拉思想的背景下更仔细地读它，您将发现，译文还是可以理解的。关于目前我在思考犹太宗教史时所遵循的基本观点，我只可惋惜地说，命运没有给予我们在耶路撒冷进行合作和以完全理性的方式进行论辩的可能性。我们本来有许多相互关联的事要做，因为不论我们各自所选择的出发点多么不同，我们却共同意识到，犹太民族的内在历史必须完全重新改写。在我看来，这也是耶路撒冷大学犹太学系根本的 ratio essendi［存在理由］！

巴内特肯定会将他的文章寄给您，我跟他说过了。关于《环石》，巴内特对我说，完全不是什么大事，他不会就此发表什么特别的东西。他只是说明，《环石》第二部分事实上也是霍尔顿所使用的诸种手稿中的一种中所缺少的，它跟伊本·西那(Ibn Sina)①的 **رسالة في القوى الإنسانية**（《论人的能力》）是同样的，例如，此文曾收入 **تسع رسائل**（《九论》），1908年在开罗出版。巴内特认为，作者事实上更应是伊本·西那，因为文中所表述的内在感知的学说正是伊本·西那的学说，而在阿尔法拉比那里，这种学说并没有以如此方式得到强调和表述。他说这就是他所知道的一切。我们大家，尤其贝尔向您致以最深切的问候，并衷祝研安。

您的

G. 索勒姆

---

① 伊本·西那(980—1037)，阿拉伯中世纪哲学家、政治家、医生、自然科学家和诗人，拉丁文名阿维森纳(Avisenna)。——译注

10 ［致克吕格，一封未发出的信的草稿］

38 Perne Road
1935. 12. 25，剑桥

亲爱的克吕格先生！

自我们上次通信以来，又是半年了。我长时间的沉默大概无须我解释。您会理解，我非常忙，而我的头脑稍有空闲，又必须被用来严密思考，以便舀出自己酿成的苦酒。

已收到您对哈特曼新作的评论，为此向您表示感谢。您对哈特曼的评论完全正确，这是明摆着的：对历史采取一种思辨立场，自第二篇不合时宜以来，应是不可能的了。另一方面，您不至为我不可能对您表示完全赞同而感到奇怪：我比以往更加不相信，历史性本身是一个哲学问题。我现在对 16 世纪历史哲学的滥觞有了一些了解，那时问题还表现为纯然的古代形式，这更坚定了我最初鉴于曼海姆的痴人梦语（《意识形态与乌托邦》）而偶然产生的推测。另一方面，我现在比以往更加认为，您对康德的看法是正确的：在现代哲学家中，康德的确是唯一的柏拉图追随者（此外，斯威夫特是个很奇怪的、据我看对于您非常重要的人——他以令人难以置信的自觉性对抗现代的发展）。

现在，我向您谈点我工作方面的情况，希望并请求您就时间和创世问题尽快向我解释清楚您谜团一般的提示。我暂时搁置关于霍布斯的写作，以便首先弄清楚柏拉图主义在伊斯兰和犹太的中世纪历史。令人至为惊叹的是法拉比，ὁ ἀρχηγὸς τῆς τοιαύτης φιλοσοφίας［其哲学派别的首领］。我也许因怀着最早发现他的欣喜而对他估计过高；但他确实有充分令人惊叹的东西。首先是从他开始所表示的观察古希腊时代的——中世纪和现代的——柏拉图主义的视角。我浏览了后来的新柏拉图主义的注疏，我为解经之精密而大感意外。这是一个我必须长时间在其中潜游的海洋，我希望能够从中取得理解柏拉图本身的一些东西。在我看来，传统的对柏拉图的理解——以及当今学界的理解——的基本缺陷，相当一部分应归咎于基督教传统，因此，伊斯兰教提供了一个从一开始便比较好的出发点。

一九三六年

1（克莱因致施特劳斯）

1936.9.28，柏林　夜

亲爱的朋友！

也许在我那封粗鲁不堪的信之后，从你那边一封其粗鲁毫不逊色的信已经到达。不过，这并不碍事……

我现在写信给你，祝愿你旅途和整个活动平平安安。万万不可泄气！你表明，你是有所作为的！我从不怀疑这次旅行——不论是立马，还是稍后开始——将结出累累硕果！

现在看来希尔德很可能会过来。你肯定无须为米丽亚姆担心。

到那边代我问候厄德斯坦、施佩尔和我眼下已认识的雷得勒的新太太。

何时可得到你的书？

衷心问候！

您的

J. 克莱因

又及：你较久以前寄给我的出自孔多塞（Condorcet）①的一段话是我所熟悉的：基本是抄自蒙图克拉（Montucla）。

---

① 孔多塞（Marquis de C., 1743—1794），法国数学家、政治家和国家理论家。关于蒙图克拉，不详。——译注

一九三七年

1 （致克莱因）

38 Perne Road
1937. 5. 18, 剑桥

亲爱的克莱因！

　　终于可告知你一条喜讯。刚才米勒（Miller）教授来访并告诉我，你得到了这个职位。他为没有碰上你大感惊讶，请我立即通知你。你本可以省去这次旅行的费用和劳累的。不过，首先还是由衷地祝贺你！马上告知我何时可望在这里见到你。我相信你所关心的是，尽可能早些，即至迟下周初到达这里。

　　匆匆！

　　亲切致候。

您的

L. 施特劳斯

2 （致克莱因）

［邮戳：1937. 7. 29］

亲爱的朋友！

　　随信附上支票。匆匆。

您的

L. St.

［信封上的附言：］

请原谅我的迟误——我疲惫不堪。一切都是如此难。

3 （致克莱因）

[邮戳：1937.8.16]

摘自科瓦热给我的一封信："我忘记问你克莱因的地址。我曾想，我会在大英博物馆碰见他，可是他没有出现。"科瓦热的地址：185 Queens Gate, Kensington（电话：Kensington 2512——上午 10 时前和下午 9 时后）。科氏从 10 时到下午 6 时在 Br. M.〔译按：大英博物馆〕。

我会将你的地址寄给他。

热烈致候。

忠于你的
L. St.

又及：我可能在星期四去伦敦看望科瓦热。到那时，我将在 2 时过后不久打电话给你，我在 1 时 45 分到达（Kings Cross），然后去 Br. M.，希望在那里见到科瓦热。

4 （致克莱因）

[发往伦敦的明信片，无日期]

亲爱的朋友！不要怪我没给你写信。我希望收到一个财政方面的通知，可惜仍然没到。

我们的情况是，米丽亚姆身体不好，遗憾的是我眼下一刻也不可能接替她照管托马斯，因为我必须最终交出关于 Abrabanel 的文稿！（将由剑桥出版社印行）我们很高兴你来，最好就在星期六晚，趁此机会可给米丽亚姆带来一粒定心丸，给我们所有的人带来（当然要偿还垫款）德式或俄式面包、一种符合犹太教规的香肠（硬得像橡皮棍子）和一根俄式黄瓜。今天该写的大致都写了。此外，我想预告，我将给你作一个关于我终于弄懂了的柏拉图 *Νόμοι*（《法义》）

之秘密的简短报告。

多保重。

我代表我亲爱的夫人和亲爱的托马斯以及布鲁斯特尼尔蒂(Brustknilch)[安娜的新姓氏]向你热烈致候。

您的

L. St.

5 （致克莱因）

[邮戳:剑桥,1937.8.24—明信片]

亲爱的朋友！

请在下星期天来，那时你也会见到克劳斯和贝廷娜。我同时也将此意告知科瓦热。

衷心向你——也代表米丽亚姆——致候。

您的

L. St.

6 （致克莱因）

[邮戳:剑桥,1937.9.7—明信片]

亲爱的朋友，你可否在星期四(9.9)二时正到达大英博物院大门口？我也请莱维到那里去，这样我们就可以将我们的谈话进行到底了。

祝好！

您的

L. St.

7 （致克莱因）

[缺日期]

［信封上的附言:］

请你多多包涵——我把地址丢了——匆忙中发自内心写了信内的话。你是否知道科瓦热目前在伦敦？

［列奥·施特劳斯］

一九三八年

1 （致克莱因）

1210 John Jay Hall
116th Street-Amsterdam Avenue
纽约,1938.1.20

亲爱的朋友！

"我该说什么呢？我有何说词？我何以辨白呢？"我没能为你做任何事情。部分原因是坎恩(Kahn)的朋友预定采取的第一个步骤未得实施；部分原因是为某个不在场的人做件事非常困难，甚至无望。我知道你眼下已度过了一段最可怕的时间。但愿苍天有眼，让你得到暂时的休整。我敢说，我们有希望在不太久的时间里将在这里找到职业，到那时可以向你"提出请求"了。

关于我的情况，必须说真话，情况并不像我曾担心的那么糟糕。全部焦虑是米丽亚姆的健康状况仍不见好。就在今天，从布莱克曼太太那里又传来不大令人高兴的消息。米丽亚姆处境窘迫，因为她身边还有托马斯。如果你抽空给我写几个字谈谈你的印象，我将对你心怀感激。

突然想起来，我对你亲切而详细的信还不曾致谢。请接受我衷心的、虽说迟到的感谢。这里的情况如下：弗里得利希(Friedrich)得知，奥伯林学院（[译按]Oberlin College，美国俄亥俄州奥伯林城的一所私立文科高等学校，建于1833年）(Taylors [泰勒的]！)要招聘一位对政治理念怀有特殊兴趣的"哲学家"。曾递上过一份得到哈佛人的powerful backing[强有力的支持]的求职书。我认为此事不会有什么结果，因为你也明白，我是犹太人。我认为更有希望的是我在Woburn House（[译按]Woburn是马萨诸塞州一小城，这里似可译为:沃本收容院)在这里的代表那里采取的步骤，目的是：我们无论如何在秋天能够作为移民入境。

令人无法相信的是，美国两个最大的犹太人机构竟没一个人懂哲学。现在有这类传言在流行。我行事极其审慎,慢慢认识了一些人……在美国犹太研究院(American Academy for Jewish Research)的报告取得成功(我从多方面听到这类话)。此外,我在社会研究新校(New School for Social Research)开了一个(免费的)亚里士多德政治学讲座。

另外,我最近在新校遇见雷得勒太太,向她转达了你的问候。可是她不认识你。你可顺便解释一下。

下星期我将认识芝加哥的犹太新托马斯主义者阿得勒(Mortimer Adler)。我很紧张。

几乎还没开始工作。没有米丽亚姆那种令我心安的临在——就是这临在!——我只不过是我自己的一半。关于你,米丽亚姆给我写了非常亲切的话。她现在也知道,你是多么好的一个朋友。

一个人在这里缺少最必要的辅助资料。这毕竟是一个年轻的国度。否则我将尝试揭示亚里士多德著作及其中世纪或古代的注疏中 ϑεολόγοι[神学]、μῦϑοι[神话]与 νόμος[律法]之间的关联。我越来越注意到,在古代的柏拉图注疏和亚里士多德注疏中,πως[确实]包含着整个中世纪的伊斯兰—犹太教哲学,只有法拉比和迈蒙尼德是天才,而对亚历山大(阿弗罗狄西亚的)、忒弥斯修(Themistius)、普罗克洛斯(Proclus)①等人则不可如是评价。

迈蒙尼德越来越令人兴奋。他是一个真正自由的人物。他自然并不相信关于哲学源于犹太教的传说。那么,摩西对他而言是什么呢?这确实很难说。他认为,关键问题并非创世或世界永恒说(因为他确信世界永恒说),而在于理想的立法者是否必然是先知。对此一问题他是否定的,正如在他之前的法拉比和与他同时的阿威洛伊所做的那样。这一点非常难以证明,因为他是以注疏的形式讨

---

① 亚历山大原文写为:Alex Aphrod,当是 Alexander von Aphrodisias 的缩写。活动约在 200 年的希腊哲学家,以对亚里士多德的著作的注释与对灵魂和心灵的研究而流传后世。忒弥斯修(约公元 317—388),哲学家、演说家;普罗克洛斯(约 410—485),罗马帝国晚期的希腊语哲学家,他将新柏拉图主义哲学思想精练化和系统化,并努力将它推广到整个拜占庭、伊斯兰和罗马世界。——译注

论这些问题的。

迈蒙尼德自然总是将我领回到圣经。我现在相信,圣经包含着真正的神学,即宣讲神性本质之内的多元论(从这一点看,喀巴拉完全有道理)。在我看来,这就是所谓圣经的天使论(Angelologie)的内涵,即在同一篇叙事里的内涵,比如对亚伯拉罕讲话的那些语焉含混不清的段落,时而记载是上帝时而记载是天使。占主导的意见是,原来写的都是"上帝",后来,修订者便用"天使"取代了"上帝",这种意见站不住脚,因为"修订者"不至于如此没头脑,只会做半拉子事。

我必须住笔了。致好。

您的朋友
L. St.

2 (致克莱因)

1938. 2. 7

亲爱的朋友!

你现在大概通过施托丁格(Staudinger)——坎恩的朋友听说过这里在进行种种努力的情况了。施托丁格在系里讨论了此事,人们愿意竭力为之。可是,施托丁格拒绝向我讲更多的情况,因为他不希望有不确切的报导。尽管如此,我仍敦促偶然碰见的胡塞尔夫人与系里有影响的成员为你的事取得联系(她对你非常生气,因为你从未给她写过信——我向她解释说,你比其他任何一个活着的人经历都艰辛,当然除了我以外)。

施托丁格怀疑你是否获得了博士学位!我让他对此放心。

今晚,我作了第一次专题讲座:亚里士多德的政治学。还可以!不过,我是外行。我讲了一千件事,其中要么不对头,要么我一无所知。

现在我必须研究迈蒙尼德。
你何时来？
致好。

您的
L. St.

3 （致克莱因）

1938. 2. 11

亲爱的朋友！

　　衷心感谢你二月四日写的两封信，今天一大早我就收到了。谈到米丽亚姆，请告诉她，这条新消息（我也收到她二月四日的来信）自然使我心安了些。我今天不能给她写信，因为今天你的"事情"更重要。

　　好了——经过几个回合，在施托丁格夫妇的帮助下，我终于能够就你的事与新校校长约翰逊（Johnson）谈了一次。他给你发了电报，并将在后天，即星期一写信给你。邀请函只是一个形式——这特别对提供资助（1000美元）而言（你当然可以开课，也许他们甚至希望如此）——因为新校根本没钱，甚至也不曾要求约翰逊帮助解决你的资助问题。邀请函基于约翰逊与我之间的 gentleman's agreement[君子协议]，接受邀请则立足于约翰逊与你之间的 gentleman's agreement，邀请函只是为了能够取得来美国的旅游签证，这就是说，为了向美国领事出示，而你实际上并不能指望得到或者取得一分钱。

　　你在伦敦的那些人那里必须坚持做到的是——除了旅游舱（三等舱意味着登岸时有些麻烦）往返船票以外——让他们给你几个月的钱（供你参考：每月100美元=20英镑可以维持生活和支付最重要的旅行费用——我建议：你要"坚持"提出至少付给300美元作为

一种总补偿费)。只要你在这里待一段时间,你就会找到手段和途径,以便 a)在这里弄到钱(nam et hic dii sunt[因为这里也有许多空间]),b)取得一份移民担保书(Affidavit)。

关于移民担保书,如在颠倒过来的情况下,你也可以向我承诺我会得到一份,而又并不极其乐观。谨慎起见我只能说这么多,我现在已经看到担保书的两种可能性。

一条途径是经由英格莉·瓦尔堡(Ingrid Warburg)。为此你就需要让她伦敦的表姐妹以及让席夫(Schiff)和亚当斯(Adams)引荐给她(这样便万无一失)。(她是很蠢的女人——entre nous[我们私下说]。)

(你提出的动员派利[Perry]等人的建议太天真了——对此不值得细说。你相信我的话好了。)

为了将旅游签证变成流亡签证,你须得去古巴。"有人"这么干过。不过,正如瓦尔堡对我说过的,这是区区小事。

总之,我无论如何要劝你接受"邀请"。在这里有些事可能会有发展,因为可以希望你在这里将会得到长期居留许可(即 citizenship[国籍])。我的劝告是认真的:要是我,我会接受"邀请"。

此外,你在这里不会比在英国过得更轻松:切不可抱幻想。让我给你举个例子:假若我能搞到一笔 1938/39 年度的一年期奖学金,我会感到很庆幸,我早已放弃了找到工作的希望。美国人的排犹倾向逐月增强。不过,这也可能会有所改变。

来时尽可能多带些推荐信,也要带洛斯(Ross)、康恩福德(Cornford)、比阿茨利(Beazley)等人以及在这里自然会认识一系列犹太"领导人物"的萨拉门(Salamon[剑桥])之类的人致美国友人的私人引荐信。对有些人,你通过我、厄德斯坦、胡塞尔等人也可以得到引荐(例如去见车尼斯[Cherniss]),这比较好办。不过,你也要让别人给你写一些致这些人的引荐信。

非常重要的是致科恩(Morris R. Cohen)教授(纽约)的引荐信,不过,他现在去芝加哥短暂逗留。我不知道有哪个英国人跟他有关系,拉斯基(也许还有亚当斯)会知道。

请你明明白白向亚当斯说清楚,筹款只是一个形式,我以我的名誉担保!

万一你为米丽亚姆的事造访拉斯基,请你事先与亚当斯取得联系。这是必须的。

多保重,也许我们很快就重逢了——

祝好。

您的
列奥·施特劳斯

代我热烈问候米丽亚姆和孩子。

4 (致克莱因)

1938. 2. 16

亲爱的朋友!

谢谢本月八日的来信,我刚刚收到。你的电报事实上遭到窜改,电文不是 send invitations anyhow[无论如何请发邀请],而成为 thanks invitations anyhow[无论如何多谢邀请],这在具体语境中完全是另一种含义(我将"多谢"针对你期待我发出的电报,我的理解是,你无论如何都拥有了电报)。不论怎么说,通过约翰逊的电报,问题已经得到了回答。你来吧!其他问题我们在这里就地 viribus unités[共同努力]解决。

我请求你对我说清楚米丽亚姆的钱的问题。亚当斯可是向我作过承诺的,他每月给她送去 14 英镑,我以后还他这笔钱(最初的两笔钱我已偿还了)。显然,14 英镑不够用。我本来只可能在未偿还(或者未全部偿还)亚当斯的情况下才给她寄钱的。亚当斯的话的意思是,他只可向米丽亚姆提供 14 英镑,还是他根本不可能给呢? 你倘能立即回复,我由衷表示感谢。

我眼下感到身体不适。其他一切都还不坏:无论如何我还是在搞研究。我的迈蒙尼德研究进展很大——我指的是在对 Moreh（［译按］《指津》，为迈蒙尼德的《迷途指津》一书简称）的理解上——可是仍然没有动笔。你听说过关于目录学家们徒劳地寻找的 De tribus impostoribus（《论三个骗子》）一书的议论吗？据称，这是腓特烈二世·封·霍恩施陶芬（Friedrich Ⅱ. von Hohenstaufen）就阿威洛伊等人的事写成的，但此书并不存在（这个名称的书是有的，成书于 17 世纪末）。现在，人们之所以找不到 De tribus impostoribus，只是由于人们在寻找它，而它就在大家手中：它就是非 Moreh（或者阿威洛伊和法拉比的作品，更不必说在这个方面可能产生其他出人意料的事了——我不愿强求我这支不听话的笔写出太多的事）。你无法想像，迈蒙尼德是以怎样一种达丁极致的细腻笔触和嘲讽口吻论说"宗教"的：对圣殿中因众多牺牲而产生的臭味的描写，在整个伏尔泰的著作中也找不到可与之比拟者，更有对其他千百种事物的描绘。人们之所以读不懂迈氏的作品，只是因为没有考虑到他是阿威洛伊派这种可能性：如果考虑到这一点，一切难题原则上便会立即迎刃而解。如果我在几年以后（倘若我还能活到那时的话）让这枚炸弹起爆，便会产生一场巨大斗争。目前在这里的格拉采（Glatzer）对我说，对犹太教而言，迈蒙尼德的书比圣经更为重要。如果从犹太教那里夺去迈蒙尼德，人们便抽取了它的基础（你理解格拉采的说法：从某个方面看，托马斯之于天主教徒也比新约更为重要）。于是，便产生了一个有趣的结果：一个纯历史的论断——这就是，迈氏从其信仰看绝非犹太教徒——却具有重大的现实意义：哲学与犹太教原则上的不可调和性（在《创世记》的第二节表述得很"清楚"）被展示在 ad oculos［众人眼前］。但我暂时还远远没有触及这类重要的东西，现在重要的是编出一本秘密语词词典。

迈氏技巧中本质性的一点是自然的，他在所有方面公开地说出一切，哪怕是在白痴也不会去寻找的地方。

阅读是一种令人难以置信的享受，使我得到许多补偿。

关于亚里士多德的政治学的专题讲座，我大概给你写过了。还过得去。我正在考察几个有趣的情况(民主与"军国主义"之间的联系),关于这些,但愿以后面谈。

原谅我写得潦草——我没有时间誊写。

致好。

您的
列奥·施特劳斯

某人有句格言:如果我在自己的拳头里握有真理——我可以张开拳头吗?我们的处境越来越像中世纪,思想自由与言论自由之间的差别越来越明显。这是一个"进步"。

5 (致克莱因)

1938. 3. 11

亲爱的朋友!

我今天与蒂利希谈了谈!他将助一臂之力,他认识你而且很重视你,随时都愿意毫不迟疑地通过你的教授资格答辩。

星期二我与约翰逊谈。他有可能直接写信给驻伦敦的领事,请求他立即给你签证。

至于钱,你可让亚当斯借给你一笔必要的数额。你可以将他不可能留给你的那部分钱在纽约登岸后立即给他寄回去。你在这里一定会得到钱的。

我感谢(尽管你抗议)你在拉斯基那里采取的步骤。

致安

您的
列奥·施特劳斯

原谅我写得如此少——非常忙。

6 （致克莱因）

1938. 5. 10

亲爱的朋友！

我不愿绕圈子。只想告诉你,我今天收到米丽亚姆一封信,从中知道了几个你对我隐瞒的重要事实(虽然你曾郑重其事地向我保证,你向我讲了全部真相)。因此,你理所当然地不可能再指望我对你所作的任何保证表示任何信赖。你所运用的这样一种真理经济学(Ökonomie der Wahrheit)在朋友当中是不适当的。

米丽亚姆的身体很不好。我恳请你不要再写信给她,使她尽可能快地忘掉这整个事件。

衷心致候！

您的

L. 施特劳斯

7 （致克莱因）

49 Owlstone Rd.
1938. 6. 20,剑桥

亲爱的朋友：

衷心感谢本月七日的信,它昨天到我手中。

我为你的种种困难眼下得到解决而祈祷。无论如何,你都要加强这正当的群体,我的意思是：保持与施托丁格、所罗门、柯恩持久的亲密关系。

米丽亚姆在一切方面都很好,上帝保佑！虽然她还有疼痛,伤口始终有再次绽开的可能。但她气色绝佳,饮食津津有味,看起来犹如二十五岁时的样子,简直令人喜不自胜。总之,我们很快乐,我自己在一生中还从不曾如此快乐。

我现在还在办理流亡用的各种证件。我们想在九月九日与拉斯基一起乘"华盛顿号"(你乘过的船),十五日到达。但愿上天保佑这期间不要出什么事。

我们居住着一幢有家具的房子+女仆,完全独住,只是你的亚里士多德研究同行海伦娜·魏斯(Helene Weiss)博士暂时占用了一个房间。

仍然没有动笔!

托马斯本月九日回到我们这里。他看起来很好,各方面发展绝佳。布莱克曼太太和亚当斯对米丽亚姆好得不可思议。亚当斯与米丽亚姆的通信具出版水平。我自然完成了你所有的嘱托(布莱克曼、亚当斯、坎恩-弗洛恩德、席格尔)。

衷心致候!

您的朋友
L St.

代米丽亚姆向你问好。

8 (致克莱因)

1938.7.4

你这个高尚的人,请你费神在给我转寄任何滞后到达的混装邮件时,都要附上出自你机智笔端的几句亲切的话。我们为你所表示的对我们幸福的亲切关注深深感动。按现在的环境评价,我们过得蛮好。米丽亚姆的健康状况极其令人满意——可惜还有剧烈的局部疼痛,而且老是担心伤口重又开裂。在下工作很少,正在写你所知道的关于神秘主义的论文。我们在期待着我父亲和汉娜,也许还有贝廷娜和克劳斯。

我的文章有些改动,因为几星期前,由于米丽亚姆的亲切关照,我有了一个真正的划手([译按]原文为waterman,从语境看似"誊抄人"的意思)。我希望,关于我的书写的种种抱怨由此变成为无的放矢。

我们希望并且祝祷你的种种困难很快得到解决。这期间,马尔赛(Marseille)将到你那里——这是我们的好客风尚的又一见证。

很快详叙——祝好。

您的朋友
列奥·施特劳斯

9 (致克莱因)

49 Owlstone Rd.
1938.7.23,剑桥

亲爱的朋友:

深切感谢本月三日和十二日的信。我很想早些回复可又办不到:我已深陷我的研究而不能自拔,即结束那篇你部分有所了解的关于神秘主义的论文。昨天终于脱稿,共计有六章。细心的读者从中可得知一切,肤浅的读者则会得到一系列有用的信息。我在纽约形成的观点得到进一步确认:《迷途指津》至少是我所知的最非同寻常的一本书。曾在《扎拉图斯特拉如是说》中浮现于 N.([译按]指尼采)脑海中的东西,即对圣经之滑稽模仿(Parodie der Bibel),M.[译按:指迈蒙尼德]以更高的标准实现了。悖理在于,那些主张三骗子说的人的行事,本来就恰如他们想像的宗教创建者一样:他们自己在欺骗俗众(vulgus)。迷途者之向导或者对迷途者之指点是为迷途者,即为哲学家们所作的 Torah[律法](= Weisung[指点])的重复,这就是说,是对指点的模仿,只是这种模仿带有一些惟有行

家才察觉得出的"微小的""添加成分",其中包含着对 Torah[律法]的彻底批判。这同样的说法也适用于 Mischneh Torah, 即 Codex[法典], 它仅从标题看也是"Torah 的重复"和对它的不乏天才的嘲讽。现在,这都成为定论,我本可为解开这个谜团而感到自豪的。可是,我的神经也许尚欠坚强,或者我还缺乏 scientia[知识], 抑或两者都有。总之,我有时面对我以我的解释所造成的情况感到不寒而栗。结局将是,我这个可怜鬼不得不一勺勺喝下 12 世纪那个恶鬼般的魔法师为我酿制的苦酒。不过,正如异教徒所说, fata nolentem trahunt[命运总是拖着那些不情愿的人走]。Esto[甘愿如此]!

至于米丽亚姆,伤口或者我们习惯上称之为伤口的东西仍然是自我到达以来一直所处的那种情况。新近又提出推断说,米丽亚姆所感到的疼痛根本不是由于所谓持续不断的化脓,而是因体内在任何一次手术所所发生的愈合和适应过程所致。我们在期待着最好的结果。我们大概在九月七日乘"诺曼底号"动身,十二日到达纽约。我们将把家具一起带走。眼下我要做的事不胜其多:撰写讲稿等等。但愿我所有的决定都有好结果。

请向台弗尔(Tepfer)夫妇致候。我不久就会给伊达特纳(Idattner)夫人写信。

我们俩都衷心问候你。

您的
L. 施特劳斯

我父亲没得到签证,来不成了。贝廷娜和克劳斯二十日到达马赛。米丽亚姆也许还要去巴黎伯恩哈德那里。贝廷娜也许会去德国。

10 （致克莱因）

1938.8.17

亲爱的朋友：

多谢本月二日和九日的信。但愿在古巴诸事如愿以偿。

如果一切事遂人愿，我们将在九月七日乘诺曼底号［游船］动身，十二日到达纽约。假如你能到码头来就好了。期待着重逢！

祝好。

您的
L. 施特劳斯

11 （致克莱因）

1938.10.9

亲爱的朋友：

真诚感谢你的明信片。

很抱歉我又得麻烦你了。我想筹措一笔钱，我们想尽办法能坚持到十五日，仍然毫无结果。假若你立即借给我 10 美元度过这几天，我会非常感激。至迟在下星期一便得到一笔钱，随即就寄还借款。我们处于十分荒唐的环境，我们在这里不认识任何可以求助的人，可以肯定，我们从下星期一开始就正常了。

衷心致候，米丽亚姆附笔问好。

您的
L. 施特劳斯

12 (致克莱因)

[邮戳:纽约,1938.10.12—明信片]

多谢了,20 美元已寄达。我为备课忙得不可开交。我将尽可能早些写信给你。眼下在期待着你对我的文章的评论。米丽亚姆和我热烈问候你。

您的亲爱的
L St.

13 (致克莱因)

1938.10.15

亲爱的朋友:

附上一张 50 美元的汇票。假若能缓一段时间还剩余的 15 美元,我会非常感激你。

我在等待着你对我的 opusculum[短文]提出异议。

我开始干活了:Νόμοι(《法义》)！我已经有所发现。首先,我看出了作品中 ambiguous speech/πολυνοῖα[含义模糊的谈话]的意味(在浏览注疏时,迄今我最喜欢的是施达鲍姆[Stallbaum]的笔注,——维拉莫维茨[Wilamovitz]是个叫人难以评说的家伙,虽然他有时也有所发现,但总的看来很糟糕)。现在,我正在读希罗多德(Herodot)①的书,我敢以天主教徒的名义发誓,他同样是一个隐微的(esoterisch)作家,而且是至为完美的一个。总之,日子又可以过下去了。要是没有缺钱用的危机就好了。

我们基本上一成不变地继续过着在 Perne Road[译按:施特劳

---

① 希罗多德(前 484—前 430/420),希腊历史学家,所著《希波战争史》是一部夹叙夹议的史书。——译注

斯在剑桥时住的街道]时的生活,只是由于购买香肠、黄瓜和葡萄柚酱开支更多了。

多保重!

衷心致候并代我亲爱的妻子向你问好。

您的朋友

列奥·施特劳斯

οὗτος δὴ ὦν ὁ Κανδαύλης ἠράσθη τῆς ἑωυτοῦ γυναικός ἐρασθείς δὲ ἐνόμιζε οἱ εἶναι γυναῖκα πολλὸν πασέων καλλίστην...χρῆν γὰρ Κανδαύλῃ γενέσθαι κακῶς...[但是,这个坎道列斯现在迷恋上自己的女人,迷恋得甚至于相信,他拥有的简直就是世人最漂亮的女人……坎道列斯注定要变坏……Herodotus: *Historiae*, I. i. 8]。

这是 M.([译按]迈蒙尼德)非常喜爱的一则意味隽永的故事。其隐微的内涵是:女人们被每个人认为是最美的 Πατρῶα νόμιμα[合法爱国者]。悲哉,巨吉斯(Gyges),①他看见的是一个并非属于自己的"女人"。这就是:隐微。

倘若你在一日领到薪水,我们可以安排一种定期预支服务,因为我在十五日才领到薪水。Placetne[同意吗]?

14 (致克莱因)

[邮戳:1938. 10. 20——明信片]

亲爱的朋友!

请立即将我的文章寄给我,当然要写上你的评论。巴伦(Baron)在形式上犯踌躇:他认为论说太冗长! 我确实也不可能写得更

---

① 这段希腊文字是希罗多德《史记》卷一第 8 节的开头。巨吉斯,前 680—前 648 年在位的吕底亚国王,他在杀死原国王坎道列斯并与原王后结婚之后登上王位。——译注

短。关于希罗多德,我真的服了,对这样一种技艺(=能力)佩服得五体投地。我幸运地发现,他的作品的确是我所知道的柏拉图唯一的范本(我们关于肃剧家——举例来说——所了解的一切,也许完全是错的),所以,我可以指出,据我看,柏拉图思想中最为关心的东西,并不取决于柏拉图所特有的哲学。

希罗多德:一本有着 λόγοι(叙事[译按]施特劳斯在这里加注了德文词 Geschichten 和英文词 stories)解毒剂的关于 λόγοι 的书。

Νόμοι(《法义》):一本带有 Νόμοι[律法]解毒剂的关于 νόμοι 的书。

(此外,《斐德若》关于埃及 λόγοι 的一段,肯定不见得不是尤其针对希罗多德的某一完全确定的一节而写的。)Avec ma naïveté et modesté ordinaires je déclare que the riddle of Her. is solved!① 已经找到了说明的有:a. 波斯战争历史;b. 短篇小说,"中篇小说";c. 人种志学(Ethnographie)的统一理由,还有——让我们面谈这些吧。简而言之,我尽管有巨大的经济困难却感到十分快乐。你有瓦尔堡的任何消息吗?

再谈,亲爱的朋友!

永远属于你的
施特劳斯

15 (致克莱因)

1938. 11. 2

亲爱的朋友!

衷心感激你的明信片。

你无法想像我为关于 a. Ms.([译按]手稿)和 b. 行动的消息感

---

① 施特劳斯在这里英、法语混用,大意是:此外,我借助简洁和适用的常例使希罗多德之谜得到破解。——译注

到多么高兴。对 b. 我要说明，假如沿着这条途径搞不出什么名堂，我就看不见任何希望。因为你有关通过报告挣额外收入的 κεναὶ ἐλπίδες [补缺希望]——正如 Σφαλερὰ ἐλπίς [错误希望]本性中所固有的那样——并没有实现。让我们期待最好的结果吧。关于 a. :我正处在自我消耗的痴迷状态，希罗多德之后现在又是修昔底德!《悼词》是一篇纯粹的讽刺性模仿之作，恰如《普罗塔戈拉》中普罗塔戈拉的讲辞: σωφροσύνη [节制]这个词没有在悼词中(正如在伯里克勒斯的其他讲演中那样)出现:这是修昔底德对伯里克勒斯的雅典和对伯里克勒斯本人的批评。他写的历史自然并非"历史"，而只是一种尝试，企图对那些没法用 λόγοι [说理]来教的人用这些人所承认的 ἔργα [作为]向他们(这是一个完整的柏拉图式论题，参阅《申辩》和《克里同》)指出，对 σωφροσύνη [节制]无知会导致什么后果——不过，对于修昔底德而言，可以肯定, λόγοι [说理]比 ἔργα [作为]更重要。用柏拉图的话说, ἔργα [作为]只是 παιδιά [儿戏]，因而以你的思想所理解的对话，本质上是谐剧[注意篇名:没有 Heroen! 只有四个篇名说明论题:《王制》(Politeia)、《法义》(Νόμοι)、《治邦者》(Πολίτικος)、《智术师》(Sophistes)——这已说明一切!]——此外,《申辩》以 θεός [神]这个词结束，这正是 Νόμοι (《法义》)以之开始的词。这就是说:《申辩》中有意巧妙地淡化了的 θεοὶ οὓς ἡ πόλις νομίζει [诸神与城邦信仰]的问题变成了《法义》的论题。《法义》是柏拉图最伟大的艺术之作! 我多么想与你一起讨论呀!

祝好。

您的

L. St.

我开始猜测古人是何以没有为人所理解。

16 （致克莱因）

449 W. 123rd Street
纽约,1938.11.29

亲爱的朋友：

你为什么不写信？我请求你至少对这封信不仅不可不回复，还要立即回复。Agitur de duabus tribus. Primo de pecunia. [做你该做的事。首先关于钱。]我急切请求你为从十二月一日到十二月十五日(包括十五日)借给我 40 美元。在美国，在这个行星上，因而在宇宙之内，我不知任何一个我可以为此而求告的人，到十二月一日我就手无分文了。你肯定会在十二月十六日将钱收回到手的。

Secundo de tractatinuculo[第二,关于论文]。请立即寄回，如可能请附上你的评论。我不会付印，但我想在给巴伦写与此有关的信时已经收到你的评价。我已就同一个论题——te non effugit me de philosophia a historia literanda scriptitare[你免不了要为我根据历史文献写出你哲学上的看法]——开始写一篇新的论文:On the study of classical political philosophy(《论古典政治哲学研究》)，我要在这篇论文中指出，希罗多德、修昔底德和色诺芬并不是史学家——当然不是——，而是显白的προτρεπτικοι εις φιλονς[劝导性作品]的作者。历史对于他们也许是μετὰ ταῦτα[事后的]叙述，是μετὰ ταῦτα ad infinitum[对无限的事后]叙述，并非什么认真的东西。他们的历史著作正是柏拉图在《王制》卷三中所推荐的青年课程:这是些散文作品，其中μεταξὺ τῶν ῥήσεων（即ἔργα[作为]的阐述）超过ῥήσεις[言辞]（即λόγοι——载于历史著作之内的演说)，而肃剧家——举例来说——不仅不用散文写作，而且完全是λόγοι[说理]。（作者在其中完全κρύπτεται[隐蔽]起来的柏拉图式的对话，按照柏拉图的说法属于更高一个层次）。我想借助本身就是一部伟大的高雅讽喻之作的色诺芬的《居鲁士的教育》(Cyropädie)具体来揭示这一点:苏格拉底是怎样的人，从他对居鲁士的漫画般描绘中表现了出来。只有通过这种漫画手段，色诺芬才展示出了真实的隐而不露的苏格拉底，而他在《回忆苏格拉底》中所表现的则是 $φανερός$[显见的]苏格拉底。可见,色诺芬笔下的苏格拉底形象与柏拉图的苏格拉底形象并没有原则上的差别。如前所说,《居鲁士的教育》是对野蛮性的丑恶,即对缺乏 $παιδεῖα$[教养]的丑恶所作的极其不野蛮的描述,因而是对 $παιδεῖα$[教养]极其 $εὐχαριστοτάτος$[有教养的]劝导。事情就是如此。

我和米丽亚姆向你亲切致候。

您的

列奥·施特劳斯

17 (致克莱因)

1938.12.2

亲爱的朋友:

衷心感谢你的信和支票。你当然可以住在我们家。关于齐格(Ziege)我没听到她任何消息,所以,我对未来忧心忡忡。请容我再次着重地诉说一遍:情况在渐渐真正变得严峻起来。关于德国,我们只知道,贝尔苔(Berthe)失去了工作,我们有理由设想,在埃尔夫特和基希海因的犹太会堂遭到破坏。我们收到了日期为十一月十三日的来自基希海因以及埃尔夫特的信件。关于论迈蒙尼德的文章,巴伦要求我全面修改,所以,我收回了文稿,我为 Review of Religion(《宗教评论》)写的相当长的书评,被认为不宜发表而退稿。我当然不会因这类典型的失败而气馁。谨请你答应我,在我身后编订出版这些以及其他文稿。

希腊政治哲学的历史始终使我极度兴奋。现在我注意到,亚里士多德关于伦理和政治之"低下价值"的观点——由于与此有关的错误而欠缺 $καλά$[美]和 $άγαθά$[好]的 $ακρίβεια$[严格]——自然也是柏拉图所共有的观点,后者正是因此而以讽刺口吻评说政治(亚里士多德原本只有一个错:他并非雅典人,因而缺少雅典人的风趣)。苏格拉底也并非"伦理学家",他只是用 διαλέγεσθαι περί τῶν ἀνθρωπίνων [关于世人的交谈]取代(希罗多德的)神话和(希罗多德和修昔底德的)历史。可以从色诺芬的《回忆苏格拉底》揭示出这一点。我感到很好奇,在这个据传与希罗多德交谊甚笃的苏格拉底背后,究竟隐藏着什么东西,——恐怕同样是哲学,而不是 πόλις καί πρόγονοι [城邦和祖先]。我大概曾经给你写信说过,δαιμόνιον [精灵]的正确译法是 νοῦς [理智](不论在柏拉图书中还是色诺芬的用法);科学是真正的占卜术(Mantik),是真正的 τελευτή [目的]知识,因为它是 ἀρχή [开端]的知识。我很想与你讨论所有这些问题——也许本月底吧。

我并代表米丽亚姆向你亲切致候。

您的
列奥·施特劳斯

米丽亚姆现在成为我的学生:她在听我的课。她还算满意。

18 (致克莱因)

[缺日期]

亲爱的朋友:

关于基希海因的坏消息。我给利翁(Leon)写了一封信,请他在我父亲和汉娜能够移居这里以前,将他们带到英国。我不知道他的详细地址。我想你知道他的地址。为了不失时机,请赶紧将信寄出。

米丽亚姆因感冒发烧卧床。

您的
施特劳斯

19 （致克莱因）

1938. 12. 12

亲爱的朋友：

请立即将手稿寄我，我要付印，我的抄件太潦草了。

此外，请告诉我齐格怎么了，你可否从她身上挤点儿奶（[译按]Ziege，在德文中意为山羊，施特劳斯以此揶揄此人）。我急需她的奶汁。

我现在再次，即又一次——$\delta\grave{\iota}\varsigma$ $\varkappa\alpha\grave{\iota}$ $\tau\varrho\grave{\iota}\varsigma$ $\tau\grave{\alpha}$ $\varkappa\alpha\lambda\acute{\alpha}$[第二次而且非常仔细地]——看了你的书。我始终认为，你写得非常精彩而又富有教益（只有一点欠妥："泰阿泰德，伟大的非理性经典作家"，还有渺小的非理性经典作家吗，你想到的是谁？是穆勒-弗莱因菲尔斯[Müller-Freienfels]，①还是哈特曼）？现在，我觉得特别重要的是你对$\dot{\alpha}\sigma\vartheta\epsilon\nu\grave{\epsilon}\varsigma$ $\tau\tilde{\omega}\nu$ $\lambda\acute{o}\gamma\omega\nu$[语病]的解释——我在猜，你认为$\check{\epsilon}\varrho\gamma\alpha$[作为]优先于对话本身之中的$\lambda\acute{o}\gamma o\iota$[说理]，如果对话是戏剧的话，$\dot{\omega}\varsigma$ $\sigma\acute{v}$ $\gamma\epsilon$ $\lambda\acute{\epsilon}\gamma\epsilon\iota\varsigma$[如你所言]，这种优先便是那种$\dot{\alpha}\sigma\vartheta\acute{\epsilon}\nu\epsilon\iota\alpha$[疾病]的一种讽喻性表达，这就是说，自身包含着无限多歧义的$\check{\epsilon}\varrho\gamma o\nu$[作为]是$\check{o}\nu$[在者]，甚或是出于完全不同的理由而摆脱了$\lambda\acute{o}\gamma o\varsigma$[理]的$\check{\epsilon}\nu$[一]之讽刺性象征。请告诉我，这是否是你的看法。果真如此，我们就能相互理解了。

眼下我正在研究的是，委婉阐述真理的理想形式是对话，而对话更多属于表层问题（《王制》卷三）。与此相联系，我读了《会饮》，我的理解如下：这篇对话大概是唯一的这样一篇对话：无法完全从其本身，甚至无法从作为整体的柏拉图著作去理解。它是柏拉图对阿里斯托芬（Aristophanes）的回答，不是对《云》而是对《蛙》的回答。

《蛙》：一个谐剧家在戏剧中表现两个肃剧家（埃斯库罗斯和欧里庇德斯）之间的一场比赛。在这个过程中，胜者（埃斯库罗斯）宣

---

① 弗莱因菲尔斯（Richard M. - F., 1882—1949），德国哲学和心理学家。——译注

誓效忠阿尔喀比亚德(Alkibiades)①。

《会饮》:一个肃剧—谐剧家(哲人柏拉图)表现肃剧家之间的比赛之后,在胜者家里举行的两个谐剧家(阿里斯托芬与苏格拉底)之间的一场比赛(事实上是:a. 阿里斯托芬与阿尔喀比亚德这两个谐剧家之间,b. 谐剧、肃剧与肃谐剧[＝哲学]之间的一场比赛),其结局是胜者接受阿尔喀比亚德的效忠宣誓。

《申辩》自然并非苏格拉底的辩护——苏格拉底是愿意死呵! ——而是在雅典人的法庭上为哲学作的一种(本身必然为谐剧般的)辩护! 最妙的是苏格拉底的"翻译";他将指控迻译为理性的希腊语。《斐多》是《申辩》的续篇,同样是谐剧:对在《申辩》中三缄其口的秘说的所谓披露(指控之 δαιμόνια καινά [新的精灵]好像是另一个世界中的ἄλλοι θεοί [别的诸神];虚构的ὑπὸ γῆς [地下]在结尾成为神话的主题):苏格拉底摆脱死亡而取得的自由,表现在他讲着笑话死去,而他毕其一生都很严肃。柏拉图错了!

Νόμοι(《法义》)建立在苏格拉底已经越狱逃走这一虚构之上! 法律的漏洞(苏格拉底借以逃往克里特的漏洞),在《克里同》中得到清楚的揭示! 在柏拉图的写作中没有"早迟之分"。

而且,我觉得对话完全(这就是说包括"框架")是在雅典进行的,似乎围绕着口头的 λόγοι [论说]展开,因为只有在雅典,在苏格拉底学园所在的真正的雅典才存在着 παρρησία [坦率](因为苏格拉底 περὶ φύσεως [就着天性]进行教学),而 λόγοι γεγραμμένοι [写下来的论说]却处于雅典以外(《法义》、《斐多》、《泰阿泰德》、《帕默尼德》)。

再见!

米丽亚姆和我亲切向你致候。

您的

施特劳斯

又及:阿里斯托芬完全正确——他只是不知道阿那克萨哥拉与

---

① 阿尔喀比亚德(前450—前404),雅典政治家和将军。——译注

苏格拉底的区别。

20 （致克莱因）

1938. 12. 15

亲爱的朋友：

很抱歉，我今天取不到我的钱，但明天肯定会取到，所以，你只晚一天就会得到那40美元。

我刚刚偶然得知，瓦尔堡去英国了。这是一场真正的灾难！我们的处境的确很难堪。此外，每月还要扣除我们两美元医院保险费，还要办入籍初步申请书。米丽亚姆牙疼，可无法去看牙医，我们全都穿着破破烂烂的鞋上街，贝尔苔需要钱呵！总之，我不知如何是好。你莫非对我们所可能做的没有什么想法？对新校不可怀有什么指望。假若你能够在十二月三十一日再借我40美元用两个星期，我至少可以顺利地支持到一月三十一日。此后前景就很暗淡了：从二月份起，每个月要从我薪水中扣除35美元（偿还我让他们汇往英国的200美元预支款）。而且，没有丝毫希望可额外挣到一点儿钱。假如你圣诞节来这里，我们可以详细地讨论目前的境况。

我还没装电话，真是多么幸运！

我们的预算是：

租金	55.00
家具分期付款	12.00
煤气、电	6.00
饮食、交通费等	
香烟	62.00
在你那里的短期借款	40.00
医疗保险	2.00
入籍申请	4.00

收入	181.00
	166.00
	−15.00
贝尔苔	
修理费等	−25.00
	−40.00

实在无法维持正常生活，请你想想有什么办法。你可是很实际的哦！

致好！

您的

L. St.

21 （致克莱因）

449 W. 123rd Street

纽约,1938.12.17

亲爱的朋友：

附上 40 美元汇票。不要忘记回复我最近的几封信，并将手稿退还。

致好！

您的

L St.

22 （致克莱因）

1938.12.28[明信片]

亲爱的朋友！

衷心感谢你顺利寄达的10美元。由于那100美元要在一或二天过后几天才会到，我无法在你所希望的日期寄还这10美元，很抱歉，但我会尽可能快些汇去。但愿雨衣已经顺利到你那里。它是保了险的，所以不至出什么意外。至于你为孩子而生的烦恼，我仍坚持我的推断。但愿你最终能冷静下来。昨天晚上克劳海默夫妇来访。关于洛维特对纳粹的屈服，他们讲了些令人愤慨的事。星期天我听你的同事甘茨（Gandz）就东方和希伯来数学所作的一个报告，他认为，犹太人对巴比伦代数经卡拉维茨密（Charavizmi）传给现代人具有至为重要的意义，我对他的看法并不完全苟同。马纳色（Manasse）不仅是个笨人，而且研究也拆烂污。这表现在他的著作里。

我们大家衷心向你致候。

您的

L. St.

史密斯曾来过我们这里：他讲了一只狗的精彩故事。

一九三九年

1 （致克莱因）

[邮戳：纽约，1939.1.10—明信片]

列奥·施特劳斯向小雅各布（[译按]指克莱因）致意。

由于齐格没有寄出钱，我无论如何都无力偿还买这些东西的债务。我们有时为饥渴所苦而意志消沉。请以尽可能快的方式告诉我，该怎么办。齐格曾打电话给我，她回答说我应再打电话给她。我推断，你为了安抚她曾对她说过，她曾明确承诺寄50美元。苦哉，我这受骗的家伙！望多珍重健康。

2 （致克莱因）

[邮戳：纽约，1939.1.19—明信片]

此信只是为怀着衷心谢意证实已收到支票。齐格仍没有音信，虽然我又给她（八天前）写过一信。真糟糕，我眼下无法将钱奉还你，虽然我非常愿意。我不知前景如何。

致好！

您的
L. St.

3 （致克莱因）

449 W. 123rd
纽约,1939.2.16

亲爱的朋友：

衷心感谢你本月十五日的信。出于许多理由我没给你写信,其中一条是,我曾给你写过信(而未得到回答)。而且,哪怕我写过信,我也不得不重又提到齐格拒绝的事,我担心自己已经让你对这头牲畜感到厌烦,你自己最好享用小羊肉或者鹅。好了,简而言之,你尽可能着重地让齐格记住她的承诺,这应该是得体的(甚至是极其急迫的,因为得体属于 χαλά [好的行为],而这里指的是一种Αναγκαιότατον [最为必要的东西])。她当时(大约一月七日)在电话上对我说,希望能够在一周内将钱寄给我。自那时以来,我未听到她任何音信。经济情况每况愈下,我的确不知该怎么办。很多事都靠这笔钱……我不想详谈,以免让你徒生烦恼。

我自然非常乐于能够在圣约翰作一个报告了,前提是能补偿旅费(米丽亚姆和我往返卧铺票)。你能为我们俩安排一夜的免费下榻处吗? 对我而言,最好在三月份下半个月的星期六晚上。我建议的题目是:古典政治哲学研究。我大概用半小时一般地讲述,然后用三刻钟以色诺芬的《居鲁士的教育》为例,描绘我提出的命题(也可以在标题中点出这一点,假如你认为这更合适的话)。这样一个报告我之所以乐于为之(除了高兴与你重逢以外),也因为这会给约翰逊和新校留下印象。由此我将转入这封信的主题了。

现在情况表明,约翰逊将对我的"聘用"看成是绝对临时性的。他希望我至迟第二年年底在某个地方找到工作。我目前还不知道我可以求告谁。我也许可以就再次在克翁(Mac Keon)那采取步骤与布坎南(Buchanan)谈一谈。我的想法是,为建立联系,我应在某个地方举办一个暑期讲座。倘若你听到有这方面的机会,请告知。此外,约翰逊断然不容商量地拒绝提高薪俸。

关于施皮格伯格(Spiegelberg),我曾在某个时候听到有关他的非常负面的评价。我会打听一下,并将情况立即告知你。有人说他是一个饶舌的人——是否还有更坏的话,我当下还说不准。

我要做的事多得要命:关于亚里士多德(伦理学和政治学)的Graduate lecture[研究生课],关于《法义》第二卷的讲座和关于乌托邦与政治科学的公开讲座。同时还要写一篇评论色诺芬的《拉克岱蒙人的政制》([译按]拉克岱蒙(Lakedämonier)为斯巴达的古代名称)的文章,我将在这篇文章中证明,在这里表面上赞赏斯巴达的,实际上是对斯巴达以及对雅典式简洁文风的嘲讽。我特别喜爱色诺芬,因为他有勇气装扮成白痴,并如此独行千年之久,他是我所知道的最高明的骗手——我认为,他在自己的文章中所做的,恰恰是苏格拉底毕其一生所做过的事。在他的文章中,至少道德也是 rein exoterisch[纯然显白]的,大约每两个字便有一个有歧义。Καλοκαγαϑια[心地善良]在苏格拉底的"圈子"里是个贬义词,犹如19世纪的"市侩"或者"资产者"。而 σωφροσύνη[节制]本质上指发表意见时的自我克制——总之,在这里有一个完整的秘语体系,恰如迈蒙尼德的著作,这对于我可谓俯身拣来之食。

此外,还有一件会使你感兴趣的事:《法义》第一卷中有一种与《斐多》结尾的隐蔽关系,所以,可以理解 ἐνεκεκάλυπτο γὰρ (118a6)这段话了:即便苏格拉底面对死亡也毫无办法,所有的人面对死亡都将失败(《法义》648d5~e5,以及 647e:恐怖饮料当然是死亡!),讲述人斐多的特点在于,他并未注意到这一点,因而便接受了永生不死的论证(他恰恰是在雅典城外讲述的呵!)。这种关系之所以值得关注,还因为《礼法》建立在下述幻想之上:苏格拉底已从监狱逃出,首先前往帖撒利,然后去克里特——他逃走了,因为他不愿意死。我相信,我现在弄明白了《法义》的内涵(第十卷的神学是刑法的一部分!)。《王制》开始对我变得清晰起来。我在去年曾推断,它的固有主题是 βίος πόλιτ[城邦生活]与 βίος φίλος[哲人生活]的关系问题,激烈批评和谴责政治生活。这个推断完全得到了证实。《王制》相当仔细地说明,它是对 δικαιοσύνη[正义]的批判:《王制》恰恰是对 ἀδικία[不义]具有嘲讽意味的辩解,因为哲学就是 ἀδικία——这奇妙地表现在忒拉叙马霍斯(Thrasymachus)的讨论里。δικαιοσύνη[正义]输掉了官司,它之获胜只是由于结尾的神话,这就是说,通过一个καλὸν ψεῦδος[美好的假话],即通过本身完全为 speaking ἄδικον[言说不义]的一种行为。甚至θυμός[意气]也是纯然嘲讽性的！επιθυμια[欲望]与θυμός[意气]之区分,只容许以通俗方式进行,由此《格劳孔》的καλλιπολις[完美城邦]随之瓦解。

不过,还是让我们回到所谓生活。切莫忘记 1. 齐格以及 2. 报告。

米丽亚姆和我都希望很快看到你,我们为贝尔苔和马丁不久将离开德国而高兴。我父亲和汉娜的命运仍然完全不清楚。

致好！

您的

列奥·施特劳斯

4　（致克莱因）

[纽约]1939.2.28

亲爱的朋友：

我迄今一直深深陷于窘境：米丽亚姆患额窦炎,三月十五日关于色诺芬的文章必须脱稿,手头拮据,更无须说德国,即有关我父亲的事了；因此,我还没有回答你询问的有关施皮格伯格的事。

Ὡς συνελόντι εἰπεῖν[说得明白一点]：关于他,我本来只是听到负面的议论,诸如"说大话"、"饶舌"之类,当然我并不可能听到任何印度学家的评价。

据我听说,鉴于约翰逊的态度,倘若我能在圣约翰正式作一个报告,可能非常重要。所以,务请盯牢这件事！

此外,钱,钱！从三月十五日开始,每月扣 34 美元(偿还我在开始时预支的款项),如此一来,除了齐格确实无法救急了。所以,请尽快做你要做的事!

《色诺芬》一文步履维艰,却也以某种韧性前行:我开始看到陆地(或海洋)。现在毫无疑义的是,色诺芬的苏格拉底与柏拉图的苏格拉底是同样的一个人,只是色诺芬在表现苏格拉底时比柏拉图还要更为委婉,还要更多 ὡς φανερὸς ἦν[仿佛显得那样]。而且,他比柏拉图更多阿里斯托芬韵味(=伤风败俗成分)。我相信,你要是读了我的文章,并深入本文(我自然不会译出那些乌七八糟的东西),你会大笑不止。

古典语文学家是些没法描述的白痴!

致好!

您的

L. St.

5 (致克莱因)

[纽约]1939.3.10

我最珍爱的人!

齐格寄来 300 美元。这样一来,我欠你 15 美元,再加上我先前欠你的 45 美元,总计 60 美元。我将尽快地寄还这笔钱。多谢了!最急迫的事情是,你和齐格的行动尽可能保密。假如此事传开为众多人所知,从新校(新康德派的学校?)方面会带给我重大损害。我附上由你的贝妲(Bertha)写的一封信。我告知这个女人,你将到哪个国家去,我深知你们是由于你们心灵的相互吸引——虽然很少身体的吸引——而联系在一起的。

关于让我在你们那里作报告的事,你怎么写得这么少?我有意要讨论色诺芬,首先要讲这个作者写的关于拉克岱蒙人的政制的著作,因为我即将结束这本小书的诠释。它以阿里斯托芬式的伤风败俗意味令人读起来感到轻松。不过,我不会对你的孩子们解释这一点的。

祝好!

您的

L. St.

你没有看出你的笔迹与贝姐的笔迹很相似吗?

6 (致克莱因)

1939.3.14[纽约]

亲爱的朋友:

衷心感谢你的信。你根本不知道你操办我的报告的事给我带来多大快乐。

随信附上45美元汇票。感谢你的耐心!匆匆。

您的

L. St.

7 (致克莱因)

1939.3.17[纽约]

亲爱的朋友:

在几天前给你写的那封信,与我的感觉有着强烈的、甚或十分强烈的矛盾或者不相称:我远远没有表达出我对你所怀有的感激的程度。请相信我,我从内心感激你。前天或者上前天如此匆匆草就那封信的原因,你从下述事实便可清楚看到:握笔写的时刻与我们的狗几乎同时到达,可以理解,后一事件使我们全家陷于极度兴奋状态。一句话,这条狗令人不胜喜爱。黑色,而头、颈和四只脚上点缀着些许白色斑点;嘴是灰斑白马的色调。非常温顺,正如一条公寓犬所必须具有的品格,进食有些挑剔(特别爱吃香肠、攒奶酪和止咳糖块),极其忠实,也能保持室内清洁。总之,我们在各方面都有所改善。假若你——我们非常希望——下次来我们这里,你会亲自认识它。如果你不反对,我们将带它到安那波利斯去。

向你亲切致候。

您的
L. St.

8 (致克莱因)

[纽约]1939.4.13

亲爱的朋友:

以米丽亚姆和我的名义由衷地感谢你本月十一日的信。我理所当然地会在星期三,即五月三日到达安那波利斯。米丽亚姆当然将随同前往。

报告的题目我建议称《斯巴达精神或色诺芬的品味》。如果你觉得这个题目太乏味,那就叫:《色诺芬的〈拉克岱蒙人的政体〉》。你能否让你认识的学生事先读一下色诺芬的这篇短文的英译?这样,报告会对他们更有趣。

为即将与你重逢感到非常高兴。

我提议我们星期三到达,以便在报告之后,即在星期四去见布坎南等人。我们大概待到星期五。

致好。

您的

列奥·施特劳斯

又及:米丽亚姆让我请求你将希尔德的地址寄给她。

9 （致克莱因）

[邮戳：纽约,1939.5.1—明信片]

我们将在五月三日，如果顺利将在1时16分到达巴尔的摩卡姆登(Camden)车站。我还不知道这是东部标准时还是夏令时。

我们非常高兴。

最热烈和充满感激地向你致候。

您的

L. St.

10 （致克莱因）

1939.5.9[纽约]

亲爱的朋友！

我要以我们两人的名义衷心感谢你所做的一切。在安那波利斯的这些日子非常好，使我们在各方面都感到愉快。我尤其感谢你介绍我的方式。请代我们向其他人问好，再次向他们所有的人表示热忱谢意。

在厄德斯坦家的访问败坏了我从旅行中得到的清新气氛。我没有告诫他不要逾矩，这大概是错的。对我而言，更重要的是回忆一下他的论证的精确内涵。我自己回忆得起来的只有两点：a.《拉克岱蒙人的政制》究竟是否为色诺芬所撰尚可质疑，因而不可援引色诺芬的其他著作来解释它；b.这篇文章表象上的意向根本不是赞颂斯巴达或者吕库戈。你还回忆得起其他什么东西吗？务请劳驾告知我。我想在决定将文章付印以前，再仔细考虑一下论题。这必须尽快完成。

向你亲切致候。

您的

L. S.

11 （致克莱因）

1939.5.29［纽约］

亲爱的朋友：

但愿你已平安到家。与你谈话对于我是一大乐趣，米丽亚姆很懊悔没能见到你，我们两人都很爱吃你的葡萄干、核桃以及巧克力饼干。

这一学期即将结束，我们开始安排假期的居留地。实现我们的计划关键取决于齐格以及你。我可否问一下，情况怎样了？请立即告知。

现在，我的 Opusculum Xenophonteum（《色诺芬作品》）已被接受付印。

你何时来纽约？何时可望见到你？也请一并告知。

多保重！我们大家向你亲切致候。

您的

列奥·施特劳斯

12 （致克莱因）

Mr. Galocy 转，Wiccopee，Fishkill 附近，纽约

1939.7.25

亲爱的朋友：

你本月二十一日的航空信今晨抵达，即与平信到达这里的时间一样。你白白将三分钱抛向空中。你瞧，你应为有你的躯体和你的凡人灵魂而对之感恩的那个人（你珍贵的 nūs［理智］众所周知是通过门进来的）并非全无道理。

你的信让我乐不可支而又颇受教益。那令人不快的关于德国

的部分自然不会让我们感到意外。在那里,一切仍将继续沿着自己的路走下去。

至于瓦尔堡,她自然没有寄钱来。因此到八月十五日我又将陷入绝望境地。你能否为我解倒悬之急?我需要 100 美元。我可以在 1940 年一月一日前归还,部分肯定还会早些。请你,请你尽力为之。

关于共事的学院现已确定下来。它们是阿姆赫斯特(Amherst)、汉米尔顿(Hamilton)、联合(Unïon)、米德尔柏利(Middlebury)学院和威斯莱因(Wesleyan)大学。我将在汉米尔顿、米德尔柏利和联邦学院各执教六周,在威斯莱因大学三周,全年剩余的时间在阿姆赫斯特。新校有一大帮人为我的离去和对约翰逊的态度或多或少感到愤慨。

潘尼斯的地址:24 Avenue Du 11 novembre, Bellevue, Seine et Oise, France。

我几周来埋头研究色诺芬,在感到完全有把握以后,便再次修饰我的文章,现在可以付印了(在这段时间内我曾将文章抽回,因而它不是在九月号而是在十一月号发表。在施特劳斯家中,这件事是一件令人兴奋的大事)。关于色诺芬,我当着天后盟誓,我并未夸大其词:他是一个十分伟大的人物,并不逊于修昔底德,甚至也不在希罗多德之下。他的史述的所谓缺点,只不过是他对可笑的 erga der kaloikagathoi[既美又好的作为]持有十分鄙夷的态度的结果。此外,只要人们努力睁开双眼,或者如他所称的,只要人们不是满足于 akouein[道听途说],而是乐于去看,便可知道他说出了所有这一切。色诺芬的苏格拉底与柏拉图的苏格拉底乃一回事是毫无疑义的:在两人笔下,这是同一个苏格拉底—奥德赛,学说也是一样。《回忆苏格拉底》的论题与《王制》的论题是同样的:dikaiosyne[正义]与 aletheia[真理]的可疑关系,或者实际生活与理论生活的不可疑关系。柏拉图与色诺芬的技巧极大程度上也相同:都不是以自己的名义写作;《回忆苏格拉底》以及《远征记》的作者不是色诺芬,而是一个匿名的 ego[我];在《回忆苏格拉底》中,色诺芬是唯一一个被苏格拉底名之为"蠢人"的 synōn[同名人]。至于 nē kúna[以(神)犬名义起誓],色诺芬作如下描述:他让苏格拉底讲一个狗向宙斯起誓的寓言!这再明白不过地指出,色诺芬是怎样的一只狗。总之,他奇妙绝伦,无可争议地是我喜爱的作家。

我们这里有三只狗:1.一只公犬,原来是只传奇色彩的看家狗,它越来越深地在我们内心扎下根;2.一只无比美丽的母狗,它接受了我们,因为它以前的主人在我们现在住的房子里离世,是一只具有伟大品格的动物,它使人想到阿斯帕霞(Aspasia),①这就是说,她放荡而又非常精明;3.我们房东的一只幼犬,恰如格劳孔(Glaukon)是阿里斯顿(Ariston)之子([译按]这些人都是柏拉图著作中出现的人物),thymoeides[血气旺盛],喜欢 opson[四下走走看看],十分可笑而又无比甜美。

在这种情况下我们并不过分晦气。我们三人当中感到完全快乐的自然只有托马斯,他毫无障碍地玩他喜欢玩的事。米丽亚姆的健康状况有所好转,尽管她认为被蛇咬过一次,而且还有其他不适。此外,她在对色诺芬的理解上也大有进步,以至于她不再喜欢读陀思妥耶夫斯基的作品了。

致好!

您的

L. 施特劳斯

注意:ἀνδρεία[勇敢]理想之可疑品格。

---

① 阿斯帕霞,古希腊名妓,是雅典政治家伯里克利的第二任夫人。——译注

13 （致克莱因）

Mr. Galocy 转, Wiccopee, Fishkill 附近, 纽约

1939. 8. 7

亲爱的朋友！

　　真诚感谢本月二日的亲切来信。眼下钱的问题由于我从弗利斯(Friess)那里得到一笔预支而得以解决。几乎可以肯定,我在未来整整一年将陷于种种麻烦；因此……我得到保证的只是2000。得到些微提高的希望也有,但颇渺茫。

　　我首先去汉米尔顿。我将在那里面对二十二个学生讲授早期希腊哲学和政治思想。此外,我还应举行几次公开讲座(我建议讲苏格拉底问题)。

　　你关于泰勒(Taylor)所写的一切,与我的印象完全一致,这印象基于他的[柏拉图]《法义》译文和论霍布斯的一篇文章：他是我们这个行星上所能有的最大而同时又最居心不良的白痴之一。至于盖伦(Galen)的《〈蒂迈欧〉注疏》,我只知道它已经完稿,关于出版事宜我一无所知。

　　目前天热得要命：真正的立法天气,这就是说,一种人们需要阴影的天气(参见柏拉图和西塞罗的 *Legg*[《法律篇》])。尽管如此,我仍然开始对[色诺芬的]《回忆苏格拉底》作些札记。这里的一个重大问题是,苏格拉底只关心伦理这个命题,这个全然错误的命题在什么意义上却又重新变得正确起来。最具一般性的回答是明白的：anthropos-logos-on[人-逻各斯-在者]。具有特殊意义的是 philia[友谊]问题,如果对什么是 philia 之所在的理解摧毁了神话的神学(Theologie des Mythos),那么,身居高位者便不可能成为地位低下者的"朋友"；所以,这是对天意(Providenz)的否定。我认为,这是《回忆苏格拉底》的中心思想。

　　令人叹为观止的是忒奥多德(Theodote)一章：苏格拉底向一个美丽女人指出,她怎样才能赢得朋友的讲辞,这个女人与任何一个说动她的男人上床,她要求苏格拉底去见她,苏格拉底断然拒绝要

求,只是有条件地允许她来见他。这个忒奥多德就是美德:因为美德没有能够从自己方面赢得的朋友;只有苏格拉底的奥德赛式的雄辩才可能为美德赢得朋友,而他本人却又不使美德靠近自己。请你读读这一章(Ⅲ,11)。至少我自以为基本上读懂了色诺芬关于苏格拉底的著作,包括《远征记》、《希腊志》、《居鲁士的教育》和几篇短些的文章。最难懂的是一些关于狗和马术的文章。我觉得我所能认识到的是,关于希帕赫恩(Hipparhen)①的文章论述的是作者的问题:个别的骑马人、个别的讲话。未来将教人更进一层的东西。

我希望你能告诉我,《蒂迈欧》究竟是什么意思。

快些回信。

致好。

您的

列奥·施特劳斯

我现在被要求从大学哲学系主管接过《通用犹太百科全书》的编辑工作。我如果担当此任,便可能助布什维茨一臂之力,这个动议出自沃尔夫逊(Wolfson)。

在色诺芬的 Kynegetikos (《狩猎术》)中有这么一句话: οὐ λανθάνει δέ με ὅτι καλῶς καὶ ἑξῆς γεγραμμένα φήσει τις ἴσως τῶν τοιούτων [即那些人指责智术师而非指责哲人] οὐ καλῶς οὐδ' ἑξῆς γεγράφθαι [我并非没有注意到,这些人(追随哲学的人)当中有人也许会说,被写得优美而又有条有理的东西,写得不见得就优美而又有条有理]。这段话自然被认为是有脱漏的句子(korrupt)。

---

① 希帕赫恩(? —前514),雅典僭主庇西特拉图(Peisistratos)的继承人。——译注

13a （克莱因致施特劳斯）

1939. 8. 14

亲爱的朋友：

这次我想告诉你，在研读《蒂迈欧》时让我绞尽脑汁的几种解读，不仅为了让你高兴，也为了使我自己达到某种程度的清晰理解。情况表明，你可能是唯一一个相信我的人。我自认为对《蒂迈欧》的"框架"已经有所领悟，其意义自然会超过单纯的"框架"。阅读时的第一个问题是：在蒂迈欧讲话之前的阿特兰提斯故事应是怎样的？众所周知，有几个十分狡黠的人曾想将这个故事移到《克里提阿》的开头。阿特兰提斯故事引人注目的地方在于，强调"古人"，强调原初古人。说话人是克里提阿。从时间上看，这个克里提阿实际上不可能是"僭主"（[译按]据历史记载，克里提阿在雅典于伯罗奔半岛战争中失败之后成为三十个僭主之首）。他被描绘成另一种人，他太老迈了，虽然在对话文本之内无需在意"编年顺序"，但"僭主"毕竟完全不切题。当然，人们不可因此而心安理得。假若这并非僭主克里提阿，为什么是另一个克里提阿呢？后者 a. 是僭主的祖父，b. 自己本身又有一个祖父克里提阿。现在来看第一个问题：如果克里提阿展示了"大纲"，按照这个大纲苏格拉底应获得摆在他面前的客人赠礼，那么，第二个讲话的应是他，可事实上他却作为他的叙事中的第一人率先说出了最重要的内容。《克里提阿》本身仍然是残篇……当然，这可能是"自然的"，而非有意未完成的残稿。为什么不可能呢？不过，无论如何，还是叫人看不明白，因为《蒂迈欧》和《克里提阿》肯定不是柏拉图最后完成的作品。此外，还缺少在《克里提阿》(108a-d)似乎曾肯定许诺过的《赫尔莫克拉底》(*Hermokrates*)，甚至从克里提阿在《蒂迈欧》中所展示的"大纲"也必然得出这一结论。不过，从"大纲"（《蒂迈欧》27a-b)还不能确切看出赫尔莫克拉底会讨论些什么。

在前一天，克里提阿、蒂迈欧和赫尔莫克拉底是苏格拉底的客人。今天，苏格拉底在他们那里做客。昨天还有"第四个人"在场，今天他就"病了"。如上所述,克里提阿是"知名的"克里提阿的祖父(而且自己还有一个叫克里提阿的祖父)。蒂迈欧是不知名的——我的意思是"从历史上看"——但至少被认为出生于意大利南部。赫尔莫克拉底对于雅典人(因而也对于我们)十分知名:他在西西里狠狠地教训了雅典人,他是一个出色的军事统帅。为什么会有这种联想?

回答是:此三人代表着克洛诺斯(Kronos[译按]天神乌拉诺斯和地神该亚的儿子)、宙斯([译按]克洛诺斯之子)和阿瑞斯(Ares[译按]战神,宙斯之子)。"昨天",当苏格拉底讨论政制(Politeia)时,这三个"神"在苏格拉底家做客;"今天",苏格拉底在"三个神"那里做客,受到"神灵般地"接待。众所周知,克洛诺斯最年长,所以,他必然——恰恰在时间上——走在前面。他是朱庇特和阿瑞斯的父亲,他作为"克里提阿"是蒂迈欧和赫尔莫克拉底这两个"外来者"的主人。他阴沉忧郁,喜爱黑夜。因而"克里提阿"在夜间(26b)思考古老的历史。他属于久远、久远的古代——正如他所讲述的故事,故事的结尾是雅典和阿特兰提斯沉入深海消失——正如传说中的他本人。然而,按照——可以证明的——"俄尔甫斯教式的"(orphisch)解释的说法,克洛诺斯一再"返老还童",因而一再有"克里提阿"。而且,连"僭主"克里提阿也带有克洛诺斯的特征:《蒂迈欧》里的克里提阿集所有可能的"克里提阿们"于一身。讨论"政制"的事务完全属于他分内的事,正如这是僭主克里提阿分内的事一样。《蒂迈欧》和《克里提阿》里的克里提阿叙述一个"美好、古老的时代",叙述*谚语称之为* ὁ ἐπὶ Κρόνου βίος [克洛诺斯统治下的生活]的生活时期。不应忘记的是,对希腊人而言——虽然语源学上完全不是这么回事——Kronos 与 Chronos[编年]有关联。——蒂迈欧的宙斯角色产生于他在对话本身中的角色:他是万有("众神与人类")之父——虽然只是 τῷ λόγῳ [这么一说](27a)——他描绘了可见宇宙的结构与"生成"。——赫尔莫克拉底只是武士而已。他很适于这里可能进行的谈话,这是"许多人"的看法(20b)。可是,有趣的是他根本没"发言"。苏格拉底与之聚会的三个"神"是三个

"统治者",他们昨天倾听苏格拉底关于真正的统治的教诲,"今天"又教授他非常可疑的事物。克洛诺斯-克里提阿在《克里提阿》里(107a/b)说得够奇怪的了: περὶ θεῶν γάρ, ὦ Τίμαιε, λέγοντά τι πρὸς ἀνθρώπους δοκεῖν ἰκονῶς λέγειν ῥᾷον ἢ περιθνητῶν πρὸς ἡμᾶς [谈论神明,蒂迈欧,其实总比谈论凡人要方便得多,也更容易取悦于人]。"我们"是"长生不死者"(参《蒂迈欧》27c/d: ἑπομένως [远离死亡]这个词模棱两可)。而且,对"众神"的嘲讽贯穿于整篇对话。

可是,克洛诺斯、宙斯和阿瑞斯不仅是古老的"神",而且是"更具真实性的"神,即都是相应的行星。这就是说,按照《蒂迈欧》自己的"天象学"的说法,土星(Saturn)、木星(Jupiter)和火星(Mars)与月亮一起构成一组行星,而太阳、金星和水星则是另一组(以同等速度绕行)行星。塞琳娜[Selene[译按]希腊神话中的月神]首先是"女性",其实根本不是"神"的名字。所以,"第四个"就"病了"——对话便由此立即开始。

可以说,这就是《蒂迈欧》的"框架"。我还要指出 Kronos[克洛诺斯]与 Kritias[克里提阿]的首音相同现象看似并非偶然,以及 Timaisos 和 timē 的联系。

你对此有何看法?这与你的"隐微术(Esoterik)"相合吗?

[雅各布·克莱因]

14 (致克莱因)

Wiccopee, 1939. 8. 18

亲爱的朋友!

很抱歉,我又不得不向你告贷,米丽亚姆的姐妹贝尔苔在英国,我欠她58美元,我必须在九月一日将这笔钱汇给她,而到那时我又没钱了。只有当弗利斯从哥伦比亚返回时,就是说,至迟在九月中旬,我才会有这笔钱。因此我的问题是,你借给我 58 美元用两周。请务必答应我的请求。请将支票寄到这里来(邮政汇票寄往纽约 Hopewell Junction),假如至迟在本月三十日前能够到达这里的话。九月三十一日,我们返回纽约。

关于犹太百科全书,我要顺便征求一下你的意见,你是否愿意写"胡塞尔"这条条目。生平资料你很容易从他儿子那里了解到。至于他的学说,你在襁褓中便已汲取它,没有第二个空间才智能像你一样全面了解其前因和背景,还有谁比你能够给予最得体的表述呢? 而且你做的会是一个 mizwe(Kalon[善举])。此外,你会得到一笔现金(agathon[财富])。

这里异常热,又热又湿。有时真正会感到对生活的倦怠,持续工作几乎不可想像。我的色诺芬统计(dialegesthai、philoi 以及其他重要词语的用法)几乎还未动。不过,我现在毕竟完全读懂了《回忆苏格拉底》,如果完全读懂这类书与弄懂其结构是一回事的话。它与柏拉图著作所表现出的一致令人吃惊,眼下太令人吃惊,不禁要吃惊地问:色诺芬和柏拉图难道竟是两个不同的人? 这种相近现象无疑是由于学说以及手法相当大的部分来自苏格拉底本身,而在另一方面,也不可排除某种程度上的相互影响。最令人吃惊的是色诺芬自己(在《会饮》中)议论柏拉图! 如果可以将这类东西称为"议论"的话。他在《会饮》里以漫画图景推出苏格拉底—柏拉图—色诺芬这个三人组合。苏格拉底的漫画形象是迈耶尔(Heinrich Maier),我指的是安提斯忒涅(Antisthenes)。① 色诺芬的漫画形象是丑角菲利波斯(philippos,意为爱马者),他只是在有可能让人发笑时才显露自己的本色。柏拉图的漫画形象是表演奇迹的叙拉古人,此人被以一种奇怪方式等同于苏格拉底的指控者(因为他写了申辩辞,——此事自然并不存在!),他的主要奇迹是演示狄奥尼索斯

---

① 安提斯忒涅(约前 445—前 365),希腊哲学家,苏格拉底的学生,犬儒学派创始人。——译注

(Dionysos)和阿里亚德涅(Ariadne)。① 狄奥尼索斯当然就是狄奥尼修斯(Dionysios)(伊壁鸠鲁称柏拉图为狄奥尼索斯的追随者,这是考虑到 a. 他的伶人行当,b. 他与狄奥尼修斯的关系。不过,这则戏谈并非出自伊壁鸠鲁,而是源于色诺芬)。在《会饮》中,菲利波斯为了替苏格拉底辩护,反对提出指控的叙拉古人,要以比喻挖苦后者;这时苏格拉底对他说了下面的话:"如果你认为在某个方面比他更好,便是污辱他了。"如果这不是所曾写下的至高赞赏,我就不知何者为至高赞赏了。——我们恰恰是用隐微术才 epaggelomai[可望]弄懂《唐·吉诃德》的。诀窍在于:此书是两个作者所作,塞万提斯(Cenvantes)和西德·哈默德(Sid Hamed),即一个基督徒和一个穆斯林的作品。你一旦取消对一个作者的人为分裂,你便看到作者既是基督徒也是穆斯林,这就是说两者都不是。可见,作者是哲人,唐·吉诃德是宗教创始人,而桑丘·潘是宗教信徒。这就是说,唐·吉诃德是基督教(可悲的形象)和伊斯兰教(圣战)的整合;他之所以超越其前人,是因为他有教养而又有礼貌。杜尔西内娅是玛利亚。军团暗示宗教改革。你再想一下《唐·吉诃德》中书籍的作用:基督教和伊斯兰教都奠基于书本。唐·吉诃德的行动全是奇迹。抽空再读一遍这本书,你会发现情况便如此。

快些来信。我们大家向你亲切致意。

您的
L. St.

---

① 叙拉古(Syrakusan),古代西西里岛的一个城市名。狄奥尼索斯,希腊神话中的酒神。狄奥尼修斯在前 367—前 357 和前 346—前 344 年期间是叙拉古的统治者,曾以柏拉图为他的谋士。阿里亚德涅,希腊神话中克里提亚的女儿,据称她嫁给酒神狄奥尼索斯为妻。——译注

15 （致克莱因）

Hamilton College, Clinton, N. Y.
1939. 10. 10

亲爱的朋友：

你大概感到震怒——让我说得文雅一些。当时我无论如何也办不到，只有当学院发给我酬金时才可能办到。我祈求苍天一定不要让你挨饿、口渴或受冻。请多多包涵。

我独自一人在这里。米丽亚姆在纽约租了一个较小的住宅（511 West 232nd, Apt. 21-A）。这里的学院就是一所学院；我由于没有可资比较的，对它也做不出更多的评论。只有一点可以肯定，它绝对无法与你的学院相比。我颇为失落，但图书馆蛮好，生活也便宜。此外，我听说这里风景很美，我虽未细看却相信此说。

容我赶忙转入正题。你在上封信里就《蒂迈欧》作了几点谜语般的暗示（原谅我啰唆）。我自此以来便极度好奇？问号是一个失误："它"预先推定了问题。情况果真如此？柏拉图与亚里士多德之间的差异比你——让我们假定——三个月前所设想的大大缩小了吗？请你稍详细地回答我这个问题。

我这段时间读了一本书，关于这本书我先验地相信，它是理解《蒂迈欧》不可或缺的：赫西俄德（Hesiod）的《神谱》（*Theogonie*）。这自然并非书名所证明的神谱（哪个优秀作者在书名里指明主题，而不是让读者去发现呢），而是对何谓初始的非生育事物这个问题的回答，也是从这个问题方面来说明奥林匹亚诸事物，最终它启迪人思考这些问题和回答的含义，这就是智慧的含义。初始事物并非众神，而是诸如大地、天、星辰、海洋这类事物，它们在一点上明显地不同于 theoi（haplōs [诸神］）。进入此书的钥匙是它作为主题明确指出的诸缪斯。诸缪斯有着双重的谱系：1. 从显白（exoterisch）一面看，它们来源于宙斯和摩涅莫绪涅（［译按］Mnemosyne，记忆女神，宙斯化作牧人与她媾和生了诸缪斯）；2. 从隐微（esoterisch）一面看，它们是海洋的苗裔。其间的联系，你在《奥德赛》开端以及在《泰阿泰德》和《形而上学》中基于泰勒斯定理起源的解释就会猜出来。所有这些全是真理与谎言的混杂,这在对赫西俄德的启示(行 26-28)里说得很清楚(耶格尔、维拉莫维茨和所有其他人的解释将事实完全颠倒了)。赫西俄德事实上对初始事物作何设想,我不得而知。柏拉图在《克拉提洛斯》谈到这个问题时说 oimai[据认为]。不过,我肯定明白了 Erga[劳作]和 Hemerai[白天]是什么意思。你曾提出过关于标题的意义问题。我的回答是:取消每一成分,代之以从诗本身可以证明的相反成分:epē kai nyktes,即委婉的讲话。主题是:夜莺与鹰,也就是歌手与国王之间的一场竞赛,具有一种显白的 hoi polloi[百姓]道德(这后一点,即显白的对劳作的赞颂品格几乎就在表面)。赫西俄德显然是歌手。

简而言之,柏拉图在《泰阿泰德》中关于史前时代的诗人所说的话,即他们以诗掩饰哲学,就赫西俄德(他在《王制》的某个地方也出现在名单的中心)而言,的确可以得到证明。我深信,在荷马作品中情况也并无不同。你再研究一下阿喀琉斯(Achilles)的盾牌!《奥德赛》中与奥德赛的自我相认,还有忒尔西德(Thersites[译按]荷马史诗中攻打特洛亚的希腊人中最丑陋的人,秉性粗鲁而胆怯)居然讲出真理这种怪诞事实。以莎士比亚,即以形象超越思想的原则定位,对于理解披着文学外衣的智慧是一种不幸。

关于我的讲课(柏拉图以前的希腊哲学,包括柏拉图,六周讲完!),我自纳托普(Natorp)时代以来第一次重又讲读《帕默尼德》残篇(莱因哈特[K. Reinhardt]就《帕默尼德》所说的话,远在耶格尔哪怕仅就其自己的成就所可能希望达到的所有一切水平之上)。帕默尼德后退一步与赫西俄德相近,前进一步与柏拉图相近,这颇为显著,一看便知。另外,你是否注意到,在表达形式上,所有的东西都是阴性的:女神、那些精灵、太阳少女、马、阿那克、狄凯和毛拉,帕默尼德是出现的唯一阳性。解释就在 A 52f:女人比男人"更温暖"(即"更光亮")。这在对 andreia[勇敢]的批判中是一个里程碑。这个命题像《王制》就妇女平等所说的话一样,具有嘲讽意味,——在两种情况下背景是一样的。可能看到的还有几点,只要人们不是相信"希腊人",

而是相信哲学的话(请不要耻笑你这个已经进入不惑之年的小朋友)。

我在这里待到十一月九日。然后到纽约住两天,十二日去联合学院(Schenectady)。请写信来。

关于贝廷娜和我父亲,我听到很好的消息。克劳斯在耶路撒冷同古特曼谈过。古特曼对克劳斯说,他针对我写了一篇文章,克劳斯回答他说,已经太迟了,因为我现在对迈蒙尼德有了全新的诠释。

多保重。

致好。

列奥·施特劳斯

16 (致克莱因)

[Hamilton College, N. Y.]
1939.10.25

亲爱的朋友:

我知道,我的这次询问没意义,可我不得不征求你的意见。在美国要出版一本胡塞尔纪念文集(英文)。文章至迟必须在两周之内寄达。你能否写点东西(20打字页)?也许关于胡塞尔和哲学史问题(特别是与他的几何学文章有关的内容)。如果你愿意而又可能写,就立即——根据考夫曼(Felix Kaufmann)的要求——写信给纽约州布法罗大学法伯(Marvin Farber)教授。这就是我的委托。你也许会通过胡塞尔了解更多的有关情况。

今天一早我收到刚好为米丽亚姆作过检查的医生的一封信。情况很不正常。所幸的是不必也不可能动手术,但总的情况却令人很不安:化脓并有肠梗塞危险!现在要尝试作照射。我不太知道为什么要给你写这件事,不过,你一定会理解。

我的研究只是缓慢进行。是否有作为术语的 δυσσυνέτα

διαγράμματα[难以弄明白的符号]？这是否可能意味着：是不可以数字表达的值？以某种方式与毕达哥拉斯有关联吧？无论如何，我完全没理会这些，从色诺芬的著作获得足够的推定证据（Indizien）说明苏格拉底哲学的毕达哥拉斯背景。色诺芬是个非常了不起的人物。

此外，我现在原则上读懂了《会饮》：它是关于阿尔喀比亚德亵渎奥秘的"真实"说明，并非阿尔喀比亚德而是苏格拉底透露出奥秘。这是说明下述著名事实的一个例子："真正"指控苏格拉底的是柏拉图。

关键在于以 πενία[贫乏]取代普罗托斯（Plutos）神话中的 Γῆ[大地]：这就是渎神。

一周后你就会收到归还的钱。衷心感谢你的高度耐性。

致好。

您的朋友
L. St.

17 （致克莱因）

[邮戳：Clinton，N. Y. 1939.10.27—明信片]

我已将钱寄出，请尽快告诉我汇款是否到达。
我把这优美的拉丁文全忘了——呵，我这可怜的人。
多保重！

L. S.

18 （致克莱因）

1939.11.7

亲爱的朋友：

你为什么没有向我确认已收到 58 美元？我很为此担心，请写信提一句。我将在星期五清晨离开汉米尔顿去米丽亚姆那里待三天。地址：Apt. W-21 511 West 232nd Street，纽约。

三天前，我收到科舍夫尼柯夫十月十四日的一封信。他请求我帮忙，事由如下："我不知其地址的克莱因肯定想给菲勒小姐写信。我记得她住 Breitenbach platz Nr. 18。倘若克莱因给她写信，请向她转达我的问候，我当非常高兴。"

"至于我的情况，我对自己的命运全然不知。我收到带'后备役'标识的'新兵服役文件'，我应服兵役，当步兵部队的普通士兵。我肯定会被征入伍。何时，——谁也不知道。再说，我有一份 12000 法郎的助学金，还有图书馆的工资，所以，经济上是有保障的。但在这种条件下研究却很困难。"

我心境不佳——除了忧虑别无其他（我父亲、米丽亚姆的健康状况、没工作、没钱），没继续研究的条件——请快些来信。

您的

施特劳斯

19 （致克莱因）

[Union College, Schenectady]

1939.11.28

亲爱的朋友：

你始终没有告诉我你是否收到 58 美元。此外，你也没有证实收到我关于色诺芬的文章。你肯定可以想象，我多么紧张地盼望着你对这篇立论大胆的小文的看法。最好你能费神看一下色诺芬的《拉克岱蒙人的政制》,因为我只是提出了部分论据。另外,在你作出判断以前,请注意我文章的注释部分。厄德斯坦毫不迟疑地提出,可以公开发表。他的评价按其意图为一棍子打死,这个评价基于仅听过文章的一半(未带脚注)和对文章本身或多或少不确切的回忆:他对所罗门说,系当局在采用这篇文章之前,应请一位古典语言学家作鉴定,征询一下意见!专家们的这样一种鉴定会有什么结果呢?这些专家对一切都持先入之见,例如在保利和维索瓦①的古典百科全书里,就没有"隐微的"和"显白的"这样的简短条目,厄德斯坦自己的行为就再清楚不过地说明了这一点。我一定要对形形色色的评说有所准备,尤其当与主流见解的距离每一周都在扩大的时候。关于赫西俄德,我已给你写了信。我现在深信,所有的柏拉图书信(包括第一封)都是真实的:它们是柏拉图与色诺芬的《远征记》相对应的作品。它们表明,作者并非因苏格拉底的缘故而堕落的:作者始终如一地隐蔽在对话里,而书信以及《远征记》的目的,则是说明隐蔽者绝无恶意,绝对正常。柏拉图最早的三封信和最后一封信是写给一个僭主(狄奥尼修斯)的,他以此显示自己是正常的;此外,那些写给哲学家们的信讨论的完全是政治;只有在致政治家的信里才谈到哲学,可以说:仔细阅读完全打破了整体赖以奠基的幻想:第七封信恰恰处在中间!而且,在色诺芬的著作中,"数字神秘主义"起着令人惊异的巨大作用——尤其七,似乎是影射隐微涵义的象征(这与迈蒙尼德恰恰一样!)。苏格拉底—柏拉图—色诺芬—安提斯忒涅(Antisthenes)的关系,可以据色诺芬的《会饮》得到彻底澄清:安氏只理解显白的苏格拉底(他所喜爱的只是他的 $\sigma\tilde{\omega}\mu\alpha$ [身体],他的 $\kappa\acute{\alpha}\lambda\lambda o\varsigma$ [美],而不是他的 $\psi\nu\chi\acute{\eta}$ [灵魂]:苏格拉底非常慷慨,$\check{\alpha}\nu\epsilon\nu\ \grave{\alpha}\varrho\iota\vartheta\mu o\tilde{\nu}\ \kappa\alpha\grave{\iota}\ \sigma\tau\alpha\vartheta\mu o\tilde{\nu}$ [不计其数也没有限制地]将财富给予安

---

① 指保利(August Pauly,1796—1845,古典语言学家)编的《古希腊罗马文化研究实用百科本书》(Real - Encyclopädie der classischen Altertumswissenschaft,1837 年后陆续出版)。后来,维索瓦(Georg Wissowa,1859—1931)又推出增订新版(1893—1909 出版,缩编本共六卷)。——译注

氏);色诺芬将自己排在柏拉图之下！除了你,我确实不知道我怎样才能让一个人相信这一说法。

里茨勒认为我的命题"可以成立",他的判断最好不要受莱因哈特影响。阿斯考利(Ascoli)谴责这"整个的方向",认为具有"犹太法典倾向"(talmudistisch,这个说法并不全错),那些去年与我一起读过《法义》的年轻人则相信我的命题。布坎南说些什么？(我给他寄去了一份。)

我将在十二月六日在这里就迫害与写作方式举行一次公开讲课。米丽亚姆将到这里来。

我的讲课将讨论柏拉图、亚里士多德和霍布斯的政治哲学。我间或也上拉丁文课(罗马人的自然法与民族法)和希腊文课(试论苏格拉底)。此外,十二月十二日我将在古典俱乐部讲色诺芬,最后在犹太会堂(!)讲迈蒙尼德。

教课确实是美妙的事。我相信我这么做是为了使我的上司们满意。特别充满刺激的是,首先不动声色地陈述显而易见的苏格拉底学说,然后以迅雷不及掩耳的方式攻击这些原初的阵地。

约翰逊正式将我从新校系的成员名单中删去。我又完全站在我在1938年一月起步的地方。你知道有什么机会吗？

致好。

您的

L. 施特劳斯

一九四零年

1（致克莱因）

1940. 2. 20

亲爱的朋友：

多谢你亲切的来信。有关我们情况的描述，你从所附的信里便可看到。我们在后天前往阿姆赫斯特，希望能够在那里待到九月一号。

致好。

您的
列奥·施特劳斯

2（致克莱因）

16 South Prospect Street, Amherst, Mass.
1940. 7. 30

亲爱的朋友：

由于我不知道科瓦热是否有你的地址，这就是说他是否能给你写信，而事情——正如你即将看到的——又颇为紧迫，我想告诉你，我刚刚收到他的一封信（他正在海龄家，在克莱蒙费朗[译按：Clermont Ferrand，法国中南部的一个城市]）。他在信中告知，他必须离开法国。他问是否可能得到某一机构的邀请信，或者一份为他和他妻子的担保书。我已给弗利斯写了信，至少将他登录到名单上。如果我没记错，克翁在巴黎时认识科瓦热。克翁是否能为他尽点儿力？你比我更容易与克翁取得联系。科瓦热在给我的信中提到他在春天发表了一本关于伽利略的书。他没有得到科舍夫尼柯夫的消息。

请尽快告知你是否找得到一个办法。

希望你过得很好。

致好。

您的

列奥·施特劳斯

3 （致克莱因）

16 South Prospect Street, Amherst, Mass.

1940.8.12

亲爱的朋友：

衷心感谢你立即回信以及你致克翁的信。

你的友善胸襟给了我向你提出一个非常重要的请求的勇气。在过去的一个学年里，我得到的报酬太不合理，以致我陷于极度的窘境。因此我想问一下，你能否借给我 100 美元，度过八月十五日到九月十五日（新校的第一个发薪日）这段时间。如果你能立即对我这项请求表明态度，我非常感激你。在回答你的问题中我要告诉你，贝尔苔在剑桥（英国），她的儿子在加拿大的一所临时寄宿学校，我定期收到我父亲的消息（今晨刚刚收到一张明信片），从这些消息当然不可能推知，我已经有几个月以来没有再听到贝廷娜的任何消息（只是间接消息：科瓦热直到六月间还在开罗见到过她和克劳斯）。米丽亚姆还好。托马斯茁壮成长，算术有些困难。我们明年又将去新校。

你写信时只字未提你的健康情况。我希望你很好。

至于你询问有关科瓦热的情况，这再简单不过了，我将他的信附上。请读后立即退还给我。

致好。

您的

列奥·施特劳斯

一九四一年

1 （致克莱因）

511 W. 232nd Street
纽约，1941.1.11

亲爱的朋友：

但愿你平安到家，从纽约的劳累中休息了过来。由于千百种拖累，我无法更早一些给你写信。关于马丁的资料，我放在最后写，因为米丽亚姆这会儿不在，我正好有写信的时间，想充分利用。

我得到了贝廷娜和克劳斯的消息（十一月二十二日）。贝廷娜的信说，科瓦热和夫人已到达贝鲁特（Beyrouth），正在前往开罗途中。另外，克劳斯的合同到九月中止，他们很愿意来美国。萨顿（Sarton）"很了解"克劳斯，"他特别同情捷克斯洛伐克人"。克劳斯患有重病。你能否直接或间接说动萨顿为克劳斯尽力。

再者，关于温特（Winter）夫人。请读一下所附的信。所可能做的唯一一件事是，为她和她儿子搞份移民担保书。我在这里所认识的人已经用尽了他们的担保机会。你的同事中是否有某个人（在这些人当中大概还没有哪个人曾为这种目的而被人请求过吧）愿意出具一份担保书，也许一份为母亲，一份为儿子！如果有，请即写信告诉我（附上温特夫人的信），以便我能够请她准备好必要的材料。

布莱克曼夫人的地址是：17, Eachard Rd., Cambridge, England。

现在谈马丁。1920年12月21日生。在埃尔夫特上实科中学一直到十四岁，因纳粹上台而离校，接着在一家犹太人的园艺教学农庄学园艺和农业；后来在德国以及英国当园丁，他在英国准备升大学的课业，现已具有中学毕业生的一般知识；他的亲戚为他提供去美国的移民担保。我们对你的请求是，尽你所能使他尽可能快地在某个学院，尤其在一个农学院取得一个研究人员职位，这样一来，他就无须等待，或者（这确实并非欺诈）被从加拿大遣送回英国。

谨代米丽亚姆向你特别致谢。多保重！致好。

您的

LS.

2 （致克莱因）

511 W. 232nd Street

纽约，1941.5.10

亲爱的克莱因：

  这封信也许会遭遇在以前的无数封信的命运；可是我别无选择。我刚刚收到"美因河畔法兰克福救助协会"的一封电报，电报请求我为我父亲和汉娜办移民担保。我担心他们会被移送集中营。我父亲几个月来就请求我帮助他到这里来；但是，且不说我的担保不符合要求，旅费（肯定要800美元以上）也必须在这边筹措。可我得到的钱甚至还不够应付我们的日常开销。约翰逊拒绝为改善我们的境况提出的任何要求；至于阿斯考利，你最清楚他那边所发生的事。我想请你告诉我，是否认识一位殷实富有的美国公民，他愿意为我父亲和汉娜出具移民担保。担保只有行政手续上的含义。假如你认识某个人，我就将材料告知你或者他。

  致好。

L. 施特劳斯

3 （致克莱因）

511 W. 232nd Street
纽约，1941.7.24

亲爱的克莱因：

我知道你不会回复这封信。我写它只是因为，我不愿因未做能够做或者被认为能够做、为帮助他们而又必须做的事受到克劳斯和我妹妹责备。

洛维特向我提到，你曾告诉他说，你已经为克劳斯采取了某些步骤。我想知道关于这些步骤更确切些的情况；特别是1. 哪个学者愿意写有效的鉴定书；2. 是你看到过教堂司事，还是其他人与巴尔的摩医学史研究所有联系。我曾就克劳斯的事与纽约的一个委员会接触；他们愿意帮忙，但不可能在我所能提供的材料的基础上有任何作为。这事当然非常急迫。

致好。

您的
列奥·施特劳斯

一九四二年

1 （致克莱因）

[邮戳:纽约:1942.2.6—明信片]

亲爱的朋友:

我可否提醒你代借托马斯·阿奎那关于政治学的注疏以及 S. Th. 的《神学大全》卷一、二？非常感激你，如果你能在近期将这些书寄来的话。

米丽亚姆和我非常感激你。我们很想尽可能早地见到你。

永远忠于你的
列奥·施特劳斯

2 （致克莱因）

3900 Greystone Ave.

纽约，1942. 11. 3

亲爱的朋友：

衷心感谢你为我们所做的一切，尤其感谢最后一个夜晚的谈话。但愿我们能在不太远的将来继续这种谈话。我就此给你写了一封相当长的信，米丽亚姆担心，它令人无法识读。我将此推到以后再说。

我见过厄德斯坦。我向他解释了您未通信息以及其他方面的情况。你应尽快去看看他。他写了一本关于阿斯克勒庇俄斯（Asklepios）（［译按］希腊神话中的医神）的书。

不要忘记买洛克的书（如果低于 2 美元的话）。

邓尼斯（Denise）近期将去看望你。我还没有与科瓦热谈过。

米丽亚姆让我衷心感谢并热烈问候你。

请抽暇读一下关于哈利维（Halevi）[①]的文章，并告诉我你对此文的感想。

对你为我们所做的一切再次表示谢意。请代我们再次向布坎南致谢。

致好。

您的

L. S.

又及：你究竟是否将我的《迫害与写作艺术》一文给布坎南读过？

附照片一张。

---

① 哈利维（Juda Halevi，或 Jehuda Halevi，约 1075—1141），犹太诗人、医生和哲学家。——译注

一九四五年

1　（克莱因致施特劳斯）

210 College Ave, Ithaca

纽约州,1945.7.16

亲爱的米丽亚姆,亲爱的列奥:

　　今天一早接到希尔德的一封信。此信写于六月八日,即投降后一个月,依旧是那种有力、直挺挺的笔迹,用英文匆匆写就。她证实了温特斯维尔(Winterswyl)之死(一九四二年十月一日):死于火车出事,她是目击者。他们从一九四一年开始生活在弗莱堡,没有结婚,一直等待着罗马的证明(它总有一年会来的……),两人靠写作生活,与赫尔德出版社有联系。她母亲死于一九四一年。她父亲在一九四四年与她一起住在弗莱堡,"一九四四年十一月二十七日弗莱堡遭受狂轰滥炸期间,我们两人都失去我们的家和几乎所有属于我们的东西"。城市"像所有德国城市一样"被毁了。在夏洛特堡的房子是否还在,她不得而知。这一年的二月,他父亲离开柏林(他想必又曾回到了那里),"出于对俄国人的恐惧",随身带着洛蒂(希尔德的姐妹)和她两岁的孩子萨宾娜。洛蒂的丈夫是药剂师,不允许离开市区。他后来怎样,谁也不知道。希尔德的兄弟也是这种情况。他的房子在1943年遭到破坏(在汉堡?)。他将妻子和儿子送往施勒斯维希-荷尔斯泰因,只身与他的公司(税务咨询?)留在波茨坦。自三月底以来再也听不到他的消息了("滞留柏林的人们在这种情况下是否能够活下来,谁也不知道……")。希尔德从弗莱堡前往霍恩施塔特(在纽伦堡附近),想将她父亲和姐妹及孩子接走,并打算将他们一起安置在黑森林的一家农舍。然而,他们两人,即父亲和姐妹却犹豫不决,最后想走也来不及了。他们全都滞留在原地,经历了战争的最后几个星期,那必然是非常艰难的日子("四月十七日,我们被美国第三军解放")。军政府给予希尔德返回弗莱堡,即法占区的特别许可。火车当然没有了。信是在霍恩施塔特写的：一个美军军官在六月十四日通过美军邮局发出。它在七月十三日寄达安那波利斯（学院）。希尔德希望能留在弗莱堡生活。

"我在那里有些朋友，希望靠写作，当然也靠教书维持生计（我在德国文学圈子里，尤其在天主教文学圈子里并非毫无名气）。"仍可通过赫尔德出版社与她取得联系。

她想知道你们的境况怎样。她证实克吕格被征召入伍。克吕格在明斯特的房子遭到破坏。她不知道，他一家人的情况怎样，克吕格是否还活着。甚至伽达默尔也曾在去年被征召入伍！希尔德自己与布尔特曼保持密切联系。但自一月以来，她再也没有听到他的消息。自一月以来，可以说德国的一切交通全停了。

她请我给她寄"我们这里所急需的那些东西"：咖啡、茶、巧克力等等。她还让我自己的想象力设想这个问题……她认为我们重逢并非不可能。

这基本上是信的详细内容。你们可以想象，它搅得我心绪有些乱。

致好。

你们的
雅沙

（出版托马斯的书的加拿大那家出版社叫什么名？里茨勒提到的那个数学家是哈达马德[Hadamard]吗？）

我在这里的图书馆发现了最后一期《语文学家》（*Philologus*，1940年六月，卷94，第1/3期），载有纳斯特尔（Wilhelm Nestle）的文章《色诺芬与智术师》。或许会让你感兴趣吧。

你看到过麦耶霍夫（Meyerhof）对克劳斯的书的评论吗？载《伊希斯》（*Isis*），1944，卷35，第3辑。

一九四六年

1　（致洛维特）

1946. 1. 10

亲爱的洛维特：

　　在严守秘密的条件下我告知你，哲学系和专门委员会都建议，1948年春季学期聘请您。系里的决定将在下周（一月十五日）下来。我十分高兴。

　　关于您让我通读您的著作的愿望，可惜我无法实现。我的课业太多地占用了我的时间，倘若我能在六月之前完成我必须写的一篇不长的文章，就不得不感到庆幸了。

　　正如您从我的文章里所看到的，我的情况一点儿也不好。人越来越老，办不成什么事。这个国家的生活对我这样的人真是难之又难。必须为哪怕最简单的研究条件斗争，而在每一场斗争中都以失败告终。我很想将您提到的我的苏格拉底政治学研究付印。但在这里是不可能付印的。假如我有时间，想将它倒译成原文，设法在瑞士出版。在这里，凡是不合模式的东西就已经输了。我记不起谁曾向我讲过布尔维茨姐妹的事了。但我认为来源可靠。关于F. 布什维茨我一无所知。

　　衷心致候。

您的
列奥·施特劳斯

2 （致洛维特）

3202 Oxford Ave, NY63
1946. 8. 15

亲爱的洛维特：

由衷感谢对我就怀尔德（Wild）的评论所提的意见。您的友善使我感到大为宽慰，因为我又再次遭遇沉船，这就是说，我看到我有必要重新从头开始。不太重要的一面是对我自己极其不满——您注意到，我并非完全对哲学不忠，如果我将这类东西说成是不太重要的话——您的亲切的信来得恰逢其时。

您指摘下面一句话：稳妥的做法是，预言这场据说为怀氏的书在这个国家所发起的运动将随着岁月流逝日益增强其影响和重要性。您不妨设想，我知道，有这么两三个人在致力于恢复古典哲学，其著作将在未来十年之内陆续问世，他们对论题也有所了解。到那时，偶然被怀尔德首先公开在美国提出的命题，说不准将获得比它目前所具有的更为巨大的影响和重要性。我可是并非预言时尚呵。总之，您低估了我的嘲弄口吻。

Ad querelle des anciens et des modernes[关于古今之争]：我并未否认而是坚持认为，现代哲学本质上与基督教—中世纪哲学是一致的；这意思是，现代人的攻击主要针对古代的哲学。而且，对于参与者的意识而言，经院哲学在 16 世纪便告终结，因为，人们从中世纪哲学回归到了其源头，即柏拉图—亚里士多德和圣经；17 世纪中，新的是摈弃一切以前的东西（其中几乎没有 16 世纪的东西。博丹是一个例外；马基雅维利恰恰掩饰着自己的激进批判，即披着回归罗马或者李维[Livius]①的外衣）。

此外，争论中代表古代一方最伟大的人物是斯威夫特和莱辛，他们明白争论的根本性主题是古代精神与基督教（不要对我谈完全

---

① 李维（Titus L. ，公元前 59—公元后 17），古罗马历史学家，著有《罗马史》142 卷。——译注

显豁表述的《论人类教育》或者狄尔泰的陈词滥调;要读一下《驳克洛茨》、《关于古代的通信》、《古人如何表现死神》、《拉奥孔》[将菲洛克忒德的痛苦与耶稣受难作对比([译按]参见《拉奥孔》第一章)、《汉堡剧评》……]这两个人毫不怀疑古代精神,即真正的哲学是一个永恒的可能性。

孔多塞甚至孔德都不想取代基督教,他们想以理智的秩序取代荒谬。但笛卡尔和霍布斯早就想这么做了。只是当争论从根本上已见分晓的时候,人们才将宗教和基督教领了进来,对现代运动的这种事后的解释,决定着轻信的和感伤得令人不堪忍受的19世纪。

您还指摘我写的下面一句话:"坚持哲学与历史之间的基本区别——哲学在其中或浮或沉的一种区别——在现在的情况下,很可能有误导作用。"您说,您看不懂这句话。那么,您不妨设想一下,由于受到一种偶然的阻挠(即现代的野蛮化),我们才不得不重又学习哲学诸要素;这种纯粹学习的可能机会在我们的世界上,在所谓的哲学中是没有的,而现代历史学家本来要求得到的东西,只有当他完全持接受态度,即怀有理解愿望的时候,才有可能实现。我的意思仅此而已——至少说明了一切实际的目的。

您可能不会否认,我们今天,尤其在盎格鲁撒克逊人当中,更多是在历史学科而非在"纯哲学"学科里看得见几个有哲学头脑的人。这种匮乏也可能是一种美德,或至少领人走向美德,因为那种"纯哲学"要么空无一物,要么基本上错。

今天需要历史的反思,我们在这一点上是一致的,只是我坚持认为,这既非进步,也不是无可奈何地承受的命运,而是克服现代性(Modernität)的一种不可避免的手段。要克服现代性,不可用现代手段,只能在我们还具有自然理智的自然本质的情况之下;但是,在我们身上,自然理智的思维手段已经丧失,像我和我这类人一样的寻常人,不可能凭借自己的手段重新得到它:我们没尝试着向古人学习。

如果不能使人在前人的学说面前摈弃自以为知之更多的沉思态度,采取学习、讨教、实际的态度,"生存上的"历史研究的高谈阔论又有什么意思？

我概略提出的观点与海德格尔毫无关系，因为海德格尔只是给予现代历史主义一种狡黠的诠释，使它"落脚"在"本体论"上。在海德格尔那里，"历史性"可谓使自然全然消失，这固然具有前后一贯的优点，迫使人进行思考。可惜，您没有沿着您在黑格尔与歌德的对峙中所开辟的道路走到底。当然，为此也许不得不借助莱辛的辩证法去理解歌德的自然科学。

我确实认为——虽然在您看来这似乎是幻想——柏拉图和亚里士多德所拟定的完美的政治制度是完美的政治制度。莫非您相信世界国家（Weltstaat）？如果说，真正的统一果真只有通过认识真理或者通过探索真理才可能实现，那么，只有基于普及了的终极哲学学说（这自然是没有的），或者只有当所有的人都是哲学家（而非哲学博士之类）的时候（同样不会有这种情况），才会有一切人的真正统一。可见，只可能有众多自成一体的共同体，即国家。既然如此，人们便可以出于政治上的考虑指出，小的城邦原则上优于大国或者领土分封的国家。这在今天不容恢复重建，对此我当然明白（可我们今天恰恰生活在极端不利的环境里；从亚历山大大帝到13～15世纪的意大利 πολεις[诸城邦]这段时期的环境显然要好得多）。著名的原子弹向世人表明，今天的解决办法，即完全现代的解决办法是 contra naturam[背逆自然的]，且不说有数百万人口的城市、gadgets[新发明]、funeral homes[殡仪馆]、"意识形态"了。贺拉斯说，Naturam furca expelles, tamen usque redibit[你尽可以用粪叉将自然赶走，可是它还要回来的]，这句话并非胡言乱语，谁承认这说法，谁由此也就承认了柏拉图-亚里士多德的政治学原则上的合理性。关于细节还可争论，虽然我本人从根本上可能会同意柏拉图和亚里士多德所要求的一切（此言我只与君道也）。

对柏拉图-亚里士多德只有一条异议：这就是启示或者"身位的"上帝这个 factum brutum[困难的事实]。我说：factum brutum，因为真正哲人品格的标志是对信仰的上帝的 ἄγνοια θεοῦ[不知]（当我就神学询问胡塞尔的时候，他说："如果有上帝这个事实[Datum

Gott]，我们将描述它。"这是真正具有哲学意味的。困难是那些自以为对上帝有所知的人们却否认它是一个可描述的事实），关于这一点没有任何一种论据，无论理论的、实践的还是生存上的论据……甚至没有悖理论据（一个悖理本身也是理智所可能要求的，正如基尔克果极富睿智地指出的那样）。

这将我领向了《耶路撒冷与雅典》。我不知道我的报告何时举行——在十一月间，不过，日子由胡拉（Hula）确定。您的到场是我非常希望的。

容我再次回到我的文章，我本来是为学生写的。我要用一个典型的事例让他们看到，《纽约时报》、《论坛报》等报纸的白痴们吹捧的是怎样一堆秽物，以便让他们变得小心一些。我不单单为学生而写的唯一一段，是对第七封信（[译按]指柏拉图的《第七封信》）中某种意义上关键性的一段话的解释。

请尽快来信。

倘若弗兰克到您那里，可以将我的文章拿给他看，其他人就不必了。

衷心致候。

您的
列奥·施特劳斯

我不会将文章寄给怀尔德；文章自然会寄给哈佛出版社的。我还应寄给谁？直接地还是通过您？请复！

2a （洛维特致施特劳斯）

[Hartford, Connecticut], [1946] 8. 14

亲爱的施特劳斯：

您对怀尔德的批评文章与批评的对象惊人的不相称，真是一篇真正的杰作，可惜太好、太机智，以致无法使怀氏理解，如果您不促使 S. R. 给他，或者至少给他的出版社寄上一份复写，说不定他根本不会去看它。可惜您没有发表在 Journal of Philos（《哲学杂志》）或者 History of Ideas（《思想史》）上。

我认为应删去的唯一一个句子是页 1: It is safe to predict that the movement which his book launches…[稳妥的做法是预言他的书所发起的运动……]。这很不稳妥，怀尔德先生怎么会搞一场运动，而您自己怎么会相信，在美国返归古代可能成为一个认真的追求或者时尚？在这个基督教的美国，**充其量**只可能发生对基督教前提的 re-examination[重新审查]，即便涉及 la querelle des anciens et des modernes[古今之争]我也怀疑，您是否百分之百有道理，如果您从字面看待这场讨论，并将它仅仅与"古代人"联系起来的话。至少追踪一下以杜尔哥（Turgot）①、孔多塞和孔德为代表的进步理念的形成，问题就不再是我们是否比希腊人和罗马人走得更远，而是我们是否能够实在地取代基督教。

对于我，更重要而又更难理解的是您自己对您的主要问题——**哲学**与**历史**真理的表态。我因埋头于我的讲座，显然变得太蒙昧和头脑简单。我实在读不懂您写的第一章的最后一句话。misleading[误导]向何方？您按照切近真理和真理形式所作的历史时期的区分（见注 3），不恰恰也是一种**历史**的反思吗？所以，您从根本上使真理问题非历史化的倾向，正好也是一条现代的通道，像海德格尔一样，您没有历史的"解构"不可能达到目的。我无法想象，您，而且

---

① 杜尔哥（Anne-Robert-Jacques T., 1727—1781），法国重农学派主要代表之一。——译注

作为一个政治哲学家,怎么会真的认为——举例来说——柏拉图关于善与义的讨论如果不历史地指涉一个不复存在的 polis[城邦],怎么可能绝对真实。怀尔德先生像其他千百个人一样,无知而又低俗地将柏拉图现代化了,事实上,他对柏拉图的学说丝毫不感兴趣,他的兴趣在当今关于"民主"和"专制"国家的陈腐政治说教,但这无碍于下述事实:"现代人"与古代希腊人以及甚至古代基督徒划清界限的一切自我区分,是一种现代的区分,其"真理"最先突出地存在于尼采以优美笔调表述的事实:"现代"就是"不知所由和不知所向"的东西。

请开导开导我,告知我您何时就雅典与耶路撒冷作讲演!

衷心致候。

您的

卡尔·洛维特

我对众多现代政治哲学奠基人所知甚微,然而,笛卡尔肯定不易为人所理解,如果不了解他对基督教中世纪哲学的批判的话。

2b （洛维特致施特劳斯）

[Weston, Vermont],1946.8.18

亲爱的施特劳斯:

多谢您的论说详细的信。让我从对我刚好切身相关的事谈起:毫无疑义,孔德等人并不想简单地以理智的制度取代"倒行逆施"（unsinn）,他的进步在于,从社会政治方面有意识地改造"基督教体制",即基督教。您何以认为,宗教和基督教是在事后(在 19 世纪)才被带进来的?不论人们针对进步的历史结构会说些什么,我仍然赞同这类结构,因为我发现,基督教从根本上改变了古代的"自然性"。在一只猫或者狗身上,虽然"自然"反复表露出来,但历史在人身上却积淀得太深,不论卢梭还是尼采,抑或您未来的具有自然本质的英雄们,都不可能成功地重建早在古代晚期就已经灭绝了的东西。"最简单的"试金石大概就是——如尼采正确地看到的——重建古代对作为自然的同时又是神性的东西的性属的关系。甚至歌德的"自然"也不再是古人的自然。我更想象不出一种自然的社会制度了。世界国家当然是扯淡和 contra naturam[反自然]的,但 polis[城邦]像一切为人所创造的历史的建制一样,也是反自然的。只有当您能够让我信服,对您提出的非自然的问题,星辰、天空、海洋和大地、生育、生与死将给予您这个"寻常的"人以自然的回答的时候,我才可能赞同您的命题。至于受苦,普罗米修斯尽管比基督更易于懂得所谓自然的理智,可普罗米修斯神话也并不是素朴的和自然的。我们的非自然化多大程度上归咎于基督教,这很难说,不过,可以肯定,发生了变化的不仅是历史的意识,还有我们的历史的**存在**。谢林拥有一种哲学,这种哲学为他理解自然开辟了一个新门径;从这个事实您会看到,像海德格尔那样使自然消失是不必要的。谢林对启示宗教和神话有所领悟。

您说不可能以现代手段克服现代性。这话听起来明白易懂,但我觉得,只有在某些条件之下,这话才是正确的,因为即便耐心地纯粹"学习",也永远摆脱不开其自己的前提。最终,现代性本身给予人的不适感也只有基于历史的意识,基于对其他"更美好的"时代的认知才存在的,当这种意识丧失的时候,如 1910 年以后在俄国出生的一代人和 1930 年以后在德国出生的一代人当中,现代性完全不再被人感到是某种有待克服的东西,而是恰恰相反。

原子弹并没有教我明白没有它时我全然不知的东西,人们究竟是用罪还是用必死性来说明人性本质中的不可救药(das Heillose),进而将之与基督教的上帝或者异教的众神区分开来,这虽说是一个重大的区别,却并非绝对的区别。"必死的人"听起来比有罪的人更自然和更可理解,可我并不认为(您会明白这一点),"必死者"这个词所指的,仅仅是一切生命体所共有的自然的生命终结而已。您在哪里划分自然与非自然之间的界线？对希腊人而言——我为此而赞赏他们——与女人、男童和动物交往是完全自然的，市民的婚姻像鸡奸行为一样都是非自然的，而日本的歌妓（顺便说一句：这是我所见过的最做作的女人）对于男人是自然的，正如怀尔德的男友对于他是自然的。建立一种完美制度，不论社会—政治的还是私人道德方面，单单作为制度总是带有非自然的色彩。

您应该将您评论怀尔德的文章寄给洛维乔（A. Lovejoy）、弗里茨（von Fritz）（哥伦比亚）、库恩、弗里德兰德、耶格尔、格伦（Green）、兰达尔（J. Randall）以及芝加哥的教授们，关于后者，最好由里茨勒给您列名字。此外，格列高洛维斯（Gregorovius）① 就雅典与耶路撒冷写有至为优美的一章（非哲学性的）。您能否确定亚里士多德的《高尚的人》（hochherzigem Mann）的释文登在《古代文化》的哪一期？我很想知道。

衷心向您致候和表示谢意。

您的

卡尔·洛维特

3 （致洛维特）

3202 Oxford Ave, NY63
1946.8.20

亲爱的洛维特：

由衷地感谢刚刚到达的您本月十八日写的有趣的信。由于我正在思考耶路撒冷与雅典这个主题，信来得正是时候。

我大感诧异，（虽然我们一直到某一点上相互非常理解，）超越

---

① 格列高洛维斯（Ferdinand G., 1821—1891），德国文化史学者。——译注

某一点，我们相互间便很难理解；我更感诧异的，是对我们在其中达到相互理解的东西之重要性的看法。我们在哪里分道扬镳？说实话，您在关键之点上还不够质朴、简单，而我自认为我质朴、简单。您还没有充分地从字面看待哲学的质朴内涵。哲学是以对整体的真知取代关于整体的意见的尝试。对您而言，哲学只是人的自我理解或者自我解释，而非其他什么，这里的人自然是受历史限定的人，如果说不是个体的话。用柏拉图的话来说，这就是您将哲学简化为描述，即对一时（jeweilig）存在的洞穴，对随后便可不再被视为洞穴的洞穴（＝历史的生存）的内部装饰描述。您始终停留在唯心主义＝历史主义之中。您如此解释哲学的历史，使它证实您所主张的历史的制约或者偏见的统治地位不可避免。事实上，您将哲学与"世界观"画等号，您因此而使哲学绝对地依附于某一"文化"。例如，毫无疑义，我们寻常的感觉方式受到圣经传统的制约；但这并不排除我们能够弄清楚，这种感觉以之为基础的前提问题是什么（对施爱的上帝的创世的信仰），并通过自我教育修正我们的感觉。我从自己的经验知道，亚里士多德的 $\mu\alpha\gamma\alpha\lambda o\psi\nu\chi\iota\alpha$[心胸博大]概念原来对于我是多么不可理解和陌生，而现在，我不仅从理论上而且也在实践中认可它。像丘吉尔这样的一个人证明，$\mu\alpha\gamma\alpha\lambda o\psi\nu\chi\iota\alpha$ 的可能性，在今天恰如在纪元前5世纪一样存在着。

关于现代哲学和进步的问题：现代哲学或者科学原本是一种尝试，即试图以正确的哲学取代看似或者事实上不充分的古典（同时又是中世纪的）哲学或者科学。这种"不充分"即：被阐释的古代科学（柏拉图—亚里士多德）不能说明它必须按照其固有内涵给予说明的"外在"世界的某些自然现象。对此形成的观念是，这为古典哲学，尤其为亚里士多德的《物理学》所排除的"唯物主义"物理学提供了前所未有的广阔认识前景。然而，人们从柏拉图-亚里士多德那里了解到，唯物主义的物理学不可能理解自己本身，即认知（$\nu o\varepsilon i\nu$）能力。于是，面临的任务是：首先确保认知能力，然后才可能实施机械物理学，并因此而能够理解宇宙。这便是笛卡尔的《形而上学沉思录》——现代哲学这部基础读本的内容。圣经—经院哲学的主题只是参与其事：现代科学即现代哲学，根本上应从内在哲学上，应从内在理论上来理解。这同样适用于实践—政治哲学，对此，我前年在我的自然法讲稿里做过较详细的阐述。于是，在1750年前后，机械物理学和建立在其基础之上的政治学大厦耸立起来了：意识到其问题的人走上前台，这便是休谟，而首先是卢梭。人们看到，当时启蒙政治学（霍布斯和百科全书派）通过普及机械物理学和人类学建立正当制度的诺言未能得到信守；人们（即卢梭）看到了这一点，因为，人们从柏拉图那里学会重新观察"科学-政治学"问题的方法（切勿将斯宾诺莎以及莱布尼茨完全忘诸脑后）；社会需要"宗教"。在卢梭之后又过了一代人，当时人们看到，不能像罗伯斯庇尔所要求的那样"制造"宗教，即基督教或者如基督教之类的东西。人们从对启蒙运动的这种反弹方面诠释启蒙运动本身，认为其动因在基督教，这种做法之所以奏效，是因为启蒙运动出于政治的理由总是迎合基督教。如此创造的 fable convenue[约定的传说]①是今天占主宰地位的观点的基础。

让我们回到自然的观点：您将希腊的市井小民（man-in-the-street）——在我看来其中也包括诗人——与希腊的哲人混为一谈。（尼采有时——并非始终——犯同样的错误，参见《道德谱系学》、《何谓苦行理想？》，这也并未使事情转好。）柏拉图和亚里士多德从不曾认为，"星辰、天空、海洋、大地、生育、生与死会对非自然的问题给予其自然的回答"（我在这里援引您的信）。众所周知，柏拉图避开这些 πράγματα[事实]遁入 λόγοι[种种说法]，因为 πράγματα 并不直接给予回答，而只是沉默无言的谜。至于特别与性有关的方面，像一切自然的事情一样，是一个值得惊异的秘密（只有现代人才如此痴迷地相信，一件"艺术品"的"创造"比生育一只狗更令人惊叹、更神秘：您不妨仔细看看母狗和它的幼仔；莎士比亚借以虚构、感觉和描写亨利四世的力量，并非莎士比亚的作品，这种力量比任何一个

---

① 此说由伏尔泰提出，指每个人都知道其为虚构，可人们又承认其为真理的传说。——译注

人的任何一部作品更伟大)——这个值得惊叹的秘密的级别高于人所制造的一切:这就是"德性"之于哲学家的涵义,并没有更多。至少对于古典哲人而言,性比理智(νοῦς)更少"神性"。由此产生了这些哲人对性的实际立场(您不妨设想一个极端情况:逻辑学家们,参见第欧根尼·拉尔修、安提斯忒涅的言论。① 安提斯忒涅是个傻瓜,但他更知道一个希腊哲人之所是,胜过我们所直接做的)。

如果您说,πόλις[城邦]像一切人设的建制一样悖逆自然,您只是重复着希腊哲学的一个命题,即所谓"智术师"的命题,不过也是诸如德谟克利特、阿克劳斯(Archelaus)等哲学家们的命题,可见,这是一个应认真对待的命题。我认为,人们的城邦是 φύσει[自然的]还是 παρὰ φύσιν[悖逆自然的]的问题,不见得做不出合理的回答。至少它是建制性(institutionell)的这个事实,并不证明它是悖逆自然的:某些建制有助于自然的倾向。无论如何我都认为,柏拉图和亚里士多德所解释的πόλις,这种条理清楚、限于城邦、道德上 σπουδαῖα[严肃]、以农业为基础、由 gentry[贤人们]统治的社会,从道德上和政治上看,是最理性和最可喜的东西。可这还并不意味着我愿意在这样一个城邦中生活(人们不可以其私人愿望评价一切),您可不要忘了,柏拉图和亚里士多德并非优先选择εὐνομοῦ μέναι πόλεις[治理完美的城邦],而是以民主的雅典作为居住地的:对哲人而言,道德—政治的考虑必然是第二位的。

基督与普罗米修斯:"普罗米修斯尽管比基督更易于理解所谓自然的理智,可普罗米修斯神话也并不是素朴的和自然的。"撇开其他一切不说,普罗米修斯神话是一个神话,这就是说,是非真实的故事,但基督教却与耶稣复活这个所宣称的事实共沉浮。一个死者复活是一个奇迹,是 contra naturam[悖逆自然的];人们相互讲述非真实的而又有一种"内涵"的故事是 secundum naturam[符合自然的]。普罗米修斯的故事以嫉妒的众神为前提。哲学否认众神的存在,即

---

① 拉尔修,前400—前325;安提斯忒涅,前444—前365。两人都是犬儒学派的主要代表,拉尔修曾去雅典向安提斯忒涅求教,两人都是苦行的典型。——译注

他们的可能性,因此而否认普罗米修斯的故事的可能性。您又将哲人与希腊人混为一谈(可是,大多数希腊人只是希腊的市井小民或者小家子气的人或者……而已)。

"可以肯定不仅是发生了变化的历史的意识,还有我们的历史存在。"当然了!不过,如果这些变化基于错误的前提,我们就不可以无所作为,必须竭尽全力去消除它——并非从社会和政治上,而是从极其私人的方面。

"现代性本身给予人的不适感,只是基于历史的意识才存在":反过来说,历史意识是现代性本身给予人的不适感的后果了。请读一下萨维尼①的《论职业》。

德国和俄国的年轻一代不再感觉到,现代性是某种应克服的东西,这当然完全无关紧要,正如安达曼群岛的人(见里茨勒所写的一篇评论 Man's Science of Man,载 S. R. [译按]指《社会研究》学刊)对罐头的设想,无关紧要。

男童恋等,请读读柏拉图的《法义》关于这一论题的部分。切莫忘记生殖器官与生育的自然联系。一夫一妻制另当别论,虽然我本人对它有些偏爱。人们对一夫一妻制有一种犬儒式健康的论证。

谢谢提出的名单。我要为之寄上评论怀尔德文章的格伦是何许人(住在何地)?

Antike(《古代文化》),1931 年第Ⅶ期——载耶格尔译的亚里士多德的 maguaniunity[心胸博大]的分析。

致好。

您的
列奥·施特劳斯

您读了我对奥斯基(Olschki)的马基雅维利的书评(S. R. 1946

---

① 萨维尼(F. C. Savigny,1779—1861),19 世纪德国最有影响的法学家,现代德国民法体系和私法理论的奠基人。——译注

年三月刊)吗？我很愿您读读。

3a （洛维特致施特劳斯）

[明信片，未注明日期]

亲爱的施特劳斯：

"一切可见的东西中之最伟大的是世界，一切不可见的东西中最伟大的是上帝。我们看得见世界存在；我们相信上帝存在。上帝会创造世界，对此我们通过任何人都不如通过上帝自己更可靠地相信。我们在哪里听见他言说？暂时在任何地方都不如在《圣经》里，在这里他的先知说：起初，上帝创造天地"（Civ. Dei XI 4）（[译按]引文出自奥古斯丁的《上帝之城》XI 4。原为拉丁文，此处不再引录原文）。

在这一点上，我希望继续研究您的莱辛引文：dass das einzige Buch, welches... für die Wahrheit der Bibel jemals geschrieben worden, ... kein anderes als die Bibel selbst sei。但我一时无法对莱辛的这段话提出像样的译文。请让我看看您的译文！①

祝好。

您的

K. L.

又及，如果您的讲稿已经打印，我也很想有机会读到您的《创世记》第1~3章义疏。

---

① 除了莱辛引文，其他全系英文；所说"译文"指英译文。——译注

4 （致洛维特）

1946.11.26

亲爱的洛维特：

由衷地感谢寄来布尔特曼的书,感谢有关布鲁纳(Brunner)①的评论和您的明信片。至于莱辛引文,感到庆幸的是,您只是询问我的译文(而不是询问发现的地方):The only book which ever has been written in defence of the Bible is the Bible itself[为了为圣经辩护所曾写过的唯一一本书是圣经本身]。这段话是在众多神学论文的某个地方,大概是在与出版赖马鲁斯(Reimarus)的"残稿"有关的论文中。

机密:里茨勒提议您当他1948年春季学期的代表。前景看好。要是我,会感到非常高兴。

关于布鲁纳,我对他的书不做评论,但想在明年结合"哲学与神学"讲座解读他的著作,我有意在这个讲座中完善我的报告的命题。

我将在后天前往安那波利斯,在那里作我经增订的讲座总结报告。返回时,我想在布林莫尔(Bryn Mawr)停留,拜访弗朗克,同时就苏格拉底的政治学作一个非正式报告。

布尔特曼的两本书我还可以用些日子吗？还没来得及读,因为我关于斯宾诺莎的讲课和我的孟德斯鸠讲座把我完全吞了。您了解孟德斯鸠吗？他是欧洲大陆上最完美的绅士(他有一个英国母亲)。持完全反基督教的立场,比马基雅维利更人性,同时受罗马和古日耳曼共和制吸引,善良、高雅而又圆滑等等。简言之,所有这些都是尼采对司汤达的想象,而司汤达又并非如是(司汤达的思想来自卢梭)。

致好。

您的
L. S.

---

① 布鲁纳(Emil B.,1889—1966),瑞士新教神学家,辩证神学奠基人之一。——译注

一九四八年

1　（致克莱因）

[邮戳：1948.5.24]

亲爱的朋友：

现在决定不再让托马斯去圣约翰,请原谅我们给你添的麻烦。

所附伽达默尔的一封信的节录,是洛维特给我的。我对他说,这指责可能不正确。我相信,只有你才能真正批驳这种指责,所以,我将这纸条给你寄去。$E\mu o\tilde{\upsilon}\ \dot{\eta}\ a\iota\tau\iota a$ [咎因在我]；$\Lambda o\varepsilon F\iota\vartheta\ \dot{a}\nu a\iota\tau\iota o\varsigma$ [说得没道理]。他想到因里茨勒而引起的 rencontre [冲撞]便不寒而栗。

致好。

您的

L. S.

[伽达默尔信的节录：]

举例来说,我经常想到,我还从未从 J. K.（[译按]克莱因）那里得到过证明固有交谊的些微表示,既无书信也没有包裹——而且他当时是带着一笔未偿清的债务离开的(且不说他在 1933/34 年间住在我们家),这笔债务当时对我是一笔财产,如果他现在偿还,可供我活数年之久。

2 （洛维特致施特劳斯）

Weston, Vermont, 1948. 8. 31

亲爱的施特劳斯：

1. mille auguri［万般祝贺］您去芝加哥！当然，应优先选择像芝加哥大学这样的一所大学，而不是纽约的系一级单位，我高兴地期待着冬天在那里……见到您！这并不是说，我也应聘到那里去，而是因为，神学院在冬季学期需要一个人接替目前正在法兰克福讲课的神学家鲍克（Pauck），于是便选中了我这个神学家担当此任。我刚刚从我的系主任那里获准接受这一高贵不凡的邀请（"我们学院以您的荣耀为荣耀"），所以，我有十一周的时间（一月三日至三月十九日）在芝加哥。

2. 万般祝贺您转向研究自由的色诺芬！

3. 顶尖秘密和绝对保密：您离开纽约之举，大概不仅对政治科学而且也会对哲学系产生影响。如有可能，请您设法与里茨勒一起推荐我！主要并非因为特别喜欢新校建筑，而是为了摆脱神学院，重又与理智的学生上学，薪俸也比在 Hartford［神学院］多。我并不认为，考夫曼和加伦（Kallen）会反对我，如果事情筹划得好的话。我有种印象，听我讲课的学生因我只在新校待一个学期而真诚地感到惋惜。自然，提出聘请建议的重大难处是，您由于兼哲学和政治学于一身而不可取代。

无论如何都不想让我的愿望未得到表达就放弃了。

万一事情办成，我们自然连您的住宅也愉快地接受下来！请原谅一条在新教神学干涸的沙滩上的鱼，张开大口巴望着水和空气，作这种预先推定。

致好。

您的

卡尔·洛维特

3 （致克莱因）

Arthur E. Layman 转，Haines Fall，N. Y.

1948. 9. 1

亲爱的朋友：

随信附上我刚刚收到的有关约纳斯的材料。我立即给他写了一封航空信，问他是否以及在何时对圣约翰感兴趣。更实际的做法是，你保存着这份材料，或者将它放在你们的系主任那里。

关于我在圣约翰可能举行的讲座，现在产生了些麻烦。所有此类讲座必须在1949年一月十五日以前举行，因为在这个日期之后，既没有时间也缺乏刺激了。我想在二月一日应聘的芝加哥大学不容许有额外收入，我在到任的最初一段时间里会很忙。我很想尽快知道——部分也是出于预算上的原因——你们就我的（如果可能）讲座有何想法。你也许可以让你手下的某个人就此向我发个话。信端的地址在本月七日之前有效，我们打算在九日晚到纽约。

你读过丘吉尔六卷版的《马尔波卢》(*Marlborough*)吗？确实是部了不起的作品，是他所写的最好的一部书。如果你喜欢幽默，我要向你推荐这同一位作者写的《一个无定所职务》(*A roving commission*)。

我们在这个乡村环境里生活了五个星期。我跟一头公山羊搞得很熟，由此而为某些神话心理学思想奠定了基础。这头公山羊至少是对任何维多利亚时代风尚的肉体化批驳。

我们大家向你亲切致候。

您的

L. S.

第三编

执教芝加哥大学(*1949—1967*)

一九四九年

1 （致克莱因）

1130 Hyde Park Bvd., Chicago 15, Ⅲ.

1949.2.6

Dulcissime amice[最亲密的朋友]：

我该从哪里说起呢？你有没有兴趣听一下，我们找一处住宅之所以困难重重，只是由于我们坚持让狗与我们同住？这重重困难得以解决，只是由于哈钦生（Hutchin）强有力的干预，他干脆逼迫住房管理处为我们和狗找一个寓所。事情是这样的：这条狗绕过米丽亚姆和我使白大爷（Big White Father）——鲍勃·哈钦生的狗成为它的仆人。换言之，对使我取得成功者最精确的表述，莫过于房产管理处的那位女士所说的话："当别人抱怨说，你是个讨厌的家伙时，我总是对他们说，你是一个可爱的人。"而且，她说这话时，刚好我在请求她说服租给我们住宅的不动产代理商，从我的每月租金扣除五美元，因为我们没有使用属于我们单元的车库。他答应了我的请求，于是我们以五美元出租了车库。巨大的经济问题在与部门头头的一次两分钟的谈话中解决了。

寓所很气派：一个餐厅、一间起居室、一间书房、三间卧室、一个早餐间、一间厨房兼仆人的餐室、两间日光室、三个卫生间。选帝侯大道（[译按]柏林的一条著名大街）？Ἀλλ' ἄνευ ἀπειροκαλίας，我只能说：φιλοσοφοῦμεν μετ' εὐτελείας [我的账本总是被打开放在我书桌上]（我也在研究"你如何量入为出"，这是洛维[Löwe]夫人的临别赠言）καὶ φιλοκαλοῦμεν ἄνευ μαλακίας [而且从不被移动]。离我们一两个街区，便是芝加哥的华盛顿高地（德裔犹太人收容所）。我们的美食供货商曾与我一起在马堡读中学。宠物医院的业主是我在比布利希（Bieblich）的亲戚的亲戚，我们的狗在我们住在饭店的时候便放在他那里。

我们见到了斯科菲尔德（Scofield）一家。他们始终都非常友善。可惜他们的日子并不好过。斯密斯(Harvey Smith)也如此。还有洛维特也同样如此。洛维特"求聘"来芝加哥的事,看来只是海市蜃楼般的幻影。他在今秋去新校。

关于这所大学,我还没有或者说几乎没有一睹其芳容。斯科菲尔德讲述了克翁的家庭概况。我避免见到他,这很容易办到,因为我按照聘用合同是"政治科学系的政治哲学教授"。洛维特讲到由伯格施特莱基(Bergstässer)领导的德国人团伙,这是一群党卫军类型的人,他们原封不动地保留着过去和现在所存在的最具白痴品格的那种德意志式傲慢。下学期(春季)里茨勒和莱因哈特来这里。

你何时来?我们大家都在期待着你。你的睡椅在等着你。你的浴室(及其全部设备)在等着你。

你什么时候写关于《论僭政》的书评?

祝好。

您的
L. S.

2　(致克莱因)

1949. 7. 12 [芝加哥]

亲爱的朋友:

由衷感谢你寄来的支票,来得刚好 ἐν καιρῷ [恰是时候]。关于你的处境,我一般都是通过斯科菲尔德知悉的,当然 vice versa [反之]你也是如此。我们两人都很喜欢这两位斯科菲尔德。

关于这里的情况可说的有许多许多。芝加哥大学也许是一次巨大的机会,如果它并非同时是一个巨大障碍的话。臃肿和复杂的权力分配使人想起德意志民族神圣罗马帝国:帝国封地变成私人财产。哈钦生的权力始终表现出 statu evanescendi [削弱状态]:他任命人，可是被任命者在接受任命以后的瞬间，便做他想做的事，而不是哈钦生要求做的事。所以，人们通过"政治"什么也改变不了，要改变只能在教室里。我在这里不得不更多地制定一种"政治理论"，我似乎用这种理论在学生(≒我)那里取得成功，我必须讲解更具现实性的文献，这并非因为它们有益，而我又喜欢；我必须完全搁置我已经开始的所有感兴趣的论题(首先是卢梭和卢克莱修)。

至于圣约翰，我觉得十月底十一月初最适宜。课题：非常可能是一般意义上的Jean-Jacques([译按]让·雅克·卢梭)。

从你的沉默我推断，你不知道弗朗克大约两周前在阿姆斯特丹去世：他昏倒在大街上被车碾过。

我们非常希望，你七、八月间能开着你的车顺路来我们这里。说不定你还办得到吧。我们非常高兴地期待着。

致好。

您的
L. S.

热烈问候卡普兰和斯科菲尔德以及斯密斯。

3 (致克莱因)

1949.8.1 [芝加哥]

亲爱的朋友：

重新研究了一下我的日历，我发现，我在十月份不便离开这里。我在圣约翰上课的理想时间应是十一月十八日。是否可行？很抱歉，我必须尽早知道这一点，因为我想将圣约翰之行与去纽约以及随后去布林莫尔的旅行协调一下连续进行。寄张明信片只写一个"可以"就足够了——这无论如何胜似一封可望而又得不到的信(secundum illud tritum[常言道]，手里抓着一只麻雀胜过站在屋顶上的一只鸽子)。如果写明信片也让你感到很吃力,卡普兰或者斯科菲尔德肯定乐于代劳。

非常惦念你:我又在纠缠于"历史",我毫不讳言,我甚至又重读狄尔泰和特洛尔奇的书,我以往确实知之不多的某些东西看明白了,尤其海德格尔,他的 δεινοτης[厉害]的确远远超过今天所有的人。我觉得,在整个事件的基础之上的是因果问题,海氏以 ex nihilo nihil fit[无中产生不出有]也指出了这种情况,只是通过对 Nihil[无]带有形而上"基调"的解释掩饰起来罢了——难道也对自己掩饰着?其基础恰恰是康德,或者是休谟提出的未得解决的问题。对海德格尔式解决办法的荒诞性的认识,在关键之点上无助于问题的深入。如果我能够与你就这个论题谈上许多小时的话,我会列出各个方面的举证。我非常希望你今夏能来一次。

致好。

您的
L. S.

代向卡普兰和斯科菲尔德问好。米丽亚姆让我向你亲切致候。

4 (致克莱因)

1949. 10. 27[芝加哥]

亲爱的朋友:

我在这里的公开报告(见附件)刚刚结束,就为忧虑圣约翰的事困扰。这些忧虑显然首先涉及司库和财政。我确认为,前往巴尔的摩和返程须耗费近 100 美元(我不适于旅行,因而需要一个单间卧铺,没有谁比你更理解这一点)。如果再加上其他费用(餐饮、小费等),就达到 112 美元了。报告本身所费 25 美元,总计 137 美元。这可是让我为之脸红的一大笔钱。不过,正如荷马所说,一个身处困境的人不应感到羞惭。假若我能在"旅费"名义下得到这笔钱的全额,我将非常感激;否则我就很尴尬了。一定要在我逗留圣约翰期间得到支票。你能让我为此而焦躁不安的心平静下来吗?请你给我寄一张明信片,写一行,或一个字(如"好"或者"是的"之类)。

第二个问题关涉到资料。你认为哪个题目最好?也许是 Nr. 3 ($φύσις\text{-}νόμος$[自然—律法]之类),但是,其中的一部分我已经在关于耶路撒冷与雅典的报告里讲过了。Nr. 1 和 Nr. 6 这两个报告构成一个统一体:自然法被十九和二十[世纪]的历史所取代,这种取代的前提和后果(Nr. 1),以及取代的产生过程(霍布斯—卢梭—柏克)。请将意见告诉我。

我们所有的人向你亲切致候。

您的

L. S.

5 (致克莱因)

1949. 11. 1[芝加哥]

亲爱的朋友:

读了你的来信之后立即写了一些欠友善的话,读了第二遍之后便把写的东西扣下未发。我只局限在具体问题上。我当然并不坚持要求 137 美元。另一方面,我现在已不可能采取从其他方面弥合差额的预防措施。你写的最高额为 100 美元。我究竟能否得到这笔最高额?明确这一点对我这个处于极度紧张境地的人至关重要。

至于题目,我认为 1 + 6 或者 Nr. 2 单独作都可以。不过,Nr. 2 着力强调对以马克斯·韦伯为其领袖形象的当今社会学的批判,我觉得,圣约翰对这个属于院墙内的问题不会感兴趣。我本人无法决定这个问题。我相信,1 + 6 的结合更为实用。请你也就此告诉我你的看法。

我想在本月十八日午餐前后到达巴尔的摩。这时你合适吗?或者,哪个时间对你更方便(轻重等级)?我将电话告诉你精确时间和车站。

最后,我理解和尊重你写那封信时的想法。

致好。

您的
L. S.

一九五零年

1 （致洛维特）

1950. 2. 23［芝加哥］

亲爱的洛维特：

十分高兴看到您的书得到这么好的评论。这对您只会有帮助。您会发现，库恩的批评与我的批评在许多点上一致。但这并不妨碍我去思考并告诉您，我认为，库恩是一个并不为事情尽力的"干练的"吹牛客，我一点儿也不相信他。

关于《林中路》，我与您的一般评价一致：海德格尔是当今在世的最有实力的人物。我不愿称他是一个哲人，他本人也不再愿意做哲人了。我不知道，一个真正的哲人是否必定是一个怀有善良意志的人；可是我知道，卑劣的意志糟蹋哲学推理，而海德格尔是个卑劣的家伙：尼采举止高雅，海德格尔的天才却一副冷面，反差令人瞠目结舌。不过，说到底这完全无关紧要，事实上，最终还在于他的论据的质量。在这方面，事实上必须承认，海德格尔不容改变地完成了我们这个世纪曾有过和仍然有着的一切。问题最终只是，他对柏拉图的批评是否有道理。他对任何回归所持的教条主义—历史主义的排斥态度并不重要：关键仅仅在于，使探索存在的问题隶属于探索优先存在者的问题是否正当（legitim），或者如海氏所说，是否不正当（illegitim）。最典型的是海氏关于阿那克西曼德（Anaximander）的文章，在这篇文章中，只字未提ἄπειρον［无限］之不朽或不死：这里永远是存在与时间笼罩在（有别于存在的）存在者之上的绝对黑暗，文章中说：只要有此在（Dasein），便只有存在而没有存在者。这么说来，存在者可以没有存在而存在着了？这最冥暗的一点在后来发表的著作被遮蔽得更冥暗了。

海德格尔笃信宗教？这想必在"心理学"上是正确的，肯定有"思想史意味"，一切"现代的"人都有宗教倾向，但他要达到什么结果，通过他从基尔克果向尼采的急转弯（这倒很合我自己的胃口）已

海德格尔(1889—1976)

具有非凡的才智,这才智却依附于一个俗不可耐的灵魂……

——施特劳斯,1973.7.7 致索勒姆

经表露无遗。

至于去维斯敦的事,我只能说:也许吧。您的要价大概是多少?我们必须斟酌一下相当昂贵的旅行。

向您衷心致候。

您的

列奥·施特劳斯

1a （洛维特致施特劳斯）

1950.2.21［纽约］

亲爱的施特劳斯：

还未对您的来信表示谢意。

这期间这里没发生过什么新鲜事,一切都像我曾给您写过的一样,发展势头极其令人不快。您的《色诺芬》将以法文出版,太好了。很可惜您离我太远,我非常想跟您不时地讨论一下《林中路》。迄今我只是读他关于尼采、黑格尔以及现代世界观的论文,所有一切在形式、内容和冲击力上都非同凡响。"存在"自然是超越黑格尔思想的,是"绝对的",同时完全吸收了此在的历史性,并使之成为形而上的。这是对历史主义的"超越"（从寻常意义上看）,同时又是最极端的历史主义（从施特劳斯的思想看）。这之所以可能,只是由于早已准备就绪的历史→历史性→命运→存在演历的过渡进程。此外,这很清楚地表明,海德格尔的努力是一种宗教情感上的努力。

当您迁入您华贵的住宅时,我们曾简单地讨论过我的《历史中的意义》(*Meaning in History*),您对我的阐述主线的批评与这里附寄的库恩的批评很接近。**不过读后请退回,我只有这一份。**我没有听到其他值得注意的议论,美国的神学家们（包括尼布尔［Niebuhr］）一致认为,我将救赎史与世俗史区分开来的做法,太具"悲观主义意味"了。这是全部情况。

我将关于帕斯卡尔的一份讲座总结报告交给西蒙投给 Measure。许多烦恼,很少自由时间,德国夏季计划渺茫。您愿在夏天租我们在维斯敦的住房吗?

衷心致候。

您的

卡尔·洛维特

怀特(H. White)很好,也能干。

2 （致索勒姆）

1950.2.24［芝加哥］

亲爱的索勒姆先生：

衷心感谢您一月二十日的亲切来信。现在我没法给予您在信中动议的问题以必要的关注。理由是：我夫人始终在生病（我必须告诉您病的性质，以便让您了解情况——只告知您个人这一情况——请您在给我的回信中不要提到告知您这件事。她患的是抑郁症，一种危及生命的抑郁症，目前看是因其年龄所致。有巨大的好转希望，可也有几乎同样巨大的恶化危险。您可视情况给或者不给布伯以暗示。我请求他给我的考虑时间刚好是一个月）。

所以，我今天根本无法告诉您什么确信。要说的只一点：布伯的教职当然比古特曼的教职对我更有吸引力。我老了，不宜再次"换马"。

关于您信中重又唤醒的感情和希望，我不必说些什么了。我们经常愉快地回想一年前我们与您和您夫人那次聚会，可惜太短暂。

但愿古特曼在好转，向他致最美好的祝愿和最真诚的问候。请同时代我问候洛滕施特莱希（Rotenstreich）。

我们俩向你们俩衷心致候，我怀着感激的心借用您用的词，称我自己为

忠于您的朋友

列奥·施特劳斯

2a （索勒姆致施特劳斯）

1950.1.20，耶路撒冷

亲爱的施特劳斯先生：

这几天您会收到或者已经收到布伯的一封非官方的信，他要问

您,是否愿意做他的正教授职位的继任人。不瞒您说,自我们在芝加哥面谈以来,我便对此事深为关切。我当时的出发点是,对您而言,能够在耶路撒冷、在您的非犹太教研究领域承担一项工作,哪怕叫理论社会学或者其他什么,比接受两年后同样空出来的犹太教哲学教授职务要理想得多。您对我谈过您对与犹太教哲学相关的疑虑,将因从事非犹太教主题的研究而得以消除。我跟对接替布伯教职一事至为重要的同事谈过,我发现,如果您原则上准备来,这里怀有很大的意向聘任您。我们希望有一个有着原创性头脑的人,他将迫使学生在这个特别危险而又易受闲言碎语非议的领域想问题。您将占据一个格外重要的岗位,通过您的出现推进在这里陷于某种疲软状态的哲学研究,这是令人求之不得的。布伯自然出言审慎,但您万不可认为,他事前没有私下与最重要的部门接触过。我无法向您描述,让您和您一家人来我们这里的前景使我多么高兴和激动,我希望您和您夫人沿着以往我们面谈时的同一条思路,仔细考虑一下这件事。

我们的同事古特曼最近一段时间不幸患重病,我们为他的健康焦虑不安。近几天先是很严重,接着有些好转,必须进一步观察,看是否会持续好转。他若能参与关于您来此地的讨论,也会产生影响,他至为热心将布伯的教授职务交由您执掌的想法。倘若您拒绝——我根本无法如此设想——这个职务,那么,重要的自然是您得告诉我,是否更乐于接受古特曼留下的空缺,万一出现了这种可能的话。两人退休的时间是一样的。古特曼今年四月满七十,我们祝愿他健康地过这个生日。

我夫人和我经常想到我们在您家做客的情景,谨向您和您夫人衷心致候。

忠于您的朋友
格所姆·索勒姆①

---

① 索勒姆的信落款大都为格哈德·索勒姆(Gerhard Scholem),有时为格所姆·索勒姆(Gershom Scholem),实为一人。——译注

3 （致索勒姆）

1950.4.11［芝加哥］

亲爱的索勒姆先生：

您大概会从布伯那里听说，我不可能接受聘任。下此决心对于我十分艰难，怕是没人比您更明白这一点了。这是许许多多的原因凑到一起造成的。我只想指出一个原因，这个原因即便当我成为一个完全为自己而活着的生命时也将适用。我感到自己老了，已精疲力竭，无力做其他什么事，只能将命运让我学到的那点儿东西——si fortunae placet［如命运作美］——在可能达到的最大程度上弄明白，并如人们所说，使之臻于完成。为此，我需要我还拥有的全部的有限力量。由于1933年以来所发生的种种事变，尤其由于我自1936年以来所遇到的种种麻烦，我过度分散了自己的精力。只是现在我才慢慢开始全神贯注于根本性的问题：我不可中断这个过程。假若我这么做，即便对于希伯来大学也将完全失去价值。何况还有如上面提到的跟我的家庭相关联的理由呢。

今天不想多说了。

我全心全意请求您不要改变您对我的态度。我对您的态度自然不会因此而受到影响。

我以我们俩的名义热烈问候您和您夫人。

您的

列奥·施特劳斯

3a （索勒姆致施特劳斯）

1950.4.27［耶路撒冷］

亲爱的施特劳斯先生：

您的两封信使我和我夫人十分震惊和伤心。我们正是根据我们在芝加哥的谈话深信,一切都将证明,您不会拒绝接受耶路撒冷的适时聘请。您夫人当时为我们恰恰在这方面看到特别有利的证据的想法而兴奋不已。您不知道,正是在这里,甚至在您的学科(例如,倘若您接受哲学教授的职位),您本可能大有作为,又不妨碍您关切您的创造性研究。(您对约纳斯的推荐,恰恰因您自己拒绝来我们这里而将成为一把双刃剑。)我们本可能在这里一起做许多事,这从任何方面看都好。您简直对自己太缺乏勇气了。您"有限的力量"——这正是我们所希望有的!——会在这里增长而不会遭败坏。我知道,现在靠书信来往无济于事。他们应该现在就派我去芝加哥与您面谈,而不应派波茨纳斯基(Poznansky)去!我自信我会说服您,让您相信,您完全属于这里。这的确是一大不幸。

接替(病势垂危的)古特曼的,眼下只有几个临时帮手,候选者有瓦伊达(Vajda)、阿尔特曼(Altmann)或者拉维多维茨(如果我们不想从我们学生当中找一个的话)。唉,还能有什么好办法吗?您有没有好主意?

我们俩热烈向您夫人和您致候。

您的

G. 索勒姆

4 (致索勒姆)

1950. 5. 10[芝加哥]

亲爱的索勒姆:

您让我感到心情沉重,我知道您在以不尽义务的方式尽义务。压在我心头上的东西太多,有很多我想讲又不仅不愿讲且也不能讲的话。一旦我能讲,我将写信给您。

古特曼病得如此之重,我感到非常难过。请您转达我对他最美好的祝愿。

关于他的继任者的事,很难提出建议。您提到的三个人(瓦伊达、阿尔特曼和拉维多维茨)中,没有谁能满足两个基本条件:a)他们并不为我们可能一无所知而焦心,b)他们没有受到迷信的诱惑。המבין יבין.[让谁理解谁就会理解。]

瓦伊达大概称得上是最好的,目前他在讨好人,恨不得给人擦靴子(其他两人大概也在这么干),但他是或者必定是在法国生活的犹太人之 le grand prêtre ou moufti[大司祭或穆夫提①],(le moufti, qui mal raisonne[穆夫拉,即有理由推断的坏人],如伏尔泰所说[但愿忘掉他的名字]),倘若他能摆脱这种强迫,他会恢复到较好的状态。他不仅懂伊斯兰教经院哲学,也懂基督教经院哲学,另外两人则缺乏这方面的知识。——我又仔细地考虑了一下这件事;这可不行呵。

现在的确很难办。但正是在困难时,才必须有勇气。现在,您 ante portas[门前]便有一个非凡的人:潘尼斯(S. Pines)。他的学术资质非同寻常,他的两项研究(凯拉姆②原子论[Kalam-Atomismus]和阿布·巴拉卡特[Abu'l Barâkât])非常出众(后一项研究对于杜尔姆③的科学史是一个具有决定意义的修正)。他有哲学悟性(虽然缺乏热情):比你们那三个人的悟性要高得多。您可要仔细考虑一下(他在第一年可讲授犹太教中世纪哲学的伊斯兰-希腊前历史,在这段时间逐渐熟悉工作)。我越想越觉得他正是此人。

我夫人和我由衷地向您俩致候。

您的

列奥·施特劳斯

---

① 穆夫提,阿拉伯文 moufti 的音译,伊斯兰教律法解释官员。——译注

② 凯拉姆,阿拉伯文 Kalam 的音译,意为"谈话",研究此学的学科称凯拉姆学,即伊斯兰教经院哲学。——译注

③ 杜尔姆(P. M. M. Duhem,1861—1916),法国物理学家和哲学家。——译注

4a　（索勒姆致施特劳斯）

[1950.5.20，耶路撒冷]

亲爱的施特劳斯先生：

您的信昨日到达，即在古特曼去世的同一天（昨天晚上）。弥留之时艰难而又漫长，三个月以前可以说就毫无希望了。他一直到最后几乎都保持清醒，而且多次谈到您，尤其在他得知您回绝的消息时，更很是伤心。他太乐于看到您来这里。好了，办不到的事还是办不到，我希望您至少达到您已经下决心做的事。

潘尼斯确实出色，我实际上建议委员会将他也当成一个可能的选择，可是，他对犹太教哲学问题几乎不感兴趣，也没有受过专门的希伯来语教育，这些毕竟是事实。我们将为作出一项决定艰难地反复折腾，不论结果如何，都会很糟，因为在这个领域曾一度发表原创性见解的除你之外别无他人。我认为瓦伊达受过很好的培训，但他作为教师也许不是很合适。其他两个人拥有太多的，他又太少。此外，我个人对他有个好印象，且不说他是一个因受到巨大打击而陷于颓唐的人（1946年我认识他时，他妻子刚刚离他而去）。

我们也许会靠自己的力量最终走出窘境。

我们俩向您和您夫人亲切致候。

您的

格哈德·索勒姆

一九五一年

1 （致洛维特）

1951.7.19［芝加哥］

亲爱的洛维特：

您的信到达时，我正在上密执安众多湖泊之间的森林里，我们在这里度过了三个星期。二十二日我们将返回芝加哥。由于逃进森林，也只好用铅笔写信，对此您肯定会谅解。关于您的实际问题，我只能对您说，我在离开芝加哥时尚未见眉目，但伯格施特莱塞（Bergsträsser）会打听一下。我回去以后将立即与他取得联系，随后即告知您情况。我通过怀特收到您的文章。写得非常好，对于控制着舞台的疯子，我千倍地赞成您的做法。可是，对待真正的，即苏格拉底—柏拉图式的 σκεψιs［审视］呢？这就要看您是用蒙田还是用基督教的眼光阅读柏拉图著作了。苏格拉底并非庸俗意义上的怀疑论者，因为他知道他一无所知，他最先知道知是什么，而这并非一无所是，另外，他还知道问题是些什么，这就是说，问题，重要的问题，即什么是重要的，换言之，他知道哲学推理是 Unum neccesarium［决定性的东西］［因此，行动方面的可靠性建立在探索的根基之上（参照页232，第一段）］。这种知完全有别于 animal faith［动物信念］。关于 δαιμονιον［精灵］，请读一遍 *Theages*（《忒阿格斯》），基尔克果同样对它做了完全错误的解释。关于页227第三段和页231第二段（绝望的优势或者基督教对古典怀疑之怀疑的优势），我认为您在这里犯了一种 petitio principii［窃取前提］的错误：这种优势只存在于信仰的基础之上，否则绝对不行。

非常坦率地说，您的文章增强了新近在我心中苏醒的对海德格尔的好感，即对这样一个海德格尔的好感：只有在对信仰不做任何让步时才算保持对自己的忠诚。

可是，与眼下完全被基督教化了的，即为人所遗忘了的尼采相比，海德格尔显得实在暗淡和不足。请原谅我向您这个写了迄今最优秀的关于尼采的书的人说：我觉得在关键之点上，尼采并未得到理解。但愿命运假我以解释他的思想的力量。我再次研究了修昔底德——我只能用阿威洛伊的话高呼：Moriatur anima mea morte philosophorum[我的灵魂随着哲人的死而死]——我要说的都说了。

此外，倘若我处在您的地位，宁可取基尔克果而舍帕斯卡尔。在我看来，基尔克果既在哲学上也在神学上堪称最伟大的思想家。帕斯卡尔是 scientist[学人]，从来不是哲人，这绝非偶然。

我必须就此住笔，回头谈洛克。

您要批判我对历史主义的批判的打算有何进展？我很乐于看到您的批判，因为我又得就这个题目写点东西了。

衷心致候。

您的
列奥·施特劳斯

请向胡拉（Hula）致候。我已经饶有兴味地读了他对现已变成老驴的凯尔森礼貌而又具毁灭性的批判。"一个奥地利人不挖别人的眼睛"。

2　（致洛维特）

1951.12.21[芝加哥]

亲爱的洛维特：

我怀着最大的兴趣将您关于海德格尔的文章读了两遍。我认为您的阐述非常出色，绝对优于克吕格的文章。比较"何谓形而上学？"各种不同版本，给人的印象尤其深。您有意无意地证实了我的推断：在海德格尔的思维中现代性惨死了，可见，这种思维之所以对于我们具有重要性只是由于——理所当然地只是由于——我们如果不理解现代性,自身便无法从中得到解脱。因此,对海德格尔批判的任务是,弄清楚海德格尔的现代性,尤其"晚期"海德格尔的现代性。但是,不可仅仅指出,"晚期的"海德格尔与《存在与时间》决裂了,虽然他矢口否认这一点——您充分证明了他在这里未讲真话——,而且还要说明,从更深一层意义上看,他的自我解释是有道理的,这就是说,《存在与时间》的原初动机在《林中路》中保存了下来。只要比较一下《存在与时间》的"唯心主义"或者"主观主义"与德国唯心主义哲学的唯心主义或者主观主义,便立即看出这一点:以生存取代独立的自我。从生存(Existenz)向存在(Sein)的进步,犹如从青年德意志运动(从《存在与时间》的影响)到今天令人注目的成熟的进步(中间经过1933年对成熟和审慎智慧的发现:《德国大学自我主张》的结尾——青年德意志运动突变为审慎的分界点,如果这里有些可笑,责任不在我)如此必然,是如此合理。我觉得,《存在与时间》的模糊内涵,可以说荒诞(如果没有此在,便[只]有存在者——而没有存在。这就是说,当没有存在的时候,有存在者),只有当从一开始便未怀疑教条主义的历史主义、随后也不会怀疑,才会向着《林中路》发展。

我在好奇地期待着您的文章的第二部分。

顺致安好。

您的

列奥·施特劳斯

2a （洛维特致施特劳斯）

92 Brookside Drive, Larchmont, NY

［未注明日期］

亲爱的施特劳斯：

您在新校的阐述太精彩了，您引诱听众进入真理，您讲的是"社会学"，而意之所指乃古典哲学也。不过纽约是个可怕的地方，人们永远不可能让他们的朋友从容不迫地讲话。

我在包扎书籍，办理三月二日动身前的千百种事。

请告诉我您对我们**在维斯敦的夏季住宅**是否感兴趣，设施完善，独门独户，有胡拉一家为邻，他们自然不去维也纳。整个季节，即六月至九月（包括九月）价 350 美元，如果您愿意也可延长。这很合算呵！如果您不感兴趣，请您在芝加哥有此类需求的熟人和同事当中传布此消息。

衷心致候。

您的

卡尔·洛维特

一九五二年

1 （致索勒姆）

1952.2.5［芝加哥］

亲爱的索勒姆：

我刚刚口授了就潘尼斯的事致您的正式信函。至迟后天便会投邮，这就是说，在收到您的信后不足一周。我无法更早了：我曾外出旅行。我自然感到极其高兴：为希伯来大学、为潘尼斯、为您，更不必说对学术本身和整体了。这次决定再次表明，在这个世界上发生的事，并非完全不公道，נער הייתי וגו'.［我曾是一少年等等。］我在全力继续我的 διαφθορά τῶν νέων［败坏青年］(θεοὶ πόλεως κτλ : 亵渎城邦神明，［中译编者按］苏格拉底教育青年人被城邦指控为"败坏青年"；施特劳斯在这里的意思是，他学着苏格拉底在"败坏"［教育］青年），当然，口头的多于书面的。我刚好出版了一本小书《迫害与写作艺术》(*Persecution and the Art of Writing*)，都是您熟悉的短文，但我觉得我年事渐高，鉴于从我心灵的 ossa［肢体］可能产生的报复者，我认为可以将之结集了。我将把这本小书以及可能面世的另一些东西（一本论自然法的小书和论马基雅维利的文章）给您寄去。我如能收到您的 diaphthartische［败坏青年］的东西，自然非常高兴，因为诸极端的东西是相互接触、有时甚至是相互吸引的。您是给予我关于相互对立的极端的观念的第一人，让我不断思考。布伯也在这里。我要说一下他。在 ממשה עד משה［从摩西到摩西］的变化中，我要说，自门德尔松（Moses Mendelssohn）以来，没有任何一个非正统犹太教徒享有过布伯那样的知名度。我认为，这就是就这个主题所可能讲的一切。——也许让您感兴趣的是，芬克尔斯坦（Finkelstein）创办了一所犹太教神学院，我也在其中做点事，我大概最终还要回去，并非从 תשובה［改宗/忏悔］的意义上，而是从 on revient toujours……（［译按］这里应补充：a son premier amour，全文意为：总是一再返回他最初所爱者）意义上而言，不过，在您神秘的智慧里，这大概并没有什么区别，对佩卡斯基（Pekarsky)，我所想的跟您一样。请代我向他热烈问候。只要可能，我愿见一下波洛茨基(Polotsky)。可眼下我为(极其令人不满意的)工作而感到透不过气来。

我夫人和我经常想到你们俩，也许命运会再次将我们领到一起。

我为再次直接听到您的音信由衷地感到高兴。怀着最深切的思念，我以我们俩的名义向你们俩致候。

列奥·施特劳斯

1a （索勒姆致施特劳斯）

1952.1.25，耶路撒冷

亲爱的施特劳斯先生：

我想，您会有兴趣和乐于听到，经过在其他一切可能的地方百般徒劳的寻觅以后，上帝保佑，终于又回到您最初的想法：聘任潘尼斯博士为古特曼教授的继任人，自然暂时先作为教师，但有意给予他争取教授职务的机会。潘尼斯本人准备接受聘任，并立即将他的研究集中于犹太教哲学。像您一样，我在期待着最丰硕的结果。您可以想像，困难自然是，他作为教师可能不见得具有特别的吸引力。不过，我希望这一点也会因适应环境的必要性而有所改进。我对您的请求是：尽管我们在决定犹太学教师聘用时并不需要在国外咨询意见，而且我们事实上在十天以后就将潘尼斯的聘用连同巴内特和我的鉴定意见提交给系里，但我认为，最好您能用英文给作为犹太教哲学委员会主席的我写一封信，就潘尼斯的学术品格和学术水平谈一下您的意见。如果您在收到此信之后的一周之内能够——这对您几乎不会有什么困难——答复我的咨询，您的信将在评议会讨论时一并提交会议。我毫不怀疑，您的信在这件事上可能帮我们的忙。在我无缘与您本人作为同事共事以后，我本人在期待着从与潘尼斯的合作中得到最佳成果。

很高兴能再次听到您和您夫人的消息。您没有写什么能够让一个可怜的读者享用的东西吗?可惜在下只写一些神秘主义的荒唐言,用以启迪和宣传迷信。您对有关文献还有兴趣吗?无论如何,我对这类启蒙文献的兴趣不减。您是否见到波洛茨基,他现在正在您那边的拐角处芝加哥[大学]东方系教书半年。我想,您不认识他,这对您很有好处。他是一流人物,我非常器重他,虽说并非在哲学方面,他厌恶哲学。我们这边对您芝加哥的朋友佩卡斯基非常满意,对他的期望很高,这些您大概也听到了。他这人具有杰出的品格。

我和我夫人一起祝你们一切都好。

衷心致候。

您的

G. 索勒姆

又及,请您在给我的正式信件中,按我们的固定程序,就潘尼斯是否在贵国的一所高水准的大学里具有教师资格的问题,写出您的表述明确的意见。这边很看重这一点。

2 (致索勒姆)

1952. 6. 22[芝加哥]

亲爱的索勒姆!

我今天从纽约(犹太教神学院)回来之后,才收到您六月二日的信。明天,我将给您寄去我的《霍布斯》和我的《迫害与写作技艺》各两本,分别给您和希伯来大学,另几份关于历史哲学的文章分别给您、洛滕施特莱希、潘尼斯。我在怀着急切的心情期待着您的邮件,可惜我的现代עברית[希伯来语]的知识糟得很,所以,我下定决心在秋季学期把它当成一门外语来学。我自然很为潘尼斯感到高兴。我的鉴定没有任何夸大。他的确是(我所知道的)唯一一个对中世纪犹太教哲学和阿拉伯哲学有所理解的活人。其余的都是古人和护教士(我忘了,应想到海涅曼,他值得好好提一下)。关于古特曼已经开始写的答辩,我从他本人那里已得知。几年前(大概在八到十年以前吧),他写信告诉我,他放弃了续写答辩的计划,因为我自己放弃了我在《哲学与律法》中所阐述的立场,这个说法是正确的,因为我曾公开赞同古特曼就理智与启示在中世纪的同一性提出的命题,但在当时的赞同中,"扬弃了"以前的拒绝:可以说,古特曼稳健的理性主义在超越犹太教托马斯主义的道路上走向了激进的"理性主义",我针对的正是这一点;于是我从此便处在右翼(因为右派是真理,左派叫人看不透,对此没有人比您更明白了),而在《哲学与律法》中,我却站在左翼:古特曼则始终恪守中道(从现在开始,我正试图向一种稳健的"理性主义"推进,不过我担心,这对于古特曼比我以往的两种立场更难以接受)。可无论如何,我认为,古特曼的批评始终还是十分重要的。说到陶伯斯,可以说我最糟的期待得了证实。我还从未见过如此恬不知耻的虚荣心。他是否可能受过教育?他是否拥有那张人们必须拥有以便能够让人剥取的皮?ὁ μὴ δαρεὶς ἀνδρῶπος [这没吃过苦头的家伙]……与您俩重逢的前景令人高兴异常。

我在犹太人的纽约生活了三周,它让我想到,我未应聘去耶路撒冷对我的损失多么大呵。可是,我必须想方设法尽一切可能完成自己已经开始的事。Et hic Dii et filii Jaacob sunt [这就是众神和雅各的儿女们]。

请再次来信。以我们俩的名义亲切向你俩致候。

       您的

       列奥·施特劳斯

又及,我认识了波洛茨基,他看来极大程度上既可敬又腼腆。

2a （致施特劳斯）

1952.6.2

亲爱的施特劳斯：

您可不要怪我，我没有立即回复您二月五日的信。我想，除了对您在聘用潘尼斯的事上给予的帮助表示衷心感谢以外，还要报告一下事情的结果，可惜在我们这里，机构磨转得很慢（我们现在正努力认真地彻底改变这一情况）。但是——νενικήκαμεν [我们终于赢了]！聘任他（鉴于他应有几年时间展示自己的能力，先作为讲师——不过，这也是开始时的想法）讲授犹太教哲学，同时承担希腊和中世纪一般哲学的教学，这一点在各级机构（经巴内特、您和我的卓有成效的评定！）得到几乎一致的或者完全一致的认可，并可能从十月一日开始实施。我希望发展顺利，对潘尼斯本人也如此，因为对他而言，要熟悉工作，适应高校授课和作报告，肯定并非易事。他始终还是那么腼腆，但我希望，我能在共事中激起他的热情和劲头。您的信特别在最高层很有价值，充分发挥了影响。让我们祝愿我们这个新的开端和研究上的新发展。

三个月前，古特曼太太去世，她将古特曼的专业藏书留给了我们教研室。在古特曼的文件中，有一篇对您的批评的长篇回应文章的某些部分（中间一部分缺许多页）。我感到很懊丧，它竟是如此残缺。他是否曾受福星的驱使给您寄过一份抄件？我担心，怕是没有。（完整手稿想必有45页四开纸。）

您那本收有不同文章的书的标题让我无法破解。不过，希望您无论如何要寄给我，像您的其他著作一样，不论大作还是小书，始终引起我的兴趣。自您的《论僭政》以来，我未再看见您的任何东西！我自己目前没有出什么东西，心中正在酝酿，我给您寄上两篇较长的文章，我不知羞惭地一篇用希伯来文，一篇用"瑞士德文"，我觉得其表述似乎达到了相当程度的通顺流畅。

芬克尔斯坦正好在这里。关于犹太教神学院，他一点儿都没向我透露，显然这对于我没有意义，相反，他似乎很有意邀请我到那边逗留一段时间。假若此事有结果(在下一个休假年①),您会在那边跟我夫人和我重逢,如果您在那时之前不愿到这边来访问我们的话。

很遗憾,经过两年半之久的从近处观察,我对陶伯斯大感失望:他利用自己不可否认的巨大天赋,不是严肃地以自律和自我否定的精神做研究,而是从事哲学游戏,我不得不认为,这极不严肃,完全是卖弄。自由地吟唱别人的论题,没有内在态度的高谈阔论。我丝毫无法改变这位老弟了。他在美国也许会干点儿正事,这可能改变他给人的印象。这一切只在我们中间讲,因为我们当时曾经谈过这个情况。

我们全家向您全家致好。

您的
G. 索勒姆

---

① 休假年(sabbatical year):欧美国家每隔七年给予某些高校教师一年或半年休假,亦可译为学术休假年。——译注

3 (洛维特致施特劳斯)

Ascona,1952.8.25[明信片]

亲爱的施特劳斯,我正坐在这里参加伊拉诺斯(Eranos)讨论会,我在会上对有高深学养的听众做了关于列奥·施特劳斯对历史主义的批判的报告。可惜您没有来阿尔卑巴赫([译按]Alpbach,奥地利一小城,在蒂洛尔地区,是欧洲论坛举行会议的地方)。您的科林伍德①批判何时发表?(我想援引您的话。)很遗憾,布朗肯哈根(Blankenhagen)在海德堡没碰上我。我在未来两年之内会得到一个美国的聘约吗?请来信告知近况。

您的

卡尔·洛维特

我亲爱的施特劳斯,咳,您在这里的出现([译按]指洛维特报告中出现的施特劳斯的观点)备受关注,这就是说:名垂青史(historic)(按照洛维特的说法,而并不是:成为历史[historical])。您的耳朵没发热吗?

衷心致候。

您的

索勒姆

---

① 科林伍德(Robert G. Collingwood,1889—1943),英国历史学家和哲学家。——译注

4 （洛维特致施特劳斯）

9.25［1952］,海德堡

亲爱的施特劳斯：

　　让您久等了,理应立即表示谢意,感谢您寄来的《迫害与写作艺术》和科林伍德的书。我昨天才从瑞士和蒂洛尔回来,发现两书已在这里。我感到高兴的是,将就您的新著的译事与科尔哈默（Kohlhammer）商谈,请您敦促芝加哥出版社推荐我夫人作为未来的译者,俾使我们不致将英语完全荒疏。您未一起去阿尔卑巴赫真令人惋惜。我在那里遇到伯格施特莱塞和哈耶克（Hayek）等人。我的两篇关于海德格尔的文章在这里引起很大震动。大师则为此大为光火。对不起了,我不可能改变这种情况。

　　祝万事顺遂并衷心致候。

您的
卡尔·洛维特

一九五三年

1 （致索勒姆）

458 Soath Catalina Street［洛杉矶］
1953.1.16

亲爱的索勒姆：

　　谢谢您1952年十二月十七日的信，它到达我这里时迟了几天。首先谈芝加哥的事，我给瓦赫（Wach）写过信，他对您"至为尊重"，让神学院院长对来自华盛顿方面关涉到您的询问"保持警醒状态"。他乐于继续做一切有利于达到这个目的的事：只是不要花钱。

　　至于相反方向的活动，意愿格外强烈，甚至在渴望，可是，资费方面很不好办。我的意思是说，我会是很费钱的。出于无须我解释的理由，我必须带我夫人和珍妮，这当然会大大增加费用。如果您到芝加哥，您也许可以对当权人物说明，您能够安排一次我与一位希伯来大学社会学家相互交换，这样一来，额外筹措的款项只是旅费。我很不善理财，甚至不敢想象与某一位行政官员就这类事进行讨论。

　　我在洛杉矶作为犹太教大学的客人讲授中世纪犹太教哲学。我怀着最大的兴趣研究阿尔保（Albo）的 עקרים ［Ikkarim（伊卡里姆）］。这是正合我心意的一本书。自然不可将阿尔保与拉姆巴姆相比，但也是极其值得珍视的人，完全以拉姆巴姆的精神活动。他跟斯宾诺莎之接近令人称奇，只是一切都更加 בכבוד［庄重］。

　　关于赫舍尔（Heschel）可不置一词，只能说我们父辈的动物园还不是如此完美，所以里面没有带有黄毛丫头灵魂的男人——这是 גלגול［Gilgul/轮回］之必然结果，对此您无疑是知道的。

　　洛滕施特莱希为一篇文章的事写信给我。我给他寄去的东西他用不上。可惜我手头没有其他东西，也不可能向他许诺什么。倘若我在秋季学期就马基雅维利作一个公开报告，我会寄给他一份。不过，他不可指望肯定会得到它。请您告诉他这一点。

但愿我们秋天在芝加哥相见。我希望这次我能够说服您相信自然宗教的真理。以我们两人的名义向您和您夫人衷心致候。

您的

列奥·施特劳斯

上写地址大约用到三月八日。

1a （索勒姆致施特劳斯）

1952. 12. 17

亲爱的施特劳斯：

我整个夏天都在国外，十一月间回到家里时，我发现这里有您上一封信预告将寄出的两本书（各两册）和关于科林伍德的文章（[译按]当指《自然权利与历史进路》[*Natural Right and Historical Approach*]）。谨致最诚挚的感谢。我曾经有过机会在我的授课中展示和预告您关于迫害的书，当时我刚好在讲授隐微笔法的含义。第二本我已转交洛滕施特莱希，这是要送给他的。或者不是？

潘尼斯已开始讲课，我希望他达到最佳效果。

关于可能的重逢，我向您提出两个不同的建议。第一，是否有具体的机会使您作为客人来我们这里一年，讲授哲学（您所感兴趣的东西）？您知道，我们系里陷入巨大的困难。您作为客人可以讲英语。从您那边看，有实在的机会吗？最低条件是什么？

第二（相反的方向！）：在国务院有一个机构，按照国会的某一个法令（Act of Congress）主管以色列与美国之间的教授交流。这里的大学为1953/54年度提出两个人，也推荐了我。其中条件之一是，我向校长列出的大学中的一个（我在那里发现有宗教史课，并可能讲授我所属专业的东西）也表现出相应的兴趣——有关大学为此不花分文，因为山姆大叔埋单（据称一切费用）。也许芝加哥在这方面有兴趣？如有兴趣，如果华盛顿方面就此发来征询意见，你们自己必须有所动作。

可见,在两种情况下我们都有机会(芝加哥神学院的人们中,我只比较熟悉瓦赫,我不愿为此事主动给他写信)。

关于您与芬克尔斯坦的神学活动,我期待着一些令我惊喜的东西。不愿听赫舍尔无法形容的废话,我不堪承受如此多的"情绪"和"经历"。

祝愿你俩平安,我夫人附笔致候。

您的

格哈德·索勒姆

[附件——据推测应附于这封信]
枢密顾问歌德谈列奥·施特劳斯教授

Ⅰ 1927年9月27日致伊肯(C. J. L. Iken)的信
（论《浮士德》第二部海伦娜一幕）

"即便鉴于早期和后来写的诗中其他含混不清的地方,我也想提请人们思考下面的情况。既然我们的经验中的某些东西(!)不可能得到圆满的表达和直接的告知,我长久以来便采用一种方法,即通过相互对照和在自身中同时相互反映的多个形体,向有心人揭示较为隐秘的内涵。

"关于这类值得思考的关联和重复反映的详细情况,阁下将在列奥·施斯劳斯一本近期将出版的有趣的书中看到,它有一个富于启示的标题:《迫害与写作艺术》。虽然这位年纪尚轻的作者以某种出人意料的方式证明了他的论题——主要引用那些出于种种理由跟他接近而跟我们疏远的中年犹太作者们的著作——可是,这类年轻人的共同工作仍然十分令人感到欣慰,它证明日益提高的教养,同时将使我们达到新的繁荣。

"我们应受教育,这是基本要求;至于我们从哪里受到教育,这倒无关紧要,只要我们不用担心从错误的榜样学坏就好了。"

Propyläen 版,39, 223([译按]Propyläen 原为歌德 1798—1800 年间用的名称,在哥达的出版社主编的宣扬古典主义造型艺术的杂志上撰文)。

Ⅱ 1927年12月4日致策尔特(C. F. Zelter)的信
(论司各特的《拿破仑传》[译按]《拿破仑传》是英国作家司各特[Walter Scott,1771—1832]创作的二十七部历史小说之一。)

"十分值得注意的是,他是作为合法的具有公民资格的人说话的,这种人努力在虔诚的良知的意义上判断行为,严格避开一切马基雅维利的观点,没有这种观点,人们自然无法从事世界史研究。
"如果,我最珍爱的,如果您自己的歌曲和您的合唱会饮(Liedertafel[译按]1809年由音乐家策尔特[1758—1832]首创的男声合唱团体)——我更愿意如此称您的歌咏协会(Singakademie)——让您有点时间读一下虽说篇幅不大却颇有难度的书籍,我想请您去读年轻的犹太人列奥·施特劳斯博士关于霍布斯和一般政治哲学的论文。我在不久前也让杰出的伊肯注意他。在那里,自由是一种障碍:他有个乖僻念头,重新用希伯来语出版,要读懂它,您那些开明的柏林犹太女人们对您几乎没有什么用处。
等等
G."
(引文终。G. S. [译按]G. S. 当是格哈德·索勒姆)

2 (致索勒姆)

1953.3.19[芝加哥]

亲爱的索勒姆:

我回来以后立即与我的上司讨论了我在1954/55年休假的可能性,以及我在1954/55年间访问希伯来大学的问题。我今天偶然碰到杜什金(Dushkin),所以,情况进一步明朗。可以说,这件事完全可能。这就是说:您方为我(＋太太＋孩子)支付旅费和那边的薪俸。据我在我们的旅行社打听,按照今天的价格,旅费须 3000 美元。杜什金也认为,与此有关的困难并不是不可克服。他告诉我,我每周必须上 6-8 节课,分配在三(或二?)种讲座。他认为,困难在于我不能用希伯来语讲课。我必须强调,我确实不能,那边的人们必须准备接受英语讲课和主持课堂讨论。这里的大学须尽快知道事情结果。所以,请您尽快告知我。

我希望您明白,我并非哲学家,我是政治哲学教授。所以,我不可能接过伯格曼(Bergmann)的讲座。相反,如果潘尼斯同意,我也许可以讲授犹太教中世纪哲学中的一些东西(例如,关于שמונה פרקים[八章]的专题讨论课,对我很有诱惑力)。

怀着那匹听到号声的著名骑兵老马的情绪,我谨以我们两人的名义向你们两人衷心致候。

您的

列奥·施特劳斯

3 (致索勒姆)

1953.5.19[芝加哥]

亲爱的索勒姆:

好极了,我收到邀请,怀着感激和欣喜接受它。我保证循规蹈矩,不会招惹任何反感。关于讲课和课堂讨论的建议令人很乐于接受。我也许会主持关于马基雅维利和斯宾诺莎的课堂讨论。您要及时让我知道,您何时需要课目的最后信息。

(从六月十二日到九月初,我在伯克利授课:

  c/o Dept. of Polit. Science

The University of California,
Berkeley 4, Calif.）

待办的只剩下：a. 旅费的细目和 b. 钱的支付，这是急需的，以弥补1954/55学年我不会在以色列度过的那部分时间，并履行这边连续性的义务（住房、保险等等）。我深信，这一切都将令人满意地得到解决。

关于您的旅行，很遗憾，我和瓦赫迄今都未听到什么消息。

匆匆草此。

我们全家向您全家衷心致候。

您的

列奥·施特劳斯

4　（洛维特致施特劳斯）

1953.11.25

亲爱的施特劳斯：

　　昨天科勒（Köhler）出版社的科斯特（Köster）博士来访，我们就您的《自然权利》的译事取得一致，为此我衷心感谢您。我夫人为科尔哈默译的书尚未完稿，要到1954年三月底才能开始译您的书。我也乐于参与译事，例如译关于马克斯·韦伯一章。假若有时产生难解的翻译问题，我们将向作者求教。

　　我从未听到您对我写的关于海德格尔的一些文章的看法，尤其对涉及尼采的第三篇文章，其中讨论的是解释问题。从职业上看，我在这里蛮好，系的构成人员正派大方，整个气氛对于经历了新校百货商场般的场面之后的我是一个善举，新校待我如此恶劣，这全是西蒙一己之过。令人头痛而又丧气的是，无法解决国籍问题，因为为了保留国籍只是再到美国执教一两个学期是不够的。此外，尽管做了许多尝试，也写了许多信，仍然没有一个机构提供某种机会；只有哥伦比亚的施奈德（H. W. Schneider）介绍给我的一位年轻的科罗拉多学院教授愿意交换，这对他很有利，对我却没有一点儿好处。新校如果重建哲学系，最多也只会问一下我是否愿长期回去工作。（［原编者注］这似乎意味着，他并未考虑长久地回来。——施特劳斯在此信下方写的对这句话的批注）目前情况便是如此。我主要忙于写讲稿，有时在某处作个报告，比如几周以前在罗马作了两个意大利语报告，真是美差，因为我在其他任何地方都没有像在那里一样感到亲切如在家里。您的耶路撒冷和欧洲计划如何？倘若我们能够再次交谈，当是令人大感快慰的事。代我向您夫人以及布朗肯哈根致好，并望告知近况！

　　衷心致候。

您的

卡尔·洛维特

一九五四年

1 （致索勒姆）

1954.1.14［芝加哥］

亲爱的索勒姆先生：

多谢来信。我去耶路撒冷的事已经基本确定。我希望我和我夫人的健康状况不使我们以前所作的一切计划甚至决定成为问题。假如我们成行，我们从六月下旬到十月将在欧洲度过。请将您的旅行日程给我。我们也许能在欧洲相遇，至少在同一个地方度过一段时间。我正在将我的一篇文章的四份复写寄给洛滕施特莱希，一份给您，一份给他，第三份给潘尼斯，第四份给西蒙。我之所以将复写寄给洛滕施特莱希，因为我不敢肯定，邮件到达时您刚好待在耶路撒冷。

我夫人和我向你们最亲切地致意。

在欧洲，肯定在耶路撒冷 au revoir［重逢］。

永远属于您的

列奥·施特劳斯

1a （索勒姆致施特劳斯）

1954.9.4，伦敦

两位亲爱的：

当你们给我们写你们的短笺时，我们正在苏黎世，甚至说不准就在你们拐角处，喀巴拉是不足以查知你们的踪迹的！可惜呀！我们中止了我们在伦敦的两周逗留，到了阿斯科纳，返回途中在苏黎世滞留两天。我们现在在这里，一直待到十月二十八日，然后取道巴黎和苏黎世回家！我们希望十一月二十五日已在耶路撒冷。我几乎无须告诉你们，我们在多么高兴地期待着你们三人的到来。珍妮想必已经长成一个高高的小姐了吧。你们也许先来伦敦？

我很想提请你们注意什么，可又不知提什么。我一时想到的唯一一件事是，在耶路撒冷冬天要多穿些毛织品。

请写封短信告知你们的行踪。

向你们全家由衷致候，希望平安相见。

您的
凡尼娅·索勒姆

不知道你们同时与我们在苏黎世，多么可惜！而且我们当时在那里耽误了火车，比原计划多待了二十四个小时。无论如何，我得将我们在伦敦的电话号码告知你们，以备你们再次途径这里时使用(38, Queens Gate Terrace, S. W. 7; WE Stern 0790)。

我们不清楚你们究竟何时到达耶路撒冷，真遗憾，我们不在那里，否则可出些好主意，这在开始时总是有用的，也是你们所希望的。

我努力充分利用这段假期，一直工作到最后。

祝好。

您的
格哈德·索勒姆

2 （洛维特致施特劳斯）

四月底以前的地址：Corona,（Tessin,）Schweiz

1954.3.18［海德堡］

亲爱的施特劳斯：

我夫人整个冬天都在生病，长时间住在医院里。因此，她为科尔哈默承担的译事未能在约定时间内完成，未能翻译您的书并在一年之内交稿，她感到深切而真诚的抱歉。所以，我到处物色一个替手，幸运地找到一个极其称职的年轻人，他现在攻读博士学位，曾在美国研修一年，有英语翻译文凭，曾在纽伦堡法庭担任翻译。我让他将您的书试译了一部分。他译得非常好，您不可能希望找到更好、更内行的译者了。他叫波格（Boog）。我写信告诉科勒出版社的科斯特博士，说明我夫人为什么不得不退出合约。他已经亲自跟波格先生进行了讨论，他像我一样对波格的能力确信不疑。我告诉科斯特，我将亲自让您理解这一变动，请您立即直接向科勒出版社以及科斯特先生声明您的正式认可。

伽达默尔和我可否指望您在六七月间来海德堡，在哲学专业给我们的学生作一个报告？我很希望您来，请您告知题目。

新校的事最终是负面决定。新校这次对待我恰如三年前那样令人愤慨。甚至约纳斯也对此持完全理解的态度。

衷心致候。

您的

卡尔·洛维特

一九五五年

1 （致索勒姆）

1955. 10. 27［芝加哥］

亲爱的索勒姆：

我未给您写信，我一直在生病，疲惫和/或忙碌，不是因为我忘记了您和希伯来大学。今天，如果不是我从可靠来源得到关于陶伯斯的下述信息，也许还不会给您写信。"在哈佛，他的事成为丑闻，在那里，他在正式场合冒充希伯来大学某系的访问学者（是吗？）。在附件内提到的讲座变成了对权威的犹太教上帝的长篇漫骂，于是，在讲座结束时，X 被请来上了两次课，为这个上帝辩护，反对灵知派的自由的（部分基督徒部分非宗教徒的）上帝。X 无法向学生说明陶伯斯致力从事哲学上的排犹主义行当，而'异端'成为陶伯斯所盗用的非常流行的得意概念。他的其他哲学课——系里的人告诉我说——是一出闹剧。简而言之，哈佛为摆脱了他而感到高兴"。我之所以收到这个消息，因为那边谣传陶伯斯正设法在芝加哥弄一份工作。如果他在下个月来这里造访，我将拒绝见他，但我担心他会让蠢得要命的人制造麻烦。倘若我能够从希伯来大学得到通报，表明陶伯斯没有任何权利声称自己与希伯来大学有关系，这对我是一大帮助。为此目的我必须收回附件。如果您能让我同时得到您以前写的那封著名的信的副本，我更会感激不尽了。

希望尽快听到您的回音，并代表全家向你们俩亲切致候。

您的亲爱的

列奥·施特劳斯

1a　（索勒姆致施特劳斯）

1955.11.3

亲爱的施特劳斯：

　　随信寄上您所要的由波斯内斯基签署的关于陶伯斯在耶路撒冷大学的身份的说明。这想必足以澄清事实。陶氏是否也在普林斯顿如此张扬自己？您也许可让一个助教查看一下普林斯顿本年度的课表？

　　我们都好，正为新学年做准备。您们那边现在有佩卡斯基，他也许给您带去一点儿以色列空气。我在十天前从非常宜人的伦敦回来。我还从未在如此美的天气做过欧洲旅行，所有一切的确令人受用不尽。

　　愿你们都健康、愉快并保持对耶路撒冷的美好回忆。

　　我们一家向你们一家衷心致候。

您的

G. 索勒姆

2 （洛维特致施特劳斯）

1955.12.31［海德堡］

亲爱的施特劳斯：

　　谢谢您寄来的评论里茨勒一文的手稿。我眼下忙得大伤脑筋，因为要为三篇高校教职资格论文和四篇博士论文写评估。所以，对这手稿我只能匆匆读一遍。我觉得写得非常好。您在报告的部分批评性地提出您自己关切的东西，这并没有害处。从帕默尼德到论文和到成年男子的具体进程之可变（mutable）与不可变（immutable），写得很成功，令人信服。对里茨勒以前的政治论文我并不熟悉。我特别喜欢您在页22顶端一行提出的准则。里茨勒是一个身为绅士而进行哲学思考的（地地道道的）外行，这一点无须说出来。您大概手头没有他关于荷马的文章，很可惜。此文载《古代文化》，我认为，这是他的文章中最好的一篇。可惜我自己也没有这篇文章。我觉得，关于海德格尔的评说非常中肯，不过，要让我来写，在页16宁可提哈曼，而不提瓦格纳。目前，这位西南的魔法师①的作品正在讲述着关于理由的章句——在大厅，并在另外两个厅内转播——很善于考虑效果和紧张气氛。您不妨读一下《宗教与思想史杂志》1954年第三期刊载的关于谢林在柏林登台讲课的听众报导！非常相似。

　　现在，《新通报》（法兰克福S. Fischer出版社）刊出里茨勒本人迻译和改编的关于"忧虑"的一章，另外还有莱因哈特写的三页关于里茨勒个人生平的介绍。我看最好您能让《社会研究》请人将这三页译出，附在您的报告后面。我已敦请出版社将这一期寄给怀特。您可不要错过机会让人将您的报告送给里茨勒的兄弟：瓦尔特·里茨勒教授，住慕尼黑附近的厄本豪森（Ebenhausen）。

---

　　① 指瓦格纳，他的作品每年都定期在德国西南部的拜洛依特（Bayreuth）为他亲自奠基的音乐厅演出，他的墓也在此地，因而洛维特称他为西南的魔法师。——译注

几天前,李特(Th. Litt)给我寄来自己的新作:《重新唤醒历史的意识》(Quelle und Meyer 出版社),其中针对我和克吕格为历史主义辩护。平淡、肤浅,但对了解德国学界的情况却有启发。我会找时间对他作出回应。但我首先必须使我的《尼采》完稿付印。

我就三本书提出了警告,结果表明书店自称从未收到我在十月份代您寄去的订单。这些书今天立即发给您。

衷心致候。

您的
卡尔·洛维特

您在提到莱因哈特时应附带说明,他的《索福克勒斯》一书是献给里茨勒的,因为这不仅是他们之间友谊的象征,对里茨勒也是大感荣幸的事。

一九五六年

1 （洛维特致施特劳斯）

1956.6.11［海德堡］

亲爱的施特劳斯：

您的做法多么非政治性呵，您仿效艾克（Icke）［＝Ike］。①，通过一场严重的心脏病发作而使自己更广为人知！我是通过众多途经美国的人们当中的一个得知这一意外事件的，希望您有足够的pazienza［耐性］，使自己彻底康复。谢谢您寄来的在《社会研究》上发表的关于里茨勒的报告！《自然权利与历史》的德译本还没出版吗？您该逍遥自在一番了！我也到了休假的时候，盼望去卡洛那（Carona）。

向您夫人致候并祝你康复。

卡尔·洛维特

---

① 当时美国总统艾森豪威尔（D. D. Eisenhower）的绰号。——译注

2 （洛维特致施特劳斯）

1956.6.28［海德堡］

亲爱的施特劳斯：

我们图书馆里没有您1930年版的关于斯宾诺莎的书。我们根据一份旧书目录购得此书，一看竟是写有许多边注的施米特的藏本！一个图章说明，显然是1945年随着施米特的藏书一起被美国当局暂时没收的。在第一页，施米特手写的记载：

第一次会晤　　1932年春
第二次会晤　　1937年夏
第三次会晤　　1945年7月（第一次别后重逢）
　　（对1945.6.30与施普朗格［Ed. Spranger］的谈话表示愤慨）

这第三相遇应如何去理解？
衷心致候。

K. 洛维特

又及，您的《自然权利与历史》现在已用德文出版了！

一九五七年

1 （致索勒姆）

1957.10.18［芝加哥］

亲爱的索勒姆：

　　现在，您必定已进入您一生的后一半。我从您的复写（《从无中创世》）看到，您从充沛的活力和在您的力量达到巅峰之时进入这后一半。在我所读过的您所有的出版物中，这一篇给我印象最深，虽然您现在提出的论据之主要成分，都是我从您早期的著作中所了解的。但是，您这次主要不是，或者更少是作为历史学家讲话，而是批判正统派本身的根源。唯一一种仍旧使我感到不安的东西（至少是唯一一种我提到而不再担心妨碍进一步交流的东西）是您对"神话"的运用。路利亚（Luria）和其他英雄谈到过"神话"吗？如果他们像我设想的那样没有谈到过，这就是您对这个词的使用的问题了。

　　致最美好的祝愿。

永远忠于您的
列奥·施特劳斯

1a （索勒姆致施特劳斯）

1957.11.21，耶路撒冷

亲爱的施特劳斯：

刚刚见到您十月十八日的信（在我从国外回来之后），谨表示深切感谢。我的下半生十四天以后方才开始；那自然会是很好的！

关于在喀巴拉和路利亚的背景下运用神话的问题，我在1949和1950年的两篇伊拉诺斯报告（《喀巴拉与神话》等）中作过梳理，也解释了我为什么在路利亚的语境中使用它。为说明表现在路利亚中的思想结构，我找不到其他更好的 terminus technicus［术语］。倘若我错了，我对友善的论战便会心怀深切的感激之情。

我很高兴，《从无中创世》投合您的胃口。祝一切顺心。

您的

G. 索勒姆

一九五八年

1 （致克吕格）

1958.6.21［芝加哥］

亲爱的克吕格先生！

我从内心感到欣慰，通过您的书听到您这么好的消息。我一连读了两遍。非常感激您的赠书。我们在提出问题上，甚至在寻求答案的一般方向上多么接近呀。

您对古人与今人的区别的讨论尤其使我大受教益，也让我得到快乐。

Propter abbreviationem sermonis［为了长话短说］——正如在阿威洛伊翻译中所称，我局限在我不能对您表示附议的论断上。您的海德格尔批评（尤其页219），在我看来，似乎与您在页250～251所承认的东西不一致：我觉得您在这里承认，必须区分两种人，一种是具有不充分视角的肉身——尘世的生命，一种是处在走向真理的途中的绝对漫游者。即便由于 ἀρίστη πολιτεία［最佳政制］与事实上的"自然共同体"之间的本质性紧张——更不必说只是 θεωρία［理论］的最高 πρᾶξις［行动］与其他一切 πράξεις［行动］之间的基本差异，作出相应的区别大概也是必要的。如果由此出发想下去，便会面对其神学（与其哲学有别）也是实践性的（狭义上），并因此而受制于共同体（教会）的托马斯与阿威洛伊的对立。

我认为，关键是与"自然的共同体"相关的差异。这种共同体之"自然性"含混不清，因为严格地讲，只有 ἀρίστη πολιτεία［最佳政制］是自然的（参见《政治学》卷三中与 ἀγαθὸς πολίτης［好公民］有别的 ἀγαθὸς ἀνήρ［好人］问题）。让我们使用说明这一状况的极端柏拉图式的词，πόλις［城邦］是洞穴——在城邦与哲学之间，存在着必然的紧张（因此甚至 ἀρίστη πολιτεία［最佳政制］也需要 καλὸν ψεῦδος［美好的假话］）。问题被掩饰起来，但并未得到解决，如果人们以 ἔθνος［民族］取代 πόλις［城邦］，并因此而陷于绝对地规定思想之语言限制的危险的话。倘若这是正确的,那么,结果便是,感性(Sinnlichkeit)的状况便不同于自然共同体的状况。至于感性本身,我并不认为,它可以脱离尘世性(Irdischkeit)。

自从与您见过面以来,我写了一本关于马基雅维利的书,此人大概是第一个明确地与古希腊罗马思想决裂的人。这本书应于八月间出版。我将会冒昧地给您寄一本去的。我正要开始一系列苏格拉底研究,首先仔细研究阿里斯托芬的谐剧,尤其《云》。

特别让我高兴的是,您的书的前言带有您的状况的好消息。

我们俩向你们俩亲切致候。

忠于您的
列奥·施特劳斯

2 (致索勒姆)

1958. 11. 3［芝加哥］

亲爱的索勒姆：

此信只是要告诉您，我刚刚请求出版社给您寄去四本我关于马基雅维利的书。劳驾请您取一本给您自己，其余三本一本给洛滕施特莱希，一本给西蒙，一本给希伯来大学图书馆。

我希望您和您夫人万事如意。我们一切都很好。

我期待着四月份见到潘尼斯，今晚见到弗朗克尔（Adolf Frankel）。

永远属于您的
列奥·施特劳斯

一九五九年

1 （致索勒姆）

1959.3.23［芝加哥］

亲爱的索勒姆：

您似乎在想，而我则相当相信，现在时候到了，您该将猫——甚或它的看不见的十只幼仔——从您的那个老巫师的劳什子口袋里放出来了。我喜欢我所发现的这些东西的灵气，和那听不见的咕噜咕噜的叫声，可是它们跟我一起并不感到轻松，因为我不知道用什么东西来喂养它们，即便我知道，我也十分肯定我找不到适合它们的好饲料。我自己完全跟它们和美相处，因为作为我的老师的狗和兔子，已经教会我种种带刺激性的办法，您的那些猫仔现在正在用这些办法挑逗我哩。

为了达到理解，像我这样的人该从哪里着手呢？可能的共同基础是什么？这种共同基础对于您想必"基本上"完全是福尔摩斯所指的意义上的吧！"他们渴望犹太人民和犹太生活得到神秘主义的升华"。"Torah［律法书］是所有的人知道他们之所知的媒介"。与不同的神秘主义中的不同的前提相比，犹太教神秘主义中的犹太教前提的地位是什么？页214下方至页215上端的评述意味着回答吗？这大概欠充分吧。或者用很不同的方式说明这同一件事。什么东西能够断定，一个跟什么（What）有别的谁（Who）是"一切理论的最后之言"？

一个纯知识性的问题：什么是"神秘的唯名论"（mystical nominalism）？

向您亲切致候。

您的

列奥·施特劳斯

一九六〇年

1 （致洛维特）

1960.4.7［芝加哥］

亲爱的洛维特：

　　此信只是为了对您所赠您的文集和您载入伽达默尔纪念文集的文章表示谢意。顺便提一下，我不知道伽达默尔几乎与我一样的年纪。请您转达我对他的生日的迟到祝贺。正如您可能期待的那样，我几乎完全赞同您在书中所阐释的题目和命题。我又重读了我已经熟悉的文章。论人的天性和人性的文章给我的感受特别深。我所持的唯一异议是语言哲学方面的：一个人可以接受（现代的）语言哲学而同时又不放弃希腊人的"自然"概念吗？关于您在页222所说的话，我认为rocky 与 hard（［译按］两者都有"冷酷"的含义）之间的差别岂不表明了您在那一点所阐释的命题的困难吗？页223第13～14行对于我是可以接受的，但似乎与您在页239第14～19行所说的话相矛盾，除非一个人接受这个在我看来无论如何是必然的命题：人是微观宇宙；这会消除您在页223的评说的"主观主义"内涵。

　　希望您一切都好。我打算在六月间离开芝加哥，到西海岸（加利福尼亚斯坦福行为科学高级研究中心）待约十五个月，在那里开始我的苏格拉底和阿里斯托芬的研究。

　　谨致良好祝愿。

您的
LS

2 （致索勒姆）

1960.6.20［芝加哥］

亲爱的索勒姆：

我正准备动身去加利福尼亚州斯坦福 Junipero Serra 大道 202 号的行为科学高级研究中心，我计划在那里一直逗留到1961年九月。所以，我们就没有机会在纽约相见了。我为此深感抱歉。在这段时间里，请劳驾将任何信件，尤其与潘尼斯有关的信件寄往我在加利福尼亚的地址。

我高兴地等待着您的书。

永远属于您的
LS

2a （索勒姆致施特劳斯）

28 Abarbanelser
耶路撒冷,1960.1.21

亲爱的施特劳斯：

我于一周前十分高兴地收到您最新的一本书——《什么是政治哲学》，并读了相当多的一部分。我为得到这本书而欣喜异常。您对自己的观点的表述在本书的许多地方所达到的清晰程度令人惊叹，与其他作者进行论辩之必要性——绝大多数文章或者其中的一大部分都是我不曾读过的——经由您对自己见解的定义，随之得到最令人乐于看到的精确说明。我怀着特殊的兴味读完收在本书结尾的您对布伯的评论。我希望过段时间，能够将关于拉比的犹太教中的弥赛亚主义的报告给您寄出，它将在下一期《伊拉诺斯年鉴》刊出，我在这里努力使我们两人同样在思考的事实达到我可能达到的最清晰的表述。

向您全家衷心致候。

对您怀着感激之情的老友

格所姆·索勒姆

3 （致索勒姆）

1960.8.11［斯坦福］

亲爱的索勒姆：

十分感谢您给我寄来您关于犹太教中的弥赛亚思想的论文。我再次看到,您是唯一一个反哲学的同时代人——因为您称得上是始终如一反哲学的了——我愿意从您身上学习某些东西。而如果其中没有我们之间共同一致的重要方面,这种学习便是不可能的。我们的这种共同点表现在我们对布伯的判断的同一性("他的灵魂是一个陷阱")。更明白地说,我们一致认为,现代理性主义或者启蒙运动及其所特有的一切形式的学说(德国唯心主义、实证主义、浪漫主义)已告终结。我承认,我不敢肯定您是否完全摆脱了浪漫主义。我将浪漫主义理解为下述观点：前理性主义的理解从总体上或者在这一或那一特殊形式上,优先于现代主义的理解,只是不再用自己的术语,而是用来自现代思想的术语(我想到的是诸如"神话"这类构想)。

您大概有理由设想,我作为政治学家特别对页 225~227 感兴趣。不错,拉姆巴姆并非"乐观主义者"。我不愿说,他断定卑劣与粗俗是人与生俱来的,但他确实相信,不平等是与人同时存在的(我在 1936 年发表在 *Revue des Études Juives*［《犹太研究月刊》］上的文章里曾讨论过他的弥赛亚论中的这一思想成分)。我会比您在页 232 上端所说走得更远一些。基于 *Guide*(［译按］指迈蒙尼德的《迷途指津》)12 的关于亚当最初不知高贵和卑下的一段话——我要说,弥赛亚时代不一定比亚当的原初状态更高,而是更低。可见,必须考虑到弥赛亚时代律法的持续性,并将之与律法(所有行为)的贬值联系起来,以利于纯然的沉思。我这么说是证实,而不是批评您的命题。向您真诚致候。

> 永远属于您的
> 列奥·施特劳斯

3a　（索勒姆致施特劳斯）

1960.10.27,耶路撒冷

亲爱的施特劳斯:

使我至为欣喜的是,我从瑞士一回来便看到您八月十一日的来信,它是在我动身一天之后到达这里的。我希望您在此期间也收到了我让苏黎世莱因出版社寄给您的我的《论喀巴拉及其象征符号》一书。

您对我的恭维带有某些 tongue in the cheek[挖苦意味]。您乐于向我学习是建立在相互性之上的。您将我视为一个反哲学的人,我可以接受,如果这只是指我所致力研究的课题的话。在其他方面,我自然并不完全反对将某些哲学的成就转用于我的历史的思考方式,通过我对弥赛亚思想明白易懂的表述,我恰恰要试图使您确信这类哲学成就。我将查对您自己关于拉姆巴姆的表述。而且我敢断言,我这本但愿目前已在您手中的书的第二章中关于哲学的和虚无主义的内容不大可能会逃过您的眼睛。关于您或者我的浪漫主义和神话的概念,我们以书面形式不大容易达到互相理解。也许我们存在着共同一致的方面,正如您如此满意地在我们对布伯这个现象的评价的同一性中所看到的那样。

芬克尔斯坦的神学院大概将我刚在那里出版的小书《犹太灵知主义、麦尔喀巴神秘主义和塔木德传统》(*Jewish Gnosticism, Merkabah Mysticism and Talmudic Tradition*)寄给您了吧? 他们很乐于分发此书，写张明信片就够了。我自己还没有收到书。我相信您的名字已列在芬克尔斯坦手头的名单上。我没有去美国，因为凡尼娅在苏黎世动了胆手术，我推辞了一切。她现在已经痊愈，正在耶路撒冷附近的一家疗养院休息。

您女儿珍妮已经读大学，是吗？她好吗？在哪里？学什么？

祝一切都好。

您的

G. 索勒姆

4 （致索勒姆）

1960.11.22[斯坦福]

亲爱的索勒姆：

我刚刚读完您用德文写的《论喀巴拉及其象征符号》。我这里没有这些文章的第一段，但我得到的印象是，您做了相当大的改动。这些文章的联系全然不同，效果更好。我以前从不曾对您的思想产生过如此深刻的印象。您甚至成功地温暖和软化了我这颗冰冷而坚硬的心，尤其第四章，在这里，您通过揭示诸如某些 smirot of erev shabbat[安息日除夕颂歌]这类东西的来源，使我对您传达的东西产生亲切感，我儿时在一点不明其"背景"的情况下经常哼唱这些颂歌。我最初也许理解这个深邃而丰富的世界，即您的家园所产生的无限魅力：既一般地将普遍与特殊、人与犹太教牢牢地联系在一起，超越一切道德说教与惩罚，又没有将之分解离析，变成唯美主义之类的东西。您是一个为人祈福的人，因为您在如此高的水平上使思想和心灵达到和谐，对于现在活着的每个犹太人，您都是一个祈神赐福者。作为一个表里如一的人，您有权利和义务大胆讲话。很不幸，我从气质上便不可能追随您——或者如果您愿意也可以说，我也曾郑重表示恪守一个信念,恪守现在的信念的誓言(这里借用我们祖先中的一些人所创造的阿拉伯拉丁文来表达,与它相比,西塞罗的文笔似乎 in ultimitate turpitudinis[过于粗陋了]): moriatur anima mea mortem philosophorum[我的灵魂一朝死去,也如众哲人之死]。我理解,您为什么觉得,哲人的思想粗鄙、贫乏和僵死。因为您直截了当地就哲人们所说的一切,有些失当(见页 133——假如恶不是"现实"的话,拉姆巴姆怎么能详尽地讨论拉齐(Razi)的"悲观主义"观点;天意作为惩罚怎么会可能发生,假如恶不是"现实"的话),哲学确实是超越苦难的东西,它更倾向于谐剧而不是肃剧,它在村社(moshav lezim,这是丑角习惯上聚集的地方)里。

不过,这并不重要。我仍然不可解的唯一难题与真理有关。我觉得,这个难题被隐蔽在"神话"和"象征"这些术语背后:某些特定的事物也许只能以神话或者象征性语言来陈说,可是,这种预先推定却又是以这类事物为基础的非神话和非象征性的真理。我猜想您自己不会说,"上帝存在"这个论断是一个神话或者上帝是一个象征。神秘的经验也许能够加强一种特殊的宗教,但正如您所承认的那样,这种经验加强任何一种宗教(页 26 以下)。对任何一种宗教的偏爱应属于最初的信仰,这与神秘的经验并非一回事(页 17,第 12 和 19 行:"得到加强"和"似乎得到了加强"便是例子)。究竟什么最终才是所说的所有这些经验所共同的东西,这是纯然的 X,这是 apeiron,是无,抑或未明确说出来的东西;每一种表述方式都是有问题的(参见页 20 和 103)。我们的分歧影响了我们对历史的作用的看法。事实上,您试图更深刻地理解喀巴拉信徒,甚至想超过他们自己对自己的理解(参阅页 129,这一节的末尾)。因此,您在论及他们的说教已经过时这个现象时,十分有哲学意味(158)。我相信您的说法:他们意识不到自己在做什么。我认为这便是他们与拉姆巴姆之间最显著的差别。您的朋友们与这只巨鹰之间的相似点的确令人吃惊:例如,页 96(对 mitzvot[戒律]的批判),但也涉及"异教"(paganism)或者——如知道自己在做什么的拉姆巴姆所说——"也门教"(sabeanism)(出于与纯古代有关的理由,我对页 56 的问题颇感兴趣,它使我想到拉姆巴姆零零散散的 rashe paraquim[一连串标题])。您在给我的信中的正确论断里有一句话说,您第二章中的"哲学的和虚无主义的内容"不大可能会逃过我的眼睛。现在,您从我前面所说会注意到,它们确实没有逃过我的眼睛。它们给我留下十分深刻的印象,使我坚信一个坦率的人作为 apiquorsut[彻底的无信仰]所可能描述的东西。虽然如此,您也使我坚信我对您的判断:您将"哲学的"和"虚无主义的"作为同义词使用,您称之为虚无者,falâsifa[哲人]称为自然者。

还有一个小问题:页 231 第 7~8 行,这里是否有什么错误?如果没有错误,恳请您告诉我,使我能够将您的第一手解释记入我的复印件,好吗?最后,我很赞赏您在页 8 一段末尾行文特别精彩的那句双关语,这句话后来又以某种方式出现在页 142 下方和 143 上方。

我已就您的《犹太教的灵知主义》(此书刚刚到达)写信给芬克尔斯坦的学院,他将把书寄给我。我们听到您夫人患病感到很难过,但又为她的康复而高兴。珍妮确实已是大学生。她今年正在蒙特佩里尔学习,现在的主要兴趣是古希腊语,眼下正参加一个关于阿里斯多芬的《云》的讲座,我正准备就这部剧作写点儿东西。衷心感谢您给我寄来您的优美著作。

永远属于您的
LS

5 （致洛维特）

1960.12.13，斯坦福

亲爱的洛维特：

　　为了遵循您所建议的路线进行马克思研究，我已写信给洛克菲勒基金会。感谢您告知我有关海德格尔的《尼采》一书的情况，尤其感谢您寄来您的《海德格尔》一书的第二版。我重读了一遍，可是无法将它与第一版对比，因为我的第一版留在芝加哥了。我发现，我们基本上是一致的；甚至比以往更一致，因为我自己比以前更加强烈地感觉到海德格尔所具有的魅力。对他这本讨论语言的书（[译按]指《走向语言的中途》，*Unterwegs Zur Sprache*）我稍稍读了一些，加深了我从《根据律》（*Der Satz vom Grund*）和其他一些著述中所得到的印象：他完全或者几乎完全地摆脱了那种种外省人的习气，这类东西总是使我一方面想起纳托普和对迈斯纳（Meissner）①的宣誓，另一方面想起1933年。可是，我不敢肯定您就"持有的东西"（das Bleibende）所说的话是正确的。这与eternal[永恒]是同一种含义，如果永恒（das Ewige）被理解为êwe、aevum、aion（[译按]这三个词意为"永恒"，分别来自希腊文、拉丁文）的派生词的话，这就是说，某种东西有时限，并非永远存在。我认为，对海德格尔具有本质意义的是，没有什么东西 nunc stans[现在仍然存]或者在永久的意义上是永恒的：就我的理解而言，存在的有限性或者世界，不论时间上还是空间上对于海德格尔始终具有本质意义。我并不完全同意您关于存在需要人的说法。我认为，海德格尔的观点因抉择所面临的种种困难而得到加强：自我满足的上帝作为 ens perfectissimum [最完美的存在者]必然导致彻底贬黜人的地位和价值。换言之，倘若海德格尔错了，人便成为一种偶然现象，也就没有思想与存在之间的基本和谐一致，因而便产生康德的物自体说的无望解决的困

---

① 迈斯纳，指的大概是 Otto Meissner（1880—1953），德国法学家，1934—1945年间曾任纳粹德国总理府办公厅主任。这里所说"宣誓"的背景以及纳托普的情况，不详。——译注

难。至于尼采,以莱因哈特的《尼采的阿里阿德涅哀诉》(*Nietzsche's Klage der Ariadne*)为例,我感到奇怪的是,人们为什么将尼采等同于扎拉图斯特拉,甚至等同于他的《扎拉图斯特拉如是说》一书。这无论如何都无损于我的观点:海德格尔关于永恒复返说的一切议论都不可能成立。很抱歉,我只能提出这些不充分的看法,无暇详谈,否则我的研究工作将大大滞后。

我听说,伽达默尔的书已面世。此书如何?我打算忙完我最紧迫的工作(包括"一千零一夜")就读它。

您忠诚的
L. 施特劳斯

一九六一年

1 （致洛维特）

1961.2.8［斯坦福］

亲爱的洛维特：

谢谢寄来您的关于"世界概念"（Weltbegriff）的文章。我怀着浓厚的兴趣和以几乎完全赞同的态度读它。您能否给我提供您在注14中援引的《圣维克多》（*Saint Victor*）的详细参考书目？我难以理解的是：对人而言，设想我们所谓世界之为世界的东西是不自然的。简洁的证明是，《旧约》没有"世界"的概念。我认为重要的是这一点：我们在谈到"世界"时所指的整体的"产生"，并不像猫猫狗狗的产生那样。

［残篇，缺少信的其余部分］

［列奥·施特劳斯］

2① （致伽达默尔）

行为科学高级研究中心
Junipero Serra 大道 202 号
斯坦福，加利福尼亚，美国

汉斯—格奥尔格·伽达默尔教授
海德堡大学
德国

1961. 2. 26

亲爱的伽达默尔先生：

我用英文给您写信，是因为我的笔迹现在变得很难辨认而在这里又没有熟练的德文打字员。

非常感谢您寄来大作，也很高兴看到您完成了大作。这是个重要著作，据我所知，这是海德格尔分子写出的最重要著作。它是篇长期工夫之作(a work *de longue haleine*)，再次展现了等待的智慧。对我来说，阅读它比阅读绝大部分其他作品都意味更多，它让我想起我在德国的年轻时光、纳托普的研讨班、多少次交谈，最后但绝非不重要，还有我们 1954 年在海德堡最后的交谈。一些共同的"背景"帮助我在一定程度上理解了您的著作，据我预先所知，从那共同的基础我们俩已经向相反的方向前行许久——所以那也成了我理解您著作的界限。在略述这一点之前，我想为我已经从您的书中得到的教导而感谢您，您让我注意到很多我迄今没有意识到的重要事情。首先，我认识到我必须用比我现在所能给予的大得多的细心来重读您的书——选个我马上就需要它的时间来重读。所以，请适当

---

① 编者感谢伽达默尔教授惠允发表这些书信。对这里所论问题的公开回应见《真理与方法》第二版第 503-512 页。二人未就这些论题再做通信探讨。——原编者注
　　这三封书信译自《独立哲学杂志》(*The Independent Journal of Philosophy*)第 2 卷（1978 年）第 5-12 页，施特劳斯致伽达默尔的两封信，原文是英文，伽达默尔致施特劳斯的信，原文是德文，附有英译文。——译注

地对待我下面说的话,它们只不过是我初读后的反应。

我发现自己在对您说话时处于一种非常不利的地位。您拥有并陈述了一个普遍的学说,这学说事实上触及我有所体验或有所思考的很多东西。然而我仍然只能够就您的书的一部分做出评判。您的学说在很大程度上是把海德格尔的提问、分析与暗示转化(translation)成一种更加学术化的形式:有一章的篇幅讲狄尔泰而没有尼采的份。我觉得,您的转化所暗含的原则是第 92 ①[124]页注释开头对"方法的"(methodical)与"实质的"(substantive)所做的区分。这一区分又与第 248[338]页中"生存论的"(existential)与"生存状态的"(existentiell)区分相关——这后一区分很难说(如您的著作标题似乎所示)与前一区分是同一的。换句话说,从您的陈述并没有表现出,诠释学的彻底化与普遍化本质上是与/2/②"世界-黑夜"的临近或西方的没落(the *Untergang des Abendlands*)同时而生的:那一普遍化的"生存论"意义,即它所从属于的灾难性的语境,从而并没有表现出来。关于最地道的(*par excellence*)诠释学处境,我甚至欲想说:那鉴于普遍的哲学诠释学而第一次呼唤对任何特定的诠释学任务进行理解的处境,那就我们所知可以被一种在其中某种类似前-历史主义诠释学的东西可能正合适的处境所接替的处境,[才是]最地道的诠释学处境。

我也可以这样表述这一难点。通过接受"精神科学的事实"(*das Faktum der Geisteswissenschaften*),尽管以"一个思想的读者"[的方式]对之做了重释,您坚持了学术上的一致性。您又界定了一般读者与历史学家的区分,您说历史学家关心的是"历史传统的整

---

① 施特劳斯提到《真理与方法》中的页码,当然是指该书第一版(*Wahrheit und Methode*, Tübingen 1960)的页码(该书第一至第四版正文的页码大致一致)。该页码后面方括弧中的数字指中译本(《真理与方法》,洪汉鼎译,上海译文出版社,1999 年)中相应的页码,为译者所加,后仿此例,不再注明。——译注

② 这样的数字指示书信原件所标页码,原件从第二页开始标页码。——原编者注

伽达默尔(1900—2002)

[……在古今之争中]我们站在不同的一边；我们诠释学观点的区别只是这根本区别的一个后果。

——施特劳斯，1961.2.26 致伽达默尔

体"（232）①：若考虑到人的"有限性"，这如何可能？与您的意愿相反，您似乎要坚持"关于普遍理解的历史意识"。您当然并不想说，历史作为一个学科可以做到历史学家或其集合体所做不到的事。

要让我在您的诠释学中认出我自己作为一个诠释者的经验并不容易。您拥有的是一个"诠释学经验的理论"，那本身是一种普遍的理论。我自己的诠释学经验则非常有限——不仅如此，我拥有的经验还让我怀疑，一种普遍的诠释学理论若不仅仅是"形式的"或外在的是否可能。我相信，那一怀疑来自我感觉到每一个值得做的解释的无可弥补的"应时"（occasional）特性。尽管如此，我将举几个例子（我标了序号但并非为它们排序），以一种"随想漫说的"（rhapsodic）方式说明我遇到的困难之点。

[1]我同意您的要求：解释者必须反思他的诠释学处境，必须把文本运用于那处境（307[417]）；但我要争辩的是：我所研究过的在现代历史主义之前的所有睿智之士，/3/他们谈到对古老、外来的著作进行理解时，正是这样做的；我最后经验到这一点是在迈蒙尼德身上。我同意您的观点：一个学说不可被当作一种静观（contemplation）的对象，不可被解释成对某一种生活的"表达"，而是必须在其真理宣称中理解它，且这一宣称必须被对待。而且，对待这宣称意味着，我必须把它当作正确的而接受它，或把它当作不正确的而拒绝它，或[为此]对之做个区分，或承认我没有能力做出决定而因此有必要在我目前所知之外进行更多的思考或学习。这实际上正是您所做的——比如在第459[617]页第7行以下。不过，我并不相信，这种事态会在一个人谈论"一种视域融合"时产生出来。显然，若我学到某些重要的东西，我的视域被扩大了，但是，假如一种对柏拉图学说的修正证明是优于他自己的叙述，却很难讲柏拉图的视域被扩大了。

[2]至少在那些最重要的方面，不管先前还是现在，我都总是

---

① 原文如此，但第232页未见相应的话，参中译本第316-317页。考伽达默尔的回信第2页，此处盖为323之误，参中译本第437页。——译注

认识到,在文本中有些最最重要的东西不为我理解,就是说,我的理解或解释是非常不完备的;然而,我不敢说,没有人能达到完备,或者人之为人的有限性必然导致不可能有充分的、完备的或"那正确的理解"(参355[479])。您则否认这一可能性(375[507])。[但]您的否认并不因为存在多种诠释学处境的事实就得到确证:出发点以及上升[过程]的不同所导致的后果并不会改变这一点,所有解释者之为解释者希望达到的高地乃是一个,同一个。

[3] 您提到解释者本质上的创造性(而非仅仅是复制)(280[380],448[604])。我刚刚读过卡尔·莱因哈特论"古典的瓦普几斯夜会"(*Klassische Walpurgisnacht*)———一篇让我获益良多的论文;其巨大价值在于莱因哈特对歌德自己明确思想过、却没有以读者能直接理解的方式所表述的东西的理解。莱因哈特的"中介"仅仅是代文本作传达并正因此而最为睿智、值得称道。/4/解释者必须把作者只是预设的东西弄明白,特别是若它是某种我们并不引为预设的东西。但是,在做这工作时解释者对作者的理解并不比作者对自己的理解更好,如果要讨论的预设可以表明是为作者的时代所熟知的,或如果接受这预设比不接受它乃是更明智(请参,大量的、无道理的对古典作品之 naiveté[天真性]的谴责)。

[4] 当您把作者与解释者之间的区别描述为范例(model)与追随范例的区别时(321[434]),我是赞同您的。但是,显然并非每个文本都有范例的特性,甚至并非所有伟大文本都有范例的特性(请参,《尼各马可伦理学》与《利维坦》的区别)。对这一例子的反思或可表明,一个人一旦开始解释,那传统与那连续性便消失了。

[5] 关于解释者的创造性,史学家比如在经济史的情景中研究修昔底德时诚然会对作者提出一个新问题;他的关注点根本不同于修昔底德自己的关注点,但是,他必须对修昔底德几乎对经济学对象完全沉默给个说法;他必须理解这一沉默,即修昔底德对那些东西的漠不关心;他必须就经济事物是如何呈现给修昔底德的问题作答。而回答这最后一个问题,即其研究中出现的最有趣的问题,恰恰只是对修昔底德关于一般人类事务的思想进行一种复制。

但是我阅读您的大作时所遇到的这些诸如此类的困难根基何在呢？您根本上关注的是"效果历史"——某种对于解释者并非必然成为一个论题的东西（432［583］）；您依据对解释者并非必然成为论题的东西，看到了对其必然成为论题的东西（452［608］上面），依据 the proton physei［自然的首要性］看到了 the proton pros hemas［对我们来说的首要性］。那么您知道这 proton physei——而我不能说我知道。换句话说，您不是从对我们（作为读者或解释者）是首先的东西（what is first for us）出发，而是从某些虚假理论及对它们的批评出发，把人引向那在其自身是首先的东西（what is first in itself）。/5/

您的著作包含了一种艺术哲学，但是除了拒斥黑格尔的（以及柏拉图与亚里士多德的）那种认为哲学理解优越于艺术理解的观点，哲学与艺术关系的论题并没有得到处理。我不知道这是否由于不充分的"历史的"反思所致。在第 77［104］页中您说，艺术的概念已变成有问题的，既然创造这概念的审美意识已经变成有问题的。然而，您在其后紧接着的一节标题又是："重新赢获对艺术之真理的追问"——仿佛那追问以及艺术的概念更在审美意识之前似的。（也参第 94［127］页。在第 129［176］页，您接受了由不足信的审美意识所做的一种抽象。同样，在第 157［216］页，您接受了由不足信的历史意识所致的一个结果。）如果艺术的概念已经变成有问题的，如果对某种丢失的东西的重赢因此被预示，我的推论毋宁是，我们必须以回复到那概念或产生那概念的意识后面来开始。这样我们将会被带回到这观点，我们称作艺术的东西原本被理解作 sophia［智慧］（参，色诺芬《回忆苏格拉底》I 4.2-3）。在这一阶段得到承认的是"艺术就是知识"。但是什么样的知识呢？显然不是哲学的知识。随着哲学的出现，哲学与诗歌的张力也出现了，它对哲学与诗歌都是一种本质性的张力，正如哲学家们必然知道、诗人们或许知道的那样。为理解这张力，人必须倾听来自两方面的声音（参《理想国》卷十，论哲学与诗歌之争）。关于诗歌对抗哲学之事件的最伟大文献是阿里斯托芬的《云》。这一经典文献是一出谐剧而非肃剧，这并非偶然。不管怎样,在研究《云》(以及阿里斯托芬的其他谐剧)时,我学到了某些在任何现代人那里都学不到的东西:对阿里斯托芬谐剧最深刻的现代解释(黑格尔的)远不及柏拉图在《会饮》中对阿里斯托芬所作的阿里斯托芬式的呈现。(海德格尔对谐剧保持沉默。至于尼采,请参《快乐的科学》,格言1。)一句话,我相信,现代艺术哲学——即便它摆脱了美学的偏见——的基础太狭小了。

"相对主义"一词表示了您所讨论的最广泛的问题。您认为"所有人类价值"的相对性(54[74])、所有世界观的相对性(423[571])乃 /6/ 理所当然。您认识到,这一"相对主义的"论题本身注定是"绝对与无条件为真的"(424[573])。我不清楚您是否认为"逻辑的"困难[在这里]并不相关(我不这样认为),或者本身并非决定性的。我相信下面的推理则无"逻辑的"困难。普遍诠释学或诠释学本体论所属于的历史处境并非一个与其他处境一样的处境;它是"绝对的时刻"——与黑格尔的体系之属于在历史进程中的绝对时刻相类似。我说的是类似而不是相同。我则想提到一种消极的绝对处境:从存在之遗忘状态(Seinsvergessenheit)中的觉醒属于所有存在者的震动(Erschütterung alles Seienden),而一个人所醒悟到的东西并非以一种体系形式所表现的最终真理,而毋宁是一个永不会得到完全回答的问题——一个必定作为最终层面的探问与思想的层面。请您回想您为莱因哈特纪念文集所做文章的结尾:您预期,关于人自身存在之历史性以及人之不可能超越其自身视域的洞见将不会被取代,即以帕默尼德和黑格尔之被取代的方式被取代。您的态度让我想起了纳托普,他说康德哲学正是那真哲学,因为康德发现了存在于适当形式中的根本问题(虽然还有一些独断的残余或蛋壳)。您谈到了"完满经验"(339[459]),它当然不是黑格尔意义上的完满,但却仍然是完满,这样您便承认:在决定性的方面,经验已经达到了其终点;哲学定向上的一个根本变化——一个变化,在意义上就跟从黑格尔到海德格尔的变化等量齐观——于是便没有得到正视。

请让我从这里出发来看一下"所有人类价值的相对性"。如您所说,实存(existence)本身便理解着(verstehend);这一理解当然"也"是对 to kalon kai to dikaion[美与正义]的理解,因此它本质上"做着价值评估"(224-225[306-308])。这意味着,存在必然是在一种特定的风尚与德性(Sitte-Sittlichkeit)中或通过这风尚与德性的存在,其不是作为纯然强加的,而是作为被理解的、明见的东西而具有约束性;这特定风尚与德性的明见性正是对世界之特定理解的明见性的基本特征。而这便意味着,对于存在来说,相对主义问题从来不曾出现过。那么诠释学本体论(或不论怎么称呼它)便在这样的意义上本身是历史的:它根植于一种特定的"历史世界",从而根植于一种必定带有诠释学本体论之终极特征的特定风尚与德性之中。也许可以 /7/ 更准确地说,这作为主题的本体论属于一个当其衰落的世界,当其特有的风尚与德性已经丧失其明见性或约束力,因此诠释学本体论必定——当然不会梦想制造一种新的风尚与德性,而是——使人们对它可能的到来有所准备,或让人们易于接受它可能的出现。然而,即便在这两个世界"之间",高贵与低贱之间的基本区别及其至关紧要的含义(比如,关于爱的状态为一方与仇恨和怨恨为另一方,或者关于诸如"兄弟姐妹情谊"[Geschwisterlichkeit]——《在通向语言的途中》,67①——以及家庭这样的事物),对于每一个不是野兽的人都仍然保持着其明见性与约束力。这些以及类似的事物并没有像您自己在第295[400]页以下所解释的那样,因其普遍性而丧失其确定的含义。首要的是,这些事物——与"世界"(参432[583])以及其他生存论环节截然不同——在所有"视域"之内都必然成为主题。

狄尔泰在"所有价值的相对性"基础之上"不倦反思对'相对主义'的攻击"(224[306]),我相信,乃是不可避免的。我丝毫不为狄尔泰所吸引,但是,关于所提到的这一点,我毋宁赞同他而反对您的批评。关于您在第225[308]页所言,我想反驳说,您忘了,苏格拉

---

① 参中译本(《在通向语言的途中》,孙周兴译,北京:商务印书馆,1997)第55页。——译注

底的怀疑既不是那种方法论的怀疑,也不是那种来自"自身"的怀疑。

我想利用这个机会请您帮两个忙。出版商得到授权要为我论斯宾诺莎的书出个新版本,我觉得这本书需要一个新前言,我想克吕格大约在 1931 年在 DLZ 上发表的评论①再合适不过了。恳请您帮我从克吕格或他的妻子那里弄明白是否可以得到授权重印那篇评论,并且找个熟悉这类事务的人,以便出版商可以为从 DLZ 得到授权而给他写信。——我很想得到厄廷格尔讲沙夫茨伯里(Shaftesbury)论"常识"的那一页或几页的照片。您能安排给我寄一份吗?费用由我来承担,也许我以前的学生丹豪瑟可以帮忙出点力,我想他正在海德堡研习哲学。事先致以谢意。

罢了,再一次对您惠赠大作表示感谢。

忠实于您的
列奥·施特劳斯

---

① DLZ 指 *Deutsche Literaturzeitung*(《德意志文学报》)。克吕格评论施特劳斯的 *Die Religionskritik Spinozas als Grundlage seiner Bibelwissenschaft*:*Untersuchungen zu Spinozas Theologisch-politischen Traktat*(Berlin:Akademie Verlag1930)(《斯宾诺莎的宗教批判》),发表于 Vol. 51(20 Dez. 1931):2407-12。英译文(Gerhard Krüger, "Review of Leo Strauss, *Die Religionskritik Spinozas als Grundlage seiner Bibelwissenschaft*:*Untersuchungen zu Spinozas Theologisch-politischen Traktat*", tr. Donald J. Maletz)见 *The Independent Journal of Philosophy*, 5/6(1988):173-75。——译注

2a （伽达默尔致施特劳斯）①

Wald bei Zürich, Oberer Hiltisberg
1961.4.5

亲爱的施特劳斯先生：

您对我著作的详细检审对我意义良多。我知道，真正跟随别的思路对于我们两人来说都不是件容易的事。我从自己对您著作的经验中也知道这一点，在那里，我经常不得不满足于从其中抽取对我来说富有成果的东西。所以我尤为感激，您与我交流您的第一观感。此外，我在这里也许从事了一项我少有天赋的任务：从各种解释实践与经验中发展出一个"理论"统一体，以一种我常常深陷于其中的完全的转换为前提。至于我经过长期努力最终是否成功地说出了某些自圆其说的东西，仍然还需走着瞧。请您允许，让我至少就您关于我著作的"一致性"的评论尽我所能作些辩护。

当您说到把海德格尔转化（Transposition）成一种学术化的形式，不讲尼采讲狄尔泰时，您完全正确。这兴许并非出自[我的]意图，而是由于我作为语文学家与哲学文本阐释者必需要把自我阐释清楚使然。但人必须自问，这一"转化"是否可能并无本质性的改变。虽然，与贝克尔（O. Becker）或洛维特相比，我可以诉诸海德格尔《存在与时间》的"先验"意义，但是在此外仍然诉诸海德格尔的地方——通过我试图把"理解"设想为一种"发生"（Geschehen）——则转向了一个完全不同的方向。我的出发点并非**完全的存在之遗忘状态**（vollendete Seinsvergessenheit），并非"存在之黑夜"，恰恰相反，而是——我作如是说以反对海德格尔和布伯——这样一种断言的非现实性。这对于我们与传统的关联也适用。我们已经被施莱尔马赫（Schleiermacher）与浪漫派诠释学推向了[追求

---

① 由 George Elliott Tucker 英译，译者对 Susanne Klein 帮助理解德语习语谨表感谢。——原编者注

一种"普遍"理解(作为"误解"之 /2/ 免除)的错误的彻底性。我在其中看到了关于一种更好的现实性的一种错误理论。在这一点上我实际上是在为"精神科学的事实"[之存在]辩护——但却反对这[事实]本身！第 323[437]页的上下文想要说的是，语文学家与史学家都没有正确理解他们自己，因为他们忘掉了"有限性"。我毫不相信一种向前—历史主义诠释学的回返，但相信这里面只是被"历史"所掩盖了的实事上的(tatsächlich)连续性。

至于说阐发这一被掩盖的现实性的良好作用乃是一件理论上不可能的任务(您的来信第 2 页第 3 段)，我还没有明白。不管什么样，您对每个解释的"应时"特性的强调，在我看来绝不构成对恰恰宣称这一点的理论的反驳，而是这一理论本身的一个先声(因为您自己的意思恰恰是说这一点是普遍的而非"应时的")。

现在转到各个具体的评论。

[1]我读不懂[您说的]"但是我要争辩"。那其实正是我自己的论题！第二部分[内容]只是对它的补充，即在"历史意识"兴起之后这一运用获得了一种特殊的形式，就是"视域融合"。对柏拉图来说自然不存在这一问题！它只是历史意识的后果，关于历史意识，人们必定证明的是，它只有得到运用才会有认识。

[2]我不相信您和我之间在这里有任何真正的分歧："希望达到"：当然！但是您太过片面地(partikular)理解我的论题。这也表现在第[3]点中。莱因哈特的解释除了是"代文本作传达"外还有另一方面。在 50 年后人们会比今天更清楚地看到这另一方面是什么。为什么他阐释这一点而非另外一点、这样阐释而非那样阐释。他忽视了什么、过分强调了什么。这样一个使您和我都怀着感激地获益的精彩的、"值得称道的"阐释，恰好用它把我们都表达出来了。/3/

[4]第 321[434]页指的是"人文主义者"！您举了《尼各马可伦理学》与《利维坦》的例子，需要思考的是[其所引起的]一个复杂得多的过程而不是[对其范例的]"追随"。但是我猜想(虽然我没有资本在这里发言)，《利维坦》也包含着一种值得追随的"真理"

（而非仅仅是错误教导）。

[5]不,我认为,"经济学的史家"在做这一洞察时将不得不对他自身进行反思。**在这里正有其理解的"创造性"**。

第4页,关于"**根基**":统治着"历史主义与历史客观主义理论"的难道不正是所谓 *proteron pros hemas* [对我们来说的首要者]？那么,对这一点进行纠正岂不正是方法上正确的程序？毕竟,我们都拥有同样的具体经验,即我们在进行这些理论追问时所盯着的具体经验。为了说明不成为论题的效果历史的现实性,我已经着手研究了不成为论题的进行解释的**语言**的现实性(这语言像所有言说一样,并不指向其自身)。

第5页:对,我确实相信,艺术的概念通过其在审美意识批判中的运用已经相应地变化了,不过我承认,您对阿里斯托芬《云》的引证包含着一些我本该看到的重大问题。我的"艺术理论"只是我的诠释学论题的**预备**,因此可能非常片面且不中正题。

第5-6页:我不敢苟同您对"诠释学本体论"的灾难性解释。我的意思,正如导论中所阐明的,恰好相反。我**完全不相信,我们生活在两个世界"之间"**。在这一点上我既不能追随海德格尔,也不能追随布伯。在我看来,只有已经看到了应许之地的先知才有可能说这样的话。——相反,我所**记忆**的则只是这**一个**世界,我/4/惟一知道的世界,她在所有的衰败中所丧失掉的明见性与凝聚力,**远比她所自以为的要少**。(请注意,第339[459]页,"完满经验",是这样的人的"完满",他绝不让独断论阻断他任何值得拥有的经验。它是经验之终点的**对立面**!)

请原谅,如果说我这么匆忙地了结了所有问题。但是作者的反应确有它自身的规律。我本来必须做的,该是完全不同的事:就您的工作向您显明,什么是我所意想的——因为人们若不把下面一点当真,我便会受到误解:我想要纠正关于一种方法(Verfahren)的**错误思想**,而这种方法,在它所成功的地方(即它确实展开了传统中的某些东西),本身是正确的。

也许拙作的倾向对您来说会显得更清晰些,如果我附加下面的话:对立于海德格尔,几十年来我一直尽力主张,即便他的"跨步"或"跳跃"到形而上学背后,其之所以可能也只是通过这一点本身(= 效果历史的意识!)。我想我通过海德格尔所理解到的(以及从我的新教背景所能证实的)首先是,哲学必须学会不靠一个无限理智的观念而安身。我已经努力描绘出一个相应的诠释学。但是我做到这一点,只是通过——与海德格尔的意图正相反——在这样一种诠释学意识中最终把我看到的所有东西讲明白。我确实相信我已经理解了后期海德格尔,也就是他的"真理"。但我必须向我证明它——用我自己的经验,而这就是我所称的"诠释学经验"。

关于您的两点请求:

[1]我已经问了克吕格家,他们已经同意了。不存在版权问题(杂志上的文章/5/在10年之后,我相信,就没有版权了)。

[2]厄廷格尔,*De sensu communi*《论常识》]——一本您应该完整阅读的书。我所读过的最重要的书之一。我准备[为它]出一新版([印数]很少!)。这本书只在杜宾根有。不过我可以托人找到那几页(具体页码我记不清了)并复制下来(据我的记忆,它只是一般性地引证了沙夫茨伯里)。我该这样做吗?或者您会听从我的建议读整本书?(它是对莱布尼茨的批评,站在牛顿一边。)

谨致衷心祝愿,

您的

汉斯-格奥尔格·伽达默尔

3 （致克莱因）

1961.4.13［斯坦福］

亲爱的克莱因：

我的笔迹太难辨读,你会为一封打字机打出的信而心怀感激。我为你就来自开罗的书籍所做和将要做的一切表示深切感谢。你的建议非常好。我只提出一点修改。这些书籍为什么没有从华盛顿直接寄往我的工作地点（Leo Strauss, c/o Department of Political Science, University of Chicago, 1126 East 59th Street, Chicago 37, Illinois）？克洛普西（Cropsey）先生会在这里度周末,我会请求他关照到达的一个或多个包裹。劳驾请告诉邮寄费用以及邓尼斯的地址,好吗？我很愿对她表示谢意。

得悉你的《美诺》（*Meno*）几近完稿非常高兴。期盼着研读这本书。你提到我的五本书将很快出版,我想这来源于萨克斯（Sacks）①的可笑的傲慢。我不会以这种速度写作。

你真好,表示愿意参加吉尔丁（Gildin）②先生的哲学博士论文评委会,他原计划研究莱布尼茨。在此期间,吉尔丁先生又转向另一个哲学博士主题,即斯宾诺莎。如果你能保留你在评委会的位子,吉尔丁先生以及我都会非常感激你。

我们俩向你亲切问候。

永远忠于你的
列奥·施特劳斯

---

① 萨克斯,施特劳斯的学生,后有《创世记义疏》、《约伯记义疏》等佳作传世。——译注

② 吉尔丁（Hilail G.）,施特劳斯的学生,后创办著名的《解释:政治哲学学刊》,并主持编务迄今。——译注

3a （克莱因致施特劳斯）

1961.4.8［安那波利斯］

亲爱的朋友：

几星期以前，科瓦热给我打来电话（从普林斯顿），谈的内容大致如下：

邓尼斯通过巧妙而隐秘的方法了解到，瑞士驻开罗大使馆搜集到一批原属于克劳斯和/或贝廷娜的书籍。后来，这些书被寄到瑞士驻华盛顿大使馆。十天以前，我查明，这些书已到达这里：一只大书箱和一些零散的书。

现在我建议：将这些书运往安那波利斯并暂时存放在学院。你一旦回到芝加哥，我就将这些书用铁路快件寄给你。你觉得这么做合适吗？

我知道你有五本书很快将出版。我会买的。关于我的《美诺》，几近脱稿，但其中一大部分我要重写。我在行课期间无法做这事。现实的希望是，各项工作都将在九月份完成。

爱你和米丽亚姆的
雅沙

4 （致伽达默尔）

行为科学高级研究中心
Junipero Serra 大道 202 号
斯坦福，加利福尼亚，美国

汉斯-格奥尔格·伽达默尔教授
海德堡大学哲学系，德国

1961. 5. 14

亲爱的伽达默尔先生！

很抱歉这么长时间才给您回信，但是这一段确实杂事繁多。

要说我们之间的一个区别是您站在反对海德格尔的立场上而我则站在他一边，那真是奇怪的事。我将以一种也许对您不完全公正的方式陈述一下这区别。我相信，您将不得不承认，在您的后—历史主义诠释学与前—历史主义（传统的）诠释学之间存在一种根本区别；这便足以涉及您关于艺术作品与语言的学说，它至少按您的陈述绝非一种传统学说；如果是这样，那便有必要反思要求这种新诠释学[出现]的处境，即反思我们的处境；而这种反思将必然揭示一种彻底的危机，一种史无前例的危机，而这正是海德格尔用世界黑夜的临近所意指的东西。或者，您否认这样一种反思的必要性与可能性？在您对这一至关重要的问题保持沉默与您未能就我关于"相对主义"的评论作出回答之间，我看有一种关联。

我同意您所说，我们作为解释者在实践上的一致性远远大于在理论上似乎表现出的争执。不过地道的解释所关心的是如其所想地理解别人的思想，[若]一种诠释学理论不比您所做的更加强调解释本质上[代文本]传达的特性，我依然是不能接受它。我们在这方面的区别，通过您在回信第 3 页第二段中的话（关于我所举经济史家与修昔底德的例子），在我看来变得再清楚不过了：通过最仔细地聆听修昔底德或者无条件地回归到修昔底德，经济史家所学到的，是他关于他自己(也即关于经济史)所学到的东西。这一例子也显示出我们之间的根本区别：la querelle des anciens et des modernes[古代人与现代人之争]，在这争论中，我们站在不同的一边；我们诠释学观点的区别只是这根本区别的一个后果。我相信我们俩对于这个问题都不拥有完全的明晰性；所以我们更加有理由继续努力从对方学习。我向您保证我将这样做。/2/

非常感谢您已经同克吕格家谈了[我所请求的事]。至于厄廷格尔，我很乐意遵照您的建议阅读他的整本书，不过从您信中所说的看现在还无法得到这本书。您为它出的版本什么时候面世？我猜不会马上。但是我马上需要他对莎夫茨伯里的引证，所以需要一份他谈到莎夫茨伯里的那页或几页的照片。我让我的学生丹豪瑟为这事与您联系，以便您能尽量少地为之费心。

我吩咐我的出版商给您寄去两本您也许还未看过的书。依我的看法它们证实了我的诠释学"理论"，不过您的想法也许正相反。谨致最衷心的问候，

您忠实的，
列奥·施特劳斯 ①

---

① 如原编者所说，伽达默尔与施特劳斯未再继续通信讨论这里的论题。原因大概是伽达默尔决定将讨论变成公开的论争，他在《哲学评论》(*Philosophische Rundschau*)杂志 1961 年第 9 期发表了"诠释学与历史主义"(Hermeneutik und Historismus)的长文，其结尾集中评论施特劳斯，所以，原编者正确地说，它是"对这里所论问题的公开回应"。这篇长文又作为附录收入 1965 年出版的《真理与方法》第二版，于是《真理与方法》第二版便以批评施特劳斯做结。在《真理与方法》单行本第二至四版中，评论施特劳斯的这部分内容见第 503-512 页(中译本相应页码为 702-713)。至于伽达默尔是否给施特劳斯寄过这篇文章或其大作的新版，则不得而知。但是，据伽达默尔 1984 年在回答施特劳斯弟子们的访谈时所说，是施特劳斯中止了回信，并总是避免回应他。——译注

5 （致克莱因）

1961.6.1［斯坦福］

亲爱的克莱因：

我们高兴地期盼着在六月九日或者九日前后在这里见到你。我们的电话号码是 Davenport 5-2845。我已经听说你寄出的书到达芝加哥，但我不知道这只是一部分。怀着热烈的期待心情盼着你的来访。

永远忠于你的

列奥·施特劳斯

6 （致克莱因）

1961.6.13［斯坦福］

亲爱的克莱因：

要是未见到你，我们该多么遗憾。关于伯里克勒斯的段落，我不相信这真正意味着伯里克勒斯属于雅典人中最卑劣的人。雅典政治家们的顺序首先以时间先后为准，而修昔底德，如果我没有记错，先于伯里克勒斯。苏格拉底意之所指，至少不单单是伯里克勒斯们（注意：复数），而是"伯里克勒斯和在他之后的这类人"，这尤其指安尼图斯（Anytus）；关于安尼图斯的儿子，参见色诺芬的《苏格拉底在法官面前的申辩》，第29～31节。见到你真令人高兴。

永远忠于你的

列奥·施特劳斯

一九六二年

1 （致克吕格）

1962.1.29［芝加哥］

亲爱的克吕格先生！

收到您一月二十日的来信。请原谅我给您的回答用英语,因为我的字迹不易识读,而记录我的口授的女士又不太通德语。

我高兴地知道您大见好转,希望您继续康复。

我只想到三个人,您的儿子在以色列拜访他们可能会有所收益。所有三人都在耶路撒冷希伯来大学:潘尼斯教授（研究中世纪犹太和阿拉伯哲学）、西蒙教授（《兰克与黑格尔》的作者,教育学教授）,以及最后但并非不重要的索勒姆教授（研究犹太神秘主义）。

俄勒（Oehler）博士写信告诉我,他将于近期来访。

我很好,计划写一本论苏格拉底的书。克莱因完成一本论柏拉图的书,以《美诺》为中心。

我们俩向你们俩最亲切地致意。

永远属于您的
列奥·施特劳斯

2　（致索勒姆）

1962.3.15,芝加哥

亲爱的索勒姆:

潘尼斯译的《迷途指津》连同我写的"序"已经交付印刷厂。万事俱备,只欠潘尼斯的译序。他保证在近期完成,可是他所理解的近期,相当含混不清。我很感焦虑。他说他健康状况不佳。他真的病了,还是他自疑患病? 请劳驾打听一下,我何时可望得到他的序文。我不愿触动他的敏感心态,我知道,您比我更能细微地处理这类事情。我越能早些得到您的回答,我和所有渴望看到印行的译文的人便越会感激您。

列奥·施特劳斯

2a　（索勒姆致施特劳斯）

1962.3.26,耶路撒冷

亲爱的施特劳斯:

谢谢您三月十五日的来信。我非常怀疑我能否帮助您加快潘尼斯完成他的序文。他不喜欢我,太自信。我必须极其小心地问及他的工作进度。当我有一次鼓起勇气谈了一点关于他当时发表他的论文的途径时,他的反应令人很难堪。他有第一流的思想,秉性却很难容人,至少在与我有涉的情况下。我想,他今年冬天确实身体欠佳,无论如何,他看起来很糟,因为他自愿地或者按照他的医生的建议,体重减少了一半。他肯定将这种减体重的疗法做过了头。这很清楚,何况他又是个自疑患病的人。我所能做的是,请他堂兄弟邀我与他一起,然后漫不经心地提出您希望澄清的题目。如果有什么消息,我会告诉您。我像其他所有的人一样,渴望看到新译本出版。在您自己的序文中,您多大程度上吐露了自己内心的想法?

几个月前,我在《评论》发表了一篇评布伯的文章,很希望您能读到。可是我没有复写本,我保证您无论如何会看到这该死的东西。我肯定这篇投合您的心意。某种程度上相当于您的《迫害与写作艺术》的翻版。您同意吗?我们何时能再次看到出自您自己之手的另一版本?

谨向您衷心致候。

格所姆·索勒姆

3 （致洛维特）

1962.3.15,芝加哥［打印稿］

亲爱的洛维特:

收到您对海德格尔的《尼采》的书评后马上就读,过了几天又重读。我正在读海德格尔的书,因为我在准备《善恶的彼岸》讨论课。我对您提出的争论点极其感兴趣。您十分正确地根据尼采自己的意向对海德格尔的解释提出质疑。不过,人们自然会提出疑问？尼采是否达到了自己意之所指的东西？阻止他回归"自然"的难题,是否证明不了海德格尔自己的哲学尝试以及海德格尔的尼采解释？

关于海德格尔主要使用遗著这个事实,我想,他一方面援引尼采对《扎拉图斯特拉》的评说,另一方面又引证《扎拉图斯特拉》以后的著作,这足以证明,他这种做法是正确的（另可参阅《扎拉图斯特拉只是古代的一个无神论者》）。

给尼采的回归自然说造成困难的当然是"历史",这是作为海德格尔之起点和主题的历史。海德格尔深深受惠于尼采,这他当然知道,在我看来,他并未掩饰这一点。他特别强调将他与尼采区别开来的东西,我想这完全可以理解,因为他自然要设法避开尼采落入其中的陷阱。海德格尔从尼采那里学到而不可能从其他任何哲学家那里学到的一点是:There is no Without;意思是,在最后的分析中不可能有"客观性"。从这个观点看,"自然"不再是可能的,除非作为关键时刻的设定,而尼采所理解的永恒复返,首先是作为由存在设定的存在的自然(nature qua being through being postulated)。

您在页 78 中间一段所说完全正确。

在有关与柏拉图主义区别开来的基督教的次要的争论问题上我赞同海德格尔,反对您的说法。我认为,《善恶的彼岸》的序言就这方面说得明明白白。

再说一遍,我想您有理由反对海德格尔维护尼采的意图。不过,一旦有人提出我认为基于您关于尼采的杰出著作提供的坚实基础而必须提出的问题,即尼采是否达到了自己的意图,以及什么阻止他达到自己的意图,这个人就会被迫全神贯注于尼采的极端历史主义(他也许认为,在他的"生理学"里已经扬弃了这种历史主义,但在事实上却并非如此),随之——据我所知——就不再有可能超越海德格尔的哲学学说,而他的尼采解释则构成了其学说的一个完整部分。

好长时间没有听到您的音信了,您在做什么?我正在着手写一篇讨论修昔底德的论文和一本关于阿里斯托芬的书。

永远属于您的
[列奥·施特劳斯]

3a （洛维特致施特劳斯）

1962.3.27,暂住 Carona-Lugano

亲爱的施特劳斯:

多谢就我对海德格尔的《尼采》书评论提出的意见。深以为憾的是,我们俩人不可能每年至少有一次面谈的机会,许多为我们两人所关心的事,可以比书信更便捷、更迅速地得到澄清。我在冬季学期曾代雅斯贝斯在巴塞尔授课,这只是一种交换。创作方面没有新的,我只为克吕格纪念文集写了一篇较长的文章:《论黑格尔对基督宗教的扬弃》,一旦出版我便给您寄去。我还就陈旧而又现实的"进步"问题作过一个报告。至于阅读,我读了德日进(Teithard de Chardin)①的许多书,其盛名虽令人生疑,却值得一读。我长期因循环系统不正常健康受到影响,应完全戒烟,可至今仍未成功。一种刺激性的恶习还是得有的呀!

---

① 德日进(Pierre T. de Ch.,1881—1955),法国哲学家和古生物学家,第二次世界大战期间滞留中国。——译注

我真为您对海德格尔做出的让步而感到奇怪：尼采未能坚决而实在地实施自己的意图，不应用来为海德格尔对自然所持的（来源于神学的）完全格格不入的态度辩解。另一方面，我认为，历史在自然中也有其正当的位置，而且如果人们不想决然漠视自然科学，那就必须从哲学上认真对待自然史和进化论。海德格尔的"存在史"对于我是一种超自然的（hyperphysische）结构，由于他的尼采解释也全然以此为目标，所以，您对海德格尔的辩护必须澄清对这一点的立场。"存在史"真的向您说明了什么东西？

有两本书可能会让您感兴趣：波达赫（Podach）的《精神崩溃时期的尼采著作》（最后的都灵时代），只是除了根据手稿做了一些文本考订性的修正以外，几乎从中学不到什么新东西；施尼伯格（G. Schneeberger）的《海德格尔著作补遗》，包括所有纳粹文献的文集，由编者自费在伯尔尼出版。

我为您在实现您长期以来便怀有的关于修昔底德和阿里斯多芬的写作计划而高兴！

衷心致候。

您的

卡尔·洛维特

又及，阿伦特的政治哲学文章值得一读吗？

4 （致洛维特）

1962.4.2，芝加哥

亲爱的洛维特：

很高兴听到您的消息，但得知您健康欠佳又让我难过。自1942年以来，我时不时也为同样的麻烦所苦。我每天仍旧要吸二十支烟，虽然有过滤嘴。

我不认为我对海德格尔做了"让步"。您自己没有说明白，是在永恒复返与自由之间存在着矛盾，还是"古代思想在现代顶端的重现"（有别于向着古代原则的绝对回归）造成了不可解决的困难？换言之，您必须做出选择：是古典原则完全合理，抑或对这些原则的现代批判主义并非在一定程度上正当？事实上，海德格尔与其他任何人一起都做出第二个选择，他在这个基础上绝对不如①其他任何人。我搞不明白"存在史"，不过，他在这一标题下所提出的许多问题，我觉得还是清楚易懂的，其中有些东西在我看来极富洞见。尤其他令人叹服地说明了科学、艺术与权力意志的关系。可在另一方面，我认为，他就柏拉图思想中的 apriori [先验]，特别就善的观念所说的一切全然错误。我完全赞同您的说法，在这关键时刻，我们理应就这些问题加强对话，但怎样才能实现这对话呢？我没有看过阿伦特的政治哲学论文。

向您亲切问候并致最好的祝愿。

永远属于您的
LS

---

① 似为 superior（胜过）？——inferior（不如）大概是口授错误，这封信是由秘书用打字机打出的。参阅 1962 年 3 月 15 日第 55 封信，倒数第二段。——原编者注

4a　（洛维特致施特劳斯）

1962.9.25
Carona s/Lugano(不是 Corona!)

亲爱的施特劳斯：

您富于理智的自传深深打动了我。您在其中清楚而明白地讨论的许多东西，对我都是新事，因为我毕竟完全在犹太传统之外的环境里长大呀，而且，要不是希特勒，我大概永远都不会清楚我是一个犹太人（我父亲确实是一个犹太母亲和一个非犹太人的维也纳男爵的私生子）。所以，我只在1933年以后——比如说——才研究柯亨关于斯宾诺莎的文章和罗森茨威格的著作。我发现您的序文写得如此言简意赅，以致我希望您的《斯宾诺莎》一书连同这篇序文重新在德国出版。可考虑请科勒或科尔哈默为此尽力，影印再版所费不多（我的教授资格论文现在以这种方式重新出版，由达姆施塔特"学术图书公司"印行，它新出了许多断版的书籍）。

我个人对您序文的主要兴趣在最后几页：无神论问题。倘若无信仰只是无信仰而并非确实是理性的假设，即认为存在者之整体是自然的世界，除此之外而非其他，那么，我觉得这纯然的 possibility of revelation[启示之可能性]便没有您所赋予它的重要性，哲学也就不会立足于一种意志行为之上，或者说，只有作为一种决断才是可能的。

卡莱娜几年以来便拥有一个私人小天文台，这不会诱惑您来此一游？十月底我们返回海德堡，不过我在冬季不讲课，可能在一月间去南非几个星期。

衷心致候。

您的
卡尔·洛维特

5　（致索勒姆）

1962.5.4，芝加哥

亲爱的索勒姆：

我今天才得到刊载您批评布伯的文章的那一期《评论》。读到您的批评非常高兴。我虽然很难了解这个人的任何东西，或者很难从这个人身上了解到什么东西，但我了解到的些许东西总是引起我的反感；主张与现实、金口玉牙与卑琐、懂了需要懂的东西与实际上完全没能力把握甚至不那么远的东西，统统矛盾地掺和在一起——所有这些便是："成就"。您使我有可能更深刻地理解我[对他]的厌恶：对"理论"和"学说"的轻视与其"民主主义"和"市侩气"沉瀣一气。您确实做了一件有益和必要的工作；遗憾的是，您这么做给他的面子太大了。

关于潘尼斯为他的译文写的序，您发现什么动静了吗？

我计划出版我关于斯宾诺莎的书的英译本，加上一篇序言。这个序言既接近一篇自传，行文又得体。我准备采纳柯亨对斯宾诺莎的批评。

向您亲切致候。

永远属于您的

列奥·施特劳斯

6 （克莱因致施特劳斯）

1962.5.14,安那波利斯［复写］

亲爱的施特劳斯：

我读了吉尔丁的论文。

吉尔丁提出讨论的显然是一个既重要而又困难的问题。在分析中，他表现出非凡的颖悟和精确。我认为不存在任何问题，他的研究应受到赞赏，论文完全可以接受。

永远忠于你的
［雅各布·克莱因］

7　（致克吕格）

1962.8.6［芝加哥］

亲爱的克吕格先生！

　　听到您的音信至感欣慰。我不能用德文写信给您，因为我的手写能力衰退，记录我口授的女士又不太通德语。我非常高兴能够为献给您的纪念文集写点东西。我没有写新东西，因为用德文写文章对于我已感困难。我有一篇二十五年前写的从未发表的文章，使我大感惊讶的是，它似乎最适用于这个场合，因为我由此而回忆起我们在1930年前后的一些谈话。

　　我们俩向你们俩亲切致候。

您的忠诚的
列奥·施特劳斯

7a　（克吕格致施特劳斯）

1962.7.28［海德堡］

亲爱的施特劳斯先生！

　　一段时间以前我就愉快地听到，您决定为我的六十岁生日的纪念文集赠稿。我急切地想知道您的题目，并衷心感激您以此所表示的深切友情。同时感谢您为我儿子而写的信。

　　衷心致候。

您的
G. 克吕格

8 （致克吕格）

1962.9.12［芝加哥］

亲爱的克吕格先生！

万分感谢您就我为献给您的纪念文集的文章写信给我。我想，由于您对莱布尼茨的兴趣浓厚，它很适用于这个目的。感到抱歉的是，由于出版人的严重错误，酿成这篇文章此前就被发表的错：这篇文章是 1936 年为门德尔松文集周年纪念版第三卷 b 写的，此卷由于当时的形势未能出版。

约十天前，您以前的学生俄勒访问过我。我很高兴与他结识。我们就哲学问题、历史研究中的正确方法和就人的存在进行了深入交谈，使双方大感意外。我欣慰地看到，在像我这样的人与年轻的德国人之间毕竟还有着一道相互沟通的桥。您一定会为有这样的学生感到自豪。让我们希望他不至于因埋头于拜占庭抄件而不得自拔。

我们俩向你们俩亲切致候。

永远忠于您的

列奥·施特劳斯

9 （致索勒姆）

1962.11.21［芝加哥］

亲爱的索勒姆：

非常感激您给我寄来您的《论上帝的神秘外形》(*On the mystical shape of the deity*) 一书。我再次对您的思想充满敬佩感，虽然主旨比您上一本书距离我直接感兴趣的领域稍远了一些。我简直处在一个需要学习的人的地位，这就是说，我对您的书在细节上几乎说不出什么意见。我特别感兴趣的是您在页 154 和 169 所讲的东西，即新柏拉图主义和溢出说（emanation）跟喀巴拉派所要说的东西不是一回事。为了保证作为表现上帝存在的一种方式的神智论（Theosophy）的基础，像这类"不辩证的"学说之类的东西难道不必要吗？阿布拉非亚（Abulafia）不是在某个地方曾经说过，神秘主义者开始的所在正是哲人们离开的地方吗？他似乎在暗示，假如哲人没有奠定基础，神秘主义者便无从起步。您在页 204 上端的论证，在我看来还欠说服力；参见《哲学与律法》页 78。对拉姆巴姆的不安心态的解释，不正是他的创新意识吗？所有其作者或书名弄错了的书（pseudepigraphy），不也是以这样的意识为前提的吗？关于在另世（the other life）受到惩罚和灵魂转世的矛盾（如果这是一个矛盾的话）从一开始便出现了：柏拉图的《王制》结尾的神话。——至于为该隐恢复名誉的事（页 223），这也许值得去花时间读一下纳尔波尼（Narboni）论《迷途指津》Ⅱ 30（《金谷》[*Goldenthal*] 41 b）。——如果您能告诉我，在那里是否有喀巴拉派关于善意的谎言的说教，我将至为感谢。

再次表示我的感谢。

永远忠于您的

列奥·施特劳斯

我们俩向你们俩致好。

9a （索勒姆致施特劳斯）

1962. 11. 28. 耶路撒冷

我亲爱的施特劳斯：

多谢您的信。很高兴您能颇有收益地读我对至为晦涩难解的论题的深入讨论。那些读了您为《斯宾诺莎的宗教批判》(英译本)所写的序言的读者，不至抱怨这类晦涩费解，我旅行回来，便发现寄达这里的序言，接着就急不可待地一口气读完。您大概很少写过比这更令人惊奇的东西。我认为，这是您的一部理智发展的自传，其中一个又一个的思想历险(及其失败)接连不断。我要挑剔的唯一一点是，您似乎跳过了您自传中的几个阶段。对您知之比我较少的读者，尤其那些一无所知的可怜的美国人，读您的序言时会大感惊诧，用英语说就是 baffled〔目瞪口呆〕。真的会收入一起付印？我暂时将手稿复写细心妥为保存，谁知道您会不会在最后时刻将手稿"宣布为伪经"，弃置于阁楼或者地下室哩。这历来是对易于引起人反感的文稿的惯常做法。

您向我指出，应参考纳尔波尼为该隐的难以捉摸的品格所作的辩解，对此我深表谢意。可惜，我这方面无法向您提供关于未知的喀巴拉派涉及善意谎言的说教的有益文献。我自然乐于为之。可是却不愿——在这一个案中甚至很可能——弄错了书名或作者名而自得其咎。

对您就我在页 204 的表述提出的异议，我记得，拉姆巴姆显然确实将表述这一学说的《巴希尔书》(Bahir) 看成一部真实的古本《米德拉西》(Midrasch〔译按〕犹太教讲解圣经的布道书) 了，某种意义上也确实如此。

我以及我夫人向您衷心致候。

永远属于您的

G. 索勒姆

在研究智慧方面，珍妮现在达到什么程度了？

10 （致索勒姆）

1962.12.6［芝加哥］

亲爱的索勒姆：

您十一月二十八日的信使我感到有点奇怪。我是否应将它理解为一个极其礼貌和含蓄的忠告，我不可发表我的序言？其中是否有某些东西可能被一些有头面而又不太蠢的人视为攻击？恳请您告诉我。您说您唯一的批评是我似乎省略了我的自传中的某些阶段。不错，我在某种程度上略去了1928年以后发生的每个事件，我认为我对此已作过说明。至于针对您提出的问题，我想我现在有权利和义务大胆说清楚。在研究霍布斯时，我注意到他所说和所没有说的，是在他的各种著作发表对通行的异端法的一种作用使然。但随之我看到，在他受到诸多限制的时代所发表的一部著作中，他说话甚至比以前更大胆。我一直感到惊讶，后来我发现，这本书问世时，他已是一只脚已入土的老人，我认识到，这个处境促使他鼓起了勇气。至于我，已经有过两次心脏病发作。Ergo［原因在此］。

珍妮就读于芝加哥大学，学习比较文学，眼下正学古希腊语和法语。我们有她在身边很好。

忠于您的
列奥·施特劳斯

10a （索勒姆致施特劳斯）

1962.12.13，耶路撒冷

亲爱的施特劳斯：

由于幸运地有一位女助理，我得以回复您刚刚到达的信，似乎曾一度阴郁地压在您心头的忧虑也随之消解，这忧虑就是我是否赞同您将为关于老异端斯宾诺莎的书所写的自传性序言付印。您得到了我的祝福，这毫无疑义，我大概会与五六个也许还未到达黑森州的明詹（Minjan）的一个读者群一起，构成这篇文章的唯一合法的读者核心。他们几乎可以设想，这几页对于美国读者而言无法捉摸。当然，如果有一个机构乐于承印，那倒大可称道。让我感到兴奋的是，您本来就准备将它付印。不过现在，读到您关于霍布斯和面对老境降临的话，我一切都明白了。所以，我暂时将我这一份放好，等待印好的书出版。至于我个人的似乎也不可没有的自传，还有的是时间。绝大多数现在纷纷撰写回忆录之类的犹太人，写的完全是些为上帝所摒弃的东西。可见，这里有一些诸如传教之类的东西。但我现在对传教持怀疑态度，我知道，在这一点上，我跟您是一致的。由于这个缘故，我离开了再献圣殿节（Hanuka[译按]犹太教节日，时间在十二月，共八天）的整个家族，我本想在巴勒斯坦的里维埃拉（Riviera）地区的太巴列（Tiberias）度完这个节日的。

衷心致候。

您的

G. 索勒姆

一九六三年

1 (致克莱因)

1963.2.15［芝加哥］

亲爱的克莱因——

　　此信只是要让你知道,埃尔温·施特劳斯(Erwin Straus)病重。你也许应给他妻子打个电话。

永远忠于你的
LS.

2　（致索勒姆）

1963.11.1［芝加哥］

亲爱的索勒姆：

刚刚收到您十月二十八日的信。您的沉默似乎说明，您没有收到我数月前给您寄去的《迷途指津》英译本。真是一大憾事。要么是我误解了您的沉默？我已收到您论传统的伊拉斯诺论文，我将就此写信给您。我在期盼着您的《犹太教》。

永远属于您的

列奥·施特劳斯

2a　（索勒姆致施特劳斯）

1963.11.6

亲爱的施特劳斯：

为《迷途指津》一书深切地对您表示谢意和祝贺。最终还是到了，应该说，在希伯来大学邮局未经说明的杂物堆放处旅行了一段长时间以后被发现了，我很高兴这篇杰作在您和潘尼斯令人敬佩的合作之下面世。两篇序文成为耶路撒冷年迈的喀巴拉派理性主义者认真阅读的对象！

《犹太教》在两天前已作为挂号印刷品给您寄去，但只会通过平邮递交。

我要遗憾地告诉您，在我的邮件中没有您讨论"传统"的信。多么可惜。我可否建议您今后写信不要寄给大学，而是寄到我的私人地址：28 Abarbanel Rd。

谨衷心致候。

您的

格所姆·索勒姆

3 （致索勒姆）

1963.12.15[芝加哥]

亲爱的索勒姆：

请允许我对您的《犹太教》表示感谢。我立即兴致勃勃地读起来。其中有些章节我已熟悉。最让我惊异的是关于大卫星[译按：即作为犹太标志的六角星]的一篇。多么非同寻常的故事。我为出自您手笔的献词所感动。如果不是担心好像我在冒充作者，我说不定会引用"他这个让同一代人中最善良的人们感到满意的人……"。不过，还是让我就您的 *sitra achra*（《黑暗的一面》）一书，就您对布伯的赞赏说几句。我并没有忽略种种条件，但我仍然觉得[你对布伯]太过奖了。我始终讨厌他，现在还是讨厌他。我总感到欠真实（例如页174，第一段：所有这些跟他自己的生活有什么关系？）。我最愿意表示同意的说法大概是，他是第一流的喷洒香水的人。对历史真实绝对漠不关心，也许是他缺乏理智上的诚实最显著的证明，这表现在他毫无节制地使用哗众取宠的手段和钻营术。如果我没有完全弄错的话，他正是我的老师曾称之为"教士权术"行为的典型例证，当然，我的老师的意思是，这类骗子也是受骗者。

您就迈蒙尼德所说的话，我有几个难以理解的地方。您在页64说，个体生命的终结将灵魂引向其所渴望达到的终极国度的门槛；您暗示，按照迈蒙尼德的说法，个体灵魂是永存的；我极其肯定地说，这种看法没有根据。您在页66说，弥赛亚的重临跟关于赎罪进程的观念毫无关联，这种重临是而且始终是一个奇迹；不过，请参考一下关于复活的论文，芬克尔（Finkel）编，第33节：弥赛亚时代——文明进程的自然结果。关于页48第17～20行，请参阅《迷途指津》12。

再次表达我的真诚谢意。

永远属于您的
列奥·施特劳斯

3a （索勒姆致施特劳斯）

1964.1.7，耶路撒冷[复写]

亲爱的施特劳斯：

多谢您1963年十二月十五日的信。我记不起关于复活论文的那一段话。也许我唯一读过的希伯来文译本依据的是不同的文本或者不同的行文。至于个体灵魂永存说，我并不同意此说，而且我乐于认为，迈蒙尼德的永存说信仰更可能归诸其他东西，而不是个体灵魂。不过，这对于我的观点并不具有根本性，我的观点重点自然是迈蒙尼德著作所包含的一系列反启示的思想。

您称我对布伯的尊敬是我的 *sitra achra*[黑暗的一面]，这可以有所保留地接受。我对相反的东西曾有过更多的抱怨，您是在这方面对我提出指责的第一个智慧的读者。我曾自诩讲的是真话，甚至是全部真话，只是以相当礼貌的表达方式，可是，这——请相信我——绝不是一件轻而易举的事。您称这位年迈的名家为一流的洒香水者，很可取，我将继续引用，至少在知己的圈子里。

致好。

永远忠于您的

[G. **索勒姆**]

一九六四年

1 （致洛维特）

1964.6.3［芝加哥］［复写］

亲爱的洛维特：

收到您的短笺我真诚地感到高兴。您说您颇赞叹我的专心致志，我不知该对此说些什么，只能说，这对我是很自然的；人们也可以将它称为一种自然的单边行为，如果不说它是一种偏狭心态的话。书的重要部分是专门论述柏拉图和修昔底德的。我急切地想知道您对这些部分的反应。

您所谈到的有关韦伯讨论会的事引起我很大兴趣。马尔库塞（Marcuse）可能是最强烈地影响着当今美国社会学的那个马克思与弗洛伊德"合题"（synthesis）的卓越代表。不消说，我不大喜欢这个合题。我盼望着您自己写的关于韦伯的论文。我从未听过韦伯讲话也未见过其人，但每当我读到他的《学术作为志业》时便自然地受到极大的震撼。到1922年夏季学期听海德格尔讲课之前，韦伯对于我一直是学问精神的化身，这是就这种精神对研究人和对研究人类事件的效用而言。从弗莱堡返回时，我对罗森茨威格说："跟海德格尔相比，韦伯是一个失去父母的机智细心的孤儿。"大概没有多少人被吸引去对海德格尔作如此深层的观察。

我将设法搞到您善意提醒我关注的施米特的书。我感到很抱歉，无法帮助您留意利维森（Levison）和尼尔森（Nelson）的书：我从未听到过他们的名字。也许您不妨问一下肯宁顿（Kennington）。肯宁顿也可能为您弄到一份克莱因关于莱布尼茨的精彩演讲稿，他的"上帝、世界与人"的观点也许会使您感兴趣。哈贝马斯（Habermas）将他新近发表的东西寄给了我。我对他洞察和探微的能力感觉良深。他无论如何都不会是单纯的马克思主义者，他自己的见解的基础在我看来始终十分含混。

关于您提出的我是否再次访问古老的欧洲的问题，我接受了汉堡大学哲学系的邀请,在 1965 年夏季学期作为访问学者执教。魏茨泽克(Weizsaecker)愿我永远留在那里,可当局感到聘请一个接近退休年龄的人不合算。倘若我和我夫人的健康情况不给我们添乱,我们将在明年去德国,我自然会尽一切努力设法与您共度一些日子的。

永远属于您的
列奥·施特劳斯

2 （索勒姆致施特劳斯）

1964.6.12，耶路撒冷［复写］

亲爱的施特劳斯：

　　容我衷心感谢您寄来您关于政治哲学的新书，是您的出版人上周寄给我的。我注意到，您在着手就政治哲学的所有经典著作写一篇全面的评论，这类著作——我想——您所属意的也不可能太多。为了尝试完全弄懂这本新书，我将有一段艰难的时间，虽然我期待着从论修昔底德一章得到许多快乐。我感到抱歉的是，我还不可能用自己的什么重要的东西酬答。

　　现在有一个机会，我夫人和我将去纽约短期逗留，首先在十月初前后，然后约在同月十日到二十日之间。如果这段时间有机会在纽约周围，到时能见到您，将会是一大乐事。我们不可能待得更久，因为我得回去度过我在大学的最后一年。

　　谨祝您全家好。

永远属于您的

［格所姆·索勒姆］

3 （致洛维特）

1964. 8. 19［芝加哥］

亲爱的洛维特：

衷心感谢寄来您的两篇文章，我对这两篇都很喜欢。我对刊登在《信使》(*Merkur*)上的那篇文章的"回应"是我在乡下口授的，昨天我刚从那里回到芝加哥；谨将它随信附上。我不能正确评价您对韦伯的经验，我从未有过这种经验。对他的伟大我并非看不到，可是，这伟大包含的条顿人气质，十足的大学者派头……我们宁可谈些我们有共同感的东西，如果一切顺利就在明年夏季。

对您关于笛卡尔和康德的文章，我只是匆匆浏览了一下，康德身后出版的著作我全然不知。您减少了信仰"身位的"上帝的哲学家的数量——剩下的还有谁？

衷心致候。

您的

L. 施特劳斯

［附件］（［译按］以下用英文写成。）

1964. 7. 11

亲爱的洛维特：

我读了您关于韦伯的论文。这是为纪念韦伯而作的有价值的评述，也是对您得到的体验有价值的表达。下面的评论自然是针对我与您的看法不完全一致之处。

501（［译按］此为页码，下同）第三段第 2~3 行：政治经济学（最终是社会学），尤其批判的科学，［取代］哲学学科；为什么这个专门学科，而不是——比如说——心理学取代严格意义上的哲学，韦伯并没有说清楚这一点（参阅 505 第二段——这一段似乎暗示，正是韦伯而非尼采首先追问科学的价值和意义——这确实走得太远了）。

501 第三段结尾:科学反对偏见的斗争必须谨防自己变成一种偏见;不过,判断经济和政治过程的标准却不可能取自这些过程,这难道不正是现代科学所抱的偏见? 这些标准至少在一定程度上是预定的;它们在此程度上自身之内包含着它们自己据以得到判断的准则。

503 第二段中间:清醒的痴迷品格,这就是说,真与美在最高水平上完全一致(柏拉图)。这种痴迷是"可憎的克制"(gruesome sobriety)、而非崇高的克制的作品,这正是一封充满青春活力的信中恰如其分的表达。

505 第一段末尾:"真理"并非神秘的含义,而是为科学的进步解除了迷幻的世界明澈的无神秘状态。——可是,未说出心灵本身和生活本身的任何东西又处于清醒状态的心灵之神秘,莫非不是世界的一部分? 科学总是受到无穷尽的进步的影响,这一单纯事实表现了现实的神秘品格。

507 下方:法国唯物主义等等情况如何?

509 第3～4行:韦伯以宗教的可能性衡量内在世界实践的可能性,这有何道理? 他"从个人方面"拒绝前者,难道一个有哲学头脑的人可以如此拒绝便了事? 难道他认为,无须揭示理性与信仰之间长达千年之久的争斗的全貌?

509 下方～510 第三行:深入认识我们当今世界的性质,之所以具有决定性的意义,只是由于人们假定,现代自然科学及其延续到人的研究基本上是正确的,这就是说优于任何抉择,这是通向确定的可知真理的确定道路;可是,现代自然科学以及……等等难道不是以更具根本性和更深刻的意识为前提? 莫非您完全放弃了您的现象学研究的过去? 还有其后的评说(510,7以下);凡是在科学上无法决定的东西,并未因此而超越人的思想的决断。

510 第二段第6行:在这里,您又陷入您在批判海德格尔和施米特时如此有力地反对过的决断论(decisionism)。至于您对我的韦伯批判提出的批判,我认为,我从未避开圣经宗教的真理问题;我也曾说明,我为什么没有大事张扬地讨论这个主题。我并不认为,我自己受我们时代的现代人的当今科学的束缚,因为我知道我、您和其他每个人不只是我们时代的现代人,而且这个"不只当代的"比只是当代的更重要。我承认"时代的命运",而我又并不愚蠢,也不是幻想家,但我否认命运可以合理合法地决定我内心最深层的思想。人类社会,特别是政治社会的一种非实证主义的科学(即一种不使用构造观念[constructive concepts]的科学,这类观念是政治社会及其建制、"运动"等之固有性质),即一种根本上属柏拉图-亚里士多德的政治科学的可能性,被数世纪之久各种截然不同的研究方法遮蔽了,我将揭示古典的研究方法视为我的首要任务。——您在您的打字稿页2所说,充其量只是指出了韦伯与李凯尔特(Rickert)之间的差别;另外,只是巩固了他的思想的决断论性质:并非李凯尔特,倒是《存在与时间》明白表述了韦伯最内在的意图,即将他的意图从其实证主义的蛋壳中剥离了出来。

510下方~511第三行:您的意思自然不是指摆脱了价值的科学对一种而且只对一种决定性的和始终如一的估价开放,而是对各种各样的估价:究竟哪一种估价,其选定只取决于决断。另一方面,人的思想本身会合理地调解自由伦理和裸露的人类存在与圣经伦理、佛教等等之间的论争。

513第一段:韦伯对国会或者专制政体——作为一个像其他任何机构装置一样的单纯技术问题持漠然态度,这种态度面对共产主义、纳粹主义和自由民主制度之间的差别,可能很难保持漠然。只有在那些久被遗忘的美好时日,这种立场才可能。

514第二段:您没有提出任何有力论据说明您的主张或者意旨:按照韦伯的说法,城邦应被理解为一种超个体的整体,虽然我理解他所指的意思是,这是希腊人理解他们的社会的方式,这种方式可以谅解,但却是错的。

4 (致克莱因)

1964. 10. 19［芝加哥］

亲爱的克莱因：

衷心感谢你为我的纪念文集写的论文。还在这篇文章的形成阶段我就读过它，现在我又读了一遍。让我只说一句话，你将它奉上表示了你对我的高度敬重。

我接到了 1965 年夏季学期在汉堡讲课的邀请。由于医生的坚定忠告，我回绝了：我不能承受这劳累。

热烈向你致候。

您的
L. 施特劳斯

4a （克莱因致施特劳斯）

1964.10.25[安那波利斯]

亲爱的施特劳斯：

非常感谢你的信。

借此机会向你告知下述情况：除了你没有任何人让我如此敬重。你表面上指责我做的各种事，从根本上看似乎"我不关心你"，我不是真正的朋友。这也许在某种程度上是事实。不过，也只是在某种程度上而已。正如你对我、我对你的某些事也不认可。但是，这两种情况在我看来都是无关紧要的。我们之间毕竟存在着种种超越一切可能的批判关系。这不是事实吗？我早就想告诉你这一点了。

我的书将于明年春在北卡罗莱纳大学出版社（也许还在牛津）出版。你不去德国，这很好。至少应尽快来安那波利斯举行一次讲座。

衷心向你致候。

您的

克莱因

代我向米丽亚姆问好。

一九六五年

1 （致克莱因）

1965.4.27［芝加哥］

亲爱的克莱因，

我想请求你帮个忙。我以前的一个学生罗森（Stanley Rosen）眼下在宾夕法尼亚州教书，他完成一本关于《会饮》的书。我未见过手稿。耶鲁大学出版社似乎对它感兴趣。有个名叫菲拉特-毛拉（Ferrater-Mora）的人提议请你作为可能的审稿人。你是否愿意对罗森的手稿作出评价，要是你被邀请的话？请务必告知我你的看法。

愿你一切都好。

祝万事如意。

永远忠于你的

列奥·施特劳斯

1a （克莱因致施特劳斯）

1965.5.23［安那波利斯］

亲爱的施特劳斯：

我为你的信和你在你的序言中关于我所说的话深受感动。不用说，我正在盼望收到你的问题和评论。

就我们之间而言，此书并非一本好书，虽然其中包含着一些好东西。你自己会看到的。我正在计划写一本较好的书。

我自然地像你那样认为，我相信所有一切将我们联系在一起。向你致候并送去我的爱。

永远忠于你的

雅沙

2 （致索勒姆）

1965.8.7［芝加哥］

亲爱的索勒姆！尊敬的索勒姆！

您就德犹对话的骗局而写给我的信给了我清晰的印象，我正是在这一印象中写这封短信的：除了您，没有谁能够如此完全正直而得体地说出这重要而悲哀的真相。我由衷地感激您，也代表我夫人感激您。

我从不曾怀有对德意志品质的爱，这个事实丝毫没有减弱我这种满意的惊叹。我的黑森州农村犹太家庭的出身，保护我不去拥有这种爱。我非常喜爱始终持排犹态度的黑森农民，当然前提是，一个 גוי ［非犹太人］没有 שבעה ［忠诚和信仰］，这是在我们为我们的母亲静坐 אמונה ［七个举哀日］的时候，一个乡间犹太老人来看望我们时讲的。后来，一般而言，伟大的法国人和英国人比伟大的德国人对我更有吸引力。只是大约自1945年以来，这种情况才有了改变。这其中多大程度上含有自我保护意味，对此我不想深究。

衷心致候。

列奥·施特劳斯

3 （致索勒姆）

1965.9.9［芝加哥］

亲爱的索勒姆：

一回到芝加哥便立即对接替佩卡斯基的拉比谈了，我想在明年春天看见您。我从他那里了解到，他已经着手设法为您来芝加哥搞份邀请书。我怀着热切的期待心情盼望在这里见到您。

我从我们的图书馆得到您关于本雅明的文章。我立即津津有味地读起来，可又不完全理解。关于他，除了知道他是一个非常严肃和完美正直的人以外，很难说有更多了解。对我所忽略的他的"实质"，您描述为"形而上学"。我不明白您这是什么意思。如果我知道本雅明如何看我，也许对我有帮助。

我们俩向你们俩亲切致候。

列奥·施特劳斯

一九六六年

1 （致索勒姆）

1966.3.16［芝加哥］

亲爱的索勒姆：

　　本大学的神学院十分热情地邀请您来授课。院长很乐于跟您通电话，但他必须知道，何地何时找得到您。伊利亚德（Eliade）只在这里待到四月一日。他很高兴在这里跟您相见，但我想，您不可能在他滞留这里的时间内到达。芝加哥大学的希勒尔（Hillel［译按］生活于公元一世纪的犹太教圣经注释家）基金会也希望您去讲次课。我听说佛格尔（Vogel）拉比在静候您的消息。芝加哥大学上课的最迟日期可能是五月中旬。您为什么不尽可能快地在晚上给我打个电话？我的电话号码是 Fairfax 4-5176。我们俩向你们俩亲切问候。

永远属于您的

列奥·施特劳斯

2 （致洛维特）

1966.8.9［芝加哥］

亲爱的洛维特：

眼下您的《自然、历史与存在主义》已寄达。衷心向您致谢。虽然我熟悉所有文章，但还是立即读了全书。在主要问题上完全赞同您的看法："存在哲学"的基础是一种特殊的——如果您愿意，也可以说"负面的"——宇宙论；只是基于这样一种宇宙论，"历史"、"文化"、"道德"、"艺术"等等才可能获得这些事物所已经获得的重要性。

在读您关于马克思的文章时引起我注目的是，马克思的"商品"（商品"形式"）概念与海德格尔的"支架"（Gestell）概念在形式上相近。

我已请求 Basic Books 出版社向您寄一本献给我的文集。

您就我写的论《云》一章说的那句话使我十分高兴：这是我多年来所听到的几乎唯一一句鼓励的话。您还要谈其余各章吗？

衷心致候。

列奥·施特劳斯

2a （洛维特致施特劳斯）

1966.6.27, Carona s. Lugano

亲爱的施特劳斯：

多谢您寄来的《苏格拉底与阿里斯托芬》！我立即读《云》。您如此清楚地揭示出来的调侃与严肃的互相融合太令人惊叹。您在这本新书里达到了您的最佳水平！可惜我不知 think tank［智囊］的德文译法。我徒劳地搜寻着对封面上的希腊花瓶图案的一种解释。可以说，您以最令人赞叹的方式从根本上完成了您的 think tank 的整个计划。从封底我看到，祝您六十五岁生日的一本纪念文集已出版。由于我认识大多数作者，我很想得到一本。能让出版社给我寄来吗？

目前我每晚在为我夫人朗读塞万提斯的《堂吉诃德》——一个与阿里斯托芬对应的人物。

衷心致候。

K. 洛维特

3 （致索勒姆）

1966.11.5［芝加哥］

亲爱的索勒姆：

可惜我没有机会就几个问题询问您的意见，也许只有跟您交谈，我才可能将这些问题说清楚。今天只谈一点：您曾在某篇文章中讨论过喀巴拉派内部的（或者神秘主义内部的）论辩方式吗？在您的《主流》(*Major Trends*) 中，您展示了神秘主义学说广泛的多种多样性，可这就意味着它们在某些地方相互矛盾：神秘主义 B 为了使自己的学说优于神秘主义者 A 的学说，他所诉求的根据是什么？动用了怎样的论据（如果有的话）？在您的《犹太百科全书》的文章中，您谈到神秘主义者的论断在某些论点上不受一切理性检查：那么，什么东西不受理性检查？这种检查怎样在他们所说的东西中发挥作用？

我们怀着愉快心情期待与您相见，我们为很快再见到您而高兴。

向您亲切致候。

您的

列奥·施特劳斯

一九六七年

1 （致洛维特）

1967. 1. 6[芝加哥]

亲爱的洛维特：

首先对您七十岁生日（我不知是确切哪一天）表达我最诚挚的祝贺。但愿您能够在健康与宁静中继续您的事业。

我饶有兴趣地将您批判基督教的论文读了两遍。尽管我们对韦伯的看法并不完全一致，但从总体上我还是赞同您的观点。只是我认为，为了克服历史主义，必须首先看一下在历史"被发现"以前，我们称之为历史的东西是怎样被理解的。换言之，人们如果不同时理解 νόμος [礼法] 便不可能理解 φύσις [自然]。我在关于修昔底德的一章，和关于阿里斯托芬的一章所要阐明的正是这一点，几乎没有更多内容。

至于您写的关于间接性的文章的英译，我已努力敦请我所认识而又有能力翻译此文的唯一一个人——丹豪瑟，在纽约 Commentary 工作——承担译事。可是，他还没有给我答复。

再次祝您长寿健康。

永远属于您的
列奥·施特劳斯

2 （致索勒姆）

1967.8.7［芝加哥］

亲爱的索勒姆：

我们希望您夫人逐渐康复并将很快完全复元。

关于六日战争（［译按］Hexameron，原意为"六日记"，这里指发生在1967年6月5日至10日的以色列与埃及的战争），我所认识的人中没有谁不钦佩以色列国防军及其指挥。鉴于以色列的敌人们无所顾忌，以色列所采取的克制谦逊态度似乎不得当。一种明智且道德的政策与一种明智但不道德的政策之间的区别，难道大于一种哭哭啼啼的政策与一种不哭哭啼啼的政策之间的区别？这个句子的语法失误，其理由就在我这方面的某种细腻感触。我没有忘记我们在安息日下午耶路撒冷您的家里那一场关于雅波廷斯基（Jabotinsky）①的谈话。

您就布伯所发表的见解是一篇杰作。我甚至认为，这里讲话的不仅是您，而且还有手持天平的正义女神。您同时也教育了我这个很需要这种教育的人。我倾向于认为，布伯的功绩仅仅限于使犹太教能够登上大雅之堂，给它加上了作为装潢罗德海默（Rödelheiuner）的Machsorim［假节日祈祷书］饰物的冠冕堂皇的外观（［译按］Goldschuitt，原意为"精装本书页的金边"，转义为"徒有其表的外观"）。我特别想到，布伯在1921年（大约此时）发表的《急转弯》，应归因于罗森茨威格的感染和影响。一言以蔽之：我只看到了不真实的东西、假造的东西。您对这一面看得比我清楚，因为您从这一面当中并与之相比照而看到了另一面。我真诚地感激您。

至于我对耶路撒冷与雅典的评注，您此时大概会收到完整的文本。我请求您再将这个文本读一遍，并告知我您的批评意见。只要

---

① 雅波廷斯基（Wladimir J.，1880—1940），生于乌克兰的犹太复国主义运动的领袖，本人为记者、演说家和作家。——译注

我有时间能够仔细阅读您关于犹太教中惩罚的注疏,我就会写信给您,如果我对此有什么要说的话。

以我们俩的名义向你们衷心致候。

您的

列奥·施特劳斯

P. T. O.（请见反面）

您在 Le mythe de la peine（《关于惩罚的神话》）和我在《耶路撒冷与雅典》中讨论的东西,我曾在关于阿里斯托芬的书中有过讨论。您可曾读过此书?

3 （致索勒姆）

1967.8.13［芝加哥］

亲爱的索勒姆:

您成功地做到了还不曾有人做到过的事;在我心中激起了对布伯的某些兴趣。因此,我重读了您的论文《布伯对虔诚思潮的解释》。其中有一点我全然不解:他本可能对您作出回应说,他所关注的并非历史,而是解释,这就是说(用海德格尔的话来说),是虔诚思潮"创造性的变化";所以,不论虔诚思潮杂有来自犹太教经师的还是神智论的抑或灵知主义的渣滓或者蛋壳,在他都是无关紧要的:这是虔诚思潮中僵化的东西。他为什么没有作出这种简单而清楚的回答? 这是小家子气的自以为是,还是极端含混不清的后果? 您若能为我拨开云雾,我将感激之至。

忠于您的

列奥·施特劳斯

第四编

哲人生命的最后时光(*1968—1973*)

一九六九年

1 （致克莱因）

           1969.6.22［克莱蒙特①］

亲爱的克莱因，

  我今天才收到你在本月十八日寄出的邮件。衷心感谢你付出的种种辛苦。我会立即填好文件，以便明天能够发出。470美元是一剂苦药，可又别无选择。

  米丽亚姆特别感谢你就仪器提供的信息。她感谢你的问候。

  再次表示衷心感谢和问候。

              您的

              L. S.

  又及，我虽然没有好多书，但与狭小的住宅相比毕竟还是过多（在这里和芝加哥，我可将相当一部分放在我办公室）。我需要一个新书架。你是否认为学院的木匠能够在业余时间由我出钱给做一个？

---

① 克莱蒙特（Claremont），美国加利福尼亚州西南部城市，市内有多所学院。——译注

一九七〇年

1 （致索勒姆）

786 A. Fair View Ave.,
安那波利斯 马里兰州 21 403
1970. 3. 8

亲爱的索勒姆：

这封信是鉴于布鲁姆(Alan Bloom)的一封信而写的，他的信表明您还记得我。我在某种意义上已经死去：一场病接着一场病，因此，我的研究计划被严格限制在我尚有能力完成的少量事情上，所以心情不佳或者不悦。因而自我离开芝加哥以来便没有听到您的任何消息，也就不足为怪了。这期间您必定以英文或德文发表了一些了不起的东西，却又不曾寄给我。您寄给我的最后一篇东西是您编的布伯的 elogium[箴言]。（据称西蒙对此有回应。果真如此，您可否代我请求他寄我一份？）

不论收到还是没收到布鲁姆的信，我最近一段时间经常想到您，因为我在读本雅明的书信集。现在我不仅对您，而且对本雅明的理解都大大胜过以往。他那种马克思主义有些儿戏般，您的批判自然有道理。本雅明要认真做的事，海德格尔以更为彻底、更为明确的方式做了，也许因此而归于荒谬。

您还会来这里吗？我很希望再次见到您！

真诚致候。

您的
列奥·施特劳斯

2　（致洛维特）

1970. 3. 12 [安那波利斯]

亲爱的洛维特：

　　首先对您的邮件表示衷心感谢。自从我退休离开芝加哥以来，就没有再听到您以及其他一些人的音信了；尤其在我 1968 年十一月的一次中风以后。因而对您的邮件倍感高兴。

　　我立即将您有关海德格尔的见解读了两遍，我自认为我现在可以将我对您的见解的批评比我们最后一次交换看法时表述得更清楚了。人是否是一个自然的本质的问题，您用是又不是回答（40；另见 46 第一节：自然[physis] ≠ 自觉的生存）；果真如此，自然便不可能是一切存在者的确定理由，而认为此一理由就在存在之中的海德格尔因此理应优先得到认可。此外，您所理解的人的天性并没有提到 $π\tilde{ω}ς\ βιςτέον$ [维持生存]，这正是因为您没有直截了当地将人理解为自然的本质（ sui generis [其起源] 或者 suae speciei [其种属]）；您的前提甚至排除了 $π\tilde{ω}ς\ βιςτέον$ 的问题。海德格尔对"我们在世界中的存在的终极诉求所在"（ die letzte Instanz unseres in der Welt-Seins）的问题作出了回答，您无法提出任何与之对抗的东西。要是我，就会以 $κατὰ\ φύσιν\ ξ\tilde{η}ν$ [依循自然的生活]与他的回答对抗；但是，您基于您的历史主义而不可能这么做。不过，您已包含着古代式的回答：您说，人所关注的是世界整体；原初他对此根本不予关注；原初他更关注自己的生活，关注自己真正的生活；这个原初问题导致的回答是，$εὐδαιμονία$ [幸福] 在于 $\vartheta εωρία$ [静观]，而由此推导出的人，事实上所关注的是世界整体；在这里，造成的恶果是您"跳过了"您原本必须坚持的 $κατὰ\ φύσιν\ ξ\tilde{η}ν$ [依循自然的生活]。此外，在历史主义的基础上，而且不只是在此基础上，海德格尔比您更彻底，他将"自然"看成对事态的一种特殊的解释，他用诸如"四方"（ Geviert ）之类的东西较为得当地指称这种事态。正如斯特劳斯（ E. Straus ）在他的海德格尔批判中未明言的假定那样，"自然"无论如何并非不言而喻的东西。例如，日本人有说明"自然"的词吗？圣经记载的犹太人没有这个词；希伯来文中说明"自然"的词是对 $\chi\alpha\varrho\alpha\chi\tau\acute\eta\varrho$[刻记]的翻译（另外参见页 143 最后一段瓦莱里引文）。还有，如果低于人的生命占有一个高于人的地位，如您在页 47 似乎假设的那样，那么，您怎么能避免克拉格（Klage）的结论？

上周亨利希（Henrich）在这儿作过一个报告。我很欣赏他那富于理性的思考。

我在设法——抱一线希望——圆满结束我的色诺芬解释。

望不久接到来信。

向您表示最良好的祝愿。

永远属于您的
列奥·施特劳斯

3 （致索勒姆）

786 A. Fair View Ave.,
安那波利斯 Md. 21 403,
1970. 3. 19

亲爱的索勒姆：

衷心感谢您为我寄来您接受罗伊希林(Reuchlin)①奖时的演讲。我曾听说您将获得罗伊希林奖，并不知道您得了。现在我知道了。真诚地对您表示祝贺，而且也以我夫人的名义。

一切，演讲词和照片，都极其得体——尤其对您在1938年的情况的评说。您的演讲理所当然地给我和所有读者极大的教益。

再次表示诚挚感谢。

您的
列奥·施特劳斯

3a （索勒姆致施特劳斯）

1970. 4. 6, 耶路撒冷 [复写]

亲爱的施特劳斯，我为您三月八日和十九日两封来信感到非常高兴。我给您的信从邮局因无法投递而退回，自那以来，我确实很长时间失去了与您的联系，那封信是为了感谢您为我的纪念文集写的精彩文章。我将信寄往克莱蒙特，后来听说您深感失望而离去，因为那里的情况并不像您所希望的那样。很长一段时间我都不知道您究竟去了哪里，总是想一定会有机会再去美国，在那里与您相会。直到去年冬天，我才听说您又迁回安那波利斯。让我感到十分

---

① 罗伊希林(Johannes R., 1455—1522)，德国人文主义者，所著《希伯来语语法纲要》是开创性的著作，有助于《圣经·旧约》的研究。——译注

欣慰的是，我们俩不论谁都通过书信和文章怀念着对方。我看一下，从我近几年的小文章中能够搜罗些什么给您寄去。您可以想像，我是多么看重您这个非常投入而又真正忠实的读者呵。我无须向您保证说，反之这话也适用于作为您的读者的我！首先，除了对您和您夫人的健康的一切良好祝愿以外，我要告诉您，我认为我们俩，即我夫人和我，非常可能在九十月间去美国逗留约六个星期，我大概去普林斯顿的学院，我夫人去纽约。您可以设想，我将怀着喜悦心情抓住机会去安那波利斯看望您，也许借口做一个小报告。此行的目的是，将预定在普林斯顿大学出版社出版我关于萨巴台·茨维(Sabbatai Zwi)①的大部头著作的英文译本，得赶在付印之前仔细通阅一遍。如果我没记错，普林斯顿距巴尔的摩几乎不会超过两小时的车程。可以说，这是上天的仁慈安排。请您接下这封充满旧谊和向您表示亲切问候和重逢愿望的信。

[格所姆·索勒姆]

4 （致索勒姆）

786 A. Fair View Ave.，
安那波利斯 Md. 21 403，
1970. 4. 29

亲爱的索勒姆：

您的厚礼已到我手中，我着迷般地享用它。我还从不曾像现在这样，如此真切地看清楚过和如此深刻地欣赏您的多面博学。您以如此轻盈的脚步迈进古雅格调与随笔小品的极端反差，又未变成嬉

---

① 萨巴台·茨维(1626—1676)，生于土耳其的斯密尔纳(Smirna)的犹太教内自称为弥赛亚的人，曾在欧洲和近东地区拥有大量拥戴者。——译注

戏或者沦为חכמות[戏法的小噱头]。您是多么彻底,多么严谨,同时又是多么高明的综合(synthèse)大师(后者首先表现在《中世纪犹太教》)呀。在我们这一代人和我们之前的几代人中,您的时政评论(见《犹太人与德国人》)如此突出地高高鹤立于我曾读过和听过的所有这类东西之上(我之所以强调这一点,是因为我作为土生土长的黑森地区的乡下犹太少年之类的人,在这种事情上的感觉甚至想法完全不同于您)。——您将我计入您的朋友之列,对我是一大荣幸。

我已向这里的有关机构提出您可能在这里做一个报告。我对于跟您相见总是觉得"胆怯兮兮的"。

我刚刚收到我关于色诺芬的 *Oeconomicus*《治家者》小书的 advance copies[新书样本]。我将首先给您寄上或交给您一本(我推断,如果寄给您,据我所知,现在也只能平邮,这样它到达时您已不在耶路撒冷)。

我为您的纪念文集所写的文章讨得您喜欢,这是我很乐于听到的。至少在您的几点否定中,对拉姆巴姆的看法是一致的,正如我再次从您关于 *Sin as Punishment*(《作为惩罚的罪》)的文章中所看到的那样。

以我们俩的名义向你们俩亲切致候。

您的
列奥·施特劳斯

4a　(索勒姆致施特劳斯)

1970.6.29,耶路撒冷

亲爱的施特劳斯:

衷心感谢您寄来您关于色诺芬的《治家者》一书,我是在我回到以色列之后看到的。我不得不迟些时候读,因为我必须着手准备关于喀巴拉的语言理论的伊拉诺斯报告。

十分希望我们在美国相会。我将在九月八日到达普林斯顿,在那里大约停留至十月十日到十五日。如果您的学院决定邀请我做一个报告,我将十分愉快地与凡尼娅一起前往。也许还得将您的电话号码给我,这便于我们直接联系,如果您不愿由高级研究所转信给我的话。

我在耶路撒冷待到八月十五日。但愿目前已足够令人沮丧的时局能容许我们实现我们的旅行安排。

我们一家向你们一家致亲切祝愿。

您的

格所姆·索勒姆

5 （致索勒姆）

786 A Fair View Ave.,
安那波利斯 Md. 21 403
1970.7.7

亲爱的索勒姆：

我立即就您的报告一事与院长谈了谈。看来不存在任何困难。您能讲一个 broad subject[宽泛的题目]，比如《何谓神秘主义》或者《何谓犹太教神秘主义》吗？因为,这里讲课是针对没有取得学位的大学生的。鉴于持续不断地议论禅之类的东西,比较一下犹太教神秘主义与东方神秘主义大概很合宜吧。

我夫人和我已经在满怀喜悦地期待着与你们相会。

珍妮将住在哈维福德学院。她大概会在普林斯顿或者安那波利斯见到您；她至少渴望着这么做。

我的电话号码：301-263-4204。

我们全家向你们全家亲切致候。

永远属于您的

列奥·施特劳斯

6（致索勒姆）

1970.12.18

亲爱的索勒姆：

衷心感谢寄来的《犹太教》(*Judaica*)第二卷。我一收到便读起来，我觉得，论述之美犹如第一次读到时那样——我已经读过以前的版本。

重读时，某些东西（页 174～175）引起了我的注意，我不想对您隐瞒，虽然我似乎觉得，有如一个行为规矩的בעל הבית[父亲]在离开一个 house of ill repute［名声不好的家庭］时被抓住一般。布伯将所谓外在的事实与启示的事实当成同样的事实，正如《圣经》本身所做的那样。但是，您却说，布伯"从圣灵上"(pneumatisch)解释启示事实——可是，他不应该这么做吗？他不应该利用自己对启示的理解，这就是说，不应该利用上帝吗？他不可能像猫围着烫嘴的热粥转圈子那样，围着这些事实转圈子的，他更不可能将之当成חלומות［梦想］来对待，即"从心理学上"来解释。

由于我很看重能够始终站在您一边，至少当与布伯有关的时候，所以，请求您对我的怀疑提出有力的批驳。

谨亲切致好。

您的

列奥·施特劳斯

又及，珍妮生了一个女儿。

一九七一年

1 （致洛维特）

786 A Fair View Ave.,
安那波利斯,马里兰州 21 403
1971. 9. 30

亲爱的洛维特：

　　对您寄来的关于瓦莱里的文章我还没有向您表示感谢,谨在此追补(当时有各种各样的事缠身)。我自己几乎没有机会接触瓦莱里,我首先感兴趣的是,他是如何挤进您的思想的。他大概是上一代思想家中使您感到最为相近的一个吧。倘若我能明白您与他的分野何在,也许对我大有帮助。

　　不久以前我突然想到,据我所知,海德格尔的著作中没有任何一个地方曾出现过耶稣的名字,甚至也没有"基督"(除了在一篇我未读过的解释荷尔德林的文章中)。这确实颇值得注意。如可能请让我听听您对此的看法。

　　至于我,将设法赶在关门之前完成关于苏格拉底和柏拉图的思考。如果我发表了什么东西,自然会给您寄去。

　　衷心致候。

votre vieux[您的年老的]
施特劳斯

一九七二年

1 （致索勒姆）

786 A Fair View Ave.，
安那波利斯，马里兰州 21 403
1972. 9. 6

亲爱的索勒姆：

阿尔特曼向我转达了您的愿望，要求得到一本门德尔松周年纪念版卷Ⅲ第二册。我已通过阿尔特曼相应地告知出版人。您似乎曾对阿尔特曼说，您在搜集我所有的东西（但愿不是存在您图书室的高勒姆①部），这给我颇大的欢乐，因为谁满足他那个时代的至善者的要求……（[译按] 这句话似乎是一个谚语的前半部分。全文不详）云云。这鼓励我请求我的出版人将我认为自己最优秀的著作的最新版给您寄去。您在研究色诺芬写的苏格拉底。我对色诺芬怀有几近四十年之久的景仰，这促使目前生活在英国的一个人——我以为他是利希泰姆（Richard Lichtheim）的儿子——不仅将我贬为不可救药的反动分子——事实上我也是——而且还称我为人文中学灌输意识形态（Indoktrination）的牺牲品。在此期间，即在 1970 和 1971 年间，我写了一本对我来说已经颇长或颇厚的讨论柏拉图 Νόμοι（《法义》）的书，如果一切顺利，我打算 1973 年发表。1972 年是糟糕的一年：我已生病八个月，哮喘、前列腺手术、胸膜炎、脊椎疼痛日益加剧……我还会恢复工作？我没有将我最新的出版物给您寄去，因为您没有寄给我您的《萨巴台·茨维》：我想，您抄袭了我的东西，也许因为退休无异于处于奴隶地位，无论哪种情况，都是由于众神夺去了一个人一半的道德和理智。莫非您当时在普林斯顿校阅的英译本仍然没有出版？

---

① 高勒姆（Golem），希伯来语意为：无灵魂的物质。在犹太教神秘主义和传说中，它是由虔诚的大师塑成的泥人。犹太人奉之为护佑者。——译注

您好吗?

最亲切地致候。

您的

列奥·施特劳斯

1a　（索勒姆致施特劳斯）

1972.10.30,耶路撒冷[复写]

我亲爱的施特劳斯:

　　我为收到您九月六日的来信而十分高兴,当然是在我们十月初从欧洲返回之后才到我手中的。在看到您的和其他人的信件的同时,还收到当年我在普林斯顿完稿的英译《萨巴台·茨维》的清样,现在已膨胀到近千页。我决定待这个合乎时代潮流又更易于阅读的版本一印行就给您寄去一部,在许多方面都超过希伯来文本。所谓我"抄袭"(扬弃)您的想法,属于您的(罕有的?)幻想国度。这次我可没有干这档子事呵。不过,如果您想要,我当然乐于将两卷希伯来文本给您寄去。我只是想,英文对于您也许能省点力气。无论怎么说,"一张明信片足矣"。

　　您的著作绝不会收藏在我的藏书的高勒姆部,在这方面我可以消除您的种种担心。我急切地期待着您最后定稿的《色诺芬》——我的施特劳斯文库有一个很久以前的版本。请相信我,我也将为得到门德尔松文集而十分高兴的。一寄达,我会立即告知您。

　　您正确地推知这个乔治·利希泰姆为里查德·利希泰姆之子,他把您看作不可救药的反动分子,谁都不会为此感到吃惊的,甚至您按您自己的定义果真是反动分子,也不会有人吃惊。

　　这里有传言说,托马斯不仅移居以色列和事业有成,而且在尽力过一种虔诚的生活。特别让我向您亲切问候的凡尼娅认为,从中看得出一种补偿性的改正行为。今天,我用航空印刷品给您寄去我在 1970 年做的伊拉诺斯报告的删节稿,作为一种极端的神秘主义语言理论的例证,也许会引起您的兴趣。

向您和您夫人亲切致候。

您的

[格所姆·索勒姆]

2 (致索勒姆)

786 A Fair view Ave.,
安那波利斯,马里兰州 21 403
1972. 11. 17

亲爱的索勒姆:

一个像我这样渺小而虚弱的人,从不曾在同一时间收到过来自索勒姆如此多的信件。我很高兴您收到我关于色诺芬笔下的苏格拉底的两本书。它们并非我所写的最后著作,但我相信,它们是最好的,其中某些部分可能您会感兴趣。两书较为详细地——虽然并非名头上如此——阐发了我在《城邦与人》页 61 就苏格拉底与《圣经》的区别所表述的内容。

您所提到的关于托马斯的传言是对的。您夫人值得嘉许的解释似乎暗示,我的彻底的无信仰对我来说构成了全部意义,全能者可以补偿由此所造成的自然结果。

我很乐于看到古特曼对《哲学与律法》的批评。如果不是太麻烦而又花钱太多,请费神为我复写寄来。您想必知道,一定程度上,古特曼的批评立足于他的犹太教哲学史希伯莱文(或英文)译本;他似乎认为,我比他原本设想的要多变或者圆滑一些。

最后但并不意味着不重要的是,衷心感谢寄来您关于上帝之名与喀巴拉的语言理论的文章。作为您的出版物的一个 religious 拉丁文意义上的①读者,我对您的文章并非毫无准备。我将拿给珍妮看,她对荷马所称的众神的语言有着浓厚兴趣。

我有许多话要说,可是我很虚弱。自一月份以来,尤其自今年五月以来,我一直疾病缠身,迄今仍未恢复。

我们俩向你们俩亲切致候。

永远属于您的

列奥·施特劳斯

(口授,未签名)

2a　(索勒姆致施特劳斯)

耶路撒冷,1972. 11. 7

亲爱的施特劳斯:

在最近给您的信里忘记告诉您,我在古特曼的文件中发现了颇长一篇对您的重要著作《哲学与律法》的批评性分析,本已遗失许多年,直到大约一年前,我才重又找到了。看来古特曼并没有写完,至多是在写了大约三十页以后便中断了。但无论如何,这都是一篇非常值得关注的评论,而且,他是您的书中被提及最多的人,当是您最正当的讨论对手。洛滕施特莱希和我都看过文稿,建议这里的科学院将这个残篇收入科学院论文集中发表。如果我没有记错,您本人对您的书的主要命题也采取一种批评立场。不论怎么说,就政治哲学在所谓犹太教宗教哲学中的中心地位问题,双方都表达了意见。您肯定不至讳言,您的书这些年来产生了重大影响,尽管从表面的

---

① 这个词的拉丁文含义为:1.慎言慎行的[尤其关涉宗教事务的];2.笃信宗教的;3.神圣的;4.不吉祥的。作者在这里似乎取其第一义项。——译注

传布程度看还不那么明显。您是否有兴趣在刊出之前看一下残稿的复写,抑或只让我们给您寄去将来印出的文章?

衷心向您致候。

您的

格所姆·索勒姆

一九七三年

1　（致索勒姆）

786 A Fair View Ave.,
安那波利斯，马里兰州 21 403
1973. 1. 2

亲爱的索勒姆：

古特曼文章的复写迅速地到了我手中。如果说我没有同样迅速地证实已收到，原因只在我的虚弱和倦怠。请谅解。

亲切致意。

您的

列奥·施特劳斯

2　（致索勒姆）

786 A Fair View Ave.,
安那波利斯，马里兰州 21 403
1973. 1. 27

我再次病倒，不过，仍然顺利读完您的《犹太教》卷三，我为此书非常感激您。我相信，除了论色彩及其象征性的文章外，我读过所有重新收入这一卷的论文。我无法同意您赞美哈曼的才智，我厌恶他的卑劣品格。您是否读过黑格尔对哈曼著作的评论（在 Hoffmeister 版的柏林丛书里很容易找到）？路德、哈曼和海德格尔似乎是高才智和低品格最明显的例证，与其他任何国家相比，这大概更为德国所特有。

永远属于您的

［列奥·施特劳斯］

（口授，未签名）

3　（致索勒姆）

786 A Fair View Ave.,
安那波利斯,马里兰州 21 403
1973. 2. 21

亲爱的索勒姆：

尽管您要保密,当时还是让我谈到了您关于喀巴拉的小范围讲课稿的第一版,因而这次的意外惊喜并不太大。您并不十分在意您令人不易理解的风格,这对于我同样不是新事,因为您大概犹如我,并不像其他人那样,太看重我们的智慧在 גויִם [非犹太人] 心目中的形象。

您无论如何应读一读黑格尔对哈曼的批评：它也许会证实和加深您对德意志本质的批评。不过,哈曼的《各各他和舍布里米尼》(*Golgatha and Scheblimiui*) 在深刻程度上大大超过门德尔松的《耶路撒冷》。

由衷感谢您对我的健康的祝愿。但情况看来却是,我好像在那些必将跳入洞穴(即墓穴)的人们的最前列,而且被向前推着。我本来很想做这做那,可这大概是偷懒的遁词。

我们俩向你们俩亲切致候。

您的

列奥·施特劳斯

4 （致索勒姆）

786 A Fair View Ave.,
安那波利斯,马里兰州 21 403
1973. 2. 26

亲爱的索勒姆:

　　重读了您在您的《犹太教》中讨论弥赛亚主义的文章。我不明白,您为什么不把弥赛亚主义看成是从一开始便属于犹太民族的东西:如果一切从一开始都 טוב מאד[很好],而只是被人搞乱了,那么,以往神意的 restitutio in integrum[恢复原貌]的必要性便显而易见。这在国王时代比以往得到更有力的强调,也是不言而喻的了。至于弥赛亚时代的פורים) יום הכפורים)[喜庆节]（[译按]每年二、三月间举行,纪念以斯帖解救波斯的犹太人一事）,难道不是意味着 קרבנות [牺牲]的持续性,或者如塔西陀 רשע[这个恶人]所说, vitia fore donec homines[有人就有罪恶]? 这样一来,认识上帝怎么能够普及于世？我不相信 RMbM 注意到了这个困难,除非他承认,在弥赛亚时代仍旧保留着人的天性的等级。——Basic Books 出版社给我寄来法肯海姆（Fackenheim）的一本新书。此人严肃而受人敬重,大概是美国的"犹太哲学家"当中最优秀的,当然也被大大布伯化了。在较好的时代,他的努力也许会被看成 Kalâm（从 Moreh[解惑]的狭义上讲）,可我们并非生在较好的时代。至少我觉得法氏比布伯更讨人喜欢。这些人究竟怎样"体认到"上帝是永恒的,而不是与人 co-eval[同时]的? 您的喀巴拉如何解决这个难题?

　　亲切致候。

您的

列奥·施特劳斯

4a （索勒姆致施特劳斯）

1973.3.13，耶路撒冷［复写］

亲爱的施特劳斯：

由衷感谢您二月二十六日的来信，我非常[乐于]遵循您所希望的方向作复，可是我不得不感到羞惭地承认，我很抱歉无法完全看明白您的字迹，恰恰又都是关键性的词语。您能否给我填上我在下面的句子里空出的词：这些人究竟怎样"体认到"上帝是……（永恒的还是唯一的？），而不是与"人"……（??）很遗憾，我猜不出来。人们从哪里知道上帝是一体的，或唯一的，或永恒的，对此人们确实可以追问，尤其自从尼采将一神论现象称为世界历史上最大的丑闻、对世界历史的挑衅或诸如此类的东西以来。我推断，人们是通过启示知道的。不过，人们读了柏拉图的对话录，也许会找到另一条出路。

如果一神论重被废止，道德学说中的无神论——这很堪忧虑——破产，非宗教徒群肯定会获得巨大的机会，犹太人会成为主导，抑或将与最后的一神论者一起沦亡，对此，我亲爱的施特劳斯，可惜我无法判断。无论如何，我都始终与犹太人一起。

向您俩亲切致好。

［格所姆·索勒姆］

5 （致索勒姆）

786 A Fair View Ave.,
安那波利斯，Md. 21 403
1973.3.19

亲爱的索勒姆：

我清楚地知道，我的字迹从不曾以其可读性而为人称赞，近几年来,因我身陷沉疴更加糟糕。给您造成特别困难的句子是:这些人究竟怎样"体认到"上帝是永恒的,而不是与人同时的?换言之:怎样解释从征服性的你向永恒的你跳跃?哲学没有必要参与进来,即成为中心?

有朝一日我若还能够写点什么,我想就您对 RMbM 的弥赛亚论(Messianologie)的解释表明我的态度。他的保守主义只不过是某种全然不同的东西必不可少的前台。

您对自己所言也适用于我:无论如何我都在犹太人一边。不过,阿里斯顿①也许会说:'Ιουδαῖος πολλαχῶς λέγεται[犹太人叽叽喳喳]。

请写信给我:这比一切药丸都好。

我们俩向你们俩亲切致候。

您的
列奥·施特劳斯

6 (致索勒姆)

786 A Fair View Ave.,
安那波利斯,Md. 21 403
1973. 7. 7

亲爱的索勒姆:

刊登在《评论》最新一期的阿尔特(Alter)的文章让我联想到,您不久前已满七十五岁。请让我参加向您祝贺的浩浩荡荡的队列,我们祝愿您活到一百二十岁,首先对您为我们所做的一切深表谢

---

① 阿里斯顿(Aristo von Chios),活动于公元前三世纪中叶的希腊哲学家。——译注

意。至于我本人,我得以进入一个我的天性完全使我不得进入的领域,应归功于您。在如此非同寻常的高水平上完成的理智、幻想、真诚和缜密的结合,是您所独有的,它不可避免地给我以最深刻的影响。请您毫无保留地接受我对您的景仰和尊敬。

我们并非在一切问题上看法一致。我的座右铭过去是、现在仍然是伊本·卢德的名言:Moriatur anima mea mortem philosophorum[我的灵魂一朝死去,也如众哲人之死]。我从不是弥赛亚主义者,也不可能成为这种人(也许是在 H. Melakhim XI 1 的意义上[或者]进入其中)。

至于我们之间存在着的那些也许值得讨论的具体分歧,事实上也与弥赛亚主义有关。您似乎认为,弥赛亚主义并不属于 Torah[律法]的基本成分,而我相信它טוב מאד[很充分地;《创世记》I,31]包含于其中。

我现在重又完全生活在חכמת יו[希腊智慧]之中,以一篇讨论色诺芬《远征记》的文章的形式,写出我跟学问 = 世界的告别辞。由于它的 εὐτραπελία[风趣],《远征记》始终是我最喜爱的书之一;按照亚里士多德的说法, εὐτραπελία 就是 ὕβρις πεπαιδευμένη[谐谑成性],即חוצפה[张狂]的直接对立面。我有时也翻翻海德格尔的书。在度过如此漫长的岁月之后,我现在才明白,他究竟错在哪里:具有非凡的才智,这才智却依附于一个俗不可耐的灵魂(Kitsch-seele);我可以证明这一点。当我读到他在 1934 年谈到自己为黑森林农民的一段话时,在我心中——在我心中啊!——萌动着要做或者要成为一个智识人(Intellektueller)的愿望。

应我的要求,西蒙通过洛滕施特莱希将他批评您评价布伯的文章寄给了我。我的感觉跟您完全一样,但我必须讲句老实话,西蒙对布伯的爱,使他的文章比您的文章略占优势。如果您见到西蒙,恳请您告诉他这一点。

衷心致候。

爱您的
列奥·施特劳斯

7 （致索勒姆）

786 A Fair View Ave.,
安那波利斯, Md. 21 403,
1973. 9. 30

亲爱的索勒姆：

在我等待了如此长的时间之后，昨天，您的精美礼物，即您关于萨巴台·茨维的书到达。我的心完全为您占据了。יישר כוחך.[祝贺!]我立即开始读。除了我所熟悉的פרטים[细节]的无穷变化，您在相当大的程度上成功地消除了我对"弥赛亚主义与犹太教"的种种怀疑。您是否能全部消除我的怀疑，还得等等看。我们的分歧部分应归结于您比我更多史学家的成分这个事实。若在以前我会说，我比您更是一个哲人，לקיים מה שאמר אבן רושד[实践伊本·卢德所说的]我的灵魂一朝死去，也如众哲人之死），但是，自从我听说您的朋友（为了有所区别）约纳斯开始一场自我宣传活动，声称他是哲人，我更喜欢当一个鞋匠或者裁缝。

我相信，我曾不止一次对您说，1972 和 1973 年是迄今我最糟糕的年头，手指震颤，我不敢断定您是否能够解读这种提示。尽管如此，我完成了评注《善恶的彼岸》的论文，写了评注修昔底德著作中的众神的论文和评色诺芬的《远征记》的论文。毋宁说，都是些 apiquorsic stuff[平平淡淡的东西]，但我有一种感觉：BOSS 不会谴责我，כי אל מלך רחום וגו׳[因为他是一个仁慈的上帝]，而且他比我们更深刻地知道，为了使עולם[世界]成为一个עולם[世界]，必须有怎样一种生存。

请不时给我写几个字。

永远对您怀着爱、友谊和尊敬的
列奥·施特劳斯

8 （致索勒姆）

786 A Fair View Ave.,
安那波利斯,Md. 21 401,
1973.10.17

亲爱的索勒姆：

您从我的笔迹再次看到，我的手指拒绝为我效力。因而只写这么多。读了您写的关于那被奉为神明的משומד[叛教者]的书，像一个温顺的小学生一样，实际上我从每一行里都学到某些或多或少具有重要性的东西。你写了一部真实的传记——不仅是萨巴台的而且是我们整个ἔθνος[民族]的βίος βίος[生活]。请再次接受我的谢意。

我祝愿您和כל ישראל[所有以色列人]万事如意、שלום וברכה[和平和幸福]。

永远属于您的

列奥·施特劳斯

9 （索勒姆致施特劳斯夫人）

1973. 12. 13，耶路撒冷［复写］

亲爱的施特劳斯夫人：

您丈夫的去世，使事后颇久才得知此事的凡尼娅和我深感悲痛。我还收到他去世前一天写给我的一封信，当然，这封信像他最近以来写的一大批信一样，非常难以识读。我感到欣慰的是，他毕竟还是收到和读完我那本延搁太久才出版的关于萨巴台·茨维的书。他就此给我写了一封表述精辟的信。施特劳斯的逝世，这一代人中其精神潜力最为我所推崇的人中的一个走了。虽然我们的生活经历和我们的思想切入点如此不同，但我们多年以来都保持着一种可靠的深层的共在感，这种感觉超越一切才智差别，他在我心目中是一个极其深刻严谨和真诚的思想家，他理所当然地对他的学生——我在多年的经历中碰到过许多——产生了不可磨灭的和转化性的影响。就在他去世前不久，一个晚上，我们在多伦多布鲁姆家聚会，到场的全是施特劳斯以前的学生，大家坐在一起谈论他。这是在他离世之前四五天的一个值得纪念的夜晚。

您是否就他的文献的处理办法做出了决定？

凡尼娅和我最诚挚地握着您和珍妮的手。

［格所姆·索勒姆］

附录

访谈：伽达默尔论施特劳斯①

田立年　译

　　以下访谈的时间是 1981 年 12 月 11 日，地点为波士顿学院。福尔廷（Ernest L. Fortin）教授组织和随后编辑这次访谈。伽达默尔阅读编辑后的访谈并表示同意。拉夫（Betty T. Rahv）教授和瓦尔特斯（John Walters）先生记录。劳伦斯（Frederick G. Lawrence）教授对编辑工作多有帮助。

　　福尔廷（以下简称福）：这个国家的许多哲学家和政治理论家都想更多了解您和已故列奥·施特劳斯之间的终生交往。也许您可以从 20 世纪 20 年代早期开始，描述一下那时马堡学派的氛围。那显然是一个让人激动的时期，也许是二十世纪心智史中最让人激动的时期。当年学生们是不是也感到很激动？

　　伽达默尔（以下简称伽）：我们那时正生活在一个发生伟大政治变化的年代。每个人都意识到新的议会民主在一个还没有为此准备好的国家的影响。普遍的感觉是不知道方向。有一天——我当时还是一个小青年——我们一帮人聚到一起，问："我们该做什么？""怎样才能重建世界？"回答五花八门。有人以为我们应该追随韦伯；另外一些人追随基尔克（Otto von Gierke）；还有一些人则追随泰戈尔，他由于其戏剧的一些感人的翻译，在第一次世界大战刚刚结束时是德国最为人瞩目的诗人。（他是纳托普的好朋友，有时来德国。我看见过他一次：一个有着先知面容的巨大形象。奇妙极了！纳托普本人则是伪装成小矮人的巨人。）青年列奥·施特劳斯也同

---

　　① 杂志编者感谢美国政治科学协会口述史研究项目，在 Pi Sigma Alpha 政治科学荣誉会的资助之下，促成这次访谈并允许《解释》杂志将其提供给读者。（［译按］本文译自 Interpretation 杂志第 12 卷（1984 年 1 月）第 1-13 页。）

样关心这些问题。他也在到处寻找方向。他曾经在汉堡从卡西勒学过,但对卡西勒的政治观点,他没什么兴趣。

福:您第一次遇到施特劳斯是什么时候?

伽:1920 年,或在此前后。他自己从来没有在马堡学习过,但他的家乡小镇基希海因离马堡只有几英里远。他有时来我们的图书室,而我是这图书室的所谓"管理员",也就是负责搜罗学生们所需之书的人。我们的存书不是很多,但我们的图书室办得不错。我仍然清晰记得我们最初见面的情景。他是一个矮个而我是个高个。我特别记得他有趣的样子:隐秘的、怀疑的、讽刺的,和总是不无愉快的。我们有一个共同的朋友克莱因,他提醒我,施特劳斯对我有某种疑虑。不是说我对犹太人有任何不好——我怀疑他是否曾经往这方面想过——但他肯定在我身上觉察到一个因为成功而自豪的青年学生的盛气。知道他如此敏感,我在这之后非常小心地不冒犯他。我们相处得很好,有时互相交谈,但此外就几乎没有什么联系了。

直到过了很长时间,1933 年,我有机会出国旅行,我们才第一次真正熟悉起来。德国当时正经历另一场急剧变化,禁止任何人携带超过 300 马克出国。对我来说这个数目已经是一笔小财富,所以几乎不成为限制。但是,我还是清醒意识到,用不了多长时间,他们就会不允许我们携带一个硬币出国了。我来到巴黎。施特劳斯当时受一项洛克菲勒基金资助在巴黎,我们非常愉快地一起盘桓了十天。我记得他将我介绍给科耶夫,还带我去一家犹太餐馆。关于希特勒上台之前的德国形势和法国的反应,我们谈了很多。有一天我们去电影院。新闻电影中有一个片段,名为"德国裸体运动"(German Nudism),一看却是关于最近发生的一个体育事件的报道。所谓"裸体运动"指的是身着运动服的运动员! 这一体育事件看上去像是一次阅兵——您知道,我们是组织大师——而参加者看起来有点像机器人。法国人还不习惯这类场面,认为人被这样彻底军团化是滑稽可笑的。整个剧院哄堂大笑。①作为一个没有旅行许可的年轻教师,我从来没有离开过德国,所以,所有这些对我来说都是全新的。

此后我们保持着几乎是经常的联系。他送给我他的著作。其中关于霍布斯的著作我特别感兴趣,因为它与我自己关于智者派政治思想的研究有关。这正好是那个时候我最为关注的问题之一,虽然当在德国讨论政治问题变得太危险时,我不得不放弃这一问题。人们不可能讨论智者派而不影射卡尔·施米特,纳粹党的主要理论家之一。因此我转向更中性的题目,如亚里士多德物理学。

战后,施特劳斯来到德国,我邀请他做一次讲演(海德堡,1954年)。我记得他讲的是苏格拉底。鲁斯托(Alexander Rustow)听了讲演,不赞同他所讲的东西,但却完全被他的魅力、他的机智,和他的表述的优雅所倾倒。当时年近70岁的鲁斯托是一个非常了不起的人。他曾经是韦伯的学生,并接替了他在海德堡的教席。他是一个生活在20世纪的伏尔泰式的人物,写过一些关于工业社会的优秀著作,但同时也是一个杰出的古典学者。

施特劳斯和我一起度过了这一天的其余时间。我妻子对他不断回到相同的问题——特别是当我们谈论柏拉图时——的方式感到惊奇。这些问题中有些重新出现在我们公开发表的通信中。②它们表明了我们的立场有奇怪的重叠,同时又存在着一系列重要的分歧。主要的分歧涉及古代人和现代人(the Ancients and the Moderns)的问题:在什么程度上,可以在20世纪重新展开这一著名的17世纪的争论,以及是否仍然可能与古代人站在一起反对现代人?我的观点是,这种争论是必要的,因为它挑战现代这个时期,促使其寻找其自身的根据,但是,在二者之间选择并非真的是一种开放的选择。我试图让施特劳斯相信,人们可以承认柏拉图和亚里士多德

---

① 参伽达默尔在其《哲学生涯》(Philosophische Lehrjahre, Frankfurt am Main, 1977,[译按]中译见陈春文译,商务印书馆,2003,页42)中的有关叙述。

② 参L. Strauss and H-G. Gadamer, "Correspondence Concerning Wahrheit und Methode," *The Independent Journal of Philosophy* 2 (1978), 5-12。

优越于我们,但这并不意味着人们便必须认为,他们的思想是当下可恢复的;虽然我们必须认真对待他们对我们的成见所提出的挑战,我们却永远不可能免除寻找通向他们的桥梁的诠释学努力。

我忘记说了,在很早以前,20 年代后期,我曾经为我的古典教师弗里德伦德(Paul Friedländer)写过一篇论文,讨论亚里士多德的 phronesis[实践智慧]。① 弗里德伦德是一个柏拉图主义者,他不太需要亚里士多德。我被施特劳斯处理柏拉图和亚里士多德之间紧张关系问题的方式所吸引,但却从来没有听到过对这问题的一个真正回答。因此我将文章的副本送给他。他给我写了一封信(在战争期间毁掉了),在信中,他赞扬了论文,但反对我用某些现代语汇,诸如"沉淀"(sedimentation)之类,解释亚里士多德的思想。这实际上正是我们分歧之所在。探讨一个文本的意义并不要求我们只能讲文本的语言。人们不能讲另一个时代的语言。关于这个问题,在罗斯(Hans Rose)的 *Klassik als künstlerische Denkform des Abendlands*(《古典作品作为西方的艺术思考形式》,慕尼黑,1937)一书的刺激下,我写了一篇批评性论文。② 罗斯是一个艺术史家,他一直试图避免用现代术语来描述古典作品。但这仍然没有能阻止他将著作中的一章称为 Die Persönlichkeit[个性],而"个性"显然不是一个古典词汇。

福:让我们再回到马堡一下,在 20 年代谁是马堡学派的领袖?纳托普?

伽:对,是他。但是,您知道,对于年轻一代来说,领袖总是还没有被人们发现的那一位,他不是纳托普;他无疑是尼古拉·哈特曼。他对我们有巨大的吸引力。马堡也拥有一个强大的拉丁文学教师阵容,有库尔提乌斯(Curtius),我的一个好友,还有施皮策(Leo Spitzer),奥尔巴赫(Erich Auerbach)和奥尔巴赫的继任者维尔讷·

---

① 该文从未公开发表,但其结论的一个应用见"Der aristotelische *Protreptikos* and die entwicklungsgeschichtliche Betrachtung der aristotelischen Ethik," *Hermes* 63 (1927), 138-64。

② 参 Gadamer 对 Rose 著作的评论,*Gnomon* (1940), 431-436。

克劳斯——四位杰出的学者。库尔提乌斯的前任是维克斯勒(Eduard Wechssler),他后来去了柏林。

福:使哈特曼不同于其他人的是什么?

伽:在舍勒的影响下,他已经开始脱离柯亨和纳托普的先验唯心主义。他曾经是这两人,特别是纳托普的学生,但他尤其受到柯亨的吸引,柯亨是我们的最巫师性的人物。当人们今天打开柯亨的书,人们会发现它们也许可以说是空洞的。它们是以一种严厉的、片段的和教谕性的风格写下的。其中几乎没有什么论证。但他个性坚强,令人难以抗拒。施特劳斯对他也颇为敬重。他去世于1918年。我们从来没有见过他。施特劳斯告诉我的关于他的故事来自罗森茨维格(Franz Rosenzweig)。罗森茨维格某天到马堡访问柯亨,问他如何能如此接受现代科学,同时又仍然相信圣经的创世教义;在这一点上柯亨开始闪烁其词。至于哈特曼,他是一个典型的波罗的海人,像俄国学生一样习惯从前一天早晨到第二天早晨一直喝茶。他总是工作到深夜。海德格尔因此开玩笑说,当哈特曼的一天结束了,他的一天开始了。海德格尔早上7点要上课,每天起得很早,通常在4点或5点起床,这正是哈特曼准备上床睡觉的时间。

福:施特劳斯曾说,马堡的气氛是非常封闭的。

伽:是的,因为我们当时生活在一座象牙塔里,埋头在哲学中,对世界上其他一切很少注意。在海德格尔到来——一个非常激动人心的变化——之后,情况依然如此。但这些年里施特劳斯几乎没在马堡生活过。

福:海德格尔第一次上课是什么时候?他讲的是什么?

伽:1923年。我忘了他第一次讲课的确切题目,但记得是关于现代哲学的起源的。他主要讨论笛卡儿,提出一串23个问题。一切都引人入胜和井井有条。哈特曼 honoris causa[为表示尊敬]出席第一次课程,他后来告诉我,从柯亨以后他就没有见到过如此让人难以抗拒的教师。一下提出23个问题,这是海德格尔的特点。我怀疑他是否曾经讲到过第5个问题以后。不过,这就是他特有的激进主义(radicalism),我指的是他惯于将问题几乎 ad infinitum[无限地]推进。他的一些追随者成了他的活漫画,他们不停地提出空的问题,这些问题由于被推向极端,失去了与其至深根源的一切联系。

福:学生和学生生活是什么情况?

伽:在马堡和弗莱堡之间存在着密切的联系。学生们从一个地方搬到另一个地方,德国的习惯就是如此。战后住房极其短缺,最大的问题是[5]找到一个住处。我只换过一次大学,那时我去了慕尼黑,但那只是由于一个朋友给我提供了一间住房。慕尼黑不是重要的哲学中心。由于普凡德尔(Pfänder)和盖格尔(Geiger),那里的主要潮流是现象学。海德堡由于韦伯的影响、雅斯贝斯和曼海姆的存在而著名。雅斯贝斯作为一个讨论班的领导者享有一种非同寻常的声望。我还是个学生时,他已经高高地放射光辉了。汉堡,原本是作为一所航海学院设立的,直到很晚才成为一所完全的大学。富有的城市向学校大量投钱。它拥有斯内尔(Bruno Snell)和卡西勒,来自马堡的最伟大的学者。卡西勒是一个有非凡记忆力的贪婪的阅读者。他优雅、沉静、非常和蔼,但是人们几乎不能说他有一种强有力的个性。他既没有海德格尔那种戏剧性能力(dramatic quality),也没有哈特曼那种接近年轻人的本领。至于法兰克福,当时还没有获得自己的地位。该校成立于20年代,但其吸引人们注意则是从不久前才开始的:里茨勒(Riezler)成为校长,他使学校得到发展。霍克海默、阿多诺和蒂利希等人使法兰克福最终获得其著名学者。

福:您在《真理与方法》(第482页[译按]指英译本,下同)中关于施特劳斯的讨论是这样开始的:他在芝加哥的教学是"我们这个世界上令人鼓舞的事情之一"。这话是什么意思呢?

伽:噢,很好理解。我的看法是,他因为有勇气大声说出其他人都不敢说出的东西而吸引学生。虽然芝加哥是进步主义的堡垒,他还是敢于对是否我们应该相信人类心灵进步的问题回答"不"。在我看来,很显然,芝加哥大学是一个不寻常的地方。1947年我在法兰克福见到哈钦斯(Hutchins),发现他是一个非常开朗和有远见的人。我见过阿德勒(Adler)。我见过麦克基恩(McKeon),他是一个真正的领袖(boss)。所以我能够想象我听到的关于施特劳斯的一些事:他如何同样雄心勃勃和想要突出自己反对麦克基恩。后来,当我开始往来美国,我有机会亲自观察他如此众多的学生在这个国家的不同部分所做出的贡献:您,布鲁姆,肯宁顿(Richard Kennington),丹豪瑟(Werner Dannhauser),吉尔丁(Hilail Gildin),罗森,还有其他人。我经常被要求在我从来没有听说过和我知道那里不会有人熟悉我的著作的地方讲演。每当碰到这样的情况,我可以肯定,邀请是某个施特劳斯分子发出的。他们总是善意和开放的,因为关于我和我们1954年在海德堡的会面,施特劳斯说过一些好话;他经常称这次见面是他在很长时间里最有收获的交谈之一。

福:您认为施特劳斯如果在德国当教师景况会更好一些吗?他在那里也会做一样多的事情吗?也许更多?

伽:不,他的成功与这些事无关,原因很简单:其中并没有什么投机取巧的东西。您比我更了解,他如何吸引优秀的学生,关心他们,与他们保持联系。我只能看到结果,而没有看到产生结果的过程。我觉得,如果他生活在德国,他一样会留下一个真正的学派。要不是您告诉我,我真不知道他的课上有这么多人。根据他在50年代的描述,我以为他的学生从未超过6个或8个。

福:您认为他的主要贡献是什么?您刚才谈到他重新复活了古代人和现代人之争。他的主要贡献与此有关吗?

伽:是的,虽然就个人来说,我从他论霍布斯的著作中获益良多。这是第一次有人试图将霍布斯不是仅仅看作科学认识论之新基础的一个英国代表,而是将他看作一个道德主义者,可以通过分析他关于文明社会的观点解释他和智者派的关系。这给我留下很深印象。我知道,现在这是一个争论很多的问题,而施特劳斯关于自己的著作后来也有了不同的想法。但那不是我关心的,对我来说,阅读这样一种风格的作品是一种启示。在他对霍布斯的描述中,也存在着某些非常个人性的东西:霍布斯痛恨英国政治制度,英国社会使他深受其苦。在这本关于霍布斯的著作中有许多施特劳斯的影子。

我想特别指出的另一本书是《迫害与写作艺术》,在这本书里,我们可以同时看到迫害对于诠释学问题的正面后果与负面或危险后果。它提出的是一个极其重要的问题:一个人如何能传达和表达与时代潮流或其所处社会普遍接受的意见正好相反的思想?这一问题与我自己的柏拉图研究特别相关,在柏拉图那里,舆论和言论检查的问题以一种甚至更尖锐的方式出现。它要了苏格拉底的命。这样的可能性总是存在的:某些值得说出的东西将会招来反对。谁成为一个思想家,谁就是让自己面对这一危险。对此我完全同意施特劳斯。

福:在《真理与方法》中,您也提到他重新发现了隐微写作方式,或者如您所说,"有意识的歪曲、伪装和隐藏(第488页)"。

伽:我主要想到斯宾诺莎。他作为现代历史意识的一个先驱同样对我具有特别意义。施特劳斯处理《神学政治论》的方式,特别是他关于斯宾诺莎试图用文化的实际所为(the cultural agenda)来解释奇迹的分析,使我震动。我非常仔细地研究了施特劳斯关于斯宾诺莎和迈蒙尼德的论文。我觉得,就迈蒙尼德来说他是对的,但是同样的方法并不能同样完美地应用于斯宾诺莎。总是存在着这样的可能性:作者著作中被揭露的断裂来源于作者本人的某种混乱。也许,这种断裂只反映了我自己心中的混乱。在我看来,诠释学的经验是一种对我们所遭遇的困难的经验,当我们试图一步一步地追随一本书、一出戏剧,或一件艺术作品,让它吸引我们,引导我们超出我们自己的视界时,我们就遇到这种经验。我们完全不能确信,我们能够重新获得和复原(recapture and integrate)包藏在这些作品中的原初经验。尽管如此,严肃地对待这些经验还是会带来对我们思想的一种挑战,并保护我们远离不可知论或相对主义危险。施特劳斯希望严肃地对待他所面对的文本。我和他一样痛恨学者的盲目的优越感,他们认为自己能够改进柏拉图的逻辑,好像柏拉图自己不能逻辑地思考似的。在这方面我们是完全一致的。

不用说,我非常同意施特劳斯对柏拉图和色诺芬作品的外在的或戏剧的因素的注意。在这方面,我在某种程度上追随弗里德伦德,然而试图超越他。我从希尔德布兰特(Hildebrandt)论柏拉图的书中学到一些东西,对于柏拉图,希尔德布兰特具有灵敏的听觉。①他不是一个哲学家,而是一个受过很好教育的精神病专家,他对年轻人有良好直觉。这使他能在柏拉图对话中看到其他人都看不到的东西。

福:施特劳斯将重新发现柏拉图对话的戏剧性特点的重要性归于克莱因。这在多大程度上是真实的?

伽:在克莱因和我之间存在着某种共生关系。当我开始跟弗里德伦德学习古典,克莱因已离开马堡,但他经常回来;所以我们之间有实际的交流。弗里德伦德对克莱因没有直接影响,虽然他通过我对他有影响。我也许不能说,克莱因是唯一应该对这一重新发现负责的人。不过,他的哲学知识要好于弗里德伦德,我也是这样。我们共同具有将对话的戏剧因素与对话所讨论的哲学问题联系起来的长处。我开了一些关于柏拉图辩证法的课程,在这些课程中,我讨论了《智术师》和《泰阿泰德》。以我个人的研究为中心,我试图证明,即使在这些晚期的对话中,也存在着某些活的交流,因此包含着比文本中明确陈述的更多的东西。我们两人都吃惊地发现,对于其戏剧成分的充分注意对于理解柏拉图思想来说是关键性的。这是克莱因和弗里德伦德的发现的重要意义。施特劳斯将这一发现扩展到政治理论领域。看到弗里德伦德的书在这里以及在德国,居然在学院范围内具有多么大的影响,是让人惊奇的。

我唯一想补充的是,在德国,哲学相对更处于柏拉图研究的中心。由此造成的结果是,过分强调对话的戏剧背景的倾向,不像在克莱因和施特劳斯的第二代和第三代追随者中那样强。我有时收到他们的论文,其中充满了各种各样聪明但站不住脚的解释。就在昨天,我与一个年轻学生谈话,他试图在《帕默尼德》迂回的和有些滑稽的辩证法,与会见帕默尼德发生在泛雅典运动会期间的事实,

---

① 参 Hildebrandt:*Platon*:*Der Kampf des Geistes um die Macht* (Berlin, 1933)。

建立一种联系。我告诉他,所有这一切都很好,但他必须为他的结论找到一些支持,以及这些支持的相关性必须通过文本本身来加以证明,在这之前,我们知道的不过是,他的观点可能是正确的。

克莱因本人未能总是免于这一陷阱。不久前,有人给我看了他关于《斐多》的讲演的记录,其中他说了一些让人难以置信的事情。他指出,苏格拉底死时,有 14 个人在场。没错,确实。但是,他接下来做了一个详细的比较,比较这 14 个人和提修斯的故事:提修斯曾经用船从人身牛头怪米诺特手里救回 14 个人质,正是为了纪念这一事件,每年都要定期往德罗斯(Delos)发船。这是塔木德用错了地方。

福:这种阅读文本的方法经常被描述为"塔木德式"或"拉比式"。这种说法正确吗?

伽:至少在施特劳斯身上,正如在康德时代最早的犹太哲学家之一迈蒙(Salomon Maimon,1754—1800)身上,是存在着这种因素的。迈蒙写过一本非常有趣的自传,其中追溯了犹太学校制度对他自己思想的影响。该书是有启发意义的,因为我们在这里看到一种类似的,特别是压迫的经验。施特劳斯出身的黑森州,在这个世纪的头几十年以其反犹主义而著名。

福:在他和您的通信中,施特劳斯反对您有关"所有人类价值的相对性"的某些陈述(例如,《真理与方法》第 53 页)。您肯定不认为自己是一个相对主义者。如果我对您的理解是正确的,您是在以您自己的方式反对相对主义。施特劳斯显然不相信您成功地克服了相对主义。您把他的批评看作是一个严重的批评吗?

伽:我回信给他,但他中断了通信。我试图在《真理与方法》第二版附录中(第 482-491 页)间接地挑战他,但他也没有回答。后来我们再见面,他非常热情。一天,在讨论过程中,我提到我的一篇论文,他说,"可您从来没有给我看过!"我告诉他,把我写的所有东西都送给他看没有什么意义,因为其中很多东西远离他的兴趣。他回答:"噢,不。我总是对您写的一切都有兴趣(I am always interested in what you write)。"我很感动。我提这事,不是因为它反映了我自己的价值,而只是为了表明,我们是好朋友。此外,我在他过去的学生中间找到了巨大的反响。当我来到这个国家,各种各样的门都对我敞开。这也在某种意义上反映了他的忠诚。我并不是说这些人要求从我这里得到完全的赞同。

福:他们肯定失望了! 对于我们时代的危机,对于海德格尔所谓"世界的黑夜降临",对于所有意义和价值视域的灾难性冲突,施特劳斯比您赋予了更多的重要性。①在他看来,这是新诠释学所现身的处境,其特点是在根本问题上完全缺乏共识(agreement),以及所有迄今普遍接受的观念的无根据性大白于天下。您似乎对此不太重视。

伽:这对我来说同样是一个关键问题。您所提到的激进主义与施特劳斯关于我从狄尔泰那里得到灵感、海德格尔从尼采那里得到灵感的事实的评论有关。这在某种意义上说是真实的。狄尔泰更是一个尼采的同时代人,以及特别适合作为德国唯心主义、黑格尔、施莱尔马赫和浪漫派情感的传递者。但是,在这一区别的背后存在着概念性思想(conceptual thinking)本身的地位的核心问题。我认为,没有一些共识,一些基本的共识,任何分歧都是不可能的。在我看来,分歧的首要性乃是一种偏见。这即海德格尔所谓 die Sorge für die erkannte Erkenntnis[为明证知识操心];这就是,专注"认知性认识"(cognized cognition),献身于确定性,认识论的首要性,科学家的独白(monologue)。我自己的观点则一直是关于整个世界的诠释学。我们必须认识到科学方法论或独白认识论的限制。在我们社会所奠基其上的意见制造技术的结构之下,我们可以看到一种更基本的包含某些共识的交流经验。这正是我为什么总是强调友谊在希腊伦理学中作用的原因。在我和施特劳斯的讨论中(参见《真理与方法》页 485),我提到这一点。我的就职演讲——一个人开始其教学生涯的公开演讲——讨论的就是这一主题。②我的观点是,在

---

① 例如参 M. Heidegger, *An Introduction to Metaphysics*. R. Manheim 译(Garden City, 1961),第 33 和 37 页。

② 1929 年所作报告,从未出版。

亚里士多德的《伦理学》中占据了两卷的东西在康德那里只有不超过一页的篇幅。当时我 28 岁，还没有成熟到足以把握这一事实的完整的意义；但我多少有所预感，而我的最深刻的（如果我可以这样说的话）见解之一与我所称的思想者与社会之间的紧张关系有关——一个施特劳斯式的主题。

但是，在这里，我们仍然不能忘记关系的双重性质。因此，我坚持苏格拉底的遵奉主义（conformism）中有肯定的一面。我不认为人们可以像布鲁姆那样称苏格拉底为一个无神论者。无论苏格拉底还是柏拉图都坚持一种和宗教崇拜有些疏远的（distantiated）遵奉主义，但是在这种遵奉主义背后潜藏着一个信念：存在着神，存在着某些我们永远不可能设想的东西。在我看来，这正是潜伏在《斐德若》和其他对话下面的东西。施特劳斯也许会同意我的观点，但我怀疑是否布鲁姆会同意，或者，从我们关于《伊翁》的讨论，以及后来关于《游叙弗伦》的讨论，我可以做此推断；在关于《游叙弗伦》的讨论中，我们之间的冲突甚至更尖锐。布鲁姆认为游叙弗伦出于真正虔敬的精神行动，与从宗教传统中解放出来的苏格拉底正好形成对照。我完全不同意。我说，"不，不！那成了诡辩、因袭（conventionlism）和伪善了。"苏格拉底是那真正虔诚之人（the really pious one）。当他坚持认为一个人应该总是敬重自己父亲时，他的论证根据的就是虔诚。游叙弗伦告发他父亲表明了一种高贵的冲突，这种冲突是所有苏格拉底对话的特点。某个人声称具有一种特殊的能力；然后，被通过建立在苏格拉底——我们总是被引导回到他——的真实形象（real figure）基础上的一种逻辑论证说服。布鲁姆捍卫相反的观点，坚持认为游叙弗伦是虔诚之人而苏格拉底是无神论者。我认为这完全是错误的。因此我们之间发生了热烈但友好的口角。

我和施特劳斯或克莱因从来没有详细地讨论过这些问题。施特劳斯避免谈论这些问题。他非常友善，我听他说话非常愉快，但每当发生了哲学问题，他就避开了。

福：一种观念认为，诠释学本体论只是一个过渡期，一个与所有的视界之瓦解精确地一致的时期,您怎么看待这种观念?海德格尔本人不也是期待着一种新的共识(consensus)的出现,期待着我们对之只能等待的新的神的出现吗?施特劳斯的看法是,我们那时将发现自己处在一种后诠释学处境中,正如当德国唯心主义还占主导地位时我们发现自己处在一种前诠释学处境中。

伽:在这一点上我不仅不同意施特劳斯,而且也不同意海德格尔。您提出的观点与施特劳斯关于我实际上从狄尔泰而不是从尼采开始的评论密切相关。我认为那是一个公正的说法。这话的意思是,对我来说,传统仍然是一个活的传统。我是一个柏拉图主义者。我同意柏拉图,他说,世界上没有哪个城邦,其中没有在某种终极的意义上包含着理想的城邦的存在。您也知道那著名的说法:抢劫团伙的成员也需要某些正义感,这样才能彼此相处。①确实,这的确是我的也许过于保守的立场。您知道,我们是在 14 岁到 18 岁之间被塑造成形的。学术教师总是姗姗来迟。在最好的情况下,他们可以训练年轻的学者,但是他们的作用不是去培养性格。战后,我被请去在法兰克福做一个讲演:德国教授怎样看待他作为一个教育者的作用。我表达的观点是,教授们在这方面没有什么作用。在这个提问中隐含的是对理论人(the theoretical man)的可能影响的某种高估。这就是我态度背后的思想。当海德格尔谈到新神和类似的事情时,我完全不能追随他。我只追随他面对空虚或极端处境(the empty or extreme situation)的做法。这是他与尼采唯一一致的地方,尼采同样预见到了一种虚无的极端处境。当然,他最后以自我矛盾作为结束。

海德格尔不是一个那种意义上的尼采主义者。当他第一次开始说出他关于诸神的回归的神秘暗示时,我们真的是被震惊了。我再次和他接触,发现那并不是他心里所想的。它是一个 faón de parler[说话方式]。甚至他的"只有一个上帝能够救助我们"的著名说

---

① 参 Plato, *Republic*, 351c。

法，①也只是意味着，计算性政治不是能够将我们从迫在眉睫的灾难中解救出来的东西。但是，我同样要批评这种观点。正如我们看到的，海德格尔有时说的超过了他所能证明的，例如，当他展望一个新世界的出现时就是如此。因此我否认谈论一个后诠释学的时代有任何意义。那听上去就像是我所不能认同的思辨观念重新获得的直接性(the recaptured immediacy)。在我看来，它陷入了一种混乱或一种范畴错误。它最多也只是一种形象化的说法，目的只是表明，如果我们继续这样下去，技术将被供奉为一种最终的状态，一个最后的世界政府将会产生，一切都将被一个全能的官僚行政所支配。这是最终的或极端的情形；以及当然，自我毁灭可以在通向这一情形的过程中发生作用。我不相信尼采所构想的这一极端。海德格尔的意图只是让人们看到在我们当代的技术社会中达到顶点的这一西方道路的片面性。

在我最近关于海德格尔的文章之一中，②我试图表明，海德格尔与任何宗派立场相距很远。他不信仰孔子和其他这类异国风情(exotic novelties)。他只是建议，在远东存在着某些文化遗存，而瞥见了西方文明的死路的我们也许能够从其中受益。另一方面，当他讨论艺术作品，认为某些存在于概念思维之外的东西可以被称为真的，我衷心地赞同他。这对我来说似乎是基本的，在此我和他立场完全一致。

福：您似乎认为诠释学哲学就是全部哲学。

伽：它是普遍的。

福：它的普遍性意味着某种无限性；但您又非常强调人类的有限性。

伽：二者并不矛盾。有限性相应于黑格尔的"恶的无限性"。我

---

① 参对海德格尔的访谈，出版于海德格尔去世后不久，May 31，1976，*Der Spiegel*. 英译可见 *Philosophy Today* 20:4 (Winter, 1976), 267-84。

② H. G. Gadamer, "The Religious Dimension in Heidegger," 载 L. Rouner and A. Olson,, 编：*Transcendence and the Sacred* (Notre Dame, 1981), 193-207. 参 "Sein, Geist, Gott," 载 Gadamer, *Kleine Schriften* IV (Tübingen, 1977), 74-85。

想说的是那种"好的无限性",即,概念的自我表达,体系的自我调节,或者诸如此类的东西,在我看来似乎预示着一种新的直接性。那是我所不能同意的。对于有限性的强调正是说总是可以再跨出一步的另一种方式。黑格尔意义上的恶的无限性属于有限性。如我过去写过的,这种恶的无限性并不像其听起来那么恶。

福:关于亚里士多德您做过许多出色的研究,特别是关于他的 phronesis[实践智慧]概念。使人们有时感到困惑的是,您以 episteme[知识]为代价来强调 phronesis[实践智慧]。科学或 episteme 对于亚里士多德不是同样重要吗?我们不是同样必须认真对待这一概念吗?

伽:亚里士多德的主要观点——这也是柏拉图的主要观点——是,科学,正如 technai[技术],和任何形式的技艺或手艺一样,乃是必须通过 phronesis[实践智慧]而被整合到社会的善好生活中去的知识。将一种政治科学不是建立在 phronesis[实践智慧]活的经验之上的理想,在亚里士多德看来将是智者派的。我不否认,在亚里士多德眼中,数学,特别是欧几里得数学的理论方式,所示范的必然的或证明的维度的解析,是一项伟大的成就。但是善的理念超出了任何科学的范围。在柏拉图那里这一点是很清楚的。我们不能将善的理念概念化。

福:施特劳斯曾说,作为一个年轻人,他有两个兴趣——上帝和政治。他在许多场合还说,二十世纪的伟大哲学家——柏格森、胡塞尔、詹姆斯、海德格尔,与他们的前辈不同,因为他们的思想中实际上缺乏任何政治的维度。他们的哲学也许具有重要的政治牵连,但他们从未专门处理政治问题。此外,施特劳斯倾向于将政治看作历史意识的文化母体。当我们不加限定地说一个历史学家,我们一般指的是一个政治历史学家。在我们谈话的开始,您提到,您曾经对智者派的政治思想感兴趣,但却由于德国的政治局势而不得不放弃这一爱好。您仍然认为政治具有压倒的重要性吗?

伽:这是同一个问题的另一面,即理论人在社会中的地位问题的另一面。只要理论人一直服从 phronesis[实践智慧],一切在此就不是否定性的。我最近的一篇文章,已经送交出版几年——它正在希腊出版,希腊的出版耗费经年——讨论的就是亚里士多德《伦理学》中的理论生活和实践生活的问题。这篇文章中,我试图表明,强调这两种生活之间的紧张关系,或说根据其前提亚里士多德更喜欢政治生活,而他维护理论生活的首要性只是出于对柏拉图的敬重,这什么时候都是一个错误。那篇文章证明了这种观点的荒唐。我们是会死的人,不是神。如果我们是神,问题可以被作为一个选择提出。遗憾的是,我们没有这种选择。当我们谈到 eudaimonia[幸福],人生的最终的成就,我们不得不将两种生活都纳入考虑。将实践生活概括为亚里士多德方案中的第二好的生活,只不过意味着,如果我们是神,理论生活是好的;但我们不是。我们总是根植于我们在其中成长的社会结构和规范性看法之中,必须承认我们是一个总是在某些预先形成观点基础上前进的发展过程的组成部分。我们的处境是一种根本的和不可逃避的诠释学处境,我们不得不安于这种一种处境,通过在政治和社会的实践问题与理论生活之间进行调解。

福:从您在《真理与方法》第二版(1965)讨论施特劳斯以来,16 年已经过去了。从 1965 到 1973 年他去世,您多次见到施特劳斯。您仍然坚持您那个时候所说的话吗?

伽:是的,我也希望他会同意。他非常谦和,以及如我刚才提到的,他不喜欢讨论他和我的分歧。对话没有展开,我对此一直感到遗憾。我曾经提出一个新的建议,而他知道,一个进一步的讨论,虽然也许不是一个确定的讨论,是可能的。

福:从 20 世纪 20 年代早期这一时期过来的人还有别的人在世吗?

伽:库恩(Helmut Kuhn)。他当时在柏林,现在住在慕尼黑。他是一个犹太血统的新教徒,具有强烈的宗教倾向。正如许多宗教知识分子的情况一样,在第三帝国的经历促使他改宗天主教。他在天主教教会中找到了新的家,变得极端保守。

福:利特(Litt)在您在《真理与方法》中提到的书中(第 490

页),将对历史的反对描述为极其教条的。您不认为对历史的辩护可能同样教条吗?

伽:噢,当然。施特劳斯在他给库恩的信中说明这一点。①

福:非常感谢您在至少是您今年在这个国家停留的最后一天,花这么多时间来接受我们的访谈。我们大家都非常感激您。

---

① 参 L. Strauss,"Letter to Helmut Kuhn," *The Independent Journal of Philosophy* 2 (1978),23-26。

施特劳斯往来书信详目

第一编 探索年代（*1928—1933*）

一九二八年
9月24日致克吕格 ……………………………………… 3

一九二九年
7月17日致克莱因 ……………………………………… 4
11月28日致克吕格 ……………………………………… 5

一九三零年
1月7日致克吕格 ………………………………………… 6
6月26日致克吕格 ……………………………………… 9

一九三一年
2月27日致克吕格 ……………………………………… 11
5月7日致克吕格 ………………………………………… 12
5月23日致克吕格 ……………………………………… 13
6月1日致克吕格 ………………………………………… 15
6月28日致克吕格 ……………………………………… 16
7月8日致克吕格 ………………………………………… 17
7月25日致克吕格 ……………………………………… 19
10月3日致克吕格 ……………………………………… 20
10月15日致克吕格 …………………………………… 22
11月16日致克吕格 …………………………………… 23
[缺日期]致克吕格 ……………………………………… 25
12月12日致克吕格 …………………………………… 26

一九三二年

8月19日致克吕格 …………………………………… 28
8月21日致克吕格 …………………………………… 29
10月4日克莱因致施特劳斯 ………………………… 30
10月8日致克吕格夫人和克吕格(附11月13日克吕格来信) ……… 30
11月15日致洛维特(附11月15日洛维特回信) ……… 36
11月17日致克吕格(附草稿残篇) ………………… 40
11月19日致洛维特(附11月21日洛维特回信) ……… 47
11月29日致克吕格(附克吕格回信两封) …………… 50
12月1日克莱因致施特劳斯 ………………………… 54
12月27日致克吕格(附12月27日草稿三封及12月29日克吕格回信)
  …………………………………………………… 57
12月30日致洛维特(附33年1月8日洛维特回信) …… 68

第二编 艰难岁月(1933—1948)

一九三三年

2月2日致洛维特(附洛维特回信三封) ……………… 77
2月7日致克吕格 …………………………………… 82
3月14日致克吕格(附4月19日克吕格回信) ………… 84
3月22日克莱因致施特劳斯 ………………………… 89
3月27日克莱因致施特劳斯 ………………………… 91
4月22日克莱因致施特劳斯 ………………………… 94
5月19日致洛维特(附洛维特回信三封) ……………… 96
7月6日克莱因致施特劳斯 …………………………… 102
7月17日致克吕格 …………………………………… 105
[缺日期]致洛维特(附7月12日洛维特来信及洛维特回信两封)
  …………………………………………………… 107
7月19日致克莱因(附7月17日克莱因来信) ………… 114
7月22日致克吕格(草稿,未寄出)(附10月3日克吕格致施特劳斯)
  …………………………………………………… 117
8月2日致索勒姆(附6月22日索勒姆来信) ………… 120
9月5日致洛维特(附9月9日洛维特回信) …………… 123

9月15日致克莱因（附9月20日克莱因回信）·············· 127
9月22日致克莱因 ····························· 130
9月24日致索勒姆（附10月19日索勒姆回信）·············· 133
10月致洛维特（附12月6日洛维特回信）················ 135
10月9日致克莱因（附克莱因回信三封）················ 138
11月3日致索勒姆（附11月29日索勒姆回信）·············· 146
12月3日致克吕格 ···························· 149
12月7日致克吕格 ···························· 150
12月7日致索勒姆（附34年1月27日索勒姆回信）············ 152
12月29日致克吕格 ··························· 157
12月31日致克莱因（附12月28日克莱因来信）············· 158

一九三四年

1月27日致克莱因（附1月26日克莱因来信）·············· 164
1月30日致克莱因（附2月8日克莱因回信）··············· 167
2月14日致克莱因 ···························· 169
2月14日致索勒姆（附6月19日索勒姆回信）·············· 173
4月9日致克莱因（附克莱因回信两封）················· 175
4月25日致克莱因（附5月4日克莱因回信）··············· 181
5月7日致克莱因（附5月10日克莱因回信）··············· 183
5月20日致克莱因（附6月3日克莱因回信）··············· 186
6月7日致克莱因（附6月11日克莱因回信）··············· 188
6月16日致克莱因（附6月19/20日克莱因回信）············· 191
6月23日致克莱因（附克莱因回信两封）················ 196
7月21日致克莱因（附9月9日克莱因回信）··············· 200
8月2日致索勒姆 ···························· 203
8月18日致克吕格（附8月5日克吕格来信）··············· 204
10月10日致克莱因（附10月13日克莱因回信）············· 208
10月13日致克莱因 ··························· 212
10月15日致克莱因（附克莱因来信两封）················ 215
12月6日致克莱因 ···························· 217
12月7日致克莱因 ···························· 219
12月14日致索勒姆 ··························· 222
12月14日洛维特致施特劳斯 ······················· 223

一九三五年

- 1月8日致克莱因 ………………………………………………… 224
- 1月21日致克莱因(附5月6日克莱因回信) ………………… 227
- 2月23日洛维特致施特劳斯 …………………………………… 231
- 4月15日洛维特致施特劳斯 …………………………………… 234
- 3月27日致克吕格 ………………………………………………… 237
- 5月12日致伽达默尔和克吕格(附6月2日克吕格回信) …… 237
- 6月23日致洛维特(附洛维特回信三封) ……………………… 244
- 7月17日致洛维特(附12月31日洛维特回信) ……………… 251
- 10月2日致索勒姆(附11月4日索勒姆回信) ………………… 255
- 12月25日致克吕格 ……………………………………………… 258

一九三六年

- 9月28日克莱因致施特劳斯 …………………………………… 259

一九三七年

- 5月18日致克莱因 ………………………………………………… 260
- 7月29日致克莱因 ………………………………………………… 260
- 8月16日致克莱因 ………………………………………………… 261
- [缺日期]致克莱因 ……………………………………………… 261
- 8月24日致克莱因 ………………………………………………… 262
- 9月7日致克莱因 ………………………………………………… 262
- [缺日期]致克莱因 ……………………………………………… 263

一九三八年

- 1月20日致克莱因 ………………………………………………… 264
- 2月7日致克莱因 ………………………………………………… 266
- 2月11日致克莱因 ………………………………………………… 267
- 2月16日致克莱因 ………………………………………………… 269
- 3月11日致克莱因 ………………………………………………… 271
- 5月10日致克莱因 ………………………………………………… 272
- 6月20日致克莱因 ………………………………………………… 272
- 7月4日致克莱因 ………………………………………………… 273
- 7月23日致克莱因 ………………………………………………… 274

8月17日致克莱因 …… 276
10月9日致克莱因 …… 276
10月12日致克莱因 …… 277
10月15日致克莱因 …… 277
10月20日致克莱因 …… 278
11月2日致克莱因 …… 279
11月29日致克莱因 …… 281
12月2日致克莱因 …… 282
[缺日期]致克莱因 …… 283
12月12日致克莱因 …… 284
12月15日致克莱因 …… 286
12月17日致克莱因 …… 287
12月28日致克莱因 …… 288

一九三九年

1月10日致克莱因 …… 289
1月19日致克莱因 …… 289
2月16日致克莱因 …… 290
2月28日致克莱因 …… 292
3月10日致克莱因 …… 293
3月14日致克莱因 …… 294
3月17日致克莱因 …… 294
4月13日致克莱因 …… 295
5月1日致克莱因 …… 296
5月9日致克莱因 …… 296
5月29日致克莱因 …… 297
7月25日致克莱因 …… 297
8月7日致克莱因（附8月14日克莱因回信） …… 300
8月18日致克莱因 …… 304
10月10日致克莱因 …… 307
10月25日致克莱因 …… 309
10月27日致克莱因 …… 310
11月7日致克莱因 …… 311
11月28日致克莱因 …… 311

一九四零年

2月20日致克莱因 …………………………………………………… 314

7月30日致克莱因 …………………………………………………… 314

8月12日致克莱因 …………………………………………………… 315

一九四一年

1月11日致克莱因 …………………………………………………… 316

5月10日致克莱因 …………………………………………………… 317

7月24日致克莱因 …………………………………………………… 318

一九四二年

2月6日致克莱因 ……………………………………………………… 319

11月3日致克莱因 …………………………………………………… 320

一九四五年

7月16日克莱因致施特劳斯 ………………………………………… 321

一九四六年

1月10日致洛维特 …………………………………………………… 323

8月15日致洛维特(附8月14日洛维特来信和18日回信) ……… 324

8月20日致洛维特(附洛维特回信[缺日期]) …………………… 331

11月26日致洛维特 …………………………………………………… 337

一九四八年

5月24日致克莱因 …………………………………………………… 338

8月31日洛维特致施特劳斯 ………………………………………… 339

9月1日致克莱因 ……………………………………………………… 340

第三编　执教芝加哥大学(1949—1967)

一九四九年

2月6日致克莱因 ……………………………………………………… 343

7月12日致克莱因 …………………………………………………… 344

8月1日致克莱因 ……………………………………………… 345
10月27日致克莱因 ……………………………………………… 346
11月1日致克莱因 ……………………………………………… 347

一九五零年
2月23日致洛维特（附2月21日洛维特来信）………………… 349
2月24日致索勒姆（附1月20日索勒姆来信）………………… 353
4月11日致索勒姆（附4月27日索勒姆回信）………………… 355
5月10日致索勒姆（附5月20日索勒姆回信）………………… 356

一九五一年
7月19日致洛维特 ……………………………………………… 359
12月21日致洛维特（附洛维特来信[缺日期]）………………… 360

一九五二年
2月5日致索勒姆（附1月25日索勒姆来信）………………… 363
6月22日致索勒姆（附6月2日索勒姆来信）………………… 365
8月25日洛维特致施特劳斯 …………………………………… 369
9月25日洛维特致施特劳斯 …………………………………… 370

一九五三年
1月16日致索勒姆（附52年12月17日索勒姆来信）………… 371
3月19日致索勒姆 ……………………………………………… 374
5月19日致索勒姆 ……………………………………………… 375
11月25日洛维特致施特劳斯 …………………………………… 377

一九五四年
1月14日致索勒姆（附9月4日索勒姆回信）………………… 378
3月18日洛维特致施特劳斯 …………………………………… 380

一九五五年
10月27日致索勒姆（附11月3日索勒姆来信）……………… 381
12月31日洛维特致施特劳斯 …………………………………… 383

一九五六年
6月11日洛维特致施特劳斯 …………………………… 385
6月28日洛维特致施特劳斯 …………………………… 386

一九五七年
10月18日致索勒姆（附11月21日索勒姆回信）………… 387

一九五八年
6月21日致克吕格 ……………………………………… 389
11月3日致索勒姆 ……………………………………… 391

一九五九年
3月23日致索勒姆 ……………………………………… 392

一九六零年
4月7日致洛维特 ……………………………………… 393
6月20日致索勒姆（附1月21日索勒姆来信）…………… 394
8月11日致索勒姆（附10月27日索勒姆来信）………… 395
11月22日致索勒姆 …………………………………… 397
12月13日致洛维特 …………………………………… 400

一九六一年
2月8日致洛维特 ……………………………………… 402
2月26日致伽达默尔（附4月5日伽达默尔回信）……… 403
4月13日致克莱因（附4月8日克莱因来信）…………… 416
5月14日致伽达默尔 …………………………………… 418
6月1日致克莱因 ……………………………………… 420
6月13日致克莱因 ……………………………………… 420

一九六二年
1月29日致克吕格 ……………………………………… 421
3月15日致索勒姆（附3月26日索勒姆来信）………… 422
3月15日致洛维特（附3月27日洛维特回信）………… 424
4月2日致洛维特（附9月25日洛维特来信）…………… 427

5月4日致索勒姆 ··· 429
5月14日克莱因致施特劳斯 ·· 430
8月6日致克吕格(附7月28日克吕格来信) ························ 431
9月12日致克吕格 ·· 432
11月21日致索勒姆(附11月28日索勒姆来信) ··················· 433
12月6日致索勒姆(附12月13日索勒姆来信) ····················· 435

一九六三年
2月15日致克莱因 ·· 437
11月1日致索勒姆(附11月6日索勒姆回信) ······················· 438
12月15日致索勒姆(附64年1月7日索勒姆回信) ··············· 439

一九六四年
6月3日致洛维特 ··· 441
6月12日索勒姆致施特劳斯 ·· 443
8月19日致洛维特 ·· 444
10月19日致克莱因(附10月25日克莱因回信) ··················· 447

一九六五年
4月27日致克莱因(附5月23日克莱因回信) ······················· 449
8月7日致索勒姆 ··· 450
9月9日致索勒姆 ··· 451

一九六六年
3月16日致索勒姆 ·· 452
8月9日致洛维特(附6月27日洛维特来信) ························ 453
11月5日致索勒姆 ·· 455

一九六七年
1月6日致洛维特 ··· 456
8月7日致索勒姆 ··· 457
8月13日致索勒姆 ·· 458

第四编　哲人生命的最后时光(1968—1973)

一九六九年
6月22日致克莱因 ………………………………………………… 461

一九七零年
3月8日致索勒姆 ………………………………………………… 462
3月12日致洛维特 ………………………………………………… 463
3月19日致索勒姆(附4月6日索勒姆来信) ………………… 465
4月29日致索勒姆(附6月29日索勒姆来信) ……………… 466
7月7日致索勒姆 ………………………………………………… 468
12月18日致索勒姆 ……………………………………………… 469

一九七一年
9月30日致洛维特 ………………………………………………… 470

一九七二年
9月6日致索勒姆(附10月30日索勒姆来信) ……………… 471
11月17日致索勒姆(附11月7日索勒姆来信) …………… 473

一九七三年
1月2日致索勒姆 ………………………………………………… 476
1月27日致索勒姆 ………………………………………………… 476
2月21日致索勒姆 ………………………………………………… 477
2月26日致索勒姆(附3月13日索勒姆来信) ……………… 478
3月19日致索勒姆 ………………………………………………… 479
7月7日致索勒姆 ………………………………………………… 480
9月30日致索勒姆 ………………………………………………… 482
10月17日致索勒姆 ……………………………………………… 483
12月13日索勒姆致施特劳斯夫人 ……………………………… 484

译 后 记

近几年在译者完成莱布尼茨和莱辛的一些神学哲学著作以及卡尔·施米特的一些政治法学著作的翻译后感到有些累。两年前，刘小枫先生让我翻译施特劳斯通信集，并说"你可稍微轻松一下"。我接手以后才发现译事并不轻松。从内容上看，通信所讨论的是我们十分陌生的神学政治问题，以及西方和阿拉伯哲学史上与论题有关的代表人物和著作。从表达形式看，写信人大都是在双方已知的语境直陈胸臆，行文谋篇并未考虑让第三者——读者群阅读，这就增加了文本的难度。加之，本书原编者未加任何注释，除了对少数希伯来文和阿拉伯文词语在方括弧内标出德文释文外，举凡文本中出现的人名、书刊名及其缩略语以及大量的拉丁文、希腊文和个别经简略使用的俗语，全都丢给读者自己去破解。本书收入的信件，大部分为德语，少量为英语，个别为法语和拉丁语。此书译事对我们而言实可谓勉为其难。其中法语和拉丁语书信的译文曾由方家指正，在此对他们表示感谢。本文内夹杂的希腊语和拉丁语词语大都由译者译成汉语放在其后的圆括弧内供读者参照。少量实在无从索解者则如德文原版那样留在那里（包括几个缩略语和一个荷兰语杂志名称）。为便于中译读者阅读，译者尽己所能加了些注释，或者"译按"说明背景，但或由于手头工具书有限，或由于所涉人和事过偏，仍留下不少应注而未加注的地方。对此译者只能表示歉意了。

译者自2002年9月开始译事，到今年九月刚好两年，这期间经常因临时性工作而中断。但中断最长的一次，却是去年秋冬之交家中惨遇不测后的一段时间，我们的精神几近崩溃。感谢学界的几个朋友深情抚慰和鼓励，从个人方面也为了宣泄郁结于内心的悲愤，在今年仲春重又拾起译事。可以说，全书的一半成为我们此生此世最艰难的时日的见证,或者说,它陪伴我们度过此生此世最艰难的时日。译者二十多年前曾有过读莱辛与他的朋友们的通信而泪下的经验,那时是身处美满家庭氛围中的译者,出于对亲亲仇仇的莱辛高尚品格的仰慕而为他遭遇的不公和晚年失去妻儿的不幸所动。此次译事使译者在另一种处境下感悟人生。译者透过原本枯燥的学术讨论慢慢地感受到写信人的心灵活动。在初读、翻译和两次校对的过程中,译者一次次地经历写信人从上个世纪二三十年代到七十年代初的坎坷而最终达到辉煌的一生。一次次地为他们的欢乐而欢乐,为他们的哀伤而哀伤,更为他们追求真理的执着精神而对他们肃然起敬。容我在这里抄录施特劳斯多次引用的阿拉伯哲学家伊本·卢德(拉丁文名:阿威洛伊)的名言:Moriatur anima mea mortem philosophorum[我的灵魂一朝死去,也如哲人之死]。译者每次读他们的往来信件,似乎超越了巨大的时空间隙,在人类精神世界与他们相会,直接聆听他们的智慧对话。我们自己似乎也超越和忘记外在于我们的这个烦嚣世界,我们觉得自己的心灵平静了许多。不过,翻译本身不可感情用事,不可得意而妄言。我们将"意"与"言"献给读者,真诚地恳请读者指出我们因知识的缺陷和悲愤情绪而造成的伤"意"、害"言"之处。我们将为此不胜感激。倘若读者读过译文得其意而忘其言(我们深知自己虽心诚而言拙),那将是我们莫大的安慰。

译者
2004 年九·一八国耻日
重庆歌乐山麓

图书在版编目（CIP）数据

回归古典政治哲学：施特劳斯通信集／（美）列奥·施特劳斯（Leo Strauss）著；朱雁冰，何鸿藻译．――北京：华夏出版社，2017.8
（西方传统：经典与解释）
ISBN 978-7-5080-9197-6

Ⅰ．①回… Ⅱ．①列… ②朱… ③河… Ⅲ．①施特劳斯(Strauss, Leo 1899-1973)－书信集 Ⅳ．①B712.59

中国版本图书馆 CIP 数据核字(2017)第 098772 号

Briefe in : Leo Strauss.Gesammelte Schriften.Band 3: Hobbes' politische Wissenschaft und zugehörige Schriften - Briefe. Herausgegeben von Heinrich und Wiebke Meier. Teil Ⅱ,S.377-772.

Original German language edition:Leo Strauss. Gesammelte Schriften. Band 3:Hobbes' politische Wissenschaft und zugehörige Schriften - Briefe. Herausgegeben von Heinrich und Wiebke Meier published by J.B.Metzlersche Verlagsbuchhandlung und Carl Ernst Poeschel Verlag GmbH Stuttgart, Germany. Copyright © 2001
All rights reserved.

版权所有，翻印必究。
北京市版权局著作权合同登记号：图字 01-2004-6100 号

回归古典政治哲学——施特劳斯通信集

作　　者	[美]列奥·施特劳斯	
译　　者	朱雁冰　何鸿藻	
责任编辑	陈希米	
责任印制	刘　洋	
出版发行	华夏出版社	
经　　销	新华书店	
印　　装	北京汇林印务有限公司	
版　　次	2017 年 8 月北京第 1 版	2017 年 9 月北京第 1 次印刷
开　　本	880×1230　1/32	
印　　张	16.75	
字　　数	410 千字	
定　　价	109.00 元	

华夏出版社 地址：北京市东直门外香河园北里 4 号　　邮编：100028
网址：http://www.hxph.com.cn　　电话：(010)64663331(转)
若发现本版图书有印装质量问题，请与我社营销中心联系调换。

西方传统：经典与解释
Classici et Commentarii
HERMES
刘小枫○主编

古今丛编

孟德斯鸠的自由主义哲学
——《论法的精神》疏证 [美]潘戈 著

莫尔及其乌托邦 [德]考茨基 著

试论古今革命 [法]夏多布里昂 著

托兰德与激进启蒙 刘小枫 编

图书馆里的古今之战 [英]斯威夫特 著

但丁：皈依的诗学 [美]弗里切罗 著

在西方的目光下 [英]康拉德 著

大学与博雅教育 董成龙 编

探究哲学与信仰
——基尔克果与苏格拉底 [美]郝岚 著

民主的本性
——托克维尔的政治哲学 [法]马南 著

梅尔维尔的政治哲学
——《切雷诺》及其解读 李小均 编/译

席勒美学的哲学背景 [美]维塞尔 著

果戈里与鬼 [俄]梅列日科夫斯基 著

自传性反思 [德]沃格林 著

黑格尔与普世秩序 [美]希克斯 等著

新的方式与制度
——马基雅维利的《论李维》研究
[美]曼斯菲尔德 著

科耶夫的新拉丁帝国 [法]科耶夫 等著

《利维坦》附录 [英]霍布斯 著

或此或彼（上、下）[丹麦]基尔克果 著

海德格尔式的现代神学 刘小枫 选编

双重束缚 [美]基拉尔 著

古今之争中的核心问题
——施米特的学说与施特劳斯的论ည [德]迈尔 著

论永恒的智慧 [德]苏索 著

宗教经验种种 [美]詹姆斯 著

尼采反卢梭 [美]凯斯·安塞尔-皮尔逊 著

舍勒思想评述 [美]弗林斯 著

诗与哲学之争 [美]罗森 著

神圣与世俗 [罗]伊利亚德 著

论古人的智慧 [英]培根 著

但丁的圣约书 [美]霍金斯 著

古典学丛编

探究希腊人的灵魂 [美]戴维斯 著

尤利安文选 马勇 编/译

论月面 [古罗马]普鲁塔克 著

雅典谐剧与逻各斯
——《云》中的修辞、谐剧性及语言暴力
[美]奥里根 著

莱园哲人伊壁鸠鲁 罗晓颖 选编

《劳作与时日》笺释 吴雅凌 撰

希腊古风时期的真理大师 [法]德蒂安 著

古罗马的教育 [英]葛怀恩 著

古典学与现代性 刘小枫 编

表演文化与雅典民主政制
[英]戈尔德希尔、奥斯本 编

西方古典文献学发凡 刘小枫 编

古典语文学常谈 [德]克拉夫特 著

古希腊文学常谈 [英]多佛 等著

撒路斯特与政治史学 刘小枫 编

希罗多德的王霸之辨 吴小锋 编/译

第二代智术师
——罗马帝国早期的文化现象 [英]安德森 著

英雄诗系笺释 [古希腊]荷马 著

统治的热望
——修昔底德笔下的阿尔喀比亚德和帝国政治
[美]福特 著

论埃及神学与哲学
——伊希斯与俄赛里斯 [古希腊]普鲁塔克 著

凯撒的剑与笔 李世祥 编/译

伊壁鸠鲁主义的政治哲学
[意]詹姆斯·尼古拉斯 著

修昔底德笔下的人性 [加]欧文 著

修昔底德笔下的演说 [美]斯塔特 著

古希腊政治理论 [美]格雷纳 著

神谱笺释　吴雅凌　撰
赫西俄德：神话之艺
[法]居代·德·拉孔波　等著
赫拉克勒斯之盾笺释　罗逍然　译笺
《埃涅阿斯纪》章义　王承教　选编
维吉尔的帝国　[美]阿德勒　著
塔西佗的政治史学　曾维术　编

古希腊诗歌丛编
诗歌与城邦　[美]费拉格、纳吉　主编
阿尔戈英雄纪（上、下）
[古希腊]阿波罗尼俄斯　著
俄耳甫斯教祷歌　吴雅凌　编译
俄耳甫斯教辑语　吴雅凌　编译

古希腊肃剧注疏集
希腊肃剧与政治哲学　[美]阿伦斯多夫　著

古希腊礼法
希腊人的正义观　[英]哈夫洛克　著

廊下派集
廊下派的城邦观　[英]斯科菲尔德　著

希伯莱圣经历代注疏
希腊化世界中的犹太人　[英]威廉逊　著
第一亚当和第二亚当　[德]朋霍费尔　著

新约历代经解
属灵的寓意　[古罗马]俄里根　著

基督教与古典传统
加尔文与现代政治的基础　[美]汉考克　著
无执之道
——埃克哈特神学思想研究　[德]文森　著
恐惧与战栗　[丹麦]基尔克果　著
托尔斯泰与陀思妥耶夫斯基
[俄]梅列日科夫斯基　著
论宗教大法官的传说　[俄]罗赞诺夫　著
海德格尔与有限性思想（重订版）
刘小枫　选编
上帝国的信息　[德]拉加茨　著
基督教理论与现代　[德]特洛尔奇　著
亚历山大的克雷芒　[意]塞尔瓦托·利拉　著

中世纪的心灵之旅
——波纳文图拉神学著作选　[意]圣·波纳文图拉　著

德意志古典传统丛编
穆佐书简　[奥]里尔克　著
纪念苏格拉底——哈曼文选　刘新利　选编
夜颂中的革命和宗教
——诺瓦利斯选集卷一　[德]诺瓦利斯　著
大革命与诗话小说
——诺瓦利斯选集卷二　[德]诺瓦利斯　著
黑格尔的观念论　[美]皮平　著
浪漫派风格——施莱格尔批评文集　[德]施莱格尔　著

美国宪政与古典传统
美国1787年宪法讲疏　[美]阿纳斯塔普罗　著

品达注疏集
幽暗的诱惑
——品达、晦涩与古典传统　[美]汉密尔顿　著

欧里庇得斯集
自由与僭越
——欧里庇得斯《酒神的伴侣》绎读　罗峰　编译

阿里斯托芬集
《阿卡奈人》笺释　[古希腊]阿里斯托芬　著

色诺芬注疏集
居鲁士的教育　[古希腊]色诺芬　著
色诺芬的《会饮》　[古希腊]色诺芬　著

柏拉图注疏集
哲学的奥德赛——《王制》引论　[美]郝兰　著
爱欲与启蒙的迷醉
——论柏拉图的《会饮》　[美]贝尔格　著
为哲学的写作技艺一辩
——《斐德若》疏证　[美]伯格　著
柏拉图式的迷宫——《斐多》义疏　[美]伯格　著
哲学如何成为苏格拉底式的　[美]朗佩特　著
苏格拉底与希琵阿斯　王江涛　编译
理想国　[古希腊]柏拉图　著
谁来教育老师——《普罗塔戈拉》发微　刘小枫　编
立法者的神学
——柏拉图《法义》卷十绎读　林志猛　编
柏拉图对话中的神　[德]薇依　著

厄庇诺米斯 [古希腊]柏拉图 著
智慧与幸福
——柏拉图的《厄庇诺米斯》 程志敏 选编
论柏拉图对话 [德]施莱尔马赫 著
柏拉图《美诺》疏证 [美]克莱因 著
政治哲学的悖论
——苏格拉底的哲学审判 [美]郝岚 著
神话诗人柏拉图 张文涛 选编
阿尔喀比亚德 [古希腊]柏拉图 著
叙拉古的雅典异乡人
——柏拉图《书简七》探幽 彭磊 选编
阿威罗伊论《王制》 [阿拉伯]阿威罗伊 著
《王制》要义 刘小枫 选编
柏拉图的《会饮》 [古希腊]柏拉图 等著
苏格拉底的申辩（修订版） [古希腊]柏拉图 著
苏格拉底与政治共同体 [美]尼科尔斯 著
政制与美德——柏拉图《法义》疏解 [美]潘戈 著
《法义》导读 [法]卡斯代尔·布舒奇 著
论真理的本质 [德]海德格尔 著
哲人的无知 [德]费勃 著
米诺斯 [古希腊]柏拉图 著

亚里士多德注疏集
亚里士多德《政治学》中的教诲 [美]潘戈 著
品格的技艺 [美]加佛 著
亚里士多德哲学的基本概念 [德]海德格尔 著
《政治学》疏证 [意]托马斯·阿奎那 著
尼各马可伦理学义疏
——亚里士多德与苏格拉底的对话 [美]伯格 著
哲学之诗
——亚里士多德《诗学》解诂 [美]戴维斯 著
对亚里士多德的现象学解释 [德]海德格尔 著
城邦与自然——亚里士多德与现代性 刘小枫 编
论诗术中篇义疏 [阿拉伯]阿威罗伊 著
哲学的政治
——亚里士多德《政治学》疏证 [美]戴维斯 著

普鲁塔克集
普鲁塔克的《对比列传》 [英]达夫 著

普鲁塔克的实践伦理学 [比利时]胡芙 著

莎士比亚绎读
莎士比亚的历史剧 [英]蒂利亚德 著
莎士比亚戏剧与政治哲学 彭磊 选编
莎士比亚的政治盛典 [美]阿鲁里斯/苏利文 编
丹麦王子与马基雅维利 罗峰 选编

洛克集
上帝、洛克与平等 [美]沃尔德伦 著

卢梭集
论哲学生活的幸福 [德]迈尔 著
致博蒙书 [法]卢梭 著
政治制度论 [法]卢梭 著
哲学的自传
——卢梭的《孤独漫步者的遐思》 [美]戴维斯 著
文学与道德杂篇 [法]卢梭 著
设计论证
——卢梭的《社会契约论》 [美]吉尔丁 著
卢梭的自然状态 [美]普拉特纳 等著
卢梭的榜样人生
——作为政治哲学的《忏悔录》 [美]凯利 著

莱辛注疏集
汉堡剧评 [德]莱辛 著
关于悲剧的通信 [德]莱辛 著
《智者纳坦》研究版 [德]莱辛 等著
启蒙运动的内在问题
——莱辛思想再释 [美]维塞尔 著
莱辛剧作七种 [德]莱辛 著
历史与启示——莱辛神学文选 [德]莱辛 著
论人类的教育
——莱辛政治哲学文选 [德]莱辛 著

尼采注疏集
尼采引论 [德]施特格迈尔 著
尼采与基督教
——尼采的《敌基督》论集 刘小枫 编
尼采眼中的苏格拉底 [美]丹豪瑟 著
尼采的使命
——《善恶的彼岸》绎读 [美]朗佩特 著

尼采与现时代
　　——解读培根、笛卡尔与尼采　[美]朗佩特 著
动物与超人之间的绳索　[德]A.彼珀 著

施特劳斯集
原著
论僭政（重订本）——色诺芬《希耶罗》义疏
[美]施特劳斯 科耶夫 著
苏格拉底问题与现代性（增订本）
　　——施特劳斯讲演与论文集：卷二
犹太哲人与启蒙
　　——施特劳斯演讲与论文集：卷一
霍布斯的宗教批判
斯宾诺莎的宗教批判
门德尔松与莱辛
哲学与律法——论迈蒙尼德及其先驱
迫害与写作艺术
柏拉图式政治哲学研究
论柏拉图的《会饮》
柏拉图《法义》的论辩与情节
什么是政治哲学
古典政治理性主义的重生（重订本）
回归古典政治哲学——施特劳斯通信集
苏格拉底与阿里斯托芬
研究作品
论源初遗忘
　　——海德格尔、施特劳斯与哲学的前提
[美]维克利 著
政治哲学与启示宗教的挑战　[德]迈尔 著
阅读施特劳斯　[美]斯密什 著
施特劳斯与流亡政治学　[美]谢帕德 著
隐匿的对话
　　——施米特与施特劳斯　[德]迈尔 著
驯服欲望
　　——施特劳斯笔下的色诺芬撰述　[法]科耶夫 等著

施米特集
施米特对自由主义的批判　[美]麦考米特 著
宪法专政
　　——现代民主国家中的危机政府　[美]罗斯托 著
施米特对自由主义的批判　[美]约翰·麦考米克 著

伯纳德特集
古典诗学之路（第二版）
　　——相遇与反思：与伯纳德特聚谈　[美]伯格 编
弓与琴（重订本）
　　——从柏拉图解读《奥德赛》　[美]伯纳德特 著
神圣的罪业　[美]伯纳德特 著

布鲁姆集
巨人与侏儒（1960-1990）
人应该如何生活——柏拉图《王制》释义
爱的设计——卢梭与浪漫派
爱的戏剧——莎士比亚与自然
爱的阶梯——柏拉图的《会饮》
伊索克拉底的政治哲学

大学素质教育读本
古典诗文绎读 西学卷·古代编（上、下）
古典诗文绎读 西学卷·现代编（上、下）

中国传统：经典与解释
Classici et Commentarii
崇文丛刊
刘小枫 陈少明 ◎ 主编

周易古经注解考辨 / 李炳海 著
浮山文集 / [明]方以智 著
药地炮庄 / [明]方以智 著
药地炮庄笺释·总论篇 / [明]方以智 著
青原志略 / [明]方以智 编
冬灰录 / [明]方以智 著
冬炼三时传旧火 / 邢益海 编
《毛诗》郑王比义发微 / 史应勇 著
宋人经筵诗讲义四种 / [宋]张纲 等撰
道德真经藏室纂微篇 / [宋]陳景元 撰
道德真经四子古道集解 / [金]寇才质 撰
皇清经解提要 / [清]沈豫 撰
经学通论 / [清]皮锡瑞 著
松阳讲义 / [清]陆陇其 著
起凤书院答问 / [清]姚永朴 撰
周礼疑义辨证 / 陈衍 撰
《铎书》校注 / 孙尚扬 肖清和 等校注
韩愈志 / 钱基博 著
论语辑释 / 陈大齐 著
《庄子·天下篇》注疏四种 / 张丰乾 编
荀子的辩说 / 陈文洁 著
古学经子 / 王锦民 著
经学以自治 / 刘少虎 著
从公羊学论《春秋》的性质 / 阮芝生 撰

刘小枫集
古典学与古今之争 [增订本]
这一代人的怕和爱 [第三版]
沉重的肉身 [珍藏版]
圣灵降临的叙事 [增订本]
罪与欠
儒教与民族国家
拣尽寒枝
施特劳斯的路标
重启古典诗学
共和与经纶
设计共和
现代性与现代中国：现代性社会理论绪论
诗化哲学 [重订本]
拯救与逍遥 [修订本]
走向十字架上的真
卢梭与我们
西学断章
现代人及其敌人
好智之罪：普罗米修斯神话通释
民主与爱欲：柏拉图《会饮》绎读
民主与教化：柏拉图《普罗塔戈拉》绎读
巫阳招魂：《诗术》绎读

编修［博雅读本］
凯若斯：古希腊语文读本 [全二册]
古希腊语文学述要
雅努斯：古典拉丁语文读本
古典拉丁语文学述要
危微精一：政治法学原理九讲
琴瑟友之：钢琴与古典乐色十讲

经典与解释辑刊

1. 柏拉图的哲学戏剧
2. 经典与解释的张力
3. 康德与启蒙
4. 荷尔德林的新神话
5. 古典传统与自由教育
6. 卢梭的苏格拉底主义
7. 赫尔墨斯的计谋
8. 苏格拉底问题
9. 美德可教吗
10. 马基雅维利的喜剧
11. 回想托克维尔
12. 阅读的德性
13. 色诺芬的品味
14. 政治哲学中的摩西
15. 诗学解诂
16. 柏拉图的真伪
17. 修昔底德的春秋笔法
18. 血气与政治
19. 索福克勒斯与雅典启蒙
20. 犹太教中的柏拉图门徒
21. 莎士比亚笔下的王者
22. 政治哲学中的莎士比亚
23. 政治生活的限度与满足
24. 雅典民主的谐剧
25. 维柯与古今之争
26. 霍布斯的修辞
27. 埃斯库罗斯的神义论
28. 施莱尔马赫的柏拉图
29. 奥林匹亚的荣耀
30. 笛卡尔的精灵
31. 柏拉图与天人政治
32. 海德格尔的政治时刻
33. 荷马笔下的伦理
34. 格劳秀斯与国际正义
35. 西塞罗的苏格拉底
36. 基尔克果的苏格拉底
37. 《理想国》的内与外
38. 诗艺与政治
39. 律法与政治哲学
40. 古今之间的但丁
41. 拉伯雷与赫尔墨斯秘学
42. 柏拉图与古典乐教
43. 孟德斯鸠论政制衰败
44. 博丹论主权
45. 道伯与比较古典学
46. 伊索寓言中的伦理
47. 斯威夫特与启蒙